郭康松自选集

文史观微

郭康松 著

中国社会科学出版社

图书在版编目（CIP）数据

文史观微：郭康松自选集 / 郭康松著. —北京：中国社会科学出版社，2019.9

ISBN 978-7-5203-4902-4

Ⅰ.①文… Ⅱ.①郭… Ⅲ.①文化史—中国—文集 Ⅳ.①K203-53

中国版本图书馆 CIP 数据核字（2019）第 184093 号

出 版 人	赵剑英
责任编辑	刘志兵
责任校对	朱妍洁
责任印制	李寡寡

出　　版	中国社会科学出版社
社　　址	北京鼓楼西大街甲 158 号
邮　　编	100720
网　　址	http://www.csspw.cn
发 行 部	010-84083685
门 市 部	010-84029450
经　　销	新华书店及其他书店
印刷装订	北京市十月印刷有限公司
版　　次	2019 年 9 月第 1 版
印　　次	2019 年 9 月第 1 次印刷
开　　本	710×1000　1/16
印　　张	23.5
插　　页	2
字　　数	395 千字
定　　价	108.00 元

凡购买中国社会科学出版社图书，如有质量问题请与本社营销中心联系调换
电话：010-84083683
版权所有　侵权必究

目　录

自序 …………………………………………………………………… (1)

上编　学术史

搜访逸籍　制礼定乐
　　——论牛弘的文化贡献 ………………………………………… (3)
论杨慎对明清考据学的贡献 …………………………………………… (10)
清代考据学的启蒙 ……………………………………………………… (22)
论清代考据学的学术宗旨 ……………………………………………… (37)
论清代考据学的学术规范 ……………………………………………… (47)
论清代数学考据方法 …………………………………………………… (57)
对清代考据学批评之批评 ……………………………………………… (68)
考据非为稻粱谋 ………………………………………………………… (80)
乾嘉考据学文字狱成因说辨 …………………………………………… (89)
论皖派考据学的学术特点 ……………………………………………… (107)
从武亿的学术之路看乾嘉汉学壮大的原因 …………………………… (124)

中编　文化史

河洛文化中的古代水文化举例 ………………………………………… (137)
论辽文化对唐文化的继承 ……………………………………………… (145)
辽、金对中原典籍的搜求 ……………………………………………… (161)
辽朝科技述略 …………………………………………………………… (173)

辽代娱乐文化之研究 ………………………………………… (183)
论辽朝契丹人的孝忠妇道观与中原文化的关系 …………… (197)
辽朝夷夏观的演变 ……………………………………………… (208)
双轨制与辽文化 ………………………………………………… (217)
辽朝的文化冲突与文化抉择 …………………………………… (224)
辽代不存在诸行宫都部署院考 ………………………………… (238)
射柳源流考 ……………………………………………………… (244)
《射柳源流考》补正 …………………………………………… (251)
戴柳、插柳风俗考论 …………………………………………… (255)
论中国古代的柳崇拜 …………………………………………… (266)

下编　文献

汉字书写下行原因蠡测 ………………………………………… (277)
论李善《文选注》的文献学价值 ……………………………… (284)
章学诚与湖北及《湖北通志》 ………………………………… (292)
浅议《清实录》的编纂及其价值 ……………………………… (302)
对《史讳举例》的补充与修正 ………………………………… (311)
《全宋文》徐铉文点校问题 …………………………………… (317)
《清史列传·儒林传》书名标点商兑 ………………………… (324)
朱子辨伪平议 …………………………………………………… (330)
本校法
　　——探求汉语语文辞书不足的良方 ……………………… (343)
蒐北魏之佚籍　成学术之大观
　　——论朱祖延先生《北魏佚书考》之价值 ……………… (351)
陈述先生整理辽文献的主要成就 ……………………………… (359)

郭康松著作目录 ………………………………………………… (368)

自　序

集曰文史观微。所谓文者，文献也。所谓史者，杂撰之学术史、文化史也。愚资性顽钝，出生乡野，少年就学，课余牧牛打柴，读书甚少，于学术为何物，懵然不知也。八一年就学武汉师范学院历史系，始知学术为何事。八五年入湖北大学古籍所读研，得恩师诱导，得窥学术门墙，始撰文刊发，至今已近三十年矣。古人论学术云：学以本之，识以充之，才以融之。愚学识浅陋，不具才华，所论皆非大道，乃一孔之见，故曰观微。虽有灾梨祸枣之虑，然敝帚自珍，集而梓行，以就教于方家。

上 编
学 术 史

搜访逸籍　制礼定乐
——论牛弘的文化贡献

牛弘，字里仁，安定鹑觚人。仕周，掌文翰，官至内史下大夫，进位使持节、大将军、仪同三司。入隋，迁散骑常侍、秘书监。开皇三年（583），拜礼部尚书。六年（586），除太常卿，后授大将军。十九年（599），拜吏部尚书。炀帝大业二年（606），进位上大将军。三年（607），改为右光禄大夫。六年（610），卒于江都，谥曰宪。

一

隋开皇三年（583），身任秘书监的牛弘，鉴于南北朝政权更迭频繁、战火不断造成"典籍遗逸"的现实，上表请求"开献书之路"。其云："经籍所兴，由来尚矣。爻画肇于庖羲，文字生于苍颉，圣人所以弘宣教导，博古通今，扬于王庭，肆于时夏。故尧称至圣，犹考古道而言，舜其大智，尚观古人之象。《周官》，外史掌三皇五帝之书，及四方之志。武王问黄帝、颛顼之道，太公曰：'在《丹书》。'是知握符御历，有国有家者，曷尝不以《诗》、《书》而为教，因礼乐而成功也。"从总结历史的角度阐明典籍在保存文化、提供经验、维护政权上所具有的巨大作用。典籍作用虽大，但典籍本身极易遭到破坏。牛弘总结隋以前的典籍聚散的历史，把典籍遭受五次大的毁灭称为"五厄"：其一，秦始皇焚书，"先王坟籍，扫地皆尽"；其二，王莽末年战乱，"宫室图书，并从焚烬"；其三，东汉末年汉献帝移都，董卓之乱，"图书缣帛，皆取为帷囊"，"一时燔荡"；其四，西晋末年，"刘、石凭陵，京华覆灭，朝章国典，从而失坠"；其五，南朝梁萧绎收江南图书聚于江陵，达七万余卷，"周师入郢，绎悉焚之于外城"。他分析当时的情况说:"今御书单本,合一万五千余卷,补帙之间,仍有残缺。比梁之旧目,止有其半。""今土宇迈于三王,民黎盛于两汉,有人有时,正在今日。方当大弘文教,纳俗升平,而天下图书,尚有遗逸。"①国家藏书与隋朝的帝国身份很不相称,因此应广开献书之路。文帝采纳了他的建议。"分遣使人,搜访异本。每书一卷,赏绢一匹,校写既定,本即归主。于是民间异书,往往间出……及平陈已后,经籍渐备。"②经整理写定,凡三万余卷。使国家藏书的种类和数量都有极大增加。据《旧唐书·经籍志上》记载,牛弘还撰有《隋开皇书目》四卷。这说明,牛弘在征集图书的同时,还做了类似汉代的刘歆父子所做的整理和编写书目的工作。因此我们有理由认为,在我国目录学史上占有重要地位的《隋书·经籍志》,包含有牛弘的心血,也就是说,《隋开皇书目》对《隋书·经籍志》的编撰提供了部分蓝本。

牛弘是我国历史上系统总结文献聚散的第一人,其提出的典籍"五厄"说对后世产生了较大的影响。继牛弘之后,唐人封演,宋人洪迈、周密,明人胡应麟在牛弘"五厄"说的基础上,或推而密之,或继而续之,对历来典籍聚散的情况进行归纳总结③,推动了历来的统治者和学者对典籍兴衰命运的关注。所以陈登原《古今典籍聚散考》评价说:"自弘言以后,隋文从其议,搜括天下书,成绩可观。是弘之所言,在历史上有权威矣。"④

二

南北朝时期,"礼崩乐坏,其来自久"⑤,南北礼制多有不同,牛弘认为汉、魏、两晋特别是南北朝的礼仪大成问题,他说:"圣教陵替,国章残缺,汉、晋为法,随俗因时,未足经国庇人,弘风施化。且制礼作乐,事归元首,江南王俭,偏隅一臣,私撰仪注,多违古法……两萧累代,举国遵行。后魏及齐,风牛本隔,殊不寻究,遥相祖师,故山东之人,浸以

---

① 《隋书·牛弘传》。按:此后凡是引自《隋书·牛弘传》者,皆不再注明出处。
② 《隋书·经籍志一》。
③ 参见陈登原《古今典籍聚散考》,上海书店1983年版,第10—15页。
④ 同上书,第10页。
⑤ 《隋书·音乐志中》。

成俗。"① 所以，他在隋朝建立之初，就上书隋文帝，"请据前经，革兹俗弊"，得到隋文帝的许可。"弘因征学者，撰《仪礼》百卷……修毕，上之，诏遂班天下，咸使遵用焉。"② 在制定《仪礼》时，"采梁及北齐《仪注》，以为五礼"③，对南北礼仪文化兼收并蓄。开皇初牛弘还与太子庶子裴政一起，受文帝之命"撰宣露布礼"。④

开皇九年（589），隋文帝消灭南朝的陈国，"收罗耗梓，郊丘宗社，典礼粗备"⑤，但国家举行重大礼仪活动的明堂尚未建立。开皇十三年（593），文帝下诏议定明堂之制。身为礼部尚书的牛弘主持其事，国子祭酒辛彦之等参与讨论，牛弘提出的总体框架为："今造明堂，须以礼经为本。形制依于周法，度数取于《月令》，遗阙之处，参以馀书，庶使该详沿革之理。其五室九阶，上圆下方，四阿重屋，四旁两门，依《考工记》、《孝经》说。堂方一百四十四尺，屋圆楣径二百一十六尺，太室方六丈，通天屋径九丈，八闼二十八柱，堂高三尺，四向五色，依《周书·月令》论。殿垣方在内，水周如外，水内径三百步，依《太山盛德记》、《觐礼经》。"显然，牛弘的方案是"依古制修立明堂"。⑥

开皇十四年（594），群臣请封禅。文帝"命有司草《仪注》。于是牛弘、辛彦之、许善心、姚察、虞世基等创定其礼，奏之"。⑦ 次年，封禅泰山。

仁寿二年（602）闰十月，随着国家的统一，政治稳定，经济繁荣，文帝对开国之初所制定的《仪礼》提出加以修订的要求。诏曰："今四海乂安，五戎勿用，理宜弘风训俗，道德齐礼，缀往圣之旧章，兴先王之茂则。尚书左仆射、越国公杨素，尚书右仆射、邳国公苏威，吏部尚书、奇章公牛弘，内史侍郎薛道衡，秘书丞许善心，内史舍人虞世基，著作郎王劭，或任居端揆，博达古今，或器推令望，学综经史。委以裁缉，实充金

---

① 《隋书·礼仪志三》。
② 同上。
③ 《隋书·礼仪志一》。
④ 《隋书·礼仪志三》。
⑤ 《隋书·礼仪志一》。
⑥ 《隋书·牛弘传》。
⑦ 《隋书·礼仪志二》。

议。可修订五礼。"① 这次修订，诏书虽然将杨素、苏威放在牛弘前面，实际上主持修订的仍是牛弘，只不过杨素、苏威的职位高于牛弘，挂名表示朝廷对修订五礼的重视罢了。《隋书·经籍志二》云："《隋朝仪礼》一百卷，牛弘撰。"对牛弘在编撰和修订《隋朝仪礼》中主持人的地位给予了充分的肯定。

大业元年（605），炀帝诏吏部尚书牛弘、工部尚书宇文恺、兼内史侍郎虞世基、给事郎许善心、仪曹郎袁朗等，"宪章古制，创制衣冠，自天子逮于胥皂，服章皆有等差。若先所有者，则因循取用，弘等议定乘舆服，合八等焉"。② 这次制定服制非常成功，三年正月朔旦，"大陈文物。时突厥染干朝见，慕之……固请衣冠。帝大悦，谓弘等曰：'昔汉制初成，方知天子之贵。今衣冠大备，足致单于解辫，此乃卿等功也。'弘、恺、善心、世基、何稠、阎毗等赐帛各有差，并事出优厚"。③

礼在封建社会起着相当重要的作用。"礼者，治辨之极也，强国之本也，威行之道也，功名之总也。"④ "礼之为用，时义大矣……故道德仁义，非礼不成，安上治人，莫善于礼。"⑤ 牛弘先后主持编撰《仪礼》百卷，草定封禅之礼，撰露布礼，主持修订五礼，制定舆服之制，使礼制定于一尊。

三

南北朝时期"太常雅乐，并用胡声"。隋朝建立以后，非常重视正乐工作。开皇二年（582），诏太常卿牛弘、国子祭酒辛彦之、国子博士何妥等议正乐。但因"沦谬既久，音律多乖，积年议不定"。由于难度相当大，直到开皇七年（587）都未能定下来。高祖大怒曰："我受命七年，乐府犹歌前代功德邪？""命治书侍御使李谔，引弘等下，将罪之。"⑥ 李谔为之说明制乐难度很大，帝意方解。

---

① 《隋书·高祖纪下》。
② 《隋书·礼仪志七》。
③ 同上。
④ 《荀子·议兵》。
⑤ 《隋书·高祖纪下》。
⑥ 《隋书·音乐志中》。

开皇九年（589）平陈，"获宋齐旧乐，诏于太常置清商署，以管之。求陈太乐令蔡子元、于普明等，复居其职"。① 隋朝统一江南，得到陈朝的乐工与乐器。"遇平江右，得陈氏律管十有二枚，并以付弘。遣晓音律者陈山阳太守毛爽及太乐令蔡子元、于普明等，以候节气，作《律谱》。"为正乐创造了良好的条件。文帝"以江东乐为善，曰：'此华夏旧声，虽随俗改变，大体犹是古法'"。② 于是再一次启动正乐工作，开皇九年（589）十二月诏曰："朕祗承天命，清荡万方。百王衰敝之后，兆庶浇浮之日，圣人遗训，扫地俱尽，制礼作乐，今也其时。朕情好古乐，深思雅道……今欲更调律吕，改张琴瑟……宜可搜访，速以奏闻，庶睹一艺之能，共就九成之业。"诏令太常牛弘、通直散骑常侍许善心、秘书丞姚察、通直郎虞世基等"议定作乐"。③

开皇十四年（594）三月，"乐定"。牛弘等"奏曰：'秦焚经典，乐书亡缺，爰自汉兴，始加鸠采，祖述增广，缉成朝宪，魏、晋相承，更加讨论，沿革之宜。备于故实。永嘉之后，九服崩离，燕、石、苻、姚，递据华土……前言往式，于斯而尽，金陵建社，朝士南奔，帝规皇则，灿然更备，与内原隔绝，三百年于兹矣……今南征所获梁、陈乐人，及晋、宋旗章，宛然俱至。曩代所不服者，今悉服之，前朝所未得者，今悉得之。化洽成功，于是乎在。臣等伏奉明诏，祥定雅乐，博访知音旁求儒彦，研校是非，定其去就，取为一代正乐，俱在本司。'于是并撰歌词三十首，诏并令施用，见行者皆停之。其人间音乐，流僻日久，弃其旧体者，并加禁约，务存其本"。此后"旧工更尽，其余声律，皆不复通"。牛弘后来"又修皇后房内之乐"。④

仁寿元年（601）炀帝杨广初为太子，奏言更改清庙歌辞，文帝"于是诏吏部尚书、奇章公弘……更详故实，创制雅乐歌辞"。⑤

牛弘从开皇二年（582）始主持正乐，至开皇十四年（594），乐定，最后又创制雅乐歌辞，使隋朝的雅乐"为一代正乐"，其功莫大焉！

---

① 《隋书·音乐志下》。
② 《隋书·律历志上》。
③ 《隋书·高祖纪下》。
④ 《隋书·音乐志下》。
⑤ 同上。

四

牛弘除了上述贡献之外，还曾经主持修撰《周史》，《隋书·经籍志二》云："《周史》十八卷，未成。吏部尚书牛弘撰。"开皇三年（583），与苏威等"更定新律。除死罪八十一条，流罪一百五十四条，徒杖等千余条，定留唯五百条。凡十二卷"①，史称《开皇律》。

搜访遗籍、制礼作乐在封建社会是重要的政治活动和文化建设工程。牛弘所做的这些工作看起来属于"职务贡献"，其实并不尽然。他之所以能做出这样大的成绩与他的学术素养有极大的关系。他"精研不倦，多所通涉"。②"虽职务繁杂，书不释手"，渊博的学识，高级的职位，为他在隋文化的建设中大显身手提供了条件。在隋朝亦只有他堪当此任，《隋书·牛弘传》记载了这样一件事很能说明问题："及皇后崩，王公以下不能定其仪注。杨素谓弘曰：'公旧学，时贤所仰，今日之事决在公。'弘了不辞让，斯须之间，仪注悉备，皆有故实。素叹曰：'衣冠礼乐尽在此矣，非吾所及也！'"

在文化的价值取向上，牛弘偏重于尊重中原原有的传统，对"五胡"所带来的"戎文化"采取排斥的态度。例如在雅乐的取舍上就是如此。开皇九年（589），牛弘上奏说："前克荆州，得梁家雅曲，今平蒋州，又得陈氏正乐。史传相承，以为合古，且观其曲体，用声有次，请修缉之，以备雅乐。其后魏洛阳之曲，据《魏史》云'太武平赫连昌所得'，更无明证。后周所用者，皆是新造，杂有边裔之声。戎音乱华，皆不可用。请悉停之。"③认为地处南方的梁、陈继承了汉代的雅乐，没有受到"戎音"的影响，所以要对后魏、后周的雅乐加以禁止。又如在明堂的修建方案上，牛弘"以礼经为本"，"依古制修立明堂"。他排斥少数民族文化融入正统文化之中的做法，又反映出他在文化上保守的一面，唐人在这方面比他要开明得多。

在经历长达370年的大分裂之后，隋朝实现了南北统一，在完成领土

---

① 《隋书·刑法志》。
② 《隋书·杨素传》。
③ 《隋书·音乐志下》。

统一的同时，隋朝面临一个更加艰巨的文化统一任务，以使由魏晋南北朝以来形成的各具风格的南北学术文化一体化，这一任务虽然因隋朝的快速灭亡而直到唐代才最终完成，但隋朝在这方面有创始之功，而牛弘在这一文化统一中具有举足轻重的作用。牛弘重视典籍，主张依据传统经典来制礼作乐，对统一南北文化、传承古代文明具有积极意义。

原载《湖北大学成人教育学院学报》2004年第4期

论杨慎对明清考据学的贡献

杨慎（1488—1559），字用修，号升庵，四川新都人。正德辛未科状元，嘉靖三年（1524），因议大礼，被遣戍云南永昌卫。杨慎贬滇34年，除中间几次因公或省亲归蜀外，其余时间均在云南度过，他自称博南山人、博南戍史叟、金马碧鸡老兵、滇南逸史氏，这些均为旧任官职与谪居永昌博南山而得名。他在云南期间不仅影响到云南文人的文学创作，其文友及门人李元阳、张含、唐锜、董难、王廷表、李东儒、木公、木增等一批云南文士都受到他的影响，而且在经学考据方面也对当地和流寓的学者产生了影响，如熊过撰写《周易象旨决录》，就是在贬谪云南时，"晤杨慎，劝成此书"。[①] 杨慎一生著述宏富，是明代著名的学者、文学家，在诸多领域都有不凡的建树。他的著作绝大部分都是在云南完成的，另有许多著作，如《唐诗绝句精选》《南中集》《金石古文》《丹铅余录》《丹铅总录》《转注古音略》《古音余》《奇字韵》《词品》《檀弓丛训》《古音丛目》等三十多部著作也是由云南人帮助出版的。所以可以说云南是杨慎的第二故乡，杨慎是云南的历史文化名人。

一

自从汉代将《易》《诗》《书》《礼》《春秋》确定为至高无上的经典之后，后来的思想家、学问家大都从中汲取养料或以之作为母体借以阐发自己的思想和学术观点，并将经典中的思想、观点作为自己立论的依据。他们往往用阐释经典的方式来建构自己的思想体系或表达自己的学术思

[①] 《四库全书总目》卷五《周易象旨决录》。

想。汉唐训诂之学在经典的注释上以语言的训诂、名物度数的考订为主要的阐释方式,而宋明理学摆脱汉唐旧注,注重对经典中的思想内容进行阐发,建立起不同于汉唐的以朱子学说为主要内容的新儒学——理学。"洛闽继起,道学大昌,摆落汉唐,独研义理,凡经师旧说,俱排斥以为不足信。"① 在宋元时期,朱子的学说成为官方法定的学说,朱子的经注被统治阶级定为科举考试的教科书,整个学界几乎成为朱子的天下。"撷拾宋人之绪言,不究古昔之妙论,尽扫百家而归之宋人,又尽扫宋人而归之朱子。"② 学者们谨守朱子门户,陈陈相因,使朱子之学僵化而毫无生气。到了明代中叶,陈献章(1428—1500)、王守仁(1472—1528)等上绍陆九渊,建立起以尊德性为主体的心学体系,以"致良知"为主要目的。他们否定经典的地位,否定学习前人注疏以及各种知识的重要性。陆九渊著名的主张是"六经皆我注脚",陈献章将六经等文献视为糟粕,"吾能握其机,何用窥陈编"。③ 认为"学劳攘则无由见道,故观书博识不如静坐"。④ 王守仁否定读书博学,认为那是有害无益之事,"记诵之广,适以长其傲也;知识之多,适以行其恶也;闻见之博,适以肆其辨也;辞章之富,适以饰其伪也"。⑤ 他否认研究训诂名物度数的价值,认为抛开它们照样可以成就自家心体。一时从学者众,发展到后来,陷入狂禅境地,完全抛却了儒家经典和注疏,大有儒释合流的趋势,"吾尝读儒者之书,有曰无极而太极,与吾之所谓万法归一、一归何处者似矣;读书不如静坐,与吾之所谓不立文字、直指明心见性成佛者似矣;毋意毋必毋固毋我,与吾之所谓真空绝相、事事无碍者似矣"。⑥ 而一般的读书人也只是把朱子的《四书集注》以及《大全》之类当作科举考试的敲门砖,死记程墨选本,不深究经义。明代士子空谈心性,将经典、注疏束之高阁。阳明之徒,"谓吾学直捷,不假修为,于是以传注为支离,以经书为糟粕,以躬

---

① 《四库全书总目》卷一《经部总序》。
② (明)杨慎:《升庵集》卷七一《先郑后郑》。
③ (明)陈献章:《白沙子集》卷六《答张内翰廷祥书括而成诗呈胡希仁提学》,《四部刊丛》本。
④ (清)黄宗羲:《明儒学案》卷八《白沙学案》。
⑤ (明)王守仁:《传习录》卷中《答顾东桥书》。
⑥ (明)庄昶:《定山集》卷六《赠禅老清上人授僧录左觉义序》。

行实践为迂腐,以纲纪法度为桎梏,逾闲荡检,反道乱德,莫此为甚"。①

在王学刚刚兴起、尚未流入狂禅之时,杨慎以其特有的学术敏感,对宋明理学否定汉唐注疏,肆意发挥义理以及时人唯宋人是尊、不读经典、空谈心性、不学无术等现象,提出了尖锐的批判。

> 予尝言:宋世儒者失之专,今世学者失之陋。失之专者,一骋意见,扫灭前贤;失之陋者,惟从宋人,不知有汉唐前说也……高者谈性命,祖宋人之语录,卑者习举业,抄宋人之策论……如此皆宋人之说误之也。②

> 本朝以经学取人,士子自一经之外罕所通贯,近日稍知务博,以哗名苟进,而不究本原,徒事末节。五经诸子则割取其碎语而诵之,谓之蠡测;历代诸史则抄节其碎事而缀之,谓之策套。其割取抄节之人,已不通经涉史,而章句血脉皆失其真,有以汉人为唐人,唐事为宋事者,有以一人析为二人,二事合为一事者……噫,士习至此,卑下极矣!③

> 今之语学者,吾惑焉,厌博而径约,屏文而径礼,曰《六经》吾注脚也,诸子皆糟粕也。是犹问天何不径为雨,奚为云之扰扰也;问地何不径为实,奚为花之纷纷也。是天地不能舍博而径约,况于人乎?云,天之文也;花,地之文也;六经、诸子,人之文也。见天人合之,斯可以会博约而一之,此学之极也。④

杨慎一针见血地指出心学的抛弃经典及其注疏,是"欲率古今天下而入禅教"。他说:

> 儒教实,以其实实天下之虚;禅教虚,以其虚虚天下之实。陈白沙诗曰:六经皆在虚无里。是欲率古今天下而入禅教也,岂儒者之学哉!⑤

---

① 《明史·杨时乔传》。
② (明)杨慎:《丹铅余录》卷一三。
③ (明)杨慎:《升庵集》卷五二《举业之陋》。
④ (明)杨慎:《升庵集》卷四《云局记》。
⑤ (明)杨慎:《升庵集》卷七五《儒教禅教》。

周召认为杨慎此语"极切明时讲学先生之病"。① 杨慎指出"以六经为注脚"不是经学,而是禅学。"高远之蔽,其究也以六经为注脚,以空索为一贯,谓形器法度皆刍狗之馀,视听言动非性命之理。所谓其高过于大学而无实,世之禅学以之。"② "迩者霸儒创为新学,削经划史,驱儒归禅,缘其作俑,急于鸣俦,俾其易入,而一时奔名走誉者自叩胸臆,叵以惊人彪彩,罔克自售,靡然从之,纷其盈矣。"③ 矛头直指心学,把心学的来源及其流弊刻画得入木三分,表现出杨慎作为时代的先行者所具有的独到的学术远见。

杨慎对宋明理学家抛弃汉唐注疏、肆意发挥义理的学风非常不满,他认为汉代经学家去孔子未远,往往得经典之真谛,他说:

> 观《尚书》所以不可废古注欤。或问杨子曰:"子于诸经多取汉儒而不取宋儒,何哉?"答之曰:"宋儒言之精者吾何尝不取,顾宋儒之失,在废汉儒而自用己见耳!吾试问汝:六经作于孔子,汉世去孔子未远,传之人虽劣,其说宜得其真;宋儒去孔子千五百年矣,虽其聪颖过人,安能一旦尽弃旧而独悟于心邪?六经之奥,譬之京师之富丽也,谈京师之富丽,河南、山东之人得其十之六七,若云南、贵州之人得其十之一二而已,何也?远近之异也。以宋儒而非汉儒,譬云贵之人不出里闬,坐谈京邑之制,而反非河南山东之人,其不为人之贻笑,几希。然今之人安之不怪,则科举之累、先入之说胶固而不可解也已。"④

杨慎用地理之远近比喻时间的远近来说明汉儒成果的重要性和可信性,极有说服力。"汉世去孔子未远"的观点,在清代发展为"去古未远"的原则,被广泛地遵循。⑤

杨慎认为义理包含在注疏之中,注疏之中蕴含着义理,充分认识到汉

---

① (明)周召:《双桥随笔》卷七。
② (明)杨慎:《谭苑醍醐》卷五《禅学俗学》。
③ (明)杨慎:《升庵集》卷六《答重庆太守刘嵩阳书》。
④ (明)杨慎:《丹铅续录》卷一。
⑤ 参见郭康松《清代考据学研究》,湖北辞书出版社2001年版,第185—191页。

唐注疏在阐释经典义理中的重要性。

> 未知其粗则其精者岂能知也，迩者未尽则其远者岂能尽也。六经自火于秦，传注于汉，疏释于唐，议论于宋，日起而日变，学者亦当知其先后。近世学者，往往舍传注疏释，便读宋儒之议论，盖不知议论之学自传注疏释出，特更作正大高明之论尔。①

他指出舍传注疏释而空谈义理"是无楼而欲市珠，无筌而欲得鱼也"。②"宋人乃谓汉唐人说道理如说梦，诬矣。"③ 他批评当时的读书人，对于朱子之学"规规然一不敢议"④，他发出痛心感叹："吁，异哉！宋人不难于非汉唐，而今人不敢非宋。……今之陋者，宋人之应声虫也。"⑤

在明代官方以程朱理学为法定意识形态和在学术界追求师心自用氛围中，杨慎把批判的锋芒对准程朱理学和陆王心学，倡导回归汉唐经学，并以考据训诂之学相号召，首开经典诠释的考证学风，成为明清考据学的先行者。

二

要纠正理学一统天下的学术上的万马齐喑，就必须破除权威，破除迷信，大胆怀疑。"今之学者吾惑之，撼拾宋人之绪言，不究古昔之妙论，尽扫百家而归之宋人，又尽扫宋人而归之朱子，谓之曰因陋就简则有之，博学详说则未也。"⑥ 杨慎是一位善质疑的学者。他在《丹铅续录·序》中引用荀子的话说："信信，信也；疑疑，亦信也。"也就是说，相信可以信赖的东西是信，怀疑值得怀疑的东西也是为了信。他认为古与今学术成与败的原因就是因为古人善疑而今人只信不疑。"古之学者，成于善

---

① （明）杨慎：《升庵集》卷七五《刘静修论学》。
② （明）杨慎：《升庵集》卷六〇《珠楼鱼筌》。
③ （明）杨慎：《丹铅余录》卷五。
④ （明）杨慎：《谭苑醍醐》卷六《朱子自言传注》。
⑤ （明）杨慎：《丹铅余录》卷一三。
⑥ （明）杨慎：《丹铅续录》卷二。

疑；今之学者，画于不疑。谈经者曰：'吾知有朱而已，朱之类义亦精义也。'"① 他对时人于朱子学说应声虫式的信仰极其厌恶："今世学者失之陋……惟从宋人，不知有汉唐前说也，宋人曰是，今人亦曰是，宋人曰非，今人亦曰非。"② 他指责这些人是"宁为佞，不肯为忠；宁为僻，不肯为通"。③ 正是因为杨慎善疑，在众人不质疑的地方质疑，从而发现其错误，寻求证据以求别解，故而取得很多考据成果。

"宋儒废汉儒而用己见"，使六经失去了本来面目，因此他提出用"训诂章句"的办法来"求朱子以前六经"。④ 杨慎"求朱子以前六经"的办法就是"训诂章句"⑤，只有在熟知与尊重汉唐传注疏释的基础上，才能真正把握住《六经》要旨，让经学回到元典上来。因此他十分重视小学研究，尤其重视《说文》《尔雅》这两部我国历史上最早的工具书的价值。"《说文》之解字，《尔雅》之训诂，上以解经，下以修辞，岂不正大简易哉！"⑥ 他"自志学之年已嗜六书之艺，枕籍《说文》，以为折衷，迨今四十余年矣"。⑦ 他认识到语言的发展变化所造成的一代与另一代之间的差异和语言分布的地区差异，"凡观一代书，须晓一代语；观一方书，须通一方之言，不尔不得也"。⑧ 不解文字，则对经典的义理的解释也会产生误读。如：

> 《毛诗》："常棣之华，鄂不韡韡。"鄂，花苞也，今文作"萼"。不，花蒂也，今文作"跗"。《诗疏》云：华下有萼，萼下有跗，华萼相承覆，故得韡韡而光明也。由花以覆萼，萼以承华，华萼相覆而光明，犹兄弟相顺而荣显。唐明皇宴会兄弟之处，楼名曰"花萼相辉"。唐诗有"红萼青跗"之句，皆用此义。至宋人解之，乃云："鄂然而外见，岂不韡韡乎。"非惟不知诗，亦不识字矣。汉儒地下

---

① （明）杨慎：《丹铅续录·序》。
② （明）杨慎：《升庵集》卷五一二《文字之衰》。
③ （明）杨慎：《丹铅续录·序》。
④ （明）杨慎：《升庵集》卷六《答重庆太守刘嵩阳书》。
⑤ 同上。
⑥ （明）杨慎：《升庵集》卷四五《活泼泼地》。
⑦ （明）杨慎：《升庵集》卷二《六书索隐序》。
⑧ （明）杨慎：《升庵集》卷七一《阿堵》。

有灵，岂不失笑。①

杨慎所说的宋人，实际上就是朱熹，朱熹在《诗集传》中就是如此解释的，朱熹因为不理解"鄂不"为花苞与花蒂之意，错误地解释"鄂不韡韡"为"鄂然而外见，岂不韡韡乎"，因而对诗作者以常棣之华来比喻兄弟相顺而荣显的旨意也不甚了了。（按：不，象形字，象花蒂之形。）

杨慎在其《转注古音略序》中云："古人恒言音义，得其音斯得其义矣。以之读奥篇隐帙，涣若冰释，炳若日烛。""得其音斯得其义"，提出了一个为明清考据学家所十分重视研究方法——因声求义，也带动了明清考据学之音韵学的极大发展。正是基于"得其音斯得其义"认识，杨慎十分重视音韵研究，著有《石鼓文音释》五卷附录一卷、《古音丛目》五卷、《古音猎要》五卷、《古音余》五卷、《古音附录》五卷、《奇字韵》五卷、《古音略例》一卷、《转注古音略》五卷、《古音骈字》一卷、《古文韵语》二卷、《古文韵语别录》（缺卷）、《古音复字》五卷、《韵林原训》五卷、《杂字韵实》七卷、《韵藻》四卷、《古音拾遗》五卷②等一系列古音学专著，其中犹以《转注古音略》以及《答李仁夫论转注书》最具影响。他在《转注古音略》的序言中指出：

> 《转注古音略》，大抵详于经而略于文集，详于周汉而略于晋以下也。惟彼文人用韵，或苟以流便其辞，而于义于古实无当。如沈约之雌霓是矣，又奚中以为据耶！今之所采，必于经有裨，必于古有考，扶微学，广异义，是之取焉。③

古音学的研究始于宋代吴棫，他对古代的字音作了较为系统的探索，确定了古人叶音的范围，寻求古韵的一般规律，写成《韵补》一书。然而吴棫的古音学研究，"多杂宋人之作，而于经典注疏、子史杂字尚多遗逸"④，所以杨慎的《转注古音略》在取材上"详于周汉而略于晋以

---

① （明）杨慎：《谭苑醍醐》卷二《常棣之华》。
② 《续文献通考》卷一六〇，《千顷堂书目》卷三。
③ （明）杨慎：《升庵集》卷二《转注古音略序》。
④ （明）杨慎：《答李仁夫论转注书》，《明文海》卷一七五。

下","必于经有神,必于古有考",体现了明代考据学讲求材料的时效性原则。尽管杨慎的古音研究还存在很多问题,但在音韵学史上仍占有非常重要的地位,被学者们所重视。"自昔论古音者不一家,惟宋吴棫,明杨慎、陈第,国朝顾炎武、柴绍炳、毛奇龄之书最行于世,其学各有所得。"①

杨慎极其重视文献版本校勘问题,主张要保持文献原貌,"古书不可妄改"。②"孔子修鲁史,不肯增阙文;汉儒校群经,未尝去本字;宋人《尚书》则考订《武成》、《毛诗》则尽去《序》说,吾未敢以为然也。"③"古书转刻转谬,良可惋也。"④他多次批评明代刻书妄改之病,如:

> 陕西近刻左克明《乐府》,本节郭茂倩《乐府诗集》,误字尤多。略举一二,如《读曲歌》云:"逋发不可料,憔悴为谁睹。欲知相忆时,但看裙带缓几许。"逋发,谓发之散乱未料理也。逋字下得妙,今改作通发,何解也,今据郭本正之。又《乌栖曲》云:"宜城酘酒今行熟。"酘酒,重酿酒也。不知何人妄改作投泊,酘酒熟则有理,投泊岂能熟也。虽郭本亦误。按:《北堂书抄》云:"宜城九酝酒曰酘酒。"并引此句。晋《白纻舞词》:"罗袿徐转红袖扬。"何承天《芳树曲》:"微飙扬罗袿。"皆误袿作鞋。⑤

他重视古本旧籍,看中的是它们在校勘版本学上的价值。"观乐生爱收古书,尝言古书有一种古香可爱,余谓此言未矣。古书无讹字。转刻转讹,莫可考证。……书所以贵旧本者,可以订讹,不独古香可爱而已。"⑥

针对明代学术空疏,杨慎提出讲求博学。"博学而详说之,将以反说约也,或问反约之后博学详说可废乎?曰不可,《诗》三百,一言以蔽之,曰思无邪;《礼》三千三百,一言以蔽之,曰毋不敬;今教人止诵思无邪,毋不敬六字,《诗》、《礼》尽废,可乎?人之心神明不测,虚灵不

---

① 《四库全书总目》卷四三《古韵标准》。
② (明)杨慎:《升庵集》卷五二《古书不可妄改》。
③ (明)杨慎:《丹铅余录》卷七。
④ (明)杨慎:《升庵集》卷一〇《跋吴中新刻世说》。
⑤ (明)杨慎:《升庵集》卷六〇《乐府误字》。
⑥ (明)杨慎:《升庵集》卷六〇《书贵旧本》。

昧，方寸之地，亿兆兼照者也，若涂闭其七窍，折堕其四支，曰我能存心，有是理乎。"① 杨慎的博学在明代是有名的，他曾任翰林院修撰、经筵展书官、殿试掌卷官和受卷官等职，有机会接触皇家藏书，阅读一般人无法找到的书籍，这对他的博学极有帮助。他记忆力极强，又勤奋好学，曾对人说："资性不足恃，日新德业，当自学问中来。"② 上自经史百家，下至稗官、小说、医卜、技能、草木、虫鱼，无所不究。据清代李调元在《函海》中的统计，杨慎的著作总数达212种之多。《明史·杨慎传》称"明世记诵之博，著作之富，推慎第一"。有人认为杨慎考据是为了"炫博"，这是极其不公正的，杨慎一向反对为以杂博相尚。他说："考索之蔽，其究也涉猎记诵，以杂博相高，割裂装缀，以华靡相胜，如华藻之绘明星，伎儿之舞讶鼓，所谓其功倍于小学而无用，世之俗学以之。"③

博证是考据学最典型的特征之一，无博证也就没有严格意义上的考据学，杨慎读书有一习惯，将书中有价值的部分抄录下来，以备检索。他"自束发以来，手所抄集，帙成逾百，卷计越千"。④ 其《丹铅录》等考据成果正是在大量札记资料的基础上撰写而成的。

我们不妨把朱熹《别本韩文考异》卷三一《柳州罗池庙碑》"步有新船"注与《谭苑醍醐》卷三《浦即步考》作一对比，就可以看出杨慎注重证据和求甚解的精神：

"步有新船"注："步或作涉。"〇今按《孔戣志》亦有泊步字。⑤

韩文"步有新船"，不知者改为涉，朱子《考异》已著其谬。盖南方谓水际曰步，音义与浦通。《孔戣墓志》：蕃舶至步，有下碇税。即以韩文证韩文可也。柳子厚《铁炉步志》云：江之浒，凡舟可縻而上下曰步。《水经》：瀍水西岸有盘石，曰石头津步之处也。又云：东北径王步，盖齐王之渚步也。又云：鹦鹉洲对岸有炭步。今湖南有县名城步。《青箱杂记》：岭南谓村市曰墟，水津曰步。曾步即渔人

---

① （明）杨慎：《升庵集》卷四五《博约》。
② 《明史·杨慎传》。
③ （明）杨慎：《谭苑醍醐》卷五《禅学俗学》。
④ （明）杨慎：《升庵集》卷二《丹铅别录序》。
⑤ （宋）朱熹：《别本韩文考异》卷三一《柳州罗池庙碑》。

> 施畱处也。张勃《吴录》地名有龟步、鱼步。扬州有瓜步。罗含《湘中记》有灵妃步。《金陵图志》有邀笛步,王徽之邀桓伊吹笛处。温庭筠诗:妾住金陵步,门前朱雀航。《树萱录》载台城故妓诗曰:那看回首处,江步野棠飞。东坡诗:萧然三家步,横此万斛舟。元成原常有寄紫步刘子彬诗云:紫步于今无士马,沧溟何处有神仙。①

朱熹只是指出另有版本"步"字作"涉",列举韩文孔戣墓志中有"泊步"之例,虽然读者能看出"步"字是正确的结论,但没有论证。杨慎不仅明确指出,"涉"为误改,而且从训诂学的角度指出"步"与"浦"音义相通,为了证明"南方水际曰步"的观点,杨慎列举了11种文献资料,信而有征,可见杨慎博学多识,讲求博证。

张素在《丹铅余录序》中评价杨慎的研究成果云:"皆引古书以证古人,未尝用意说决焉。语曰:多闻,择其善者而从之。是其可传者将不在兹乎!"可谓说中杨慎考据学注重用证据说话的特点。

杨慎还重视实地考察,将考察的活资料与文献资料相结合,使证据更加充分,更具说服力。他说:"知山川经络,苟非睹见身历,而欲据文定之,鲜有不失经者矣。"② 例如他考证《尚书》中"敷浅原"的地理方位云:

> 敷浅原,孔安国以为搏阳山,非也。《通典》云:"蒲塘驿,汉历陵县有敷浅原,驿西数十里有望夫山。"盖望敷浅原耳,犹望江、望都之例也。地志以妇望征夫说之,盖妄臆矣。今山下近村犹以敷里、敷外为名,斯得之矣。今崇阳县西二百二十里有云溪山,峻峭,清流界道如带,即所谓敷浅原也。③

倘若没有对实地的考察得到的资料依据,他的这条考证所得结论的可信度将大打折扣。

杨慎倡导汉学,重视小学和名物度数之学,崇尚博证,已突破了16

---

① (明)杨慎:《谭苑醍醐》卷三《浦即步考》。
② (明)杨慎:《升庵外集》卷五。
③ (明)杨慎:《升庵经说》卷三《敷浅原》。

世纪传统的心性伦理之学的藩篱，其考据实践和一系列考据思想开启了明代考据学的先声。

三

杨慎的《丹铅录》等出版后，由于其存在考据学孕育期所存在的不可避免的偏激与失误，特别是他的著作大多成于流放云南期间，地处僻壤，文献难求，所带书籍不多，其征引文献，多出于腹笥，错漏之处，自在意料之中，故起而纠正其误的人甚多。"杨用修先生《丹铅录》出，而陈晦伯（耀文）《正杨》继之，胡元瑞（应麟）《笔丛》又继之，时人颜曰：正正杨。当时如周方叔（婴）、谢在杭（肇淛）、毕湖目诸君集中，与用修为难者，不止一人。"① 这种先后相继的学术争鸣引发了明代中后期考据之风，并直接带动了清初考据学发展。"明之中叶，以博洽著者称杨慎，而陈耀文起而与争，然慎好伪说以售欺；耀文好蔓引以求胜；次则焦竑，亦喜考证而习与李贽游，动辄牵缀佛书，伤于芜杂。惟以智崛起崇祯中，考据精核，迥出其上。风气既开，国初顾炎武、阎若璩、朱彝尊等沿波而起，始一扫悬揣之空谈。"② 近人刘师培在《国学发微》一书中，认为杨慎及其陈第的古音研究，"虽昧于古韵分部之说，然考订多精，则近儒顾、江、戴、孔、段、王考订古韵所由昉也"；"杨慎、焦竑皆深斥考亭（朱熹）之学，与近儒江藩、戴震之说略同"。嵇文甫谓杨慎："杨升庵慎生当正嘉年间，最号博洽。所著《丹铅录》、《谭苑醍醐》等数十种，虽疏舛伪妄，在所不免，然读书博古崇尚考据之风实从此启。其《古音丛目》、《古音猎要》、《古音略例》、《转注古音略》等，虽不如陈第之精粹，然引据繁富，实为后来研究古音者所取材。"③

尽管杨慎的考据还存在很多方面的不足与缺陷，这些缺陷或许是初期考据学者所不可避免的，但是杨慎的考据成果中绝大部分是正确的，其成果对后世产生了很大影响，许多成果被后世的著作所引用。如胡应麟《少室山房笔丛》，熊过《周易象旨决录》，张献翼《读易记闻》，潘士藻

---

① （清）周亮工：《因树屋书影》卷六。
② 《四库全书总目》卷四二《音论》。
③ 嵇文甫：《晚明思想史论》，东方出版社1996年版，第145页。

《读易述》，冯复京《六家诗名物疏》，陈士元《格致镜源》《论语类考》，方以智《通雅》《物理小识》，晏斯盛《易翼宗》，翟均廉《周易章句证异》，顾炎武《日知录》，胡渭《易图明辨》《禹贡锥旨》，阎若璩《尚书古文疏证》《四书释地》，朱鹤龄《尚书稗传》《读左日钞》《禹贡长笺》，陈启源《毛诗稽古编》，徐乾学《读礼通考》，张尚瑗《左传折诸》《谷梁折诸》，赵一清《水经注笺刊误》，朱彝尊《经义考》，杭士骏《石经考异》，吴玉搢《别雅》，等等。

杨慎不仅考据成果被后世所继承，其用考据讲求材料，考据材料讲求时效性，考据要"于经有裨"，"议论之学自传注疏释出"，"凡观一代书，须晓一代语"，"得其音斯得其义"等一系列考据思想被清代考据学家所继承和发展。

杨慎对明清考据学的贡献是多方面的。尽管他的研究还存在这样和那样的问题，但在经史考证上并没有像清代考据学家那样系统地解决一些重大的问题，他的贡献在于他敢于大胆怀疑和挑战朱子权威、提倡回归经典、重视小学与汉唐注疏、用证据说话，改变了宋明儒者空谈义理的学风，将经史学研究引上了考据的轨道。

原载《历史文献研究》总第 27 辑，2008 年 9 月

清代考据学的启蒙

梁启超在《清代学术概论》中对考据学做了三个阶段的划分：启蒙期（顺治、康熙、雍正）、全盛期（乾隆、嘉庆）、蜕变期（道光、咸丰、同治、光绪）。他认为考据学是对宋明理学的一大反动，而"当此反动期而从事于'黎明运动'者，则昆山顾炎武其第一人也"。我们认为，清代考据学的启蒙期应为明代中晚期。梁启超站在总结清代学术的立场上，将视野局限于清代，未能将其研究的视野扩大至明代中后期。

一

在中国封建社会的学术中，经学一直处于核心领导地位，没有经学也就没有其他学术的存在，一切学术都依附于它而生存发展，这是中国传统学术的一大特点。自从汉代将《易》《诗》《书》《礼》《春秋》确定为至高无上的经典之后，后来的思想家、学问家大都从中汲取养料或以之作为母体借以抒发自己的思想和学术观点，并将经典中的思想、观点作为自己立论的依据。他们往往用注释、研究经典的方式来建构自己的思想体系或表达自己的学术思想。从历史上经典注释的发展历程来看，可以划分为三个大的历史时期。第一个时期为汉唐训诂之学。在经典的注释上以语言的训诂、名物度数的考订为主要的阐释方式。第二个时期为宋明理学时期。这一时期与前一时期死守经典本义的做法大相径庭，他们摆脱汉唐旧注，而注重对经典中的思想内容进行阐发，建立起不同于汉唐的以朱子学说为主要内容的新儒学——理学。"洛闽继起，道学大昌，摆落汉唐，独研义理，凡经师旧说，俱排斥以为不足信。"① 这一时期实际上是对汉唐时期的否定。第三个时期是清代考据学时期。这一时期又回归到以训诂语言文字、考订名物制度为主的注释方式，故而有人称清代考据学为"汉学"。这一时期又是对宋明理学时期的否定。因此，我们可以说中国古代的经典注释方式正好走了一条否定之否定的道路。但第三个时期不是对第一个时期简单的回归，而是一种呈螺旋式的上升。

在宋明理学的内部，存在两种不同的倾向，以朱熹为代表的是以"道问学"为主的客观唯心主义，以陆九渊为代表的是以"尊德性"为主的主观唯心主义。在寻求义理的方法上大异其趣，朱子主张通过博学求得，陆子主张发明本心，不必求于自身之外的文献典籍。在宋元时期，朱子的学说占了上风，成为官方法定的学说，朱子的经注被统治阶级定为科举考试的教科书，整个学界甚至出现朱子一统天下的局面。学者们谨守朱子门户，陈陈相因，使朱子之学僵化而毫无生气。到了明代中叶，陈献章、王守仁等上承陆九渊，建立以尊德性为主体的心学体系，以"致良知"为主要目的。陆九渊著名的主张是"六经皆我注脚"，陈献章将六经等文献视为糟粕，"吾能握其机，何用窥陈编"。② 王守仁否定读书博学，认为那是有害无益之事，"记诵之广，适以长其傲也；知识之多，适以行其恶也；闻见之博，适以肆其辨也；辞章之富，适以饰其伪也"。③ 他否认研究训诂名物度数的价值，认为抛开它们照样可以成就自家心体。"天下事物，如名物度数，草木鸟兽之类，不胜其烦。……圣人于礼乐不必尽知，然他知得一个天理，便有许多节文度数出来。"④ 一时从学者众，发展到后来，陷入狂禅境地，完全抛却了儒家经典和注疏。而一般的读书人也只是把朱子的《四书集注》以及《大全》之类当作科举考试的敲门砖，死记程墨选本，不深究经义。晚明士子空谈心性，将经典、注疏束之高阁。物极必反，一些有识之士如杨慎、焦竑、陈第、胡应麟、方以智等对学界的空疏和不读书提出了批判，要求读书人回归到经典上来，他们倡导尊经，提倡复兴古学，主张经世致用，并身体力行地从事古学的研究。

---

① 《四库全书总目》卷一《经部总序》。
② （明）陈献章：《白沙子》卷六《答张内翰廷祥书括而成诗呈胡希仁提学》。
③ （明）王守仁：《传习录》卷中《答顾东桥书》。
④ （明）王守仁：《传习录》卷下《黄直录》。

还在王学兴起之时，杨慎（1488—1559）就对宋明理学提出了的批判：

> 近世学者，往往舍传注疏释，便读宋儒之议论，盖不知议论之学自传注疏释出，特更作正大高明之论尔。①

他说舍传注疏释而空谈义理"是无楂而欲市珠，无筌而欲得鱼也"。②宋儒废汉儒而用己见，使六经失去了本来面目，因此他提出用"训诂章句"的办法来"求朱子以前六经"。③ 其同时代之人王鏊亦有相同观点："郑玄之徒，笺注训释不遗余力，虽未尽得圣经微旨，而其功不可诬也。宋儒性理之学行，汉儒之说尽废，然其间有不可得而废者。"④ 这说明杨慎的观点不是孤立的，具有一定的代表性。

晚明的焦竑（1540—1620），对士子不读书的习气痛心疾首、深恶痛绝。他在《焦氏笔乘续集》卷四《韩献忠》说："今子弟饱食安坐，典籍满前，乃束书不观，游谈无根，能不自愧？"他认为为官之人除了研习国家的典制之外，以治经为第一要义，他比杨慎更强调经典对于学术的重要意义，他把经比作法家的条例、医家的难经，是不能舍弃的。他在《邓潜谷先生经绎序》中说：

> 盖经之于学，譬之法家之条例，医家之难经，字字皆法，言言皆理，有欲益损而不能者。孔子以绝类离伦之圣，亦不能释经以言学，他可知已！……近世以谈玄谓虚，争自为言，而徐考其行，我之所崇重，经所绌也；我之所简斥，经所与也。向道之谓何，而卒与遗经相刺缪。此如法不禀宪令，术不本轩歧，而欲以臆决为工，岂不悖哉！

明末著名学者方以智（1611—1671），总明代中后期尊经、研经思想之大成。他特别强调汲取前人知识，尤其是经典中所包含的知识的重要

---

① （明）杨慎：《升庵集》卷一五《刘静修论学》。
② （明）杨慎：《升庵集》卷一五《珠楂鱼筌》。
③ （明）杨慎：《升庵集》卷六《答重庆太守刘嵩阳》。
④ （明）王鏊：《震泽长语》卷上《经传》。

性。"古今以智相积……生今之世，承诸圣之表章，经群英之辩难，我得以坐集千古之智，折中其问，岂不幸乎！"① 其生平雅志在经朔，极其尊崇经书，认为"读圣作，当心以从经"②，其晚年更是提出"圣人之经即圣人之道""藏理学于经学"的命题③，即经典之中包含有圣人之道，人们不必求之于自己的本心，而求之于经书即可。他猛烈抨击糟粕六经，空言心性的王学末流，其云：

> 慈湖因象山谓"六经注我"而遂以文行忠信非圣人之书，则执一矣。……执此而禁人《诗》、《书》，则《六经》必贱而不尊，《六经》既不尊，则师心无忌惮者群起矣。……今皆以扫除是道，市井油嘴皆得以鄙薄敦《诗》、《书》，悦《礼》、《乐》之士，为可伤叹，故不得已而破其偏。④

杨慎、王鏊、焦竑、方以智等人对理学特别是心学末流抛弃汉唐注疏、脱离经典本义或抛开经典而空谈心性的批判与谴责以及回归经典、探求经典本义、复兴古学的呼声，表明宋明理学已走入死胡同。尽管这种呼声与高谈天理心性良知的喋喋不休相比，还显得比较微弱，但却预示着一个新的时代即将到来。经过明清鼎革、满族入主的巨大冲击之后，理学特别是王学流弊所造成的危害更加充分地暴露出来，清初一大批学人对它的批判更为坚决、彻底，而解决的办法与杨慎等提出的一样，即读经、研经。

他们认为要回归经典，探求经典本义，从中寻找圣人之道。而寻求经典本义的唯一方法就是借助于文字、音韵、训诂、术数、校勘、辨伪、辑佚、历史、地理、金石等解经的辅助学科。学术自然而然地走到考据学上来。

二

梁启超在论述顾炎武何以能当考据学的开派宗师之名时，说是因为他

---

① （明）方以智：《通雅》卷首《音义集论》。
② （明）方以智：《通雅》卷首《读书类略提语》。
③ （明）方以智：《清源志略》卷三。
④ （明）方以智：《东西均·道义》。

"能建设研究方法而已"①，其实研究方法的建设在明代中后期的考据学者那里已具有了。虽然他们每一个人都无法与顾炎武相比，两者可以说相差甚远，但把他们作为一个群体来看，确实可以与顾氏相比。他们在对宋学的批判和对经典及汉唐注疏的重视上也毫不逊色于清初诸儒。下面主要从考据学的角度对他们的学术思想、考据实践及成果等方面进行探讨，以证明考据学起源于明代中晚期的观点足以成立。

（一）重视小学研究

在我国古代的四部分类法中，小学属于经部，直接为经典的阐释服务，重经必然导致对小学的重视。中晚明时期的考据学者，十分重视小学的价值，这与清代考据学如出一辙。

杨慎"求朱子以前六经"的办法就是"训诂章句"，他十分重视《说文》《尔雅》这两部我国历史上最早的工具书的价值。"《说文》之解字，《尔雅》之训诂，上以解经，下以修辞，岂不正大简易哉！"② 他"自志学之年已嗜六书之艺，枕籍《说文》，以为折衷，迨今四十余年矣"。③ 他认识到语言的发展变化所造成的一代与一代之间的差异和语言分布的地区差异，"凡观一代书，须晓一代语；观一方书，须通一方之言，不尔不得也"。④

焦竑更是注重小学在通经读书方面的重要性。"今人不通字学，而欲读古书，难以哉！"⑤ 他还在《国史经籍志·小学》中认为：

> 《尔雅》津涉九流，标正名物，讲艺者莫不先之，于是有训诂之学。文字之兴随世传易，论舛日繁，三苍之说，始创字法，而《说文》兴焉，于是有偏旁之学。五声异律，清浊相生，孙炎、沈约，始作字音，于是有音韵之学。保氏以数学教子弟而登之重差夕桀，勾股与《九章》（《九章算术》）并传，而乡三物备焉，于是有算数之学。古昔六艺乘其虚明，肆之以适用，而精神心术微寓焉矣。

---

① 梁启超：《清代学术概论》，江苏广陵古籍刻印社1990年版，第9页。
② （明）杨慎：《升庵集》卷四五《活泼泼地》。
③ （明）杨慎：《升庵集》卷二《六书索隐序》。
④ （明）杨慎：《升庵集》卷七一《阿堵》。
⑤ （明）焦竑：《焦氏笔乘》卷二《徐广注误》。

焦氏所言偏旁之学即指文字学。我们注意到焦氏将算数之学纳入小学的范畴，这与一般将小学解释为文字、训诂、音韵不同，是他独到的见解。焦氏所倡导的小学也是对宋学小学说的批判。朱熹在《大学章句序》中将小学定义为"洒扫、应对、进退之节，礼乐、射御、书数之文"；将文字、音韵、训诂之学排斥在外，使小学成为伦理、礼仪之学。焦氏说，"古学久废，世儒采拾经籍格言，作为小学"，实际上是对朱子小学定义的委婉的批评。

方以智承继了杨慎以来重视文字音韵训诂研究的学风，特别强调小学的作用。"备万物之体用，莫过于字；包众字之形声，莫过于韵，是理事名物之辨当管库也。""此小学必不可少者也。"① 他又说："声音文字，小学也。然以之载道法、纪事物，世乃相传。合外内、格古今、杂而不越，盖其备哉！士子协于分艺，即薪藏火，安其井灶，要不能离乎此。"② 把小学看成是统管万事万物的"管库"，看成是载道纪事、传播知识的"薪火"。他对那些否定小学价值的理学家进行了有力的辩驳："讵曰训诂小学可弁髦乎？理其理，事其事，时其时，开而辩名当物，未有离乎声音文字而可举以正告者也。"③ 他们重视小学，肯定小学的价值与功用，对清代考据学产生了很大的影响，使小学在清代成为一大显学。

（二）强调博学

与理学家尤其是心学家束书不观截然相反，明代考据学者都主张博学。经典本身就是一个包容性极强、内容丰富的系统，所以要贯通经学就必须具有渊博的学识。

撰写《正杨》一书纠正杨慎错误的陈耀文（生卒年不详，约生活于嘉靖至万历年间），天生颖异，日记千言，读书一目数行，有"神童"之称，及长，博览群书，自经、史外，若《竹书纪年》《山海经》《元命苞》以及星历、术数、稗官、齐谐，无不阅读。焦竑称赞他说："不佞结发时，从事铅椠，即闻明公盛名，博闻好古者也。""每读所撰著，窃有

---

① （明）方以智：《通雅》卷首《集学考究类略》。
② （明）方以智：《浮山文集前编》卷三《四书大全序》。
③ （明）方以智：《通雅·序》。

以得于心。夫其文理贯综，叙致雅畅，经疑证隐，语类搜奇，收百代之阙文，采千载之遗韵，顿挫万江，囊括九围，非旷代之通材，孰与此矣。"①焦氏之言，不无夸大之嫌，但以焦氏之学识而如此佩服陈耀文，其博学多识可以想见矣。

以辨伪著称的胡应麟（1551—1602）本身就是一位搜求古本秘籍的藏书家，建有二酉山房，藏书达四万余卷。他与那些鉴赏、古董型的藏书家不同，是一位学者型的藏书家。他曾说："博洽必资记诵，记诵必藉诗书。然率有富于青缃，而贫于学问；勤于访辑，而怠于钻研者。"他认为这种藏书家不足取，应做"多识"的藏书者。②胡应麟正是得益于他的多藏博识，使他辨别伪书时得心应手。

焦竑，"博极群书，自经史至稗官、杂说，无不淹贯"③，《四库全书总目》称他为明代自杨慎以后最为博学的一个人，"明代自杨慎以后，博洽者无过于竑"。④"孔子之博学于文，正以为约礼之地。盖礼至约，非博无以通之。故曰：博学而详说之，将以反说约也。"⑤他从"博"与"约"的关系入手，辩证分析，强调了博学即闻见之知的重要性，他倡导"博学于文"与清初顾炎武所倡导的"博学于文""行己有耻"⑥，有异时同曲之妙。

方以智，从小受家学影响，十分注重博学，群经子史，无不阅读。他"喜深思，务博学"。⑦他认为"学惟古训，博乃能约。当其博，即有约者通之"。⑧对"博""约"关系的这种认识与焦竑的认识相一致。他渊博的学识来自对知识孜孜不倦的渴求、探索，他曾说："吾与方伎游，即欲通其艺也；遇物，欲知其名也。物理无可疑者，吾疑之，而必欲深求其故也，以至颓墙败壁之上有一字，吾未之经见，则必详其音义，考其原本，既悉矣，然后释然于吾心"⑨，由此可见其对知识学问的探求精神，这与

---

① （明）焦竑：《澹园集》卷一三《与陈晦伯书》。
② （明）胡应麟：《少室山房笔丛》卷四《经济会通四》。
③ 《明史·焦竑传》。
④ 《四库全书总目》卷一四六《庄子翼》。
⑤ （明）焦竑：《澹园集》卷四八《古城答问》。
⑥ （清）顾炎武：《亭林文集》卷三《与友人论学书》。
⑦ 《皇明遗民传》卷一《方以智》。
⑧ （明）方以智：《通雅·序》。
⑨ （清）钱秉镫：《通雅序》。

清代考据大家阎若璩"一物不知，深以为耻"① 的精神何其相似乃耳!

(三) 讲究博证

博学与博证是一对孪生兄弟，无博学就无博证。博证是清代考据学最典型的特征之一，无博证也就没有严格意义上的考据学，仅靠推测和孤证、假证建立起来的观点在清人看来都是站不住脚的。

杨慎读书有一个习惯，即将书中有价值的部分抄录下来，以备检用。"自束发以来，手所抄集，帙成逾百，卷计越千。"② 这种读书做札记的方法为清代考据学者所继承。他考证"九"字在古代多为虚用，以表示极多，非实指九，就是以大量的文献为根据，其考证云：

> 《公羊传》云："葵丘之会，桓公震而矜之，叛者九国。"九国，谓叛者多耳，非实有九国也。宋儒赵鹏飞云："葵丘之会惟六国，会咸牡丘皆七国，会淮八国，宁有九国乎？"《公羊》本意谓一震矜而九国叛，犹《汉记》云"叛者九起"云尔，赵氏如数求之，真痴人说梦也。古人言数之多，止于九。《逸周书》云"左儒九谏于王"，《孙武子》"善攻者动于九天之上，善守者伏于九地之下"，此岂实数耶？《楚辞·九歌》乃十一篇，《九辩》亦十篇，宋人不晓古人虚用"九"字之义，强合《九辩》二章为一章，以协九数，兹又可笑。③

杨慎的这一研究成果与清代考据学家汪中《释三九》列举的证据虽有不同，结论却完全一样，说明通过博证而得出的结论是正确的。

焦竑在文字、音韵、训诂、校勘方面都取得了一定成就。他著有《俗书刊误》一书，利用古文字、音韵知识对流行于当时的错别字进行纠正。在古音韵方面提出了"古无叶韵"的论断，在训诂方面，他注意到古代文字的通假关系：

> 经籍中多有古字通用及假借而用，读者每不之察。如《易·丰

---

① （清）江藩：《汉学师承记》卷一。
② （明）杨慎：《丹铅别录·序》。
③ （明）杨慎：《升庵经说》卷七《九国》。

卦》："虽旬无咎。"《礼记·内则》："旬而见。"注皆释均，不知"旬"即古"均"字。……《离卦》"离，丽也。"又云："明两作离。"《礼·昏经》曰："纳征束帛离皮。"《白虎通》云："离皮者，两皮也。"《三五历纪》："古者丽皮为礼。""离""丽"古通用。……《国风》："猗嗟名兮。"《玉篇》引作"冥页"，眉目之间；《西京赋》："眳藐流盼，一顾倾城。"注："眳，眉睫之间。"皆言美人眉目流盼，使人冥迷，所谓一顾倾城也。"名"、"冥页"、"眳"，三字古通用。①

为了证明"古字有通用假借而用"这个大的命题，他列举了几十个古代可以通假使用的字作论据，而每一组通假字，又列举几条材料作依据。也就是说他通过无数小的个案的考据，建构成一个大的考据系统，提出一个著名的训诂学命题。

陈第沿着焦竑提出的"古诗无叶音"的思路，深入地钻研下去，撰成《毛诗古音考》，破除叶音说，使许多文字的古音大白于天下，其功莫大焉。《毛诗古音考》的价值不仅在于此，而且在于它总结出了一套行之有效的科学的考据古音的方法与用证规范。其在《自序》中云："本证者，《诗》自相证也；旁证者，采之他书也，二者俱无则宛转以审其音，参错以谐其韵。"焦竑对"本证"与"旁证"做了解释："取《诗》之同类者而胪列之为本证。已取《老》、《易》、《太玄》、《骚赋》、《参同》、《急就》、古诗谣之类，胪列之为旁证。令读者不待其毕，将哑然失笑之不暇，而古音可明也。"这就是博证的魅力，不用多讲道理，读者就明白了某字的古音，让证据说话，既明了，又有说服力。陈第对证据的寻求不遗余力。如在论证"服"字古音读"逼"音时，列举了十四条本证，又列举了先秦至汉魏的语言材作为旁证，使"服"古音"逼"之说立于不败之地。又如他论证"母音米"时说："母音米。凡父母之母，《诗》皆音米，无有如今读者，岂音随世变耶？"他列举《诗经》中的本证十二条，又举汉《远夷慕德歌》《淮南子》《易林·屯之观》《参同契》、蔡邕《崔夫人诔》和《会稽谣》为旁证，证成其说。

方以智不愧为明代考据学的集大成者，他充分认识到证据的重要性。

---

① （明）焦竑：《焦氏笔乘》卷六《古字有通用假借》。

他在《通雅》卷首《辨证说》云："是正古文，必借他证，乃可明也……智每驳定前人，必不敢以无证妄说。"同时他也充分意识到博证的价值，他在其考据成果之总汇的《通雅》一书"凡例"中云："辨证，以史为本，旁及诸子百家；志书小说，难可尽信，然引以相参，自可证发。"他认识到考据学与理学的最大区别就是证据，考证之学，"非比性命可自悟，常理可死守经而已也，必博学积久，待征乃决"。① 征者，证也。所以他十分注意证据的搜寻，材料的积累。"从事《苍》、《雅》、《说文》，固当旁采诸家之辨难，则上自金石、钟鼎、石经、碑帖，以致印章、款识，皆当究心。"② 他与明代从事考据的先驱学者杨慎等人一样强调考察的重要，注意从社会上寻找活着的证据材料。"草木鸟兽之名，最难考究，盖各方各代，随时变更"，"须足迹遍天下，通晓方言，方能核之"。③

（四）提出了初步的学术规范

学术讨论与批评是学术进步的前提，真理愈辩愈明，纠谬补漏，功莫大焉。或许是在考据学的孕育期吧，最早起来批评杨慎撰写《正杨》的陈耀文，争胜之心太过，虽不乏真知灼见，然时有偏颇，态度蛮横，不是很客观。"哗起争名，语多攻讦丑词恶谑，无所不加，虽古人挟怨构争……亦不至是，殊乖著作之体。"④ 多少有些脱离了学术批评的规范。

在考据学者中，像陈耀文这样偏激的人毕竟是少数，或许正是因为陈氏"丑词恶谑"的攻讦，才使后起的考据学者变得更加冷静，并起而倡导平心静气的批判风气，建立考据学的学术规范，虽然在明代这种规范还不是很全面，但毕竟已经开始，其功最著者要推胡应麟、方以智。胡氏有论云：

读书大患，在好诋诃昔人。夫智者千虑，必有一失，昔人所见，岂必皆长？第文字烟埃，纪籍渊薮，引用出处，时或参商；意义重轻，各有权度，加以鲁鱼亥豕，讹谬万端。凡遇此类，当博稽典故，

---

① （明）方以智：《通雅·凡例》。
② （明）方以智：《通雅》卷首《小学大略》。
③ （明）方以智：《通雅·凡例》。
④ 《四库全书总目》卷一九《正杨》。

细绎旨归，统会殊文，厘正脱简，务成囊美，毋薄前修，力求弗合，各申己见可也。今偶睹一斑，便为奇货，恐后视今，犹今视昔矣。①

这种护惜古人、设身处地地为前人着想，又不讳前人之失的客观求实的态度，对考据学的健康发展极为有利。胡氏又云：

昔人之说，有当于吾心，务著其出处而题之；亡当于吾心，务审其是非而驳之。毋先入，毋迁怒，毋作好，毋徇名，此称物之衡，而尚论之极也。今明知其得，而掩为己有，未竟其失，而辄恣讥弹，壮夫不为，大雅当尔耶！②

这里胡氏提出了两条原则，其一引用他人的论点要注明出处，不能掩为己有，即反对学术观点上的抄袭。其二批评不能带有个人的感情色彩，"尚论"的最高境界是"毋先入，毋迁怒，毋作好，毋徇名"，陈耀文的失误正在于此。胡氏在另一处还提出了"著述最忌成心"的观点，可以看作对"毋先入"的注解，所谓"成心""先入"，其意一也，即先入为主或者说先有观点或带有偏见。有成心危害极大，他说："凡著述最忌成心，成心著于胸中，则颠倒是非，虽立山之巨，目睫之近，有蔽不知者。"③

方以智在总结了各家对杨慎的批评之后，认为杨慎及杨慎的批评者们，尽管存在众多的失误，但他们为后人提供了进一步研究的条件，其《通雅·序》云：

新都（杨慎）最博而苟取僻异，实未会通……澹园（焦竑）有功于新都，而晦伯（陈耀文）、元美（王世贞）、元端（胡应麟）驳之不遗余力。以今论之，当驳者多不能驳，驳又不尽当。然因前人备列以贻后人，因以起疑，因以旁征，其功岂可没哉。

---

① （明）胡应麟：《少室山房笔丛》卷二三《华阳博议下》。
② 同上。
③ （明）胡应麟：《少室山房笔丛》卷二《经籍会通》。

方以智以平心、客观、求实的态度对待前人成果，所以取得明代考据学的最高成就。方以智在胡应麟提出的引用前人的观点要注明出处的基础上更进一步，要求征引的资料也要注明出处，并说明这样做的目的是使后人能循此进行研究，也是不埋没前人的贡献，他在《通雅·凡例》中云：

> 此书必引出何书，旧何训，何人辨之，今辨其所辨，或折衷谁是，或存疑俟考，使后者之因此加详也。士生古人之后，贵集众长，必载前人之名，不敢埋没。

明代考据学家所提出的平心、"勿先入"，注明观点及资料出处等学术规范对清人影响较大，这些规范都为清人所承袭，对清代考据学的发展起到了积极作用。

三

既然从明代中后期就已出现了考据学，清代考据学家为何没有将其视为自己的源头呢？笔者认为可以从以下几个方面求解。

第一，在明代中后期占统治地位的思想是朱子学说，在学术界最为流行的是王学，考据学所占的份额极其有限，所以影响亦极有限，人们在论说晚明学术时主要是拿心学作代表，而忽略了考据学的客观存在。"有明一代，囿于性理，汩于制义，无一人知读古经注疏者。"① 可以视为最典型的观点。

第二，明代中后期考据学家在思想上、方法上、学术规范上的不成熟，学术在发展初期不可避免的不成熟，导致清代正统考据学家对他们的不认同。特别是在思想上他们大多还是以朱学或王学为主，因此，江藩在撰写《汉学师承记》之初，竟然将顾炎武、黄宗羲二位大师排除在外就不难理解了。他说："梨洲（黄宗羲）乃蕺山（刘宗周）之学，矫良知之弊，以实践为主；亭林（顾炎武）乃文清之裔，辨陆王之非，以朱子为宗。故两家之学皆深入宋儒之室，但以汉学为不可废耳，多骑墙之见，依

---

① （清）江藩：《汉学师承记》卷八。

违之言。岂真知灼见者哉。"① 江氏的理由很简单，顾、黄头脑中还装有宋学，全然不顾他们批判宋学流弊和从事考据的事实。明代中后期考据的不纯正，也多次遭到《四库全书总目》作者们的批评。如梅鹭的《尚书谱》，虽然阎若璩在《古文尚书疏证》、惠栋在《古文尚书考》中多次征引，而《四库全书总目》批评说："徒以空言低斥，无所依据……辞气叫嚣，动辄丑詈，亦非著作之体。"② 清人周春曾批评陈第说："陈季立者，粗才也。虽擅诗名，而其学出于焦弱侯，音韵全凭武断，不知而作，如梦呓然。所著之书，纰缪百出，非之不胜非，辨之不足辨。"③ 如果说《四库全书总目》是用纯"汉学"的尺子来衡量启蒙期的考据成果而不甚满意的话，那么周春的批评则是多少带有意气用事和不顾事实。

第三，明代考据学家的著作在清代流传有限。例如梅鹭的《尚书考异》，直到嘉庆十九年（1814）孙星衍为之校刻，才广为流传。孙氏为《尚书考异》作《序》云："今阎氏《疏证》及惠氏、宋氏之书，皆有刻本，惟梅氏《考异》在前，反不行于世。"

第四，史学有一个传统，后代为前朝修史，因而断代史多，断代以朝代为起讫，多论述该朝大的政治、经济、军事、文化活动，忽视了历史的连续性，而文化的连续性比政治、军事更强一些，割断文化的断代研究也易造成对明代考据学的忽略。

其实在清代考据学者中也存在对某些明代考据学者或个别成果的肯定者，如《四库全书总目》对方以智及其《通雅》的肯定。又如清张裕钊对陈第《毛诗古音考》的评价与周春相比就客观得多，他说："我朝经学度越前古，实陈氏有以启之，虽其后顾、江诸贤之书，宏博精密，益加于前时，然陈氏创始之功，顾不伟哉！"④

四

明代中后期提倡回归经典、复兴古学、研究汉唐注疏和典籍，从事考

---

① （清）江藩：《汉学师承记》卷八。
② 《四库全书总目》卷一三《尚书谱》。
③ （清）周春：《十三经音略》附录《与卢抱经论音韵书》。
④ （清）张裕钊：《重刊毛诗古音考序》。

据研究的学者除杨慎、焦竑、梅鷟、陈第、方以智之外还有一些。他们提倡尊经、研究古学的目的是力挽理学家特别是心学家抛弃经典和汉唐注疏,束书不观、游谈无根的学风,欲借助古学来经世致用,他们注重研究训诂音韵、考证名物度数,以纠正理学末流的空疏和穿凿附会。他们具有怀疑与批判精神,不迷信前人成说,经过寻证归纳,提出自己的观点。他们主张无证不敢妄下论断,力求博证。他们不满足于一字一词、一典一事的研究,层层归纳总结出一系列对清代学术产生深刻影响的带有规律性的命题和指导意义的方法。他们还致力于考据学学术规范的建构,使考据学向着科学、客观的道路发展。他们研究的范围涉及经学、小学、历史、地理、辨伪、校勘等领域。因此我们有理由认为在明代晚期,考据学已经产生了,它与清代考据学有着不可割断的联系。梁启超将清代顺治、康熙、雍正时期作为考据学的启蒙期,一方面是忽略了明代考据学已经产生这一事实,另一方面是低估了清代初期顾炎武、朱彝尊、阎若璩、黄宗羲等一大批考据学家已达到的考据水平。实际上清初的考据学是沿晚明考据学之波而起,其考据成果、治学方法、学术范式已相当成熟,从事考据的人也很多。如果要对考据学的历史划分时期的话,晚明可划为启蒙期,清代前期应为发展期,乾嘉时期为全盛期,晚清为蜕变期,这样才更符合历史事实。梁启超在《中国近三百年学术史》中将学术思潮做了很形象的比喻,"如潮然","始焉其势甚微,几莫之觉;浸假而涨——涨——涨,而达于满度;过时焉则落,以渐至于衰熄",晚明正处于考据学学术思潮的起始期,"始焉其势甚微,几莫之觉",清初考据学"浸假而涨——涨——涨",乾嘉时,"而达于满度",晚清考据学乃"过时焉则落,以渐至于衰熄",晚明考据学的著作也符合梁氏对启蒙期著作所论定的标准,"此期之著作,恒驳而不纯,但在淆乱粗糙之中,自有一种元气淋漓之象"。①在清初的发展期内,仍然保持了启蒙期对理学末流进行批判,提倡尊经致用的传统,而且经过由明至清的朝代更迭,一大批具有强烈民族主义思想的学者更加深刻地认识到理学,尤其是王学束书不观、空谈心性学风的危害,因而批判得更为坚决、彻底、猛烈。发展期从事考据学研究的学者比启蒙期更多、更成熟、更纯正一些,其成果也更多、更严谨一些,其影响也更大一些。

---

① 梁启超:《中国近三百年学术史》,中国书店1985年版,第11—12页。

以上分析说明，在明代中后期，考据学就已产生，它与清代考据学无论是从时间的前后衔接，还是从学术思想、治学方法以及学术成果的继承和发扬上来说，都是一个不可分割的整体。考据学之所以在明代中后期产生是由于理学走向空疏，其流弊发展到极致后的反动，是学术发展内在机制所决定的。

原载《湖北大学学报》2001年第2期

论清代考据学的学术宗旨

清代考据学派的学术宗旨，也就是考据学家们所追求的主要学术目的，或者说他们进行考据的意图是什么呢？难道真的是为了逃避文字狱而为考据而考据？长期以来，学术界对清代考据学派的学术宗旨的研究没有给予足够的重视，从而影响了对考据学是非功过的评价。笔者不揣浅陋，拟对此作粗浅的探讨，以就教于方家。

一

考据学的学术内容相当广泛，其主要的核心是治经，在考据学者们看来，经书中包含有圣贤之道，只有通过对经典的研究，才能求得圣贤之道，而道的求得不仅有利于修身，且有利于治世，在这种思想的驱动下，学者们将他们的主要兴趣放在通经上。戴震云："《六经》者，道义之宗而神明之府也。"[1] 将经看成道义之源，舍经而无从得道义，故他诘问专讲义理的人说："试诘以求理义于古经之外乎？"[2] 显然，在他看来经外不可能求得义理和圣贤之道。钱大昕说："夫《六经》定于至圣，舍经则无以为学；学道要于好古，蔑古则无义见道。"[3] 阮元亦云："圣贤之道，存于经。"[4] 焦循说："习先圣之道，行先王之道，必诵其《诗》，读其《书》，博学而详说之，所谓因也。……先王之道载在《六经》。"[5] 崔述

---

[1] （清）戴震：《东原文集》卷一〇《古经解钩沉序》。
[2] 同上。
[3] （清）钱大昕：《潜研堂文集》卷二四《经籍籑诂序》。
[4] （清）阮元：《揅经室二集》卷七《西湖诂经精舍记》。
[5] （清）焦循：《孟子正义》离娄章句条。

云:"圣人之道,在六经而已矣。……《六经》以外,别无所谓道也。"①他们都把经看成是载道之书,欲求道,必通经。他们研治小学、史地、天文算学无不是为了通经明道,在这些众多的相关学科中,小学最为重要,被视为通经明道的最主要的工具。

清初,首先提出由小学以通经明道这一宗旨者是顾炎武:"读九经自考文始,考文自知音始。"② 顾氏的这一主张,成为考据学派的不二法门,此后的考据大师无不以此为宗旨。阎若璩指出:"疏于校雠,而多脱文讹字,则失圣人手定本经;昧以声音训诂,则不识古人之语言文字,而无以得圣人之真意。"③ 阎若璩的弟子宋鉴尝曰:"经义不明,小学不讲也。小学不讲,则形声莫辨而训诂无据矣。"④ 他们都高度重视训释文字的重要性,把研究语言文字放在解读经典首要位置。由此看来,清初就已牢牢地树立起小学在通经中至关重要的作用。

吴派创始人惠栋认为"经之义存乎训,识字审音,乃知其义"⑤。钱大昕极其重视小学的通经明道作用,"夫《六经》皆以明道,未有不通训诂而能知道者"⑥,他反复强调:"《六经》皆载于文字者也,非声音,则经之文不正;非训诂,则经之义不明。"⑦ "有文字而后有诂训,有诂训而后有义理。诂训者,义理之所由出,非别有义理出乎诂训之外者也。"⑧ 把训诂看作通向义理的必由之径。惠栋的另一位弟子王鸣盛在《十七史商榷·序》中亦阐明了这一观点:"经以明道,而求道者不必空执义理以求也。但当正文字、辨音读、释训诂、通传注,则义理自见而道在其中矣。"

皖派在考据学阵营里影响最大,后来的扬州派可以说是皖派的再传,皖派创始人戴震以其既精通小学、历算、地理、名物又讲义理之学而影响了皖、扬州二派乃至吴派的部分学者,在全国产生了广泛的影响,其倡导

---

① (清) 崔述:《考信录提要》卷上,《崔东壁遗书》,上海古籍出版社1983年版。
② (清) 顾炎武:《亭林文集》卷四《答李子德书》。
③ (清) 臧琳:《经义杂记序》引阎氏语。
④ (清) 江藩:《国朝汉学师承记》卷一《阎若璩》附《宋鉴》。
⑤ (清) 惠栋:《九经古义述首》。
⑥ (清) 钱大昕:《潜研堂文集》卷三三《与晦之论〈尔雅〉书》。
⑦ (清) 钱大昕:《潜研堂文集》卷二四《小学考序》。
⑧ (清) 钱大昕:《潜研堂文集》卷二四《经籍纂诂序》。

由小学而通经明道的言论最多，也最具有说服力。他说："经之至者，道也；所以明道者，其词也；所以成词者，字也。由字以通其词，由词以通其道，必有渐。"① 他在 17 岁时就抱定了从小学、制度、名物入手探求《六经》之道的志向，他在乾隆四十二年（1777）正月十日，即逝世前四个月写给段玉裁的信中说："仆自十七岁时，有志闻道，谓非求之《六经》、孔孟不得，非从事于字义、制度、名物，无由以通其语言。宋儒讥训诂之学，轻语言文字，是犹渡江河而弃舟楫，欲登高而无阶梯也。"② 一言以蔽之，只有通过小学、名物、制度的研究才能通经，才能求得经书之道，舍是路则"流而为凿空"，而凿空会导致两大致命的弊端："其一，缘词生训也；其一，守讹传谬也。缘词生训者，所释之义，非其本义；守讹传谬者，所据之经，并非其本经。"③ 既然所据之经不是本经，所释之义不是本义，则所求之道亦非圣贤之道。戴震强调小学在通经明道上的桥梁作用，所以他十分重视"六书"的研究，认为"六书也者，文字之纲领，而治经之津涉也。载籍极博，统之不外文字；文字虽广，统之不越六书"④。所以凌廷堪在总结戴震的学术时说："先生之学，无所不通，而其所由以至道者则有三：曰小学、曰测算、曰制度。至于《原善》、《孟子字义疏证》，由古训而明义理，盖先生至道之书也。"⑤ 戴震研究小学、测算、典章制度之学的最终目的是求道，即"理义"；而《原善》《孟子字义疏证》是他求道的心得。

他的弟子段玉裁承其师说，精研《说文》，其目的在于通经明道。"《说文》《尔雅》相为表里。治《说文》，而后《尔雅》及传注明，《说文》《尔雅》及传注明，而后谓之通小学，而后可通经之大义。"⑥ 把研究《说文》与研究经典结合起来，治《说文》就是为了治经。他说："训诂必就其原文，而后不以字妨经，必就其字之声类，而后不以经妨字。不以字妨经，不以经妨字，而后经明；经明而后圣人之道明……夫不习声

---

① （清）戴震：《东原文集》卷九《与是仲明论学书》。
② （清）段玉裁：《戴东原先生原谱》，见《戴震全书》第六册附录之一，黄山书社 1995 年版。
③ （清）戴震：《东原文集》卷一〇《古经解钩沉序》。
④ （清）戴震：《东原文集》卷三《六书序》。
⑤ （清）凌廷堪：《校礼堂集》卷三五《戴东原先生时略状》。
⑥ （清）段玉裁：《说文解字注·许慎叙注》。

类，欲言六书治经，难矣。"① 戴氏的弟子以训诂校勘精绝而闻名的王念孙亦认为，"训诂声音明而小学明，小学明而经学明"。② 可见皖派学者无不以小学为通经的工具。

自戴氏反复倡言由小学以通经明道之后，这一思想在学术界产生了巨大的影响，官修《四库全书》，将它写入《凡例》之中，"说经主于明义理，然不得文字之训诂，则义理何自而推"。作为一种价值取向，四库馆臣把这一思想贯穿于对历代著述的评价之中。纪昀亦曾说过："不明训诂，义理何自而知。"③ 可见这一宗旨影响之大。

继承了戴震义理之学的扬州学派，同样坚持这一宗旨。焦循云："训诂明乃能识羲文周孔之义理。"④ 阮元说："圣人之道譬若宫墙，文字训诂，其门径也。门径苟误，跬步皆歧，安能升堂入室乎?"⑤ "圣贤之道存于经，经非诂不明……舍经而文，其文无质；舍诂求经，其经不实。为文者尚不可以昧训诂，况圣贤之道乎!"⑥ 由此看来扬州学派也是十分重视训诂文字之学的，把它看成探求义理和圣人之道的门径。

"为正统派死守最后壁垒"的晚清考据学者俞樾、孙诒让等，同样坚持由小学以通经明道的宗旨，俞樾在《文庙祀典议》中说："义理存乎训诂，训诂存乎文字。无文字是无诂训也，无诂训是无义理也。"所以，他十分重视《说文解字》的价值："《说文解字》一书尤为言小学者所宗，士生今日，而欲因文见道，舍是奚由哉?"⑦ 孙诒让在十六七岁时，通过读记载考据学谱系的《国朝汉学师承记》和清代考据学者考证经学成果的总汇《皇清经解》，而熟悉了考据大师们的"治经史小学家法"。⑧ 他利用金石甲骨材料研究古代文字，目的在于"证经"。他"精熟训诂，通达假借，援据古籍，以补正讹夺，根柢经义，以诠释古言，每下一说，辄使前后文皆怡然理顺"。⑨ 走的是乾嘉大师们由小学通经的老路。

---

① （清）段玉裁：《周礼汉注读考序》，《皇清经解》卷六三四。
② （清）王念孙：《说文解字注序》，见段玉裁《说文解字注》卷首。
③ （清）梁章钜：《退庵随笔》卷一四。
④ （清）焦循：《雕菰楼文集》卷一三《寄朱休承学士书》。
⑤ （清）阮元：《揅经室一集》卷二《拟国史儒林传序》。
⑥ （清）阮元：《揅经室二集》卷七《西湖诂经精舍记》。
⑦ （清）俞樾：《宾萌集》卷四《文庙祀典议》。
⑧ （清）孙诒让：《札迻·序》。
⑨ （清）俞樾：《札迻序》。

从以上大量的史料可以看出,从清初的顾炎武到晚清的俞樾等考据学大师无不以小学为通经明道的阶梯,小学被视为通向圣人之道和经典义理彼岸的桥梁和舟楫,舍是而无路可行。这是考据学派的根本宗旨。以反汉学而闻名的宋学家方东树,在《汉学商兑》中不得不叹息道:"此是汉学一大宗旨,牢不可破之论矣。""此论最近信,主张最有力,所以标宗旨,峻门户、固壁垒,示信学者,谓据其胜理,而不可夺矣。"①

二

由小学以通经明道的学术宗旨,是考据学区别于宋明理学的最显著标志之一。不可否认,理学在中国思想哲学史上有其特定的地位、价值,曾对中国的学术文化产生了一定的影响,但在对待传统经典的态度上,却存在师心自用的弊病,他们摆脱汉唐的传注疏释,不重视小学在通经方面的价值,将自己的思想强加给经典,甚至以"六经注我",发展到后来,不仅不读传注,不讲训诂,甚至连经典原文都不读,只背诵朱子语录就夸夸其谈,而陆王心学更是反对读经,否定知识的价值,主张求之内心,参禅顿悟,其末流达于"狂禅"的境地,故而在明末就有一批学者起而批判,呼唤回归经典,探求经典本义,并初步认识到了小学的价值。明清鼎革,使更多的知识分子反省理学之弊,顾炎武提出"经学即理学",舍经学无理学,后起之学者无不重通经,反对"束书不观""游谈无根",强调训诂名物的重要性,主张通过客观地对字义字音的探求来阐发经典本身蕴含的义理、圣道。可以这样说,由小学以通经明道的治学宗旨是考据学派在对宋明理学流弊的批判、反省之中形成的。

考据学派由小学以通经的方法,具有合理性,古代人类所创造的知识能够流传到后世,主要是靠语言文字的记录,靠典籍代代相传,而经书是经过历史长河的大浪淘沙之后所积淀下来的精华,这些典籍大多在春秋战国时期就已形成,随着时间的流逝,后世人们去古愈远,文字、制度、名物产生了很大的变化,人们不可能用后世的文字语义去解读经典中的语句,不可能用后世名物制度去附会古代的名物制度,若强为之解,只能造成误读,求其确切的原义,唯一的方法只有重视距经典形成期较近的注

---

① (清)方东树:《汉学商兑》卷中之下。

疏、工具书，通过对古文字、音韵、训诂、名物的研究，由字通词，由词通句，由句通经，求得经典本义。这种摒弃主观臆断，讲究客观研究，严格地从语言材料出发的解经方法无疑十分科学。就连对考据进行过猛烈批评的理学家姚鼐，也不得不承认"夫六书之微，其训诂足以辨别传说之是非，其形音上探古圣初制度之始，下贯后世迁移转变之得失"。① 周予同对考据学的这一宗旨给予了充分的肯定："清代戴震、焦循等由文字训诂到经典研究再到哲理探索的主张和方法，我觉得在今天仍是有效的'基本功'。"②

明了考据学派主张由文字音训以通经明道的宗旨，为我们理解考据学派为何孜孜不倦地从事文字、音韵、训诂、名物研究，辑佚古经注疏，兢兢探求一字一物的本义旧制，找到了一把钥匙，同时也说明以往对考据学派是"为考据而考据"，是为了"求奇炫博"的指责有重新检讨的必要。汉学家之所以要向"纸上与古人争训诂形声传注"③，是他们的治学宗旨所决定的。明了此旨，就能更好地理解考据学的反对者如程晋芳的观点："今之儒者，得唐以前片言只字，不问其道理如何，而皆宝而录之，讨求而纂述之。群居坐论，必《尔雅》、《说文》、《玉篇》、《广韵》诸书之相砺角也，必康成之遗言，服虔、贾逵末绪相讨论也。古则古矣，不知学问之道果遂止于是乎？"④ 具有极大的片面性。只有明了此旨，才会理解王念孙、王引之等人所从事的看来似乎是纯学术的研究工作表象背后的更深层的动机与目的。现代学者肯定王氏父子著作的价值，大多是从他们对语言学、校勘学的贡献出发的。而古代考据学者却看重的是他们的研究对阐发经典"微言大义"所发挥的作用，清人王绍兰评价王氏父子的研究说："以众经诂一经，而经之本义以立；以一经贯众经，而经之通义以明，而又合之以形声，函之雅故，微言大义，时见于篇。"⑤ 可谓深得王氏父子的苦心。

考据学派由小学而通经明道的宗旨，对于批判程朱理学具有积极的意义。"乾嘉学者注重从声音文字、训诂、校勘等方面入手来整理古代经籍

---

① （清）姚鼐：《小学考序》，《小学考》卷首。
② 周予同：《有关讨论孔子的几点意见》，《学术月刊》1962年第7期。
③ （清）方东树：《汉学商兑》卷中之上。
④ （清）程晋芳：《勉行堂文集》卷一《正学论四》。
⑤ （清）王绍兰：《许郑学庐存稿》卷六《与伯申尚书》。

的做法，不啻把学术思想界千百年来虔诚信仰、奉若神灵的偶像一变而为可以研究探讨的对象，从而廓清了许多长期以来附加在古书上的误解和歪曲，使古代经籍逐渐呈现出它本来的面貌，这显然有利于削弱宋明理学的理论基础，在一定程度上起到解放思想的作用。"① 正是本着这一宗旨，考据学者不以钦定的朱子对经书的解说为是非标准，从语言文字的研究入手，重新阐释经典本义，对以朱子学说为主的宋学无疑是很大的打击，因而遭到宋学派的极力反对。宋学家陆陇其认为熟读朱子之书就可以求得孔孟之道，将朱子之学看成求道的门户。他说："夫朱子之学，孔孟之门户也。故今日有志于圣学者，有朱子之成书在，熟读精思而笃行焉，如河津余干可矣。"② 这种信奉权威，以朱子言论作标准的做法，是一种唯心主义的做法。与这种观念相反，考据学派认为"训故明乃能识羲文周孔之义理……未容以宋之义理即定为孔子之义理"。③ 陆氏意识到考据学由小学通经明道的治经方法，最终会粉碎宋学的理论基础，剥下宋学家附会在古代经典上的假道，故欲仿效汉代董仲舒要汉武帝独尊儒术的做法，倡导独尊宋学，独尊朱子，对宋学的反对派考据学进行封杀。他说："昔董生当汉武之世，百家并行，故其言曰：'诸不在六艺之科，孔子之术者，皆绝其道，不使并进。'此董生所以有功于世道也。继孔子而明六经者，朱子也，非孔子之道者皆当绝，则非朱子之道者皆当绝，此今日挽回世道之要也。"④ 基于陆氏同样的心理，方东树指责汉学家"离经叛道"乃"几千年未有之异端邪说"，甚至破口大骂，考据学是"洪水猛兽"，原因无非是"近世有为汉学考证者，著书以辟宋儒攻朱子为本"⑤。他在《辨道论》中攻击考据学云："以六经为宗，以章句为本，以训诂为主，以博雅为门，以同异为攻……亦辟乎佛，亦攻乎陆王，而尤异端寇雠乎程朱，今时之弊，盖有在于是者，名曰考证汉学……其言盈天下，其离经叛道过于杨墨佛老。"⑥ 晚清宋学家唐鉴，斥骂考据学家陈启源是"横生妄议，诬

---

① 黄爱平：《乾嘉学者王念孙王引之父子学术研究》，载中国人民大学清史研究所编《清史研究集》第五辑，光明日报出版社1986年版。
② （清）陆陇其：《三鱼文集》卷五《答嘉善李子乔书》。
③ （清）焦循：《雕菰楼文集》卷一三《寄朱休承学士书》。
④ （清）陆陇其：《三鱼文集》卷八四《四书集义序》。
⑤ （清）方东树：《汉学商兑》，《序例》及卷上。
⑥ （清）方东树：《考盘集文录》卷一《辨道论》。

毁圣人，专门之病，其狂悖一至此乎"。① 陈氏激怒唐氏是因为陈氏的《毛诗稽古篇》"训诂一准诸《尔雅》"，"所辨正者，惟朱子《集传》为多"。② 这恰好从反面证明了由小学而通经明道的做法所具有的解放思想的意义。戴震撰写《孟子字义疏证》，从小学入手，阐发《孟子》的本义，对宋明理学的"天理""人欲"等学说进行了彻底有力的批判，戴氏由小学以通经明道实践的成功，从正面证明了这一宗旨的战斗意义。

考据学由小学通经明道的宗旨不仅是一种治经的步骤，而且也是一种指导思想，我们不能简单地认为由小学通经明道只是从经典的字义入手去释经，而应看到，这一宗旨对清代考据学重视小学研究、重视基础性研究的指导意义。或许某一位、某几位考据学者的研究看起来与经学关系不大，但从最初的动机上都是围绕经学而展开的，只是一种在有意无意之中的分工上的不同罢了。也正是这一指导思想使考据学在很大程度上越出了经学的范围，因为仅仅从解释个别经文语义的角度进行纯经学的研究往往解决不了问题。宋儒如朱熹等并不是完全不注重前人的注释成果，但古人的注释往往是随文释义，很难做到贯通，所以朱子对经书的解释仍然有抵牾不通之处。清代考据学者为了通经，不得不向语言学的更深层次去作探讨，以寻求真正彻底的解决（客观上未必做得到），也就是考据学家所说的"其间未发明而沿旧误者尚多，皆由于声音、文字、假借、转注未能通彻之故"③。因此这一宗旨，对小学、史学、地理学、历算学等逸出经学的范围，各自相对独立的发展并蔚为大国，具有积极的意义。

由小学以通经明道的宗旨，不仅影响治经，也影响到清人研究古代历史、地理、天算、子学等相关学科。首先，有关古代的历史、地理、天文、哲学之书都是用古代文字记录下来的，小学的发达为理解这些典籍提供了语言工具。其次，经学本身是一个包容哲学、史学、文学、天算等学科的集合体，对经书中有关问题的探讨，不得不从经典的同时代或相近时代的子书、史书中寻求材料作证据，这就大大地推动了对子书、史书的研究。最后，是方法论上的影响，以史学为例。"说经主于明义理，然不得其文字训诂，则义理何自而推；论史主于示褒贬。然不得其事迹之本末，

---

① （清）唐鉴：《国朝学案小识》。
② 《四库全书总目》卷一六《毛诗稽古篇》条。
③ （清）阮元：《经义述闻序》。

则褒贬何据而定。"① 这种影响在王鸣盛身上表现得尤其突出，他作《十七史商榷》"主于校勘本文，补正讹脱，审事迹之虚实，商榷经传之异同，最详于舆地职官、典章制度，独不喜褒贬人物，以为空言无益也"。② 即仿照由小学以通经明道的治经方法，从文字训诂、名物史实、典章制度的源流演变、地理沿革，以及史文、注文的讹误、脱漏、增衍、抵牾等方面进行考核，以达到订正史籍之讹谬、诠解史籍之蒙滞，使史实条理清楚、史文明白晓畅的目的。

三

考据学由小学以通经明道的宗旨，也有一定的局限性。

其一，在这宗旨的指导下，考据学家们认为只有经书中包含的道才是真道，过度相信圣人之道，这就限制了他们对现实世界许多"道"的探求。从认识论上说，这仍是唯心主义的范畴，造成只重间接真理的寻求，而忽视对现实真理的探求。在这一点上章学诚的认识要深刻得多，他说："就经传而作训诂，虽伏郑大儒，不能无强求失实之弊，以人事有意为攻取也……离经传而论大义，虽诸子百家，未尝无精微神妙之解，以天机无意而自呈也。"③ 考据学派认为《六经》中含有圣人之道，宋儒求道的方法错了，应从文字、音韵、训诂、度数等方面去考求，章氏则认为用这种方法，也未必没有"失实之弊"，而离开经传亦可以求得真道。其所谓天机，即道也。

其二，这一宗旨极大地规定了考据课题的时间范围，因为经形成于先秦时期，而保存到现在的最早的对经典的解释是汉儒经注，这是造成考据学家只重古代不重宋明的重要原因。这也从一个侧面说明考据学者从事考据并非为了逃避现实而复古。

其三，通经明道的目的与宋明理学殊途而同归，即借助对经义的阐扬，圣道的探求为走向末路的封建统治阶级提供理论依据，通经明道的最终目的是"致用"。

---

① 《四库全书总目》卷首《凡例》。
② （清）王鸣盛：《十七史商榷·序》。
③ （清）章学诚：《校雠通义》外篇《吴澄野太史历代诗抄商语》。

但我们要认识到，这种局限是时代的局限，清人在资本主义还未成长壮大以前，很难看到新社会的曙光，他们不可能从思想上完全越出经学的樊篱，即使是那些先进的改革者、思想家都是如此，顾炎武的"经学，理学也"，傅山的"五经皆王制"，黄宗羲对上古社会的礼赞，都是把上古三代看成人间盛世，而经典正是盛世制度道德规范的结晶。历代学者欲致君尧舜上的法宝无非是通经致用，这是历史的悲剧。

原载《三峡大学学报》2002年第5期

论清代考据学的学术规范

梁启超在《中国近三百年学术史》中称："乾嘉学者，实成一种学风，和近世科学的研究法极相近，我们可以给他们一个特别的名称，叫做'科学的古典派'。"其实，清代考据学不仅在考据方法上与近代科学的研究法极相近，而且他们所倡导、遵循的学术规范也与近代相近。考据学的学术规范对考据学派的形成、发展、壮大，对实事求是治学精神的贯彻，对学术成果的规范化均起到了至关重要的作用。它也是考据学派不同于其他学派的主要标志之一。

一 "无征不信""孤证不立"的论证规范

考据学与理学在论证方式上有根本的区别。考据学者认为，"性理之学，纯是蹈空，无从捉摸"。[①] 只有通过对文献材料进行分析、归纳所得出的结论，才是客观可靠的。所以他们每提出一种观点和看法，无不以大量的文献材料作依据，因而形成了一套考据学者认同的论证规范。

顾炎武曾说："史书之文有误字，要当旁证以求其是，不必曲为立说。"[②] 所谓"旁证以求其是"就是多方寻求证据，以证成其说，既不妄改，亦不歪曲附会。对于文字之误是如此，对于其他学术问题亦无不如此，他的《日知录》处处体现了这种重证据的实证精神。其弟子潘耒总结说："有一疑义，反复参考，必归于至当；有一独见，援古证今，必畅其说而后止。"[③] "反复参考""援古证今"就是寻求证据的过程。在考据

[①] （清）江声：《问字堂集赠言》，见孙星衍《问字堂集》卷首。
[②] （清）顾炎武：《日知录》卷二〇《汉书注》。
[③] （清）潘耒：《日知录序》，见《日知录》卷首。

学者看来，无证据的论述绝对不可靠，孤证同样不可为据。程瑶田说："孤证固疑，不可为典要。"① 戴震认为"据以孤证以信其通"与"出于空言以定其论"一样，是难以令人信服的"未至十分之见"。② 任大椿的弟子、阮元的同学与好友汪廷珍曾对为何要重视证据这一问题进行过阐述：

> 经史之学，与各项杂文不同，必有实证确凭，方可定前人未定之案，正前人未正之误。若以空虚之理，或孤证偏词，遽为论断，且有乖于圣人好古阙疑之旨，虽学博力厚，足以压倒一切，究竟献酬群心，终不能使人人心折。其于学术，殊无所补，万一小有差失，为害转大。③

但是，仅仅有证据仍然是不够的，因为在丰富的古代文献材料中寻找一些材料来作论据，并不是一件十分困难的事。"宋人邢昺注书，非无引据，往往据一废百，且必废其正说，而据其旁说。"④ 这种做法比无证据的空言更具有迷惑性，因此，考据学者们反对片面地挑选例证的做法，"偏举一隅，惑兹生矣"。⑤ 研究某一问题，一定要全面收集有关材料，经过认真分析，去其伪而存其真，从中选择出能真正反映实质的具有代表性的材料作证据来证成其说。戴震云："凡学未至贯本末，彻精粗，徒以意衡量，就令载籍极博，犹所谓思而不学则殆也。"⑥ 故要在全面占有资料的前提下，摒弃主观的偏见和臆断，客观地分析材料，以求得真解。

邵晋涵批评宋人邢昺在疏《尔雅》时，未能做到详尽占有材料，其书"剿袭孔氏《正义》，割裂缺漏，视明人修《大全》不甚相远。如李巡九州注备载于《公羊传》庄公十年疏，邢氏只就《禹贡》正义录其八州

---

① （清）程瑶田：《考古创物小记·观古铜辖求知毂空外端轴末围径记》，见《皇清经解》卷五二六。
② （清）戴震：《戴东原集》卷九《与姚孝廉姬传书》。
③ （清）汪廷珍：《实事求是斋遗稿》卷四《又复阮甫书》。
④ （清）毛奇龄：《西河合集》卷八《论语稽求篇》。
⑤ （清）戴震：《毛郑诗考证》卷二。
⑥ （清）戴震：《戴东原集》卷九《与任孝廉幼植书》。

而不及营州,盖并《公羊疏》尚未寓目也"。① 与宋人的做法大相径庭,王念孙等考据学者在训释经文时,每释一字,往往遍考群籍,"自九经三传及周秦两汉之书","遍为搜讨"。② 王鸣盛考订史实时,"搜逻偏霸杂史,稗官野乘、山经地志、谱牒簿录,以暨诸子百家、小说笔记、诗文别集、释老异教,旁及于钟鼎尊彝之款识、山林冢墓祠庙伽蓝碑碣断阙之文,尽以供佐证"。③ 为了考证某一问题而作穷尽式的寻证,可谓勤矣。

二 "以经证经""去古未远"的用证原则

清代考据学者不仅注重论据的全面性,更看重论据的可信性。并非所有的文献材料都可以用来作论据。在繁杂的文献之中,有些伪书或与研究课题旨趣相差甚远的典籍都不可用来作证据。孙星衍在研究《尚书》时,就立下这样的原则:"《家语》、《孔丛》、《小尔雅》、《神异经》、《搜神记》等,或系伪书,或同小说,不敢取以说经,疑误后学。"④ 钱塘人冯景与阎若璩一样,力主《古文尚书》为伪书,但在引用材料上别择不精,阎若璩批评他说:

> 可惜所凭据在《逸周书》、《穆天子传》,又可惜在《家语》、《孔丛子》、伪本《竹书纪年》,尤可惜在《鲁诗世学》、《世本》、《毛诗古义》耳,真谬种流传,不可救药,吾未如之何也矣。⑤

这种以不可信的材料作证据的做法,即使其观点是正确的,也不为考据学界所认可。考据学者在解经的问题上提出了"以经证经"的用证原则。他们认为,经书是一个统一的系统,用本经以证本经,以此经而证彼经的做法是最为可靠的,"以经注经,此为汉学之先河"。⑥ 顾炎武在研究《诗》韵时的方法是"列本证、旁证二条。本证者,《诗》自相证也;旁

---

① (清)邵晋涵:《南江文钞》卷八《与程鱼门书》。
② (清)王引之:《经传释词·序》。
③ (清)王鸣盛:《十七史商榷·序》。
④ (清)孙星衍:《尚书今古文注疏·凡例》。
⑤ (清)阎若璩:《潜邱箚记》卷五《与刘超宗书》。
⑥ (清)陈寿祺:《左海文集·经郛条例》,见《皇清经解》卷一二五二。

证者，兼之他书也。二者俱无，则宛转以审其音，参伍以谐其韵"。① 顾氏所说，虽是具体指考证《诗经》音韵而言，但所提出的三种证据以本证为主，旁证次之，理证又次之的观点，对清代考据学带有普遍的指导意义。毛奇龄亦云：

> 予之为经，必以经解经，而不自为说，苟说经而坐与经忤，则虽合汉、唐、宋诸儒并为其说，而予所不许。是必以此经质彼经，两无可解，夫然后旁及儒说。②

> 吾传《春秋》，皆以经证经，不得已而及传，又不得已而后及诸子，以至汉后儒之说经者。③

"以经证经"是从材料的权威性来论的，而"去古未远"则是从材料的时效性而言的，清人在提出"以经证经"的同时，提出了用证"去古未远"的原则。顾炎武明确指出："考古之书，必于书之近古者"为依据。④ 他在考辨音韵时，就遵循了这一原则。"据汉人以正宋人之失，据经以正沈氏、唐人之失。"⑤ 黄宗羲、万斯大主张研究三《礼》，要"以经说礼"，"《易》、《书》、《诗》、《春秋》而下，《左》、《国》、《公》、《谷》去古为近，可择而取也"。⑥ 钱谦益亦主张："学者之治经也，必以汉人为宗……汉不足，求之于唐，唐不足，求之于宋，皆不足，然后求之近代，庶几圣贤之门初可窥，儒先之铃键可得也。"⑦

考据学者尊崇汉儒，与这种原则有很大关系，汉儒之可尊，"以其去古未远，家法犹存故也"。⑧ "为其去圣贤最近，而二氏之说尚未起也。"⑨ 其实，"以经证经"亦具有"去古未远"的原则在里面。经书的成书时间虽然不甚一致，但都在先秦时期，而且在很多清人看来，大多数是经过圣

---

① （清）顾炎武：《音学五书·音论·古诗无叶音》。
② （清）毛奇龄：《经义考序》，见《经义考》卷首。
③ （清）毛奇龄：《经问》，见《皇清经解》卷二五。
④ （清）顾炎武：《亭林文集》卷六《子胥鞭平王之尸辨》。
⑤ （清）顾炎武：《音学五书·序》。
⑥ （清）万斯大：《学礼质疑·自序》，见《皇清经解》卷四八。
⑦ （清）钱谦益：《牧斋初学集》卷七九《与卓去病论经学书》。
⑧ （清）卢见曾：《雅雨堂文集》卷一《刻李氏易传序》。
⑨ （清）阮元：《国朝汉学师承记序》，见该书卷首。

人孔子整理过的，所以可以视为同一时期的作品，也因为如此，经书才具有统一性，以经证经才具有合理性。

这一原则，不仅是经学研究者所遵循的原则，也是考据学其他学科所采用的原则，"以经证经"，在考史者的眼中就是以正史证正史，然后旁及其他史书和史料。"于一史中纪、志、表、传互相稽考，因而得其异同"，此后才是"取稗史丛说，以证其误"。① 赵翼在考史时，如遇"稗乘脞说与正史歧互者"，不以稗乘野史为据而是相信正史，以为修史之时，这些杂史"无不搜入史局，其所弃而不取者，必有难征信处"。② 体现了以正史证正史为第一要义的原则。

"去古未远"是相对而言的，并不是绝对的。"言有出于古人而未可信者，非古人之不足信也。古人之前，尚有古人，前之古人无此言，而后之人言之，我则从其前者而已矣。"③ 考证先秦问题，当然以先秦及秦汉为古，考证唐代的问题，则以唐代及宋代为古。"以经证经"亦是相对的，以与课题最为相近的资料为主。顾炎武在撰写《肇域志》时，就是"先取《一统志》，后取各省、府、州、县志，后取二十一史，参互书之"。④ 因为是修志书，当然以志书为主要依据，正史则相对退居次要地位。

从以上分析可以看出，"以经证经"也罢，"去古未远"取证也罢，归根结底是以研究课题为指归，课题的时代决定了所用论证材料的时代性，课题的性质决定了证据材料所属的性质。证经则用经，论正史则以正史。这种取证原则无疑是十分科学的，"如论字者，必本于《说文》，未有据隶、楷而论古文者也"。⑤ 由于考据学所研究的课题以经学为主，而经的成书时代决定了论证材料的时代，故而形成了考据学重古人而轻后人的倾向，这并不是一味追求复古，实由课题的时代使然。戴震曾有一个很形象的比喻，"今古悬隔，时之相去，殆无异地之相远，仅仅赖夫经师故训乃通，无异译言以为之传导也者"。⑥ 诚然，文化是一条流动的河，各

---

① 《清史列传·儒林传下·王鸣盛》。
② （清）赵翼：《廿二史札记·小引》。
③ （清）钱大昕：《潜研堂文集》卷一六《秦四十郡辨》。
④ （清）顾炎武：《亭林文集》卷六《肇域志序》。
⑤ （清）顾炎武：《亭林文集》卷四《与人书四》。
⑥ （清）戴震：《戴东原集》卷一〇《古经解钩沉序》。

个时代的文化存在不同程度的变异，时代越远，其变化越大，所以用时代相同、相近者的材料较用时代悬远者的材料更具可靠性。

三 "袭用前人成说"、征引文献资料必须引用原文注明出处的引据规范

学术研究的价值在于创新。"学者莫病于株守旧闻，而不复能造新意。"① 考据是一种积累性很强的研究，它每前进一步都是在前人研究成果的基础上取得的；同时，如前所述，考据学重证据，论证问题引经据典，旁征博引，这样就存在如何对待前人成果和怎样征引文献的问题。清代考据学者提出的规范是：反对抄袭，引用他人成果、征引文献资料，必须注明原创者和详细出处，并要求检核原书，引用原文，不得随意增减。

清代考据学者认为，将他人成果据为己有，引用他人观点而隐没其姓名，是一种不道德的行为，他们对这种行为进行无情的挞伐批判。顾炎武主张做学问"毋雷同"。② 认为"抄袭之说"不仅对社会毫无益处，且"有损于己"。③ 他称那些将他人成果据为己有者是无耻的盗贼：

> 吾读有明弘治之后经解之书，皆隐没古人名字，将为己说者也。
> 晋以下则有以他人之书而窃为己作，郭象《庄子注》、何法盛《晋中兴书》之类是也。若有明一代之人，其所著书无昨窃盗而已……今代之人，但有薄行而无隽才，不能通作者之意，其盗窃所成之书，必不如元本，名为钝贼，何辞！④

郭璞在为《尔雅》作注时，"用旧注而掩其名"，被余萧客斥为"攘善无耻"，他为了恢复被郭氏窃取的成果之本来面目，"采注疏及《太平御览》诸书中犍为舍人、孙炎、李巡旧注"而释《尔雅》。⑤ 邵晋涵批评宋初邢昺在注《尔雅》时，"多掇拾《毛诗正义》掩为己说"的有违学

---

① （清）戴震：《戴东原集》卷一〇《春秋究遗序》。
② （清）顾炎武：《日知录》卷一九《文人摹仿之病》。
③ （清）顾炎武：《日知录》卷一九《文须有益于天下》。
④ （清）顾炎武：《日知录》卷一八《窃书》。
⑤ （清）江藩：《国朝汉学师承记》卷二《余古农先生》。

术道德的做法。① 陈寿祺也将批判的矛头对准晋人。"晋代注家，每摭拾前人而不言所自。如伪孔《尚书传》之本于王肃，杜预《左传注》之本于服虔，郭璞《尔雅注》之本于樊、孙是也"，他欲对其进行辨别，指出其抄袭之处。② 钱大昕则对宋元以来经学著作中的两种倾向进行抨击："宋元以来，说经诸书，盈屋充栋，高者蔑弃古训，自夸心得，下者抄袭人言，以为己有，儒林之名，徒为空疏藏拙之地。"③

在批判剽窃抄袭的同时，他们提出了正确对待前人成果的原则。"凡述古人之言，必当引其立言之人，古人又述古人，则两引之，不可袭为己说也。"④ 陈启源在自己的著作《毛诗稽古篇》的《叙例》中，阐明了他对待前人成果的原则：前人谬误已经他书指摘者，概不赘及；其指摘有未尽，则曲畅之，必先云某说如此，不敢攘人之美也；若指责未当，则加驳难。陈氏这里主要是从纠正前人过失的角度而发。在考据学者看来，纠正前人之误与发明新知具有同等价值。前人之误已被他人纠正，则不再述及，这是对他人成果的认同；对他人没能说透彻的问题进行完善和补充，一定注明是由谁先提出来的，这是对他人已取得成果的尊重；若前人的错误未能纠正，则提出己见，进行驳难。考据学者即使是未看到前人已有的观点而由自己独立思考所得，一旦发现前人有相同的看法，则放弃自己的发现权，而将学术发现的首创权让给前人。"或古人先我而有者，则逐削之"⑤，"间与前人暗合者，削而去之"⑥。他们认为："凡学之得，有未经人道者存之，如已落人后则去之。非独以辟剿说之迹，以此事既明，毋庸多赘，所以娓娓不倦者，为公，非为私也。"⑦ 充分体现了考据学者将学术视为天下之公器的精神。清人札记体式的著作，为这种删削提供了极大的便利。

对于前人成果是如此，对于同时代学者的成果也是这样。"同时诸君之说，有已刻行世之书，亦有未经授梓者，有杂载经义札记者"，"但载

---

① （清）邵晋涵：《南江文钞》卷五《尔雅正义序》。
② （清）陈寿祺：《左海文集·经郛条例》，见《皇清经解》卷一二五二。
③ （清）江藩：《国朝汉学师承记》卷二《惠栋》。
④ （清）顾炎武：《日知录》卷二五《述古》。
⑤ （清）顾炎武：《日知录》卷首《小记》。
⑥ （清）钱大昕：《廿二史考异·自序》。
⑦ （清）李威：《岑云轩琐记续选》卷一。

明姓氏"。① 哪怕只是在观点上受到学友的启发,也予指明。"或得于同学启示,亦必标榜姓名,郭象、何法盛之事,盖深耻之也。"② 即使是父子兄弟,也不例外。如王引之在《经义述闻》中,凡称述其父的观点,皆一一用"家大人曰"加以明示,臧庸在著述中引用其弟的看法,亦加以说明。③

考据学者们对学术首创权的尊重是与他们尊重知识的思想分不开的。考据学者认为:"士生古人之后,贵集众长,必载前人之名,不敢埋没。"④ "考订之书,袭用前人成说,本不足怪,但须注明来历耳。"⑤ 那么,清代考据学者在引用他人成果、征引文献资料注明来历时,又有什么规范呢?

与"古人引经,略举大义,多非原文"⑥ 的做法不同,顾炎武平生强调"凡引用前人之言必用原文"。⑦ 陈启源著书时,"引据之书,必明著于编,稗可展卷取验,示传信也"。⑧ 王鸣盛则在注明来历时更为详细:"予所著述,不特注所出,并凿指第几卷某篇某条,且必目睹原书。"⑨ 其《尚书后案》在所引之"郑曰"后均注明所录资料原文的出处,见于数处者,皆一一注明。如在所录郑玄对"禋于元宋"的解释后,注明出处达16处之多,皆不厌其烦地写明书名、卷数或篇名。陈寿祺拟撰《经郛》的条例中,对引文规范有明确交代:"采书悉仍原文,宁详毋略,每书必标某卷、某篇,以明所征有据,善本订误者,附注于下。"⑩ 邵晋涵在辑录《旧五代史》时,亦遵循这种原则,他从《太平御览》《资治通鉴考异》《契丹国志》《旧唐书》《新唐书》《五代会要》《东都事略》《续资治通鉴长编》《宋史》《辽史》《九国志》《十国春秋》和宋人的文集、笔记等书采录资料,皆一一注明,以昭有据。"引书注出处,唐以来多有

---

① (清)孙星衍:《尚书今古文注疏·凡例》。
② (清)钱大昕:《廿二史考异·自序》。
③ (清)臧庸:《拜经日记·〈说文〉〈仪礼〉用今文》,见《皇清经解》卷一一七〇。
④ (清)方以智:《通雅·凡例》。
⑤ (清)章学诚:《乙卯札记》。
⑥ (清)桂馥:《札璞》卷七《引经》。
⑦ (清)顾炎武:《日知录》卷二〇《引古必用原文》。
⑧ (清)陈启源:《毛诗稽古编·叙例》。
⑨ (清)王鸣盛:《十七史商榷》卷九八《十国春秋》。
⑩ (清)陈寿祺:《左海文集·经郛条例》,见《皇清经解》卷一二五二。

之。近人引书，非但注出处，并注卷数，谓可杜展转贩袭之弊。"① 这说明，引文标明详细的出处，已成为清代考据学者著述时的基本要求。

阮元等纂修《经籍纂诂》时，为了注明准确的出处，而又不使书名篇名占有太多的字数，在凡例中，根据前人引书的习惯，规定了一套简化标注格式："引经，《易》、《书》、《诗》举一字，《周礼》、《左氏》等举二字；《前汉书》称《汉书》，《后汉书》称《后汉》……以从节省。《尚书大传》称《书大传》，《大戴礼记》称《大戴记》，《逸周书》称《周书》，《淮南子》称《淮南》，《吕氏春秋》称《吕览》。"篇名的标注只载小篇名，不称总题，如"《书》经但称《尧典》、《禹贡》，不称《虞书》、《夏书》，《诗》但称《关雎》、《鹊巢》，不称《周南》、《召南》"。《汉书》《后汉书》等史书，亦遵此例。② 这样，既便于使用者核验原书，又不致因注明全称而浪费篇幅，可谓二美兼具。

晚清考据学者陈澧，总结清代考据学者的引据规范，写成专文，他认为"说经之文与时文不同者，时文不能引书，说经之文，则必引书"。他总括为十条，其中有云："前人之文，当明引不当暗袭"，"明引而不暗袭，则足见其心术之笃实，又足征其见闻之渊博"；"引书须识雅俗，须识时代先后"；"书之显赫者，但当举其书名，亦有当举其人之姓氏者，其次则当兼举其字、或号、或官、或谥；若其人其书皆不显赫，则举其名"；"所引之书，卷帙少而人皆熟习者，但引其文可矣，否则当并引篇名，或注明卷数，以征核实"；"引书必见本书而引之，若未见本书而从他书转引者，恐有错误，且贻诮于稗贩者矣。或其书难得，不能不从他书转引，宜加自注云：不见此书，此从某书转引，亦笃实之道也；若其书已亡，自当从他书转录，然亦必须注明所出之书也"。③ 则与近现代学术规范无异矣。

考据学的上述学术规范，在今天看来，并无什么特别之处，但在古代学术研究史上，具有划时代的意义。它标志着传统学术向近代学术的转变，改变了传统学术中重思辨轻资料的倾向，大大提高了论证的准确性和

---

① （清）朱一新：《无邪堂答问》卷四。
② （清）阮元：《经籍纂诂·凡例》。
③ （清）陈澧：《东塾未刊遗文·引书法示端溪书院诸生》，转引自张舜徽《文献学论著辑要》，陕西人民出版社1985年版，第415—416页。

可靠性，使学术研究向更科学、更严谨的方向发展。这种学术规范的确立，培养了学者们良好的学术道德，防止了杜撰史料的可能，为后继研究者提供了方便，使研究结果更加客观，更具说服力。

原载《清史研究》1999 年第 4 期，人大复印报刊资料《明清史》2001 年第 5 期全文转载

论清代数学考据方法

早在20世纪二三十年代，梁启超和胡适等人就对清代考据学的治学方法进行过总结，梁启超称考据学与"近世科学的研究法极相近"[1]，胡适称"中国旧有的学术，只有清代的'朴学'确有'科学'的精神"[2]。此后，随着对清代考据学派研究的深入，对清代考据学者的治学方法进行个案研究者甚众。不过，前辈学者在对清代考据学者考据方法的论述中，有关数学考据方法的论述极少，他们大都只注意到数学对考据学者思维方法严密化的间接影响，认为"这类学问（引者按：指算学、历学）在清代极发达，而间接影响于各门学术之治学方法也很多"[3]，却忽视了考据学者将数学作为一种方法直接用于非数学问题的文史研究的事实。本文略举数例，欲从这方面作一初步的探讨。

一

清代考据学以经书为主要研究对象，经书中有些典籍如《周礼》等，非精通算学而不能贯通其意。"同学治古文辞，有苦《考工记》难读者，余语以诸工之事，非精究少广、旁要，固不能推其制，以尽文之奥曲。"[4] 所以清代很多考据学者都精于数学。他们常用精确的计算来纠正前人的错误，如《周礼·考工记·辀人》中有这样一句经文："轨前十尺而策半

---

[1] 梁启超：《中国近三百年学术史》，中国书店1985年版，第22页。
[2] 胡适：《清代学者的治学方法》，见许啸天《国故学讨论集》第一集，上海书店1991年版，第22页。
[3] 梁启超：《中国近三百年学术史》，中国书店1985年版，第137页。
[4] （清）戴震：《东原文集》卷一〇《考工记图序》，《戴震全书》本，黄山书社1995年版。

之。"郑玄注："十或作七，合七为弦，四尺七寸为钩，以求其股，股则短矣，七非也。"唐人贾公彦为郑注作疏曰：

> 云十或作七，合七为弦，四尺七寸为钩，以求其股，股则短矣者：七七四十九，四丈九尺；四四十六，丈六尺，七七四十九，又得四尺九寸，并之二丈九寸。算法以钩除弦，以二丈九寸除四丈九尺，仍有二丈八尺一寸在，然后以求其股，以二丈八尺一寸方之……得方五尺三寸，余方一寸。以此言之，则轨前惟有五尺三寸，不容马，故云"股短矣，七非也"。

贾氏运算勾之平方有误（$4.7 \times 4.7 = 22.09$），故其所求股的长度亦误。钱大昕通过计算得出股长应为"五尺一寸八分不尽"（不尽指开方后尚有余数），并指出贾氏错误的原因为："盖由不知方法，当以百尺为丈，百寸为尺，故所定尺寸之位误；又不知四尺七寸自乘之中尚有四七相乘之廉积，故所算勾幂（引者按：幂指平方）误而所求之股数亦误，此其未通算术一也。"[①]

如果说清代考据学者仅将数学方法用于考证古人数学运算之误，那么我们还不能说是一种数学考据方法，他们的高明之处是将数学方法运用到非数学问题的研究之中。

> 韦绚《刘宾客嘉话录》："智永禅师临千字文八百本散于人。永公住永欣寺，积年学书，后有笔头十瓮，皆数万……"此等言皆失实……永师学书虽勤，断无每日换退数十笔头之理。人生百年，止得三万六千日耳，十瓮笔头，每瓮数万，是必百年之内，每日换数十笔头，岂情理哉。[②]

章学诚通过介入"人生百年，止得三万六千日"这个人所共知的参数，概算出若有十瓮笔头，每瓮数万，则每天需换退几十个笔头，从而证明《刘宾客嘉话录》中所载的这一史料不可信。虽然章氏这一推算并不

[①] （清）钱大昕：《潜研堂文集》卷一四《答问》，《四部丛刊》本。
[②] （清）章学诚：《知非日劄》，中华书局1986年版。

十分准确（按：$10 \times 10000n \div 36000 = 2.8n$，因为 $3 \leqslant n \leqslant 9$，则每日最多只得 25 个笔头，不到"数十"），但考虑到智永寿命不到 100 岁，只活了 98 岁，也不可能一出生就习字，中间也不可能天天习字，还是具有很强说服力的，因为即使每天写坏几个笔头都不大可能。

欧阳修曾怀疑《周礼》所载的史实中官多而田少，"禄且不给"，清代考据学者沈彤为此著有《周官禄田考》三卷，通过详细排比资料，进行运算，得出官爵数、公田数、禄田数，证明《周礼》所载并不存在官多田少的问题。沈彤的运算并不存在问题，但因其中一些数据的估定是根据一些不确切的史料而定的，故而整个结论的权威性大打折扣。

或许崔述未看到沈彤的研究结果，他对《周礼》仍旧持怀疑态度，有趣的是他也是采用运算方法来证明《周礼》的不可信，不过他不像沈彤那样算得很具体，只是一个大体的推算：

> 九州之内约方三千里，外尽四海，不过五千里……今《周官》封国之制，诸公方五百里，侯方四百里，伯三百里，子二百里，男百里。天子邦畿之外分九畿，畿每面五百里，通计为方万里。四海之内，安得如许地而封之，而畿之。①

崔述的匡算过于简单化。曾师从钱大昕的谈泰走的是沈彤的路子。他用数学方法研究《周礼》，撰成《王制里亩算法解》一卷、《井田算法解》一卷。

清代学者不仅用概算来考证史实，而且还用概算来推论出带有预见性的观点。洪亮吉面对乾嘉时期人口大幅度增长的现实，敏感地注意到人口暴增会带来住房和耕地的紧缺等一系列社会问题，他论证说：

> 试以一家计之，高曾之时，有屋十间，有田一顷，身一人，娶妇后不过二人。以二人居屋十间，食田一顷，宽然有余矣。以一人生三计之，至子之世而父子四人，各娶妇即有八人，八人不能无佣作之助，是不下十人矣。以十人而居屋十间，食田一顷，吾知其仅仅足，食亦仅仅足也。子又生孙，孙又娶妇，其间衰老者或有代谢，然已不

---

① （清）崔述：《丰镐考信录》卷五，《丛书集成初编》本，中华书局 1985 年版。

下二十余人。以二十余人而居屋十间，食田一顷，即量腹而食，度足而居，吾知其必不敷矣。①

尽管洪亮吉不是以确切的统计数据来考察当时的人口增长率，而是选取一个家庭为单位，由此推算的人口涨幅难免有夸大之嫌，但他通过概算所得出的基本结论——人口无节制的膨胀会带来土地和房屋的紧缺，无疑是十分正确的。

章学诚、沈彤、崔述、谈泰、洪亮吉等的推算严格地说来都存在一些问题，如数据的不确切、变动因素考虑不全面、大而化之的概算等，存在可商榷处。不过清代考据学者运用时间推算考史的方法则相当的成熟与准确，他们根据大量史料中所涉及的时间进行推算，或发疑，或决滞，所得出的结论具有极大的可信性。全祖望的弟子范鹏曾用推算颜渊、孔子年龄的方法，提出了一系列值得深究的问题。

颜渊少孔子三十岁，及三十二岁卒，则是孔子之六十二岁而哀公之六年也。是年孔子厄于陈蔡之间，颜渊尚有问答，或者即以是年死，然孔子尚在陈，或曰已返于卫。要之，不在鲁，可知矣。然则谓颜渊道死，则孔子殓之，其父何由请车为椁？如谓先归于鲁而死，则颜路何由越国而请之子，且门人厚葬，又何且请之子。孔子以哀公十一年反鲁，颜路何由越国而馈祥肉，皆可疑也。②

通过时间推算，结合有关记载，可以肯定要么是文献中有关颜渊的年龄记载有误，要么是有关史实的记录不确。

阎若璩在辨《古文尚书》之伪时，用推算干支的方法为证明梅赜所传《古文尚书》为伪书提供了一条强有力的证据。

《武成篇》先书一月壬辰，次癸巳，又次戊午，已是月之二十八日，后继以癸亥、甲子，已是为二月之四、五日，而不冠以二月，非

---

① （清）洪亮吉：《意言·治平篇》，《洪北江诗文集》文甲集卷一，《四部丛刊》本。
② （清）全祖望：《经史问答·论语答范鹏程问》，《皇清经解》卷三〇七。

今文书法也。①

阎氏推算出戊午为一月二十八日,后继之癸亥、甲子已是二月的四、五日,按照古人的行文规范应说二月癸亥,而伪《古文尚书》没有这样写,从而说明是作伪所留下的漏洞,极具说服力。

清代学者还用年代推算法解决长期有争议的悬案:

> 昔人论唐玄宗纳寿王妃杨氏一事,谓杨氏初为寿王所聘,尚未归寿邸也。此说意存忠厚,然未考事实也。按《杨妃传》,妃死于马嵬之难,在天宝十五载丙申,死时年三十八,推其生年当在开元七年己未。《唐大诏令》:开元廿三年乙亥,册杨氏为寿王妃。自己未至乙亥,妃生方十七年。天宝四年乙酉,有度寿王妃杨氏入道敕文云:"素以端悫,作嫔藩国,虽居荣贵,每在清修。"则杨氏入寿邸已十年矣。是年册韦昭训女为寿王妃,而杨氏入宫妃于时年已二十有七。玄宗生于光宅二年乙酉,下距天宝四年乙酉,年已六十有一,而纳妃后宫。又十一年而遘马嵬之难,妃三十八而玄宗已七十二矣,岂非孽哉!②

章氏从杨贵妃的年龄入手,根据有关史料进行推算,证明杨氏入寿王府长达十年之久,从而有力驳斥了"杨氏初为寿王所聘,尚未归寿王邸"的观点,同时说明唐玄宗61岁时,纳27岁的杨氏为妃,有违人伦,"岂非孽哉"。我们且不管章氏的道德评判是否正确,但其采用的以年代学计算方法论证此问题,极有说服力。

清人将数学运算用于史实的考证,尽管还不十分成熟,但具有极大的启示意义,是一种值得肯定的方法和趋向。

二

如果说上述考据学者所运用的概算法还不是十分精确的数学方法的

---

① (清)江藩:《国朝汉学师承记》卷一《阎若璩》,中华书局1983年版。
② (清)章学诚:《丙辰劄记》,中华书局1986年版。

话，那么考据学者所采用的数学统计方法则已相当的完善，他们从所界定的史料范围之内进行搜寻，清理出有价值的材料，然后对这些材料进行统计、运算，用精确的数据来证明其说或纠正前人在数目上的失误。

汪中认为墨子与孔子本来具有同等的学术地位，墨学与儒学当时同为显学，而孟子及后人却将墨子与杨朱并举，是厚诬墨子，在大量论证材料中，汪氏举证了这样一条论据："历观周汉之书，凡百余条并'孔墨'，'儒墨'对举。杨朱之书，惟贵放逸，当时亦莫之宗，跻之于墨，诚非其伦。"① 汪中用史料中有关"儒墨""孔墨"对举的材料进行统计，数量高达一百余条的事实，证明"杨墨"并称，与历史事实不符，在学术史上不能成立，而墨学与儒学同为显学，墨子与孔子具有同等的学术地位，是不争的历史事实。

自《史记·孔子世家》提出"古者《诗》三千余篇，及至孔子，去其重，取其可施于礼义……三百余五篇，孔子皆弦歌之"的孔子删《诗》说之后，《汉书·艺文志》沿孔子删《诗》说，后来学者有信之者，有疑之者。孔颖达曾怀疑此论，欧阳修、王应麟等赞成其说，并极力加以解释，以说明孔子删《诗》说成立。

清初，朱彝尊怀疑删《诗》说，他认为"《诗》者，掌之王朝，颁之侯服，大学小学之讽诵，冬夏之所教……孔子以一人之见取而删之，王朝列国之臣，其孰信而从之者"。② 并从其他方面证明删《诗》说不可信。赵翼亦不信孔子删《诗》说，他的研究方法与朱氏不同，所采用的是统计论证法，他将《国语》《左传》中引《诗》的材料进行收集，将其中不存于《诗经》中的诗句称为"逸诗"，并进行统计，赵氏原文很长，笔者简化为：《国语》：引诗共31条，其中逸诗2条。2条逸诗中，《河水》韦昭怀疑为《沔水》之误，实为1条。《左传》：(1) 左氏自引和述孔子引诗48条，逸诗3条。(2) 列国公卿引诗101条，逸诗5条。(3) 列国宴享，歌诗赠答70条，逸诗5条。今按两书总计引诗250条，逸诗14条，逸诗只占总引诗的5.6%，据此，赵翼推论道：

> 是逸诗仅删存诗二十之一也，若使诗有三千余，则所引逸诗宜多

---

① （清）汪中：《述学·内篇二·墨子序》，《四部丛刊》本。
② （清）朱彝尊：《曝书亭集》卷五九《论诗》，《四部丛刊》本。

于删存之诗十倍，岂有古诗十倍于删存诗，而所引逸诗仅及删存诗二三十分之一，以此而推知，古诗三千之说不足冯（凭）也。①

赵翼用统计数字所推算出的比例，证明了孔子删《诗》说不可信，在论证方法上另辟蹊径。

赵翼并不是这一方法的最早使用人，清代考据学者采用统计法进行考证，清初顾炎武已开其端，他曾用统计法证明"仲尼没而微言绝"的正确性。

《孟子》书引孔子之言凡二十有九，其载于《论语》者八（"学而不厌教而不倦"；"里仁为美"；"君薨，听于冢宰"；"大哉！尧之为君"；"小子鸣鼓而攻之"；"吾党之士狂简"；"乡原，德之贼"；"恶似而非者"）。又多大同而小异，然则夫子之言，其不传于后者多矣。故曰："仲尼没而微言绝。"②

顾炎武通过对《孟子》一书中所保存的有关孔子言论的资料，与流行于世的《论语》作了对比，《孟子》引有 29 条孔子之言，其中见于《论语》者仅 8 条，从而推论出孔子有许多言论未能保存下来。

阎若璩在辨证伪《古文尚书》时，就多次采用了顾炎武在《日知录》中所采用的这种将史料进行量化分析的统计法。明人梅鷟在辨伪《古文尚书》时，已指出《大禹谟》中被道学家称为心传之语的"人心""道心"是作伪者根据《荀子》引用的《道经》材料组合而成。但其论证并不充分，因为人们可以说是《荀子》抄《尚书》，而不是《尚书》抄《荀子》。阎氏对此进行了量化分析论证。他列举《荀子》引自《尚书》的每一条材料，发现《荀子》引证《尚书》共 16 条，12 条注明引自《尚书》，3 条注明引自《尚书》中的某篇，1 条引自《尚书传》。也就是说，《荀子》引《尚书》都注明了出处，从而断言："《荀子》岂独引《大禹谟》而辄改目为道经邪？予是以知'人心之危'，'道心之危'必出古道经，而伪《古文》盖袭用。"

---

① （清）赵翼：《陔余丛考》卷二。
② （清）顾炎武：《日知录》卷七《孟子引论语》，《日知录集释》本，岳麓书社 1994 年版。

采用同样的方法，阎氏对《左传》引用《诗经》和"佚诗"的次数进行统计，得出它们分别为178条和11条，以此作为参照系。他又对《左传》引用《尚书》的数量进行统计，发现引用今文《尚书》25条，"佚书"43条，而这43条材料都见于伪《古文尚书》，与参照系相比差异太大。通过这种数量统计分析，阎氏断定，伪《古文尚书》的作伪者，曾从《左传》收集作伪素材，并将这些材料都用于伪作之中，所以才出现这种现象。

陈垣先生曾经指出："考史当注重数字，数字不实，则当稽其不实之由。"① 清代考据学者确实注意到了这一点，他们一反宋学家人云亦云的做法，特别留心文献中的数字，力求做到准确无误。段玉裁曾对春秋时期《春秋》明确记载为弑君的事件进行统计，以纠正《汉书·刘向传》中的错误。"刘向上封事曰：'《春秋》二百四十二年之间，弑君三十六。''三'当作'二'字，误也。"② 阎若璩曾对朱熹著作中涉及数字而误或不确切者多有纠正：

> 余谓儒生不独如是，即生平所撰之传注，一涉事援引，多误，朱子犹不能免。故余少尝习《集注》时，心生疑议，今老矣，当为世历数之。如……武丁至纣凡九世，而非七世；昭阳败魏，亡八邑而非七邑；桓公独任管仲四十余年，余当作一；孔子卒至孟子游梁百四十余年，余当作四；自文武到此七百余年，当作八百五十年；程子生乎千四百年后，当作千三百四十余年；定公十三年去鲁，三当作四；哀公之十年自楚，当作六；劳心四句皆古语，四当作六……③

阎氏指出的朱子论著中所存在的这些问题，有些是属于计算不精确，有些是未作认真的统计，阎氏通过计算、统计，一一纠正，反映了考据学者实事求是、一丝不苟，尽力做到精确的治学精神，同时说明他们对数、数量关系的重视。

---

① 陈垣：《通鉴胡注表微·考证篇第六》，《新万有文库》本，辽宁教育出版社1997年版。
② （清）段玉裁：《春秋经杀弑一字辨考》，《皇清经解》卷六六三。
③ （清）阎若璩：《四书释地二续·集注援引多误》，《皇清经解》卷二三。

三

焦循研究《周易》，独具特色，为阮元、王引之等极力称道。其研究《周易》的主要成果为《易章句》十二卷、《易图略》八卷、《易通识》二十卷，被称为雕菰楼《易》学三书。他自称对《易》学的研究方法的发明有三："旁通""相错"及"时行"。他之所以能取得这些成就与他的知识结构关系极大。焦氏具有扎实的训诂学、文字学方面的基本功，而且精于数学，本身就是一位很有成就的数学家，著有《加减乘除释》八卷、《天元一释》二卷、《释弧》三卷、《释轮》二卷、《释椭》一卷。他将训诂学和数学知识用于《易》的研究，"破旧说之非"。①

数学法则是人类在同自然作斗争时，建立起来的研究自然界关于数的运算法则，焦循将数学法则援入《易》学研究，其认识前提是把《易》看成一个包含自然法则的体系。他说：

> 夫《易》犹天也，天不可知，以实测而知。七政恒星错综不齐，而不出乎三百六十度之经纬；山泽水火错综不齐，而不出乎三百八十四爻之变化。本行度而实测之，天以渐而明；本经文而实测之，《易》以渐而明，非可以虚理尽，非可以外心衡也……十数年来以测天之法测《易》，而此三者（按：指旁通、相错、时行）乃从全《易》中自然契合。②

焦氏排斥以"虚理"，以"外心"来推测《易》义，将研究自然界的数学法则用于对《易》的研究，从方法论上来说，无疑是一大创新。他曾颇为自负地说："以六书假借，达九数之杂糅，事有万端，道原一贯，义在变通而辞为比例，此求《易》庶几焉。"③

在焦氏的《易》学著作中，充满了一些数学术语，如"比例""天元术""乘方""齐同"等。他将这些数学法则运用于对六爻的推算，"以

---

① （清）焦循：《易图略·自序》，《皇清经解》卷一一〇九。
② 同上。
③ 同上。

数之比例求《易》之比例"。① 例如他认为乾卦、坤卦与泰卦、否卦互为比例，因为乾卦与坤卦相错就形成了泰卦、否卦，反之，泰卦、否卦相错亦成乾卦、坤卦。我们知道，卦是由阳爻和阴爻共六个排列组合而成，如乾卦由六阳爻组成，坤卦由六阴爻组成，观卦由二阳爻四阴爻组成。焦循用数学中的乘方法则来解释六十四卦的排列组合，他以甲代表阳爻（—），以乙代表阴爻（- -），以阳爻加阴爻，进行六次方运算：

$$(甲+乙)^6 = 甲^6 + 6甲^5乙 + 15甲^4乙^2 + 20甲^3乙^3 + 15甲^2乙^4 + 6甲乙^5 + 乙^6$$

也就是说，含六个甲（阳爻—）的卦一个，含五个甲一个乙（阴爻- -）的卦六个，以此类推，共得六十四卦（1+6+15+20+15+6+1=64）。

本人对《易》学无深入研究，故在此无意探讨焦循《易》学研究的得失。但有一点是可以肯定的，焦循在《易》学研究中大量地援入了数学法则。他在写给友人的信中也表明了这一点"非明九数之齐同、比例，不足以知卦画之行"②，"绘句股割圆者，以甲、乙、丙、丁等字指识比例之状，按而求之，一一不爽。义存乎甲、乙、丙、丁等字之中，而甲、乙、丙、丁则无义可说，读《易》者当如算者之求其甲、乙、丙、丁"。③

用数学法则研究《周易》，拓展了一条全新的研究途径，它既不同前述的概算法，也不同于统计法，是清代数学考据方法中的最高层次。

清代"考证家，殆无一人不有算学上常识，殆一时风尚使然"。他们中的许多人"因治经或治史有待于学算，因以算为其副业者也"④，如有名的经史考证学者黄宗羲、惠士奇、钱大昕、戴震、焦循、阮元、凌廷堪、孔广森等，在数学上都有较深的研究。正是在研习数学的过程中，考据学者感悟到数学运算论证的确定性，给他们以方法论上的启示，因而自觉不自觉地将其运用于经史考证之中，开创了一种新的方法。数学考据法在清代考据研究中的运用，虽不像形式逻辑的归纳法、演绎法、类推法、比较法等那样普遍，在现在看来也较初级，但他们将在自然科学领域内使

---

① （清）焦循：《易通释·叙目》，《皇清经解》卷一〇八八。
② （清）焦循：《雕菰楼集》卷一三《与朱椒堂兵部书》，道光四年阮氏刻本。
③ （清）焦循：《雕菰楼集》卷一三《寄王伯申书》，道光四年阮氏刻本。
④ 梁启超：《中国近三百年学术史》，中国书店1985年版，第344页。

用的数学方法引入经史的研究中，同传统的以思辨性、模糊性为特征的思维方式有了很大的区别，在研究方法的近代化道路上跨出了最初的、可喜的步伐。这也印证了梁启超称清代考据方法与"近世科学的研究极相近"和胡适所说"清代朴学确有科学精神"的论断是正确的。

原载《湖北大学学报》1999年第6期

对清代考据学批评之批评

封建时代的任何一门学术或学派，都不可避免地存在这样或那样的不足，考据学派亦是如此。客观地分析考据学派所存在的不足，对于正确评价考据学的功过，继承发扬考据学的优秀传统无疑具有积极的意义，但长期以来，或因文字狱成因说的影响，或沿袭宋学家旧说，造成对考据学派的评价偏低，甚或有欲据此而否定整个考据学的价值者。有些批评确属有的放矢，但有的批评不是实事求是。综合起来，主要集中在以下几个方面：有严重的"复古"主义倾向；"烦琐的考证"；排斥义理之学，有严重的门户之见。我们不否认考据学存在有上述所说的某些倾向，但我们认为，在分析考据学的缺陷时，应将其放入当时的社会历史环境之中，从历史事实入手，客观地进行具体分析，不能以考据学派的末流来否定整个考据学派，不能以考据学派中的某一流派代替整个考据学的不同发展阶段、不同支派，应作具体分析。亦不能完全以考据学的反对派宋学家们的攻击性言论为依据，来证明考据学是一无是处的。

一　稽古不是"复古"

《四库全书总目》曾批评顾炎武云："炎武生于明末，喜谈经世之务，激于时事，慨然以复古为志。"① 翁方纲《小学考序》云："迩年士大夫则又往往侈谈复古，博稽篆籀古隶，审辨《说文》、《尔雅》，阐形声、订同导。"一些现代学者也认为"他们在研究问题的时候，多提倡复古"。② 将稽古——研究古学视为复古，实在是一种误解。复古的准确含义应该是

---

① 《四库全书总目》卷一一九《日知录》，中华书局1965年版。
② 杨昶：《乾嘉考据学评价综述》，《荆楚文史》1995年第2期。

指将古代的文化、制度视为优于当今的文化、制度，并致力于将这种文化、制度施行于当世的思想行为，是一种历史的倒退。考据学所倡导的回归经典，注重汉唐注疏，是一种学术上的文化复兴，即通过明经而达古代圣贤之道，用古圣贤之道作武器，批判现世社会流行的程朱理学，来实现经世的目的。

顾炎武在《音学五书·序》中有这样一句话，被作为顾氏具有复古倾向的证据。他说："天之未丧斯文，有圣人复起，举今日之音而还之淳古。"就这句话本身而言，确实是一种"复古"思想。语言文字总是处于发展进化之中的，抛弃现行的语音而回复到"淳古"，是开历史的倒车。但这句话并不能代表顾氏的真实思想，这是他激于明末清初国事剧变而写出的偏激之言，也是激于古学的不被人重视的愤激之论。

吴派学者中的江声，"生平不作楷书，即与人往来笔札，皆作古篆，见者讶以为天书符灵，俗儒往往非笑之，而先生不顾也"。他如此作为或许与其治古文字有关。江声"精于小学，以许叔重《说文解字》为宗"，因研究的需要而习惯写篆字，这在今天亦不少见。因研究需要而写篆字进而扩大至与现世人交往亦用篆字则当与其古怪的性格有关，可视为一种愤世嫉俗的怪行。江声为人正直，"耿介不慕荣利，交游如王光禄鸣盛、王侍郎兰泉先生，毕制军沅，皆重其品藻，而先生未尝以私事干之"，其操行实为难得。他的古怪违俗可以从他的自号中看出，"晚年因性不谐俗，动与时违，取《周易》'艮背'之义，自号艮庭"。① 所以江声的文字复古是一种个人行为，并不能代表整个考据学派。

考据学派的学者们从根本上反对真正意义上的复古，顾炎武在其深思熟虑，几易其稿，历三十余年始成书的《日知录》中对求古之风的批评可谓不遗余力，他在卷十九《文人求古之病》中说："以今日之地为不古而借古之地名，以今日之官为不古而借古官名，舍今日恒用之字而借古之通用者，皆文人自盖其俚浅也。"由此可知顾氏并非有意复古之人。清初另一位考据学者陈启源明确提出"古圣贤行事因乎时耳，宜于古者未必宜于今"观点。② 赵翼在《廿二史劄记》卷二六《和议》中说："义理之说与时势之论往往不能相符，则有不可全执义理者，盖义理必参之以时

---

① （清）江藩：《国朝汉学师承记》卷二，中华书局1983年版。
② （清）陈启源：《毛诗稽古篇·叙例》，《皇清经解》本。

势，乃为真义理也。"反对死守书本之义理不放，而应将书本知识与时势相结合。《四库全书总目》认为"夫古法之废久矣，王道必因时势。时势既非，虽以神圣之智，藉帝王之权，亦不能强复。强复之，必乱天下"。① 汪中反对言必称三代，认为三代之道，不仅"不宜于今"且"前世大儒，立义有误"。② 嘉道时的考据学者阮元更是明确提出，"使不效于今，即合于古，无益也；苟有效于今，即不合于古，无伤也"。③ 这些言论说明，考据学者们并非食古不化的复古主义者。

相反，由于考据学者熟悉天文历算知识，从天文历算越来越精密的发展中得到启示，具有文化进化论意识。④ "中土推步之学，自汉而唐而宋而元，大抵由浅入深，由疏渐密者也。……考西人旧率，即用后汉四分法，是则彼之术，亦必先疏后密。"⑤ 因而他们在研究古代的学术问题时能以发展变化的眼光看问题。"诗至五代，骎骎乎入词曲矣，然必一切绳以开宝之格，则由是以上，将执汉魏以绳开宝，执《诗》、《骚》以绳汉魏，而《三百》以下无诗矣。岂通论哉？"⑥ 考据学者把自己研究的对象置于一定的历史空间之中加以考察，如阮元在《释佞》篇中认为，"佞"字的意义随时代变化而变化，对"佞"字的理解，"当以虞、夏、商、周末，分别观之"。他们研究某一方面的问题时是如此，在研究整个古代经典时亦是如此，无不放到当时的历史环境下进行考察。

考据学派重视古代问题的研究，是由其治学宗旨决定的。目的是用恢复经典古义的办法来批判统治中国思想界达七百余年之久的宋代理学，从经典之中寻求大道，为现时政治服务。考据学派总的课题，决定了考据学者在做研究时，所取资的材料以古为主，这同样是基于历史是不断发展变化的观点而形成的，不能据此而称之为"复古"。儒家经典形成于先秦时期，秦火之后，先秦典籍保下来的极少，所以汉代的典籍以及魏、晋唐代著作中保存下来的汉儒成果就显得尤为珍贵。"读书当先通训诂，始能治经，尊信两汉大儒说如君师之命，弗敢违，非信汉儒也，以三代下汉最近

---

① 《四库全书总目》卷七九《存治编》，中华书局1965年版。
② （清）汪中：《述学·春秋述义》，《四部丛刊》本。
③ （清）阮元：《畴人传·蔡邕》，《皇清经解》本。
④ [美]艾尔曼：《从理学到朴学》，中译本，江苏人民出版社1995年版，第159页。
⑤ （清）阮元：《畴人传·多禄某》。
⑥ （清）纪昀：《纪晓岚集》卷一一《书韩致尧翰林集后》，河北教育出版社1995年版。

古，其说皆有所受，故欲求圣人之言，舍此无所归。"① 欲探求经典原义，"惟立身于古世以论断古人"，"只可即古以言古，不可移古以就今"，而"古今文义差殊，若胡越之不同声矣"，贯通古今语义的桥梁则是汉儒的训诂方法及训诂成果，"毛郑字训率宗《尔雅》，于今似为惊俗，在古实属恒诠，不可易也"。从文献研究的角度来看，求古尊汉是一种科学的研究原则，"强古经以就今义，亦岂古人之心乎"？②

程朱的卫道者程晋芳在《正学论》中云："海内儒生，倡言汉学，盖已四十年矣。大旨谓唐前之书，皆寸珠尺璧，一一可贵。以唐溯汉，由汉而溯周秦。……唐以前书少，用功甚易，足以动人，若浸淫于宋后七百年之书，则涉海縻涯，难以究竟，是以群居终日，皆以《尔雅》、《说文》相角，必以服、郑绪论相论。"③ 程氏的这种看法不是不了解考据学以古证古的原则话，就是别有用心的指责。其实考据学者未尝不读唐代以后的书，未尝不使用宋人及后世学者的研究成果。考据学派中的吴派曾出现"凡古必真，凡汉皆好"的"求古"倾向，但这种倾向并未无限度地漫延于整个考据学界，吴派学者之一的钱大昕就主张"斟酌古今，不专主一家言，义有可取，虽迩言必察，若与经文违戾，虽儒先训诂，亦不曲为附和"。④ 皖派也对吴派的"佞汉"倾向提出了批评与纠正，他们在重视汉儒成果的同时，以实事求是为原则，以是否合乎经典原义为去取标准，不论汉宋。戴震论《诗》时云："先儒为《诗》者，莫明于汉之毛、郑，宋之朱子。"⑤ 对朱子《诗》学研究的贡献给予充分的肯定。杭世骏《读礼记集说》，录前人之说，自宋元迄于清初，皆有采入。焦循撰《孟子正义》，备列当代人著述。王念孙著《广雅疏证》，所取诸说，但求其是，既不佞古，也不薄今，除了大量引用古代的文献外，对于同时或时代较近的学者，凡立说有可取之处，无不广采博收，如方以智的《通雅》，顾炎武的《杜注补正》，惠栋的《毛诗古义》，戴震的《方言疏证》《毛郑诗考证》《屈原赋注》，邵晋涵的《尔雅正义》，程瑶田的《通艺录》等，都在征引之列，即使是古人之言，凡涉虚诬者，一概不取。段玉裁在注

---

① （清）臧庸：《拜经堂文集》卷三《与顾子明书》，上元宗氏影印本，1930年版。
② （清）陈启源：《毛诗稽古篇·叙例》，《皇清经解》本。
③ （清）程晋芳：《勉行堂集》卷一《正学论》，嘉庆二十五年刻本。
④ （清）钱大昕：《潜研堂文集》卷二四《虞东学诗序》，《四部丛刊》本。
⑤ （清）戴震：《东原文集》卷一〇《毛诗补传序》，《戴震全书》本，黄山书社1995年版。

《说文解字》时，也大量吸收同时代学者的优秀成果，如惠栋、戴震、钱大昕、程瑶田、焦循、王念孙、刘抬拱、卢文弨、江声、姚鼐、陈奂、江沅、汪龙等人有关名物训诂的解释都有择录。可见考据者治学并非都以古为好，凡古皆真。

汉扬雄《方言》、许慎《说文解字》，汉末刘熙《释名》，魏张揖《广雅》《小尔雅》等这些用于解经的工具书，都是汉魏时期的著作，后人对它们的研究不多，清人因解经的需要极其重视对这些工具书的研究，可以凭借的资料当然以这一时期的为主。诚如戴震在为其弟子任大椿的《尔雅注疏笺补》作《序》中所说："为之旁摭百氏，下及汉代，凡载籍去古未遥者，咸资证实，亦势所必至。"① 这也是造成考据学派重视汉唐旧籍的重要原因，所以，不能据此认为考据学是"复古"。

二 博征不可视为"烦琐"

宋学的特点为重义理，考据学的特点是重资料。由于考据学派所采用的治学方法与宋学大相径庭，所以考据学派强调重证据的做法被宋学家们视为"烦琐"，后来的学者亦有指责考据学为"烦琐考证"者。

在宋学家看来，考据学重小学名物等研究是为了求博，他们指责考据学"专求古人名物制度训诂书数，以博为量"②，称考据学"只向纸上与古人争训诂形声，传注驳杂，援据群籍，证佐数千百条"③。"辨物析名，梳文栉字，剌经典一二字，解说或至数千万言，繁称杂引，游衍而不得所归。"④ 这些指责，归结起来，都是批评考据学的博征繁引。我们不否认一些末流的考据学者在征引资料上存在不加择别，将一些无关紧要甚至是与论题毫无关系的材料堆积进来的毛病，但不能据此笼统地认为烦琐是考据学的特征，更不能认为是考据学研究方法的缺陷，而是未能真正掌握考据方法的精髓、误解考据学无征不信的原则所造成。

考据学者所使用的考据方法以归纳和演绎为主，对大量的具体的个案

---

① （清）戴震：《东原文集》卷三《尔雅注疏笺补序》。
② （清）姚鼐：《惜抱轩文集》卷七《赠钱献之序》，《四部丛刊》本。
③ （清）方东树：《汉学商兑》卷中之上，三联书店1998年版。
④ （清）曾国藩：《曾文正公文集》卷一《朱慎甫遗书序》，《四部丛刊》本。

分析所得出的结论进行归纳，从个别上升到一般，然后又从一般去推论证明个别。在使用归纳法时，如果只根据若干还不充分的事实就仓促推出结论，并将这种结论看作是完全可靠的，就是一种非科学的研究方法。"用少数几个例子论证一个观点，尽管这是一种很有力的修辞手段，但从逻辑上来说是行不通的。……如果引用少数几个例子作为一个论点的话，那么任何东西都可以得到证实。"① 要提高这种推理的可靠性，必须尽可能地列举例证，大量收集与所论问题有内在联系的可信材料。最后排比分析，再下论断，这样才能使结论立于不败之地。考据学者在论证某一问题时，大都不是简单地使用归纳或者演绎，而是大的归纳中有小归纳、演绎之中又有演绎，以论证某种用作证据的材料或观点的可信性，再由这些已证明的材料或观点去证明所要论证的问题。如果撇开宋学派别有用心的攻击这方面的原因不论，这种考据方法，与宋学言心言性不需用大量的文献材料作为依据的阐释方式的差异，是导致宋学派认为考据繁杂的原因。

对于文辞的繁与简，考据学者有自己的标准，"辞主乎达，不论其繁与简也"，顾炎武认为"繁简之论兴，而文亡矣。《史记》之繁处必胜于《汉书》之简处。《新唐书》之简也，不简于事而简于文，其所以病也"。② 也就是说，文辞的关键在于能达意，辞不达意，虽简，只能引起人的误会，造成阅读困难，所以顾氏认为《新唐书》的弊病不是它所载内容比《旧唐书》少，而在于《春秋》笔法的用字上。考据学者认为"文有繁有简，繁者不可使之少，犹之简者不可增之使多。《左氏》之繁胜于《公》、《谷》之简，《史记》、《汉书》互有繁简，谓文未有繁而能工者，亦非通论也"。③ 这种以表述需要论繁简的态度是一种科学合理的观点。所以他们在论述问题时，只要是必需的材料皆一一引述，以昭其信。卢文弨对段玉裁《说文解字注》的看法体现了考据学派的另一种繁简观："吾友金坛段若膺明府于周秦两汉之书无所不读，于诸家小学之书靡不博览，而别择其是非，于是集数十年之精力专攻《说文》。以鼎臣之本颇有更易，不若楚金之本为不失许氏之旧，顾其中尚有人窜改者、漏落

---

① [美] 威廉·埃迪洛特：《历史学中的计量法》，《美国历史评论》1966年第4期，转引自葛懋春《历史科学概论》，山东教育出版社1985年版，第465页。
② （清）顾炎武：《日知录》卷一九《文章繁简》，见黄汝诚《日知录集释》，岳麓书社1994年版。
③ （清）顾炎武：《日知录》卷一九《文章繁简》。

者、失次者,一一考而复之,悉有左证,不同臆说,详稽博辩,则不得不繁。然如楚金之书,以繁为病,而若膺之书,则不以繁为病也。何也?一虚词,一实证也。"① 即繁与不繁是相对而言的,不在于文字的多少,若为考证之必需,"详稽博辩,则不得不繁",若为"臆说",则虽少犹繁,关键在于是"虚词"还是"实证"。正是基于此,惠栋认为"训诂,汉儒其词约,其义古;宋人则词费,文亦近鄙"。②

烦琐不是考据学的追求。博证与否视考据的课题而定。考订字义古音,训释《说文》《尔雅》,考证史实,不得不广征博引。"窃谓《说文解字》,字书也,凡有字,《说文》无不取资,亦凡有字无不取资于《说文》。许冲《表》云:'六艺群书之诂,皆训其意,而天地鬼神,山川草木,鸟兽昆虫,杂物奇怪,王制礼仪,世间人事,莫不毕载。'则其书包孕甚广,后人为之疏证,征采不能不博,太博则近杂,理势然也……义有相需,何嫌取证。"③ 考据学者在博据考证的同时,也致力于从古代繁复的文字叙述中抽出要点,编制成各种志表,将难以从文字上看懂的器物绘制成图,以便他人检索,一目了然,以己任其繁难,而让人得其简易。顾炎武称赞"欧阳修《新唐书》所列诸'表',为能复班马之旧,他平日自己阅读历史书籍,也尽量运用列表的方法来驾御纷乱复杂的历史事件"。④ 戴震在其《考工记图序》中叙述其撰著缘起时说:"同学治古文辞,有若《考工记》难读者……郑氏注善矣,兹为图翼赞郑学,择其正论,补其未逮。图傅某工之下,俾学士显白观之。"⑤ 考据学者编制各种史表,以图解经者甚众,说明考据学者并不是为博而博。

一些学者之所以认为考据学烦琐,是因为不理解考据学的著述体例和学术规范与一般著述有别而引起的误解。如阮元《经籍纂诂》"重见者虽数十见,皆采以证字有定诂,义有同训";清人校书法中有一种是择一种版本作底本,校以各种不同的版本,在做校勘记时,将各本之异同一一罗列出来,以保存各本之本来面目,使后来学者得此一本,犹如得见其他各种版本,定其是非择善而从。这本是一种很严谨求实的学风,但这势必增

---

① (清)卢文弨:《抱经堂文集》卷三《段若膺说文解字序》,《四部丛刊》本。
② (清)惠栋:《九曜斋笔记》卷二《训诂》,《聚学轩丛书》本。
③ (清)许瀚:《攀古小庐杂著》卷五《说文解字义证校例》。
④ 张舜徽:《清儒学记》,齐鲁书社1991年版,第42页。
⑤ (清)戴震:《东原文集》卷一〇《考工记图序》。

加篇幅,一些人对这种良苦用心不理解,反而认为是杂芜而无所发明。又如考据学的学术规范要求引据观点和书证必须注明出处①,这在今天的学者看来,是当然之事,却被当时的一些学者视为烦琐累赘。"近人引书,非但注明出处,并注卷数……徒为冗赘,殊不雅观。此乃搜辑佚书之体例,而以施诸著述,无怪其书之芜矣。"②

顾颉刚曾说:"我们不能一看到考证史料的文章,就说这是搞'繁琐哲学'。繁琐,不在于考证问题时所引用的材料的多少,而在于所引用的材料是不是为了解决考证的问题时所必需要的,是不是都有内在联系的。如果是必需引用的,各项材料都是有联系的外证和内证,那么虽多到数十百条,也不该说是繁琐;如果不是必需的,即使少到一二条,也该说是繁琐。"③ 对于所有的考据论著,都应作如是观。

三 "门户之见"的具体分析

清初的考据学虽然猛烈地批判理学的流弊,但在学术思想上没有门户,"各取所长,是为汉宋兼采之学"。④ 黄宗羲、顾炎武都是脱胎于宋明理学,黄宗羲师承刘宗周,刘氏为明代王学的传人,顾炎武力"辨陆王之非,以朱子为宗"。⑤ 他与宋学的区别主要是学术方法上的区别,主张用汉学之征实以补理学之不足,"取近代理明义精之学,用汉儒博物考古之功"⑥ 使两者互补,也就是义理与考据并重。无怪乎吴派的传人江藩称顾、黄"两家之学,皆深入宋儒之室,但以汉学为不可废耳!多骑墙之见,依违之言,岂真知灼见者哉!"⑦ 江藩完全站在"汉学"的立场上排斥宋学,其对顾炎武、黄宗羲学术的指责,自在情理之中。

乾嘉时期考据学中的吴派,抱有较深的"门户之见"。惠栋高举"汉学"的旗帜,"凡古必真,凡汉皆好",完全抛弃魏晋以后的经说,一味

---

① 郭康松:《论清代考据学的学术规范》,《清史研究》1999年第3期。
② (清)朱一新:《无邪堂答问》卷四,《广雅书局丛书》本。
③ 顾颉刚:《彻底批判"帮史学",努力作出新贡献》,《中华文史论丛》第七辑,1978年。
④ 皮锡瑞:《经学历史·十》,中华书局1989年版,第341页。
⑤ (清)江藩:《国朝汉学师承记》卷八。
⑥ (清)黄宗羲:《南雷文约》卷一《陆文虎先生墓志铭》,《四部丛刊》本。
⑦ (清)江藩:《国朝汉学师承记》卷八。

寻求汉儒的经说，无论其精华与糟粕，一概视为金玉良言。不论是非，与宋代义理之学相反，惠栋治经，"笃于尊信，缀以古义，鲜下已见"。① 吴派学者多谨守师说，尊信汉儒。其中王鸣盛表现得较为典型。他极力主张尊郑，把郑玄视为经学的宗师，认为"两汉经生蝟起，传注麻列，人专一经，经专一师，直至汉末有郑康成，方兼众经，自非康成，谁敢囊括大典，网罗众家，删裁繁诬，刊改漏失，使学者知所归乎？"王鸣盛为了阐扬郑学，"使世知有郑氏之注，并使世知有郑氏之学"，他"钻研群儒，爬罗剔抉，凡一言一字之出于郑者，悉甄而录之"。② 其目的是"发挥郑康成一家之学也"。③ 他主张研究经学"但当墨守汉人家法，定以一师，而不敢他徙"。④ 存有较深的门户之见。余萧客为惠栋弟子，笃守汉学营垒，其弟子江藩谨承师教，以"汉学"为宗，为了宣扬"汉学"，撰写《国朝汉学师承记》八卷，后附《国朝经师经义目录》，于嘉庆二十三年（1818）出版，江氏称其取去标准是"言不关乎经义小学，意不纯乎汉儒古训，固不著录"。其书未出时，龚自珍致函江藩，建议他将书名改为《国朝经学师承记》，批评江氏有"门户之见"。

乾嘉考据学派中的皖派与吴派有相异之处，尽管皖派人物都被江藩纳入"汉学"的范围，但他们不像吴派那样是真正意义上的"汉学"，而是以求是为目标的考据学。戴震不分门户源于其师江永，"永兼综汉宋，不立门户"。⑤ 戴震不像吴派那样墨守汉注，而是"研精注疏，实事求是，不主一家"。他针对吴派等不闻道的倾向批评说："君子务在闻道也。今之博雅能文章、善考核者，皆未志乎闻道，徒株守先儒而信之笃。"⑥ 这里，"能文章者"是暗指方苞等桐城派，善考核者则暗指吴派学者及追随者，所谓株"守先儒而信之笃"是指能文章的桐城派独信宋儒朱子之学和善考核的吴派墨守汉儒之学。可见以戴震为首的皖派门户之见不深。

戴震对义理、考据、文章三者有自己的看法。他在《与方希原书》中说："古今学问之途，其大致有三：或事于义理，或事于制数，或事于

---

① 章太炎：《訄书·清儒》，三联书店1998年版，第159页。
② （清）杭世骏：《道古堂文集》卷四《尚书后案序》。
③ （清）王鸣盛：《尚书后案·序》，《皇清经解》本。
④ （清）王鸣盛：《十七史商榷·序》，《丛书集成初编》本。
⑤ 张舜徽：《清人文集别录》，中华书局1980年版，第196页。
⑥ （清）戴震：《东原文集》卷九《答郑丈用牧书》。

文章。事于文章者，等而末者也。"这就是说他认为学问不外乎理义、制数（即考据）、文章，而文章是最末等的事，他所追求的是前二者。他说："圣人之道在六经，汉儒得其制数，失其义理；宋儒得其义理失其制数。"① 看来，戴震是力图将考据与义理结合起来，以避汉宋之短。戴震的弟子亦继承了其师的观点，不以"汉学"自封，没有门户之见，不论汉宋，唯求其是。如王念孙承戴氏的训诂形声之学，无门户之见，他赞扬刘台拱说："其于汉宋诸儒之说，不专一家，而唯是之求。"② 王引之亦反对"株守汉学而不求其是者"。③

如果说皖派学者段玉裁、王念孙、王引之、任大椿等只是接受了戴震不以汉宋为是非标准，以六书、九数为通经求义理的观点，将主要精力放在文字、音韵、训诂、名物、制度、算学等研究上的话，那么，扬州学派的焦循、凌廷堪、阮元、刘文淇等则继承了戴震的义理之学，在注重考据的同时，重视义理的阐发，无门户之见。扬州学派与戴震存在学术思想上的渊源关系。"戴氏弟子，以扬州为盛，高邮王氏传其形声训诂之学，兴化任氏传其典章制度之学。仪征阮文达公，友于王氏、任氏，得其师说……扬州以经学鸣者，凡七八家，是为江氏（按：戴震之师江永）之再传。"④ 从某种程度上说扬州学派是戴学发展的一个分支。焦循极为尊崇戴氏义理之学，"循读东原戴氏之书，最心服其《孟子字义疏证》"。他说："说者分别汉学、宋学，以义理归之宋，宋之义理诚详于汉，然训诂明乃能识羲文周孔之理。"⑤ 其主张与戴氏一样，以训诂明义理，在弄懂经典文字本义的情况下阐发义理，其《孟子正义》《论语通释》等著作堪为戴氏《孟子字义疏证》之流亚。凌廷堪，读《戴氏遗书》而敬慕之，自称为戴氏的私淑弟子，论学极尊戴震，其《复礼》和《礼经释例》发明《礼》之要义，主张"礼为复性之具"，以"礼"代替宋儒之"理"。阮元表现出折中汉宋的倾向，他治学，"不敢有昔人门户之见"。⑥ 认为"两汉名教，得儒经之功，宋明讲学，得师道之益，皆于周孔之道得其分

---

① （清）戴震：《东原文集》卷九《与方希原书》。
② （清）王念孙：《王石臞先生遗文》卷二《刘端临遗书序》，《高邮王氏遗书》本。
③ （清）王引之：《王文简公文集》卷四《与焦里堂先生书》。
④ （清）刘寿曾：《传雅堂文集》卷一《沤宦夜集记》。
⑤ （清）焦循：《雕菰集》卷一三《寄朱休承学士书》，《丛书集成初编》本。
⑥ （清）阮享：《瀛洲笔谈》。

合,未可偏讥而互诮也"。他有一段十分精彩的比喻,将圣人之道比作"宫墙",而文字训诂乃是进入圣人之道的"门径"。他批评当时学术界的两种错误倾向说:"圣人之道,譬若宫墙,文字训诂,其门径也。门径苟误,跬步皆歧,安能升堂入室乎?学人求道太高,卑视章句,譬犹天际之翔,出于丰屋之上,高则高矣,户奥之间未实窥也。或者但求名物,不论圣道,又若终年寝馈于门庑之间,无复知有堂室矣。"这与戴震的"轿夫"与"轿中人"之比,有异曲同工之妙。所以他主张"崇宋学之性道,而以汉儒经义实之"。① 阮元治学较为成功地实践了考据学派所倡导的由小学以通经明道的宗旨,特别注重从文字训诂入手,来阐明经典义理,将文字考证与义理阐释结合起来。张舜徽先生评价阮元的学术曰:"顾其志犹在由训诂以阐明义理,盖欲探本索源,以佛家之说还之佛家,以宋儒之说还之宋儒,以三代之说还之三代。故其解《论语》'一贯',释《大学》'格物',皆推穷本谊,力破俗说,又尝集孔孟论仁之语,成《论语论仁论》、《孟子论仁论》,以祛后来附会之见。"② 可谓真知灼见。

嘉道以还,考据学者中像阮元那样力倡汉宋兼采、折中汉宋者更多,如胡培翚,可以说是一位较典型倡导汉宋兼采的考据学者。他说:"人之言曰:汉学详于训诂名物,宋学详于义理。以是歧汉宋而二之,非也。汉之儒者,未尝不讲求义理,宋之儒者,未尝不讲求训诂名物,义理即从训诂名物而出者也。"他认为清代考据学者重汉儒,是力矫元明之流弊,"国朝诸儒乃特矫而正之,详加厘订,一一必求其实据,不敢逞私臆断,亦运会使然,非以争胜于前人也"。他认为,"汉儒先博学致知而不废躬行,宋儒重躬行而亦本于博学"。所以他主张"考据之学,则又兼博学审问、慎思明辨,以求致知者也"。③ 其观点具有一定的代表性。

吴派有较深的门户之见,这种门户之见主要是限于学术上的,在道德学说上,他们又尊崇宋学。吴派传人江藩在完成《国朝汉学师承记》这部引起当时学界争议的著作之后,又撰写了《国朝宋学渊源记》,以息汉宋纷争。江氏云:"近今汉学昌明,遍于寰宇,有一知半解者,无不痛诋宋学。然本朝为汉学者,始于元和惠氏,红豆山房半农人手书楹帖云:

---

① (清)阮元:《揅经室一集》卷二《拟国史儒林传序》,《丛书集成初编》本。
② 张舜徽:《清人文集别录》,中华书局1980年版,第318页。
③ (清)胡培翚:《研六室文抄》卷五《答赵生炳文论汉学宋学书》,《绩溪胡氏丛书》本。

'六经尊服郑，百行法程朱'。不以为非，且以为法。为汉学者背师承，何哉。藩为是记，实本师说。"① 这种力图将学术与道德割裂或者说是力图弥缝汉宋的做法，耐人寻味。

考据学派中的"门户之见"在吴派那里表现得较为突出并在学界产生了较大的影响，这是历史事实。但也应该看到，以戴震为首的皖派考据大师们并无太深的门户之见，他们不以汉宋论是非，考证与义理并重；尤其是扬州学派的大师们，如"焦（循）、阮（元）二公，力持学术之平，不主门户之见"② 也是历史事实。

原载《史学月刊》2002 年第 2 期，人大复印报刊资料《历史学》2003 年第 1 期全文转载

---

① （清）江藩：《国朝宋学渊源记》卷上，中华书局1983 年版。
② 刘师培：《左盦外集》卷二〇《扬州前哲画像记》，《刘申叔先生遗书》本。

考据非为稻粱谋

龚自珍《咏史》诗云:"避席畏闻文字狱,著书都为稻粱谋。"① 一些主张清代考据学文字狱成因说的学者因此认为考据学者著书都是为了谋取"稻粱"。"著书都为稻粱谋"几乎成了清代考据学的"恶谥"。这种看法是极其片面的,与史实不相符。

一 从考据学派的学术动机来看

考据学的学术内容相当广泛,其主要的核心是治经,在考据学者看来,经书中包含有圣贤之道,只有通过对经典的研究,才能求得圣贤之道,而道的求得不仅有利于修身,且有利于治世,在这种思想的驱动下,考据学学者将他们的主要兴趣放在通经上。戴震云:"《六经》者,道义之宗而神明之府也。"将经视为道义之源,舍经而无从得道义,故他诘问专讲义理的人:"试诘以求理义于古经之外乎?"② 显然,在他看来,经典之外不可能求得义理和圣贤之道。这并不是戴震的一家之言,而是考据学者的较为普遍的认识。钱大昕说:"夫《六经》定于至圣,舍经则无以为学;学道要于好古,蔑古则无以见道。"③ 段玉裁云:"尝闻六经者,圣人之道之无尽藏,凡古礼乐制度名物之昭著,义理性命之精微,求之六经,无不可得。"④ 阮元云:"圣贤之道,存于经。"⑤ 王引之云:"儒者言义

---

① (清)龚自珍:《定庵文集补编》卷上《咏史》。
② (清)戴震:《东原文集》卷一〇《古经解钩沉序》,《四部丛刊》本。
③ (清)钱大昕:《潜研堂文集》卷二四《经籍纂诂序》,《四部丛刊》本。
④ (清)段玉裁:《经韵楼集》卷五《江氏音学序》,《经韵楼丛书》本。
⑤ (清)阮元:《揅经室二集》卷七《西湖诂经精舍记》,中华书局1993年版,第547页。

理、言治法，必溯源于经史。"① 焦循说："习先圣之道，行先王之道，必诵其《诗》，读其《书》，博学而详说之，所谓因也……先王之道载在《六经》。"② 崔述云："圣人之道，在六经而已矣。二帝、三王之事，备载于《诗》、《书》（原注：《书》谓《尧典》等三十三篇），孔子之言行，具于《论语》，文在是，即道在是，故孔子曰：'文王既没，文不在兹乎？'《六经》以外，别无所谓道也。"③

他们都把经看成载道之书，欲求道，必通经。他们研治小学、史地、天文算学无不是为了通经明道，戴震有一段名论：

> 经之难明，尚有若干事。诵《尧典》数行至"乃命羲和"，不知恒星七政所以运行，则掩卷不能卒业；诵《周南》《召南》，自《关雎》而往，不知古音，徒强以协韵，则龃龉失读；诵《古礼经》，先《士冠礼》，不知古者宫室、衣服等制，则迷于其方，莫辨其用；不知古今地名沿革，则《禹贡》职方失其处所；不知"少广""旁要"，则《考工》之器不能因文而推其制；不知鸟兽虫鱼草木之状类名号，则比兴之意乖。④

因此他们从事考据，是为了探寻经典本义，为现世社会提供借鉴，并不是为了考据而考据，更不是为生活而考据，在考据古学的外壳之下，潜藏着学术经世的动机。

二 从考据与谋生的关系来看

在清代，读书并不是一种最好的谋生手段，除非是金榜题名，获得高官厚禄，否则，困苦不堪。生活于雍正、乾隆时期的龚炜所看到的情况是读书人往往比农、工、商更苦：

---

① （清）王引之：《王文简公文集》卷四《詹事府少詹事钱先生神道碑铭》，《高邮王氏遗书》本。
② （清）焦循：《孟子正义》离娄章句条，《四部备要》本。
③ （清）崔述：《考信录提要》卷上，《崔东壁遗书》，上海古籍出版社1983年版。
④ （清）戴震：《东原文集》卷九《与是仲明论学书》，《四部丛刊》本。

> 国有四民：农、工、贾皆自食其力，士则取给于三者，得食较逸。然舌耕笔畦，短褐不完，往往视三者为更苦。①

真正谋取"稻粱"的人是不会傻到通过做学问来求取经济利益的。龚炜《巢林笔记》卷五《名利》云：

> 凡物不贵重之，则不至。如求名者把心思智巧都倾入八股文中，自然得名；求利者把精神命脉都钻入孔方里，自然得利。

这说明当时求取名利的最好方法是钻研八股，求得一官半职，进而无耻钻营，一步一步地向上爬，就会收到"三年清知府，十万雪花银"之效，可谓名利双收。而当时的考据学者，即使是有名的考据学者，如果没有一官半职，其生活也是十分艰难的，名噪一时的汪中和高举汉学旗帜的江藩，一生在贫苦困顿中度过，江藩在为汪中写学记时，同病相怜，发出了"食荼之甘胜于尝胆者哉"感叹：

> 君一生坎坷不遇，至晚年，有蹉使全德耳其名，延君鉴别书画，为君谋生计，藉此稍能自给，而蹉使素不以学问名。嗟夫！当世士大夫自命宏奖风流者，皆重君之学而不能周其困乏，于以知世之好真龙者鲜矣！……藩自遭家难后，十口之家无一金之产，迹类浮屠，钵盂求食，睥睨纨绔，儒冠误身，门衰祚薄，养侄为儿，耳热酒酣，长歌当哭。嗟乎！刘子之遇酷于敬通，容甫之厄甚于孝标，以藩较之，岂知九渊之下尚有重泉，食荼之甘胜于尝胆者哉！②

读来令人泪下。恰恰相反，潜心研究古文献，不仅难以带来好的经济效益，反而要花费大量钱财以支付必要的学术费用，如购书、支付出版等。请看以下史实：

> 余姚卢抱经先生性嗜古籍，官俸修脯，悉以购书，校雠刊行，不

---

① （清）龚炜：《巢林笔谈》卷四《舌耕笔畦更苦》，中华书局1981年版，第88页。
② （清）江藩：《国朝汉学师承记》卷七《汪中》，中华书局1983年版，第114—115页。

假人助。先生没，无以为家。①

（方）成珪研精小学，尤勤于校雠，官俸所入，悉以购书，储藏数万卷，丹黄殆遍。②

竹吾先生家贫好学，自为秀才时，每见异书，手自抄录。及成进士为县令，廉俸所入，悉以购书，所积至五万七千余卷，簿书之暇，殚心搜讨，不遗余力。晚归林下，犹复矻矻孜孜，纂辑无虚日。③

（邹汉勋）乡居苦书少，诣郡学借观，鬻亩购书，未尝计贫。④

钱塘赵巍晋斋，嘉、道间金石专家也。以一穷诸生而收藏之精博，逾于世家，可谓好事。家贫无以为食，尝手抄秘书数千百卷，以之易米，困苦终身。⑤

他们穷苦一生，将有限的家产投到学术事业中去。如常熟人吴卓信，诸生，著有《读诗余论》《仪礼札记》《丧礼经传约》《释亲广义》《汉书地理志补》《汉三辅考》《三国志补志》《三国志补表》等书，这些成果的取得，除得益于他的勤奋刻苦之外，也与他不惜家产有关。他少年时成为孤儿，遗产仅能自给，后来他将财产全部抛售，用所得购书数万卷，刻苦研究，方取得如此多的成果。⑥

他们有的本来已有一官半职，本可以在仕途上下更多的工夫以求升迁，但他们却将政务之外的主要精力用在学术上，甚至辞官归田，或借机归隐，一心一意钻研学术。如陈树华，"有《左》癖，官湖南时，得庆元

---

① （清）陈康祺：《郎潜纪闻三笔》卷二《卢抱经之遗泽》，中华书局1984年版，第682页。
② 《清史列传·儒林传下·方成珪》。
③ （清）匡源：《玉函山房辑佚书序》，见马国翰《玉涵山房辑佚书》卷首。
④ 《清史列传·儒林传下·邹汉勋》。
⑤ （清）陈康祺：《郎潜纪闻四笔》卷一《金石专家赵晋斋》，中华书局1990年版，第15页。
⑥ 参见张舜徽《清人文集别录》卷一一《澹成居文抄》，中华书局1980年版，第305页。

间吴兴沈作宾分系诸经注本，乃弃官归里，编考他经传记、子史别集与《左氏》经传及注有异同者，成《春秋内传考证》五十一卷"。① 段玉裁，乾隆二十五年（1760）举人，以教习得贵州玉屏县知县，旋调四川，署富顺、南溪、巫山县事。年四十六，"以父老引疾归，卜居苏州之枫桥，键户不问世事者三十余年"。② 一身精力，尽瘁于《说文解字注》一书。孙星衍，乾隆五十二年（1787）进士，授编修，充三通馆校理，散馆以刑部主事用。旋升员外，除郎中。"丁母艰，后不复出，买屋金陵，筑五松园，为终老计。当道延为主讲，如扬州之安定、绍兴之蕺山、西湖之诂经精舍，造就后学，问字者千余人，一时推为学者。"后为生活所迫，起官补授山东督粮道。"公事之余，惟与二三同志稽古论文，著书刻书为事。"③ 其做官的目的不过是维持最基本的生活以便能从事自己心爱的学术研究。

他们有的甚至因为一心做学问丢了官而无怨无悔，朱彝尊自述其被罢官的原委及罢官后的生活云：

> 余入史馆，以楷书手王纶自随，随录四方经进书……寻供事翰苑，忌者潜请学士牛纽，形之白简，遂罢予。归田之后，家无恒产，聚书三十椟，老矣，不能遍读也。铭曰：夺侬七品官，写我万卷书，或默或语，孰智孰愚。

朱彝尊虽然生活清苦，但他最终靠收集的资料撰成《经义考》三百卷、《明诗综》一百卷、《词综》三十四卷，"孰智孰愚"，人们自有定论。他们大多把一生心血和财富全部献给学术事业，而学术给他们带来的物质利益可谓微乎其微。

考据学者中有很多人已是官职在身，不必靠考据来维持生活。他们在政事之余，抓紧一切可以利用的时间，从事学术研究，数十年如一日，从不间断。谢启昆，乾隆二十五年（1760）进士，改庶吉士，散馆授编修，后充国史馆修纂，日讲起居注官。出为镇江知府，调扬州府。因事革职，

---

① 《清史列传·儒林传下·段玉裁附陈树华》。
② 《清史列传·儒林传下·段玉裁》。
③ （清）钱泳：《履园丛话》卷六《渊如观察》，中华书局1979年版，第159页。

旋复安徽宁国府，擢江南河库道、浙江按察使、山西布政使，转浙江布政使，广西巡抚。其于公务之暇，治学不辍，并利用职务之便，收集资料。撰成《西魏书》二十五卷、《小学考》五十卷、《粤西金石志》十五卷。钱大昕为其《小学考》作《序》时称赞说："早岁雠书东观，得窥金匮石室之藏；既而典大郡，陟监司，公务之余，铅椠未尝去手。没念通经必研小学，而古今流别纷如，乃遵秀水之例，续为《小学考》。顷岁领藩两浙……文澜阁颁赐中秘书，职在典守，时得寓目，乃出旧稿，参以新得，分训诂、文字、声韵、音义为四门，为卷凡五十。"王昶官至刑部侍郎。因做官"先生尝东至兴京，西南至滇、蜀，所至访求金石，延览人才"。① 经过不懈的收集，最终撰成《金石萃编》一百六十卷。卢文弨性好校书，终身未尝废辍。"在中书十年，及在尚书房与归田后主讲四方书院，凡二十余年，虽耄孳孳无怠。早昧爽而起，翻阅点勘，朱墨并作……日且冥，甫出户散步庭中，俄而篝灯如故，至夜半而后即安，祁寒酷暑不稍间。生平食禄卖文，不治生产，仅以蓄书。闻有善本，必借抄之，闻有善说，必谨录之。一策之间，分别移写诸本之乖异，字细而必工。家藏数万卷，无不手勘者。"② 所著有《仪礼新校》《群经拾补》《钟山札记》等书。校勘出版的善本之书有《春秋繁露》《贾子新书》《白虎通》《方言》《西京杂记》《释名》《颜氏家训》《独断》《经典释文》《孟子音义》《封氏见闻录》《三水小牍》《荀子》《韩诗外传》等。郝懿行，嘉庆四年（1799）进士，官户部主事，"浮沉郎署，视官之荣悴，若无与己者，而一肆力于著述，漏下四鼓者四十年"。著《尔雅正义》《说略》《春秋比》《易说》《书说》《图书辑要》《诗说》《诗经拾遗》《郑氏礼笺》《山海经笺疏》《竹书纪年校正》及文集、笔记等。这么多的著作给他带来了什么呢？"所居四壁萧然，庭院蓬蒿常满，僮仆不备，懿行处之晏如。"③ 如此的辛苦治学，所得不过是糊口而已，若郝懿行将精力用于官场进取，而不是"一肆力于著述"，肯定不会过"四壁萧然，僮仆不备"的生活。你能说郝懿行们是为了"稻粱"而著书吗？

---

① （清）钱泳：《履园丛话》卷六《兰泉司寇》，第148—149页。
② （清）陈康祺：《郎潜纪闻三笔》卷二《卢抱经校书之勤》，中华书局1984年版，第685—686页。
③ 《清史列传·儒林传下·郝懿行》。

真正的考据学者不是为了经济上的利益,也不是为了博取名声。梅文鼎曾云:

> 吾为此学,皆历最艰苦之后而后得简易。有从吾游者,坐进此道,而吾一生勤苦皆为若用矣。吾惟求理此大显,使古绝学不致无传,则死且无憾,不必身擅其名也。①

崔述亦云:

> 世之论者皆谓经济所以显名当时,著述所以传名于后世。余之意,窃以为不然。人惟心有所见,茹之而不能茹,不得不假纸笔以书之,犹蚕食叶,既老,丝在腹中,欲不吐而不能耳。名不名,非所计也。②

王鸣盛在《十七史商榷序》中表白了他纂写《十七史商榷》的动机和目的云:

> 噫嘻,予岂有意于著书者哉!不过出其读书校书之所得,标举之以诒后人……夫以予任其劳而使后人受其逸,予居其难而使后人乐其易,不亦善乎!

他们"不求知于世","泊然荣利之外"。③

他们视学问为至上之追求,"志权势,营财利,侈美观,极嗜欲",他们"早已淡然不婴于怀"。所热心和关注的,"惟在乎书册之间"。④ 他们以不学无术为耻,为了学问宁愿放弃金榜题名的机会。对学术的兴趣超过了对科举仕途的追求。徐复参加省试,"与友人江都黄君承吉同寓,黄君诘以《九章算法》,不能答,以为耻,典衣购算书归。时君携妇入城,

---

① (清)阮元:《畴人传·梅文鼎》,《文选楼丛书》本。
② (清)崔述:《东壁遗书》附录《自定全书目录》。
③ (清)《清史列传·儒林传下·王谟》。
④ (清)钱大昕:《潜研堂文集》卷二一《可庐记》,《四部丛刊》本。

与藩（引者注：江藩）所赁之屋衡宇相望，薄暮时即执算书一册来相质问，未及一年，弧三角之正弧、垂弧、次形、矢较诸法，皆能言其所以然矣"。① 焦循，嘉庆六年（1801）举人，应礼部试不第，即不复应考，于湖滨构雕菰楼，读书著述其中，足不入城市者十余年。梁玉绳、梁履绳兄弟皆淡泊名利，潜心学问"家世贵显，有赐书……玉绳尝语履绳曰：'后汉襄阳樊氏显贵重当时，子孙虽无名德盛位，世世作书生门户。愿与弟共勉之。'故玉绳年未四十，弃举子业，专心撰著……（履绳）刻意于学，肃然如寒素，衣不求新，出则徒步"。②

考据学者一般是到了晚年才得以结出丰硕的研究成果，其成果的孕育期非常长。阮元曾经感叹说："我朝儒学笃实，务为其难，务求其是，是以通儒硕学有束发研经白首而不能究者，岂如朝立一旨，暮即成宗者哉。"③

邵晋涵著《尔雅正义》二十卷，始于乾隆四十年（1775），成于乾隆五十年（1785），前后十余年，四易其稿乃定。

郝懿行撰《尔雅义疏》十九卷，始于嘉庆十三年（1808），成于道光二年（1822），前后历时15年。

段玉裁注《说文解字》，于乾隆四十一年（1776）开始编纂长编性质的《说文解字读》，历时19年，至乾隆五十九年（1794）完成，共540卷；接着以此为基础，进行加工提炼，于嘉庆十二年（1807）又历时13年，才最终撰成《说文解字注》。8年之后的嘉庆二十年（1815），才得以刊行；从起草到刊行前后达40年之久。

王鸣盛撰《尚书后案》，"草创于乙丑，予甫二十有四，成于己亥，五十有八矣。寝食其中，将三纪矣"。耗费了大半生的心血。反复搜求考订，犹不敢自是，"又就正于有道江声，乃克成此编"。④ 之所以会耗费如此之多的时间，是因为他们总是处于不间断的资料收集和修订工作中，王鸣盛著《尚书后案》，采录郑玄、马融、王肃之注，抄撮经史子集之书共达131部。

---

① （清）江藩：《国朝汉学师承记》卷七《徐复》，第117页。
② 《清史列传·儒林传下·梁玉绳》。
③ （清）阮元：《国朝汉学师承记序》，见江藩《国朝汉学师承记》卷首，第1页。
④ （清）王鸣盛：《尚书后案》卷首记，见《皇清经解》卷四〇四。

孙星衍著《尚书今古文注疏》三十卷，乾隆五十九年（1794）属稿，嘉庆二十年（1815）成书，凡22年始成。

孙诒让《周礼正义》八十卷，草创于同治末年（1874），至光绪二十五年（1899）始成，前后26年。

如此长的撰著时间，使考据著述不可能成为有效的谋利手段。

龚自珍的"著书都为稻粱谋"诗句并不是针对真正的考据学而言的，因为他本人并不反对考据，并且与考据学家有过学术上的合作。他在《志写定群经》中云：

> 李锐、陈奂、江藩，友朋之贤者也，皆语自珍曰："曷不写定《易》、《诗》、《春秋》。生同世，又同志，写定者：王引之、顾广圻、李锐、陈奂、刘逢禄、庄受甲。"①

这说明，龚自珍与王引之等考据大师关系极深，视为同志，所以他不可能将考据学者们的著作的价值一笔抹杀。

考据学者有一种近乎工作狂似的将毕生精力献身于学术的精神，在这种精神的支撑下，他们可以为学术而不惜积劳成疾，可以为学术而放弃仕途前程，可以为学术而耗尽家产。"他们不为名，不为利，只是为学问而学问，把全部生涯费在一部书，卒能贯彻初志。"② 考据是一项旷日持久的工作，它"如百尺楼台，实从地起，其功非积年工力不可"。③ 它要花费大量的精力，经过数年，甚至十几年乃至数十年的努力，才能在学术上有所获，所以，以著述的方式来谋取"稻粱"，可以说是最不现实的方法。我们能说他们是为了谋取"稻粱"吗？

原载《历史文献学论集》，崇文书局2003年9月版

---

① （清）龚自珍：《龚定庵全集类编》卷五《论辨类中》。
② 梁启超：《中国近三百年学术史》，中国书店1985年版，第202页。
③ （清）阮元：《经史问答序》，见全祖望《经史问答》卷首，《四部丛刊》本。

乾嘉考据学文字狱成因说辨

对于乾嘉考据学，学术界长期以来存在一种文字狱成因说。认为清代的学术之所以变成以经学考证为主的乾嘉考据学，主要是读书人受到清政府的文字狱迫害，不敢触及现实和思想问题，被迫转到考证方面，因为考证是远离思想的，不会触犯思想上的禁忌而遭到文字狱的迫害，从而形成乾嘉考据学派。

20世纪80年代一批学者开始对这一观点进行反思，提出异议。如周维衍认为乾嘉学派的产生与文字狱没有因果关系。[①] 王俊义先生认为"康乾盛世是乾嘉学派产生兴盛的根本原因"。[②] 陈祖武先生从清初反理学思潮的角度否定文字狱成因说。[③] 戴逸先生认为"清代学者回复到汉儒的经说，这是从清初以来学术思想发展的必然归宿"。[④] 反文字狱成因说的学者用阐述自己观点的方式否定文字狱成因说，而对文字狱成因说本身没有提出强有力的驳证。所以你方唱罢我又唱，持文字狱成因说者仍大有人在。如张晓虎先生认为乾嘉考据学派是文字狱与清政府拉拢知识分子"这种恩威并济的文化政策下所产生的畸形儿"。仓修良先生亦认为乾嘉考据学是"一种畸形发展的学术文化"。[⑤]

文字狱成因说从一开始就没有进行充分的论证，更没有强有力的证据证明文字狱和乾嘉考据学之间有必然联系，它只是一种推论，将文字狱史

---

① 参见周维衍《乾嘉学派的产生与文字狱并无因果关系》，《学术月刊》1982年第3期。
② 王俊义：《清代的乾嘉学派》，《文史知识》1983年第3期。
③ 参见陈祖武《从清初的反理学思潮看乾嘉学派的形成》，《清史论丛》第六辑，中华书局1985年版。
④ 戴逸：《汉学探析》，《清史研究集》第二集，中国人民大学出版社1982年版。
⑤ 张晓虎：《汪中简论》，《清史研究集》第二集；仓修良：《试论乾嘉考据学的形成及其功过》，《历史文献研究集》新一辑，北京燕山出版社1990年版。

上最为残酷的清代文字狱和乾嘉时期极为发达的考据学这两种政治文化现象联系在一起，说它们具有因果关系。据笔者理解，文字狱成因说如能成立，必须基于以下三点：其一，文字狱是针对学者阶层学术思想中的异端思想而展开的，文字狱造成了学者人人自危；其二，是文字狱将人们的学术兴趣从其他方面逼向了脱离现实的古学研究；其三，乾嘉学人是被压抑的懦弱者，谨小慎微地从事考据，不敢触及现实问题。离开了这三个前提，文字狱成因说则不能成立。

一

从顺治到乾隆，没有制定一贯的文字狱政策，文字狱的打击对象很广，没有固定目标。顺治、康熙时期主要是针对明朝遗老反清复明的汉民族主义思想，以维护满族贵族所建立的清王朝的正统地位；雍正时期，主要是针对朝臣中的朋党势力，以巩固皇权；乾隆时期主要是加强专制统治，打击的对象各阶层都有。谢苍霖等认为："乾隆文字狱集古代文字狱之大成，士民因文致祸，情况千差万别。但从致祸文字的内容方面找原因，大致不外五种情况：其一，因表露排满的思想感情而致祸；其二，因字句的'僭妄'、犯讳而致祸；其三，因抒泄怨愤，谤议时政而致祸；其四，因编造'妖言'，煽惑人心而致祸；其五，因炫才表忠，邀恩求赏而致祸。"[①] 这一分析与乾隆时期的文字狱情况相符，也大致反映了整个清代文字狱的文字内容的致祸原因。在这五种情况中，只有第一类与思想学术界，且主要是与史学界有关，而涉及史学问题的大案主要发生在清初。在众多的文字狱"主犯"中，包括了官员、平民、生员、名士、学者、卜筮、僧侣、工商业者、轿夫和为数不少的精神病人。"这其中官员平民所占比重最大，生员等一般读书人次之，学者为数并不多，而且学者罹祸，背景都较复杂，如依附权贵、政治问题等。"[②] "并无多少证据表明文字狱含有一种从一般意义上讲的阻止知识分子创造性的企图，至少直到乾隆时代中期是如此……清初文字狱大多数可以更恰当地理解为朝廷的'制造异己'，是当局发现自己受到威胁时的

[①] 谢苍霖、万芳珍：《三千年文祸》，江西高校出版社1991年版，第479页。
[②] 喻大华：《清代文字狱新论》，《辽宁师大学报》1996年第1期。

反应，文字被用来作借口。"① 这说明，在众多的文字狱中，针对学术思想和学者的案件并不多，并不足以造成学者人人自危。

文字狱并未达到某些学者所认为的那样的效果：学者人人自危，不敢触及现实问题，更不敢触犯清政府所提倡的思想。这种估价未免低估了学人们追求真理的精神与品格。顺治十六年（1659），庄氏史案，牵连被杀者七十余人，吴炎、潘柽章两位史学家遇难，顾炎武与二人深有交往，他不是避之不及，而是写诗以悼之，其中有一首云：

> 北京一崩沦，国史遂中绝，二十有四年，记注亦残缺。中更夷与贼，出入互轇轕；亡城与破军，纷错难具说……有志述三朝，并及海宇图。一书未及成，触此忧患途。②

表达了顾氏对国亡，史亦因文字狱而亡的悲愤，其诗中的"夷"显然是指清政府，是犯忌之语。查继佐，明末举人，入清后隐居不出，发奋著一部明史。庄氏史狱案发，与查氏同时还有范骧、陆圻被捕，三家老小一百七十余人同时入狱。后查氏赖两广提督吴六奇援救得释，他并未因此而惶恐终日，放弃撰写明代历史的计划，而是继续写作，至康熙十一年（1672）完成了他的计划，这就是流传至今的《罪惟录》。③ 康熙二十一年（1682）朱方旦文字狱，其罪名之一是私刻《中质秘书》《中说补》，认为"中道"（思维器官）在于脑而不在于心，被视为邪说而斩首。这并未阻止雍乾时期的学者陆耀对人脑功能的研究，陆氏提出了思维记忆器官是脑而不是心的观点。邵晋涵是乾隆时有名的考据学者，江藩说他：

> 君少从山阴刘文蔚豹君、童君二树游，习闻蕺山、南雷之说。于明季党祸缘起，奄寺乱政，及唐、鲁二王本末，从容谈论，往往出于正史之外。④

---

① ［奥］费思堂：《清代的文字狱迫害和"制造异己"模式》，载白寿彝主编《清史国际学术讨论会文集》。
② （清）顾炎武：《亭林诗集》卷二《赠潘节士柽章》，《四部丛刊》本。
③ 参见谢苍霖、万芳珍《三千年文祸》，第 404 页。
④ （清）江藩：《国朝汉学师承记》卷六《邵晋涵》，中华书局 1983 年版。

从这条材料我们可以看出，在乾隆年间尚有学者涉足晚明史，尤其是涉及南明唐王、鲁王抗清历史。所讲内容"往往出于正史之外"，所谓正史，是指清政府所修的《明史》，众所周知，官修《明史》对涉及晚明、南明史实多有隐讳、篡改，"出于正史之外"的内容很可能就是清朝忌讳的内容。"从容谈论"，丝毫看不到畏缩的情状。

  清代的文化专制并不是无限的，而是给学者留有一定的自由空间。一般说来，只要学者不涉及清政府所忌讳的满汉关系、明清关系、统治者内部的矛盾、复明思想、夷夏之辨，不安分的"僭妄"等，并不会招致文字之祸。众所周知，清朝自始至终都以程朱理学作为立国的统治思想，科举考试一直都是以朱子的经注为教科书和标准答案，应试举子不能越朱注一步。而考据学一开始就是以反对宋学的面目出现的，如果说文化专制彻底的话，是不应该也不会让"抵掌攘袂，明目张胆，惟以诋宋儒、攻朱子为急务"①的考据学发展壮大。换句话说，文字狱如果是针对学术思想的话，它只会扼杀考据学，不会促进考据学的发达。这说明什么？这只能说明清政府的文化专制是有限的，或者说给学者留有一定的自由度。

  明代与清代一样，都是以程朱理学作为官方学术思想。朱子的学说在明代具有不可动摇的地位，"凡攻其说者，不加以罪，即焚其书"。②而在清代可以说大多数学者都批评朱子的学说，甚至非《六经》、驳孔孟，都能被清政府所容忍。清初毛奇龄著《四书改错》，专攻朱子之误，而平安终老。袁枚无所羁勒，不拘礼法，无所顾忌地高吟"《六经》虽读皆不信，勘断姬孔追微茫"。③连《六经》周公孔子都不信了，须知放纵不羁，不以孔子之是非为是非的李贽在明代最终被迫害致死，而袁枚却安然无事。戴震控诉清政府所尊崇的理学是"以理杀人"，他说："宋以来，儒者以己之见，硬坐为古贤圣立言之意……以己所谓理强断行之……而其所谓理者，同于酷吏所谓法，酷吏以法杀人，后儒以理杀人……彼方自以为理得，而天下受其害者众也。"④戴震并未因此而受到迫害。汪中将孟子

---

  ① （清）方东树：《汉学商兑》卷下，三联书店1998年版。
  ② （明）沈德符：《万历野获编》卷二五，中华书局1959年版。
  ③ （清）袁枚：《小仓山房诗集》卷一五《子才子歌示庄念农》，《四部备要》本。
  ④ （清）戴震：《东原文集》卷九《与某书》，《戴震全书》本，黄山书社1995年版。

所深恶的墨子与孔子并列，"自墨子者言之，则孔子鲁大夫也，而墨子，宋之大夫也，其位相埒，其年又相近……是故墨子诬孔子，犹老子绌儒子也，归于不相谋而已矣"①，而且他还指责亚圣孟子，说"兼爱无父"是孟子对墨子的诬陷。汪中的学术观点遭到了卫道者翁方纲等的猛烈攻击，翁氏大为恼火地说：汪中"公然为《墨子》撰《序》，自言能治《墨子》，且敢言孟子之言兼爱无父为诬墨子，此则又名教之罪人"，主张"褫其生员衣顶"。②清政府并未对这位"名教罪人"施加任何惩处。

　　清政府对谢济世及《大学注》的处理也可以看出文化专制对学术界中的"异己"观点处罚并不是很重。谢济世因参与朋党之争而被雍正发配到阿尔泰军前效力，谢氏在阿尔泰受到平郡王福彭的优待，得以从容著书、讲学，著有《大学注》《中庸疏》，雍正七年（1729）五月，顺承郡王锡保奏言谢济世在军中注释《大学》，毁谤程朱，而且对时政"恣意谤讪"。雍正帝未追究他的诽谤程朱之罪，而抓住他"抒写其怨望诽谤之私"即对发配心怀不满，被判处斩，后改为当苦差效力。如果说文字狱在谢氏心中留下巨大的恐怖的话，谢济世肯定会改弦更张，而事实并非如此。乾隆即位，即召谢济世还京，复御史之职，他又将所著《大学注》《中庸疏》呈给乾隆，请求颁行，并上疏说已将书中被雍正指为谤讪的话删除了，分章释义"遵古本，不遵程本"，乾隆帝降旨严斥："谢济世请用其自注《学》、《庸》，易朱子章句，颁行天下。独不自揣己与朱子分量相隔如云泥，而肆口诋毁，狂悖已极。"将其书掷还。在这种情况下，谢氏还将书刊刻流传。乾隆虽在乾隆六年（1741）九月，下令查封其书，但并未深究其罪，仍官湖南粮储道。乾隆六年所下的谕旨很有价值，值得重视：

　　　　朕闻谢济世将伊所著经书刊刻传播，多系自逞意见，肆诋程朱，甚属狂妄。从来读书学道之人，贵乎躬行实践，不在语言文字之间辨别异同，况古人著述既多，岂无一二可以指摘处。以后人而议论前人，无论所见未必即当，即云当矣，试问于己之身心有何益哉？况我

---

① （清）汪中：《述学·内篇·墨子序》，《四部丛刊》本。
② 转引自龚书铎《乾隆年间文化特点论纲》，见白寿彝主编《清史国际学术讨论会论文集》。

> 圣祖将朱子升配十哲之列,最为尊崇,天下士子莫不奉为准绳,而谢济世辈倡为异说,互相标榜,恐无知之人为其所惑,殊非一道同风之义,且足为人心学术之害。①

由此可以看出,乾隆皇帝对"肆诋程朱"很反感,他认为读书人应当躬行实践,反对"在语言文字之间辨别异同",说这样于"身心了无益处"。这无异于说他厌恶考据学,因为考据学正是在"语言文字之间辨异同",并纠正、批判宋人当然包括朱子经注及学说的错误。他再一次重申了朱子学术的崇高性、权威性,天下学子莫不奉为准绳,不允许学者"倡为异说"。但他对谢济世本人的不加追究又透露出对学术思想问题的宽大。

因此我们可以说清政府对学术思想上的"异己"问题还是能够容忍的,它所不能容忍的思想问题是民族主义思想、夷夏之辨、僭妄等,这种有限的文化专制并不足以造成整个学术界将学术研究方向进行一致的转移。事实上也并不是所有的学者都将自己的兴趣转移到考据学上或仅限于考据学研究。

二

考据学之所以在乾嘉时期极为兴盛,乃是考据学从明末、经清初不断发展壮大的结果,考据学以其不同于理学的经典诠释方式、研究方法、逻辑思辨以及令人信服的成果,使越来越多的人对它发生浓厚的兴趣,因而它的队伍愈来愈大。许多考据学者之所以走上考据之路,或由于家学,或因师友影响,或自我认识考据之价值之故,很难看到文字狱对他们的影响。

顾祖禹其父精于史学,"祖禹少承家训,不事帖括,经史皆能背诵如流水,性好远游,足迹遍天下"。② 他的好友阎若璩亦云:"景范(祖禹字)地志之学,盖出于家也。"③ 万斯大,少承家学,其父万泰善诗兼熟史事,"以经史分授诸子,使从黄宗羲游,各名一家"。④ 斯大,其弟斯

---

① 关于谢济世一案材料,参见《清代文字狱档》,原北平故宫博物院文献馆编,上海书店1986年影印本。
② (清)江藩:《国朝汉学师承记》卷一《胡渭》附顾祖禹。
③ (清)阎若璩:《尚书古文疏证》卷六。
④ 《清史列传·儒林传下·万斯大》,中华书局1987年版。

选、斯同皆为清初有名之学者。钱大昭，比其兄大昕年少20岁，大昭"事兄如严师，得其指授，时有两苏之比"。不独大昭受大昕的影响，"大昕深于经史，一门群从，皆治古学，能文章"。大昭之子东垣、绎、侗"少承家学"，学术上造诣颇深。① 臧庸，其高祖琳，为考据学家。臧庸"沉默朴厚，学术精审，续其高祖之学"，著述颇丰。② 刘台拱，其"六世祖永澄问学于蕺山，以躬行实践为主，子孙世传其学。至君，又习闻王予中（懋竑）、朱止泉（泽沄）之绪论，深研程朱之行，以圣贤之道自绳"。③ 又由于他在京城"与朱筠、程晋芳、戴震、邵晋涵及同郡任大椿、王念孙等游，稽经考古，旦夕讨论"。④ 这双重的影响使他汉宋兼采，学问德行皆为时人所称道。汪光爔，其先人汪棣与惠栋、戴震、王昶、王鸣盛、钱大昕等"为莫逆交"，光爔"少承庭训，习闻诸老宿名论，乃潜志读书，博通经史"。⑤ 汪中之子汪喜孙，"博学好古，于文字、声音、训故，多所究心，能绍家学"。⑥ 焦循以精研《周易》著称，追其源头乃家学也，"曾祖源、祖镜、父葱，世传易学"。⑦

受家学影响者尚有很多，如惠氏三世传《易》，王念孙父子的训诂校勘之学，均为清代学者和当代学人所乐道。在对学人学术兴趣的影响中师友的影响比家学渊源的影响更广泛。现举数例。

毛奇龄，"亡命游淮上，得交阎百诗，始闻考索经史之说"。⑧ 何秋涛亦云："西河四十以前，未见潜邱时，率以赋诗、填词、选制艺、评传奇为事……西河考证之学，得自潜邱，良信。"⑨ 王鸣盛，"年十二，为《四书》文，才气浩瀚，已有名家风度"。后来他游于沈德潜门下，犹"与王侍郎兰泉先生、钱少詹大昕、吴内翰企晋及曹仁虎、赵文哲、黄文莲相唱和"，这说明此时他还没有将兴趣转到考据学上来，他在"与惠松崖征君讲经义"后，方知"训诂必以汉儒为宗，精研《尚书》，久之，乃信东晋

---

① 《清史列传·儒林传下·钱大昭》。
② 《清史列传·儒林传下·臧庸》。
③ （清）江藩：《国朝汉学师承记》卷七《刘台拱》。
④ 《清史列传·儒林传下·刘台拱》。
⑤ （清）江藩：《国朝汉学师承记》卷七《汪光爔》。
⑥ 《清史列传·儒林传下·汪中》附汪喜孙。
⑦ 《清史列传·儒林传下·焦循》。
⑧ （清）全祖望：《鲒埼亭集外编》卷一二《萧山毛检讨别传》，《四部丛刊》本。
⑨ 转引自钱穆《中国近三百年学术史》，中华书局1986年版，第244页。

之古文固伪"。① 惠栋对他学术方向的选择起了很大的作用。钱大昕,他与王鸣盛有类似的学术转向经历。年十五,为诸生,有神童之誉。"弱冠时雅擅文藻,与诸名士驰逐坛坫,每有著作,人竞钞写。"② "在吴门时,与元和惠定宇、吴江沈冠云两征君游,乃精研古经义声音训诂之学,旁及壬遁太乙星命,靡不博综而深究焉。"③ 王昶,他在二十四五岁以前并未以考据研究为其学术目标,与王鸣盛、钱大昕一样,是惠栋这位考据学大师将他引入了考据之途。"先生生而开敏,四五岁时能背诵周伯弨《三体唐诗》,为人演说杨用修《廿一史弹词》,娓娓不倦。年十八,应学使试,以第一入学。是年,得韩柳文集,《归震川集》、张炎《山中白云词》,读而爱之,乃肆力于古文词……肆业紫阳书院,时从惠征君定宇游,于是潜心经术,讲求声音训诂之学。"④ 卢文弨,"官京师,与东原交善,始潜心汉学,精于雠校"。⑤ 卢文弨是乾隆壬戌年即乾隆七年(1742),授内阁中书之职后,开始在京城为官,也就是说卢文弨在36岁以后才在戴震的影响下从事考据。段玉裁,"年十三,补诸生,学使尹会一授以小学书,遂究心焉。乾隆二十五年举人,至京师,见休宁戴震,好其学,遂师事之"。⑥ 程晋芳,"始为古文词,及官京师,与笥河师(朱筠)、戴君东原游,乃治经,究心训诂"。⑦ 金榜,"少工文词,以才华为天下望。后师事江永,友戴震,遂深经术"。⑧ 洪亮吉,"谒安徽学使笥河先生,受业,为弟子,先生延之校文,时幕下士多通儒,戴编修震、邵学士晋涵、王观察念孙,汪明经中,皆通古义,乃立志穷经。家居,与孙星衍相观摩,学益进"。⑨ 任大椿,"与东原同举于乡,于是习闻其论说,究心汉儒之学"。⑩ 汪元亮,与同郡余萧客等在城东结为诗社,"睥睨余子,不可一世。乾隆

---

① (清)江藩:《国朝汉学师承记》卷三《王鸣盛》。
② (清)陈康祺:《郎潜纪闻四笔》卷六《昭代通儒钱大昕》,中华书局《清代史料笔记丛刊》本。
③ (清)江藩:《国朝汉学师承记》卷三《钱大昕》。
④ (清)江藩:《国朝汉学师承记》卷四《王兰泉》。
⑤ (清)江藩:《国朝汉学师承记》卷六《卢文弨》。
⑥ 《清史列传·儒林传下·段玉裁》。
⑦ (清)江藩:《国朝汉学师承记》卷七《程晋芳》。
⑧ 《清史列传·儒林传下·金榜》。
⑨ (清)江藩:《国朝汉学师承记》卷四《洪亮吉》。
⑩ (清)江藩:《国朝汉学师承记》卷六《任大椿》。

壬午（1762）与戴君东原同举于乡，相亲善，乃究心经义及六书之学"。①孔广森，"少受经于东原氏，为三礼及公羊春秋之学"。② 陈寿祺，"少能文"，"时称为才子……从同县孟超然游，为宋儒之学，憬然以古君子自期"。后因"会试，出朱珪，阮元门，乃专为汉儒之学，与同年张惠言、王引之齐名。又及见钱大昕、段玉裁、王念孙、程瑶田诸人，故学益精博，解经得两汉大义"。③ 先选择宋学，后受师友影响而改从汉学，并非政治因素促使他转向汉学。

这种受师友的影响而走上治考据学的例证还很多，不一一列举。前辈学者如钱穆先生也注意到此种现象，李塨为颜习斋的弟子，习斋讲实践，恶书本知识，李塨与万斯同、胡渭、毛奇龄等考据学者交往，"恕谷（李塨）从此益移情考古不自觉"。④ 而更多的人是在考据学风气的影响下，从事古代经学研究，正如王昶在给惠栋所作墓志铭中说："流风所扇，海内人士，无不重通经，通经无不知信古。"⑤ 近人刘禺生在《世载堂杂忆·清代之教学》中总结说："按有清一代，经史、词章、训诂、考定各种有用之学，名家蔚起，冠绝前朝，皆从事学问，而不事举业……论其原因：一、继承家学，如二钱、三惠、王氏父子之例。二、各有师承，读《汉学师承记》、《宋学渊源记》诸书自知。"

在这些学者的选择考据学为治学方向的史实中（这些学者皆属有一定影响的考据学者），很难看到文字狱对他们选择的影响。他们通经信古并不是为了逃避什么，也不是因外来政治压力而转向考据。很多年轻的学人在结识像惠栋、戴震等这样的考据学大师后，纷纷转向考据，说明考据大师们的学问令他们折服，考据学深深地吸引住他们，在深入考据学堂奥之后，他们发现从事考据研究的价值和乐趣，将其作为终身的学术事业。

梁启超曾经说过："乾嘉间之考证学，几乎独占学界势力，虽以素崇宋学之清室帝王，尚且从风而靡，其他更不必说了。所以稍为时髦一点的阔官乃至富商大贾，都要'附庸风雅'，跟着这些大学者学几句考证的内

---

① （清）江藩：《国朝汉学师承记》卷六《汪元亮》。
② （清）江藩：《国朝汉学师承记》卷六《孔广森》。
③ 《清史列传·儒林传下·陈寿祺》。
④ 钱穆：《中国近三百年学术史》，第210页。
⑤ （清）王昶：《春融堂集》卷五五。

行话。"① 这正说明学术影响力的巨大。这些"附庸风雅"之人去言考据，绝非迫于文字狱。考据学虽然取代了宋学在学术界的主导地位，但宋学、诗学、文章学仍占有一席之地。他们也影响着学人们对学术方向的选择，这从另一角度说明人们选择什么、不选择什么并不是由文字狱造成的。

戴祖启，与戴震同族，同举于乡，时有二戴之目，四库馆开，大学士于敏中要震召祖启到四库馆供职，祖启辞不往。他主张身体力行，反对小学研究。他批评考据学"所习者《尔雅》、《说文》之业，所证者山经地志之书。相遂以名，相高以声，相辩以无穷，其实身心不待此而治，天下国家不待此而理"。② 这一观点是他在回答其子衍善问如何治经学时提出的，这势必影响衍善的治学方向。祖启与震既为同族，又年龄相若，而学不同方，趣尚各异，说明治学方向的选择完全出于个人意愿。江沅，其祖江声，以治经学、小学有名于时，世称艮庭先生。父江镠博通诸史，亦有学行。沅承其祖、父之教，精研《说文》，其论文字、音韵多与段玉裁不谋而合。他又师承曾被戴震批评的彭尺木（绍升）居士为师，彭绍升与罗有高、汪晋交情至厚，以古学相切磋而深喜佛典，耽言禅理，受他们的影响，沅亦兼综儒释。江沅晚年好佛益笃，索性到常州天宇寺受戒长斋。江沅可以看作受家学、师承影响很典型的一例，在他的学术趣尚之中，看不到政治影响的因素。涂瑞，新城人，乾隆十二年（1747）举人，自述为学的过程云："予年二十四五岁时，攻举业，兼习诗古文辞。后数年，专一程朱之学。又数年，遍读宋明理学诸书，乃叹陆子之学，固与孟子心心相印。"③ 这说明无论是选择程朱理学，还是选择考据学，纯属个人行为。

按照文字狱成因论者的观点，读书人是害怕文字狱而将学术兴趣转向考据，那么，考据就成了读书人的唯一选择，而事实告诉我们并不是这样的。宋学在清代虽不像明代那样压倒一切，但还是拥有重要地位的，士人求学入仕的教科书也是以宋学为主。达三《国朝宋学渊源记序》云：

> 本朝列圣相承，本建宗立极之学，为化民成物之政，《四子书》乃遵朱子，《十三经》特重汉儒。

---

① 梁启超：《中国近三百年学术史》，中国书店1985年版，第24页。
② （清）戴祖启：《师华山房文集》卷三《答衍善问经书》。
③ （清）涂瑞：《东里类稿》卷四《读书般若寺记》。

即使在考据学大盛的乾隆时期，也不是像人们想象的那样，是"汉学"的一统天下，其影响力也是有限的。乾隆十六年（1751）的进士嘉兴人王元启所看到的情况是："近人读书，专事卤莽，如四子、五经，未尝精求其本义，辄妄自立说，后生辈乐其便已，但知有诸家之说，益不复知有经义矣。"①

袁枚与考据学家之间的争论交往很能说明学者在雍乾时期选择学问方面的自由性。袁枚讨厌、看不起考据学，却与考据学家惠栋、孙星衍友善。袁枚善诗文，认为诗文优于考据。惠栋曾写信给袁枚，劝他从事考据学，说弃考据而为诗文是"舍本而逐末"。袁枚回信说："足下乃强仆以说经，倘仆不能知己知彼，而亦为有易无之请，吾子其能舍所学而相从否？"② 袁枚不愿放弃自己的专长去做考据。孙星衍也写信劝他从事考据，袁枚亦婉言谢绝，回信说：

　　日前劝足下弃考据者，总为从前奉赠"奇才"二字横据于胸中，近日见足下之诗之文，才竟不奇矣，不得不归咎于考据。盖昼长则夜短，天且又能兼也，而况人乎？故敢陈其管穴。足下既不以为然，则语之而不知舍之可也，又何必费足下援儒入墨之心，必欲拉八十翁披腻颜帕，抱《左传》逐康成车后哉？③

袁枚不愿考据，而且他还劝人不要搞考据。有一位姓黄的年轻人想弃诗文而趋考据，袁枚劝他说："考据之功，非书不可，子贫士也，势不能购尽天下之书，偶有所得，辽东之豕，纵有一瓻之借，所谓贩鼠卖蛙，难以成家者也。"④ 由于袁枚的名望与地位，从他学诗文者众，"袁大令枚以诗鸣江浙间，从游者若鹜若蚁"。考据学者王昶或许不满袁氏对考据学的攻击，"乃痛诋简斋，隐然树敌，比之轻清魔"。为了与袁对抗，王昶也以诗授徒，"提唱风雅，以三唐为宗"，为了超过袁枚，其招收弟子不加选择，"江浙李赤者流，以至吏胥之子，负贩之人，能用韵不失粘者，皆在

---

① （清）王元启：《祗平居士集》卷一五《与朱震江书》。
② （清）袁枚：《小仓山房文集》卷一八《答惠定宇书》。
③ （清）孙星衍：《问字堂集》卷四《答袁简斋前辈书》附袁枚《答书》，中华书局1996年版。
④ （清）袁枚：《小仓山房尺牍·再答黄生》。

门下"。① 清代诗狱迭起，而人们学诗赋诗的热情不减，这也从一个侧面说明文字狱并未造成人人自危。

由此可见，选择学术方向，个人兴趣与专长起着决定性作用，而非文字狱所迫。

三

乾嘉考据学者大都"不以经术明治乱，故短于风议"②，但并非所有的人都是如此。他们在不犯清政府大忌的前提下（一般说来，知识分子都知道清政府最忌讳什么），有表现自己学术兴趣和性格特性的自由。他们并未强烈地感受到生活在乾嘉时期的不幸，反而视为可以潜心学术研究的好时机。戴震因能进《四库全书》馆修书，找到自己"访求二十余年不可得"，"恒寤寐乎是"的古代书籍，并"得尽心纂次，订其讹舛"，使之得以刊行，而欣喜若狂，认为"诚甚幸也"。③ 邵晋涵亦有类似的感受，"维时盛治右文，翊经惇学，秘简鸿章，汇昭壁府，幸得以管窥锥指之学，观书石室，闻见所资，时有增益"。④ 钱大昕称自己是"天之幸民"，他晚年在自题像赞时不无得意地说：

> 官登四品，不为不达。岁开七秩，不为不年。插架图书，不为不富。研思经史，不为不勤。因病得闲，因拙得安。亦仕亦隐，天之幸民。⑤

对自己能从事学术研究而深感满足之情溢于言表。章学诚也并未因清朝对私纂明史的围剿而感到痛心疾首，相反却认为清朝的史臣修明史可以"毫无避忌之私"，他在撰于嘉庆元年（1796）的《丙辰劄记》中写道：

---

① （清）江藩：《国朝汉学师承记》卷四《王兰泉先生》。
② 章太炎：《检论》卷四《清儒》，《章太炎全集》第三册，上海人民出版社1984年版。
③ （清）戴震：《东原文集》卷七《刊九章算术序》。
④ （清）邵晋涵：《尔雅正义序》。
⑤ （清）钱大昕：《潜研堂文集》卷首，《四部丛刊》本。

> 自唐虞三代以还，得天下之正者，未有如我大清……（汉、元等）新朝史官之视胜国，犹不能无仇敌之嫌。惟我朝以讨贼入关，继绝兴废，褒衷录义，天与人归，而于故明但有存恤之德，毫无鼎革之嫌。明史权衡，又屡颁公慎之训，是以史臣载笔，毫无避忌之私，此又不得以历朝成法拘也。

江藩认为：

> 列圣相承，文明于变，尊崇汉儒，不废古训，所以四海九州强学待问者咸沐《菁莪》之雅化，汲古义之精微。缙绅硕彦，青紫盈朝，缝掖巨儒，弦歌在野，担簦追师，不远千里，讲诵之声，道路不绝，可谓千载一时矣。①

虽有谀美之嫌，却不无真心之实。

汉学家中特立独行之士不乏其人。武亿为博山县知县时，革除弊政，敢治权倾天下的权臣和珅的走卒之罪。王引之上疏弹劾和珅。程晋芳，"酒酣耳热，纵论时事，则掀髯大笑"。②贾田祖"矜立名节，猛志疾邪"。③洪亮吉关注时政，在大考时于《征邪教疏》中"指陈时事，直书无隐"，平时在"师友前论时事，扼腕叹息"。④"朱文正公招之如都，欲荐于朝，先生乃于朱座首斥其崇信释道为邪教首领之语，朱正色曰：'吾为君之师辈，乃敢搪突若尔。'先生曰：'此正所以报师尊也。'又讥王韩城相公为刚愎自用，刘文清公为当场鲍老，一时八座，无不被其讥者。"⑤雍正亲政后，他又上书"陈时政数千言，谓故福郡王所过繁费州县供亿，致虚藏帑；故相和珅擅权时，达官清选或执贽门下，或屈膝求擢，罗列中外官罔上负国者四十余人"，因此被革职，对簿时仍"词色不挠"⑥，表现出令人敬佩的硬汉风格。朱筠"性喜饮"，"每酒酣耳热时，议论天下事，

---

① （清）江藩：《国朝汉学师承记》卷一。
② （清）江藩：《国朝汉学师承记》卷七《程晋芳》。
③ （清）江藩：《国朝汉学师承记》卷七《贾田祖》。
④ （清）江藩：《国朝汉学师承记》卷四《洪亮吉》。
⑤ （清）昭梿：《啸亭杂录》卷七《洪稚存》，中华书局《清代史料笔记丛刊》本。
⑥ （清）江藩：《国朝汉学师承记》卷四《洪亮吉》。

自比李元礼、范孟博,激扬清浊,分别邪正,慷慨激昂,闻者悚然"。①
其凛凛正气,可想而知。陆耀,不畏权贵、品德高洁,敢于指陈时弊,认
为贪官污吏的肆意掠夺是造成人民反抗的原因,他说:

> 利莫大于阜民财,害莫大于夺民食,使上不贪,则州县不致以苛
> 累病民,何待督责敲扑,愁痛之声,入人骨髓哉!今或有抗差殴役生
> 事变矣,此非百姓之过,有司之过;亦非有司之过,大吏之过也。②

敢于一针见血地指出官僚阶层的敲骨吸髓是造成农民反抗的根本原因的
人,在乾嘉时期并非仅有绝无,程瑶田也说过类似的话:"今为盗贼者,
未有不迫于饥寒者也,其初只有谋生一念耳。"③ 张惠言,乡试、会试皆
出朱珪门,朱珪对他非常赏识,多次举荐提拔他。但张惠言并不因此而无
原则地阿附朱珪,而是"断断相净,不敢隐"。如:"珪言天子当以宽大
得民,惠言言国家承平百余年,至仁涵育,远出汉、唐、宋之上,吏民习
于宽大,故奸蘖萌芽其间,宜大伸法以肃内外之政。珪言天子当优有过大
臣,惠言言庸猥之辈,幸致通显,复坏朝廷法度,惜全之当何所用。珪喜
进淹雅之士,惠言言当进内治官府,外治疆场者。与同县编修洪亮吉于广
座诤之。"④ 表现出张惠言作为学者兼官僚为真理而不惜得罪座主的高尚
品格。

汪中可以说是乾嘉时期个性得到充分表现,未受到扭曲的知识分子的
典型代表。他否定传统的尧、舜、禹、汤、文、武、周公至孔、孟,孟子
死而道统绝的说法。认为"亚圣"孟子不是道统的继承者,而承孔子之
学者乃荀子。"周公作之,孔子述之,荀卿子传之",汉代贾谊行之⑤;他
盛赞墨子,认为孟子对墨学的批评是诬墨子⑥;他怀疑钦定为金科玉律的
《四书》之一的《大学》的经典地位,指出《大学》非孔门真传,乃

---

① (清)江藩:《国朝汉学师承记》卷四《朱笥河先生》。
② (清)陆耀:《切问斋集》卷首。
③ (清)程瑶田:《论学小记·述性》。
④ 《清史列传·儒林传下·张惠言》。
⑤ (清)汪中:《述学·荀卿通论》。
⑥ (清)汪中:《述学·墨子序》。

"宋世禅学盛行，士君子入之既深，遂以被诸孔子"①；他反对言必称三代，认为三代之道，不仅"不宜于今"且"前世大儒，立义有误"②；他提倡许嫁而未嫁夫死的寡妇可以改嫁，"其有以死为殉者，尤礼所不许也"，"苟未尝以身事之，而以身殉之，则不仁矣"③；他主张嫁娶适时，"其有三十不娶，二十不嫁，虽有奔者，不禁焉"④，这无疑是对道学家妇女节烈观的有力抨击；他反对迷信，认为"世多淫祠，尤为惑人心，害政事"，"见人邀福祠祷者，辄骂不休，聆者掩耳疾走"，而他"益自喜"；他"于时流，不轻许可，有盛名于世者，必肆讥弹"。⑤汪中一系列的言行遭到卫道者和"正统"学者的攻击，翁方纲称汪中为"名教罪人"，章学诚与他闹得"竟欲持刀抵舌锋"⑥，"众畏其口，誓欲杀之"⑦，而汪中却依然故我，我行我素，他对劝他的人说："吾所骂者，皆非不知古今者，惟恐莠乱苗尔。若方苞、袁枚辈，岂屑屑骂之哉！"⑧ 大有能被他骂者，是被骂者的荣幸之势，其桀骜不羁之性，可见一斑。当时的考据学大家钱大昕、段玉裁、程瑶田、王念孙、刘台拱、孔广森、李惇等，都极其称赞他。

以上事实说明，乾嘉时期的文化人并不是人们所想象的懦弱的、受压抑的一群知识分子。如果说考据学的兴盛是因为文字狱，那么，很难理解在考据学走向兴盛之初，就有很多考据学阵营以外的学者特别是宋学家对它进行严厉的指责与批评。一批又一批的考据学者，废寝忘食、寂寞寒窗十数年乃至数十年如一日地进行研究，有些人放弃科举功名而沉溺其中，有些人放弃既得的官位退隐著述，而这种研究和著述很难给他们带来物质上的利益，这种对学术孜孜以求的精神，很难用"逃避文字狱"解释得通。大多数的研究者都同意考据学派中存在吴派、皖派、扬州学派之分，这种以地域关系形成的考据派别本身就说明，考据学家从事考据是受了师

---

① （清）汪中：《述学·大学评义》。
② （清）汪中：《述学·春秋述义》。
③ （清）汪中：《述学·女子许嫁而婿死从死及守志议》。
④ （清）汪中：《述学·释媒氏文》。
⑤ （清）江藩：《国朝汉学师承记》卷七《汪中》。
⑥ （清）洪亮吉：《卷施阁诗集》卷一五《章进士学诚》，《四部备要》本。
⑦ （清）卢文弨：《抱经堂文集》卷三四《公祭汪容甫文》，《四部丛刊》本。
⑧ （清）江藩：《国朝汉学师承记》卷七《汪中》。

承关系和地域学术风气的影响所致。因此我们认为文字狱造成学人纷纷转向考据的说法，与历史事实不符，是不能成立的。

四

我们否定文字狱与考据学的产生、兴盛之间存在因果关系，但并不是说，我们完全认为文字狱对学术没有影响。影响是有的，主要是对史学的影响，但不像人们想象的那样大。清代特别是中期的史学家研究近现代史的人很少，这的确与文字狱有一定的关系，但又不完全是文字狱造成的。任何一种学术现象的出现，不能仅从政治外因上找原因，还应从学术发展的内在理路上进行分析，对于考据学的产生和兴盛是如此，对于清代特别是中期史学研究中近现代史研究的不发达亦应如此。

陈寅恪先生认为"有清一代经学号称极盛，而史学则远不逮宋人"，但他认为不能将造成史学不发达的原因完全归罪于文字狱，他说：

> 论者辄谓爱新觉罗氏以外族入主中国，屡起文字之狱，株连惨酷，学者有所畏避，因而不敢致力于史，是固然矣。然清室所最忌讳者，不过东北一隅之地，晚明初清数十年之载记耳。其他历代数千年之史事，即有所忌讳，亦非甚违碍者。何以三百年间史学之不振如是，是必别有其故，未可以为悉由当世人主摧毁压抑之所致也。

陈先生的这一观点，很有见地。梁启超在论清代学术时云："以经学考证之法，移以治史，只能谓之考证学，殆不可谓之史学。"[①] 考史当然不是史学的全部，但为史学中不可或缺的一大部分，也是最基础的部分。考史之风当然是受考经风气的影响使然，但它也是对明代空洞史论风气的一种反动。"明代史论至多，大抵徒侈游谈，务翻旧案，不能核其始终。"[②] 科举制度又造成士子们不读史，使史学缺乏应有的读者群，从而也减少了造就史学家的机会。黄宗羲曾一针见血地指出：

---

① 梁启超：《清代学术概论》，上海古籍出版社1998年版，第54页。
② 《四库全书总目》卷八八《史纠》。

> 自科举之学盛，而史学遂废。昔蔡京、蔡卞当国，欲绝灭史学，即《资治通鉴》板亦议毁之，然而不能。今未尝有史学之禁，而读史者顾无其人，由是而叹人才日下也。①

科举制度造成士人不读史，其功效比禁史还厉害。科举制不废，这种状况难以得到根本改变，清代中后期的情况并不比黄宗羲所处的明末清初好多少。阮元曾说："少年科第，往往目无今人，胸无古人。"胸无古人是因为这些人不懂历史，他为这些"既登馆阁"，不懂历史的人开出了一剂简便速成药方："计惟留意二通，庶知千百年来理乱之原，政事之迹，可备他日出为世用。"② 所谓二通，是指《资治通鉴》《文献通考》。阮元的方法不知施行没有，即使施行，也只会有利于资政为官，却不能造就史学家。

造成史学尤其是近当代史不发达的另一个重要原因是官修史书成为一种传统的国家制度，国家有关机构对史料垄断、封锁，使得一般有志于史的人难以修史，当代史的研究成为一种政治问题而非学术问题。隋朝开皇年间曾明令"人间有撰集国史、臧否人物者，皆令禁绝"③，唐代以后设立史馆，国家垄断了修史与修史所需的历史资料。顾炎武曾云：

> 汉时天子所藏之书，皆令人臣得观之……晋、宋以下，此典不废……且求书之诏，无代不下，故民间之书得上之天子，而天子之书亦往往传之士大夫。自洪武平元，所收多南宋以来旧本，藏之秘府，垂三百年，无人得见……今则实录之进，焚草于太液池，藏真于皇史宬，在朝之臣非预纂修，皆不得见，而野史、家传遂得以孤行于世，天下之士于是乎不知今。④

观此可知，研究近当代史者少，至少是从明代就已如此，清代只是沿袭了明代官修实录的传统，所以不能将它完全归罪于文字狱。

---

① （清）黄宗羲：《历代史表序》，见万斯同《历代史表》卷首，《四部备要》本。
② （清）叶廷琯：《欧陂渔话》卷一《阮文达公论二通》，见《笔记小说大观》，江苏广陵古籍刻印社。
③ 《隋书·高祖纪》。
④ （清）顾炎武：《日知录》卷一八《秘书国史》。

五

上述分析和大量的历史事实证明，乾嘉考据学与文字狱没有必然的联系，它们之间并不存在所谓的因果关系。清政府对于一些纯学术的"异端"思想有所容忍，文字狱并未造成学术界的人人自危，学人们将兴趣转向考据学，是受家学、师友和风气的影响，从根本上说是考据学本身所具有的生命力和吸引力。胡适云："顾炎武以后的经学便大不同了。主观的臆说，穿凿的手段，一概不中用了。搜求事实不嫌其博，比较参证不嫌其多，审查证据不嫌其严，归纳引申不嫌其大胆。用这种方法去治古书，真如同新得汽船飞艇，深入不曾开辟的奇境，日有所得而年有所成；才大的可以有创造的发明，而才小的也可以尽一点'襞绩补苴'的微劳。经学竟成了一个有趣味的新世界了！我们必须明白这一层，然后可以明白为什么明朝的第一流人才都做理学，而清朝的经学居然可以牢笼无数第一流人才。"[①] 学者选择"汉学"，还是"宋学"以及其他学问，完全是自主选择，不是迫于政治压力而不得不选择考据。乾嘉学人并非学术专制下的懦弱者，他们并未感受到作为一名知识分子生活在乾嘉时代的不幸，在他们身上看不出遭文字狱"打磨"后的圆滑，一些学者照样具有鲜明的个性和反叛精神。考据学在乾嘉时期的辉煌，是考据学自身发展的结果，并不是文字狱造成的，它不是一个"怪胎"和"畸形儿"。不可否认，学术的发展，固然不可能摆脱政治的影响，但一个同样不可否认的真理是：任何学术思想都有其自身相对独立的历史发展。因此将曾经在清代学术领域空前繁荣的考据学出现与兴盛归因于清朝的文字狱，说考据学只是替清朝的君主独裁粉饰太平的观点，就无法让人信服了。

原载《中国古代历史文化研究论集》，华中师范大学出版社2002年4月版

---

① 胡适：《戴东原的哲学》，安徽教育出版社1999年版，第13页。

论皖派考据学的学术特点

皖派考据学是乾嘉考据学的主要流派，是徽学的重要组成部分，研究皖派考据学的学术特点，不仅有助于深入理解乾嘉考据学，而且有助于对徽学学术传统与学术精神的把握。本文主要对乾嘉考据学的皖派与吴派相比较而言更具特色的主要学术特点做初步的分析，以就教于方家。

一 关于皖派的划分问题

关于清代乾嘉考据学派内部的流派划分问题，学术界存在不同的意见。传统的划分为吴派、皖派，有学者在吴派、皖派之外划分出扬州派，有学者划分为惠（栋）、戴（震）和钱（大昕）派三派[1]，有学者按治经与治史两大类分为若干派[2]，有的学者认为乾嘉考据学派是一个整体，其内部不必再作划分[3]，他们认为：乾嘉考据学是同一个学术派别，其学者之间虽然有各自的风格与差异，但考据学者有基本一致的治学宗旨不必再作划分；以吴、皖地域划分成两派以及所谓吴派佞汉嗜古、皖派实事求是的概括也不完全符合历史事实，而且被视为考据学者的段玉裁、任大椿、孔广森、王念孙、王引之等并不是皖人。

我们认为同一大的学术流派之下，存在不同的小派别，在学术史上是客观存在的，我们不能因为它们拥有众多的共性，就因而忽视它们之间的个性差异，同一大的学术流派之下存在不同的小学派，正是学术兴盛的表

---

[1] 参见漆永祥《乾嘉考据学研究》，中国社会科学出版社1998年版，第111—136页。
[2] 参见邓瑞《试论乾嘉考据》，《南京大学学报》1986年第4期。
[3] 参见暴鸿昌《乾嘉考据学派辨析——吴派、皖派说质疑》，《史学集刊》1992年3期；陈祖武《乾嘉学派吴皖分野说商榷》，《贵州社会科学》1992年第7期。

现,也是学术得以健康发展的保证。吴派、皖派虽然具有基本相同的治学宗旨、治学方法和学术规范,但它们之间也存在明显的差异,对清代学术的贡献也有所不同。这种不同不仅后世学者看得一清二楚,当时的学者也意识到两者的客观存在与它们的不同。王鸣盛曾记载说:

> 吾交天下,得通经者二人,吴郡惠定宇、歙州戴东原也。间与东原从容语:"子之学于定宇如何?"东原曰:"不同。定宇求古,吾求是。"①

这说明,戴震本人已经意识到自己的学术追求与惠栋有所不同。考据学派的反对者袁枚在给惠栋的信中,也提到"吴门"的存在,他说:

> 足下与吴门诸士厌宋儒空虚,故倡汉学以矫之,意良是也。第不知宋学有弊,汉学更有弊。②

江藩在总结经学史说:

> 至本朝,三惠之学盛于吴中,江永、戴震诸君继起于歙,从此汉学昌明,千载沈霾一朝旦复。③

他批评当时的一些学者重经而轻史的现象时,也明确地提到惠学与戴学之名,他说:

> 自惠、戴之学盛行于世,天下学者但治古经,略涉三史,三史以下茫然不知,得谓之通儒乎?④

对于吴派和皖派明确命名与划分,始于章太炎。他在《清儒》中说:

---

① (清)王鸣盛:《十七史商榷·序》。
② (清)袁枚:《小仓山房文集》卷一八《答惠定宇书》。
③ (清)江藩:《国朝汉学师承记》卷一。
④ (清)江藩:《国朝汉学师承记》卷三《钱大昕》。

"其成学著系统者，自乾隆朝始，一自吴，一自皖南。吴始惠栋，其学好博而尊闻。皖南始江永、戴震，综形名，任裁断，此其所以异也。"① 此后的研究者大都沿用此说。

学派的划分第一要素应该是直接与间接的师承关系，第二是学术趋向，学派无论是以创始人、代表人的姓氏命名，还是以其地域来命名，在学术史上都是常见的。同一学派的学者不必是同一地域的学者，如洛学是以二程之所地洛阳而得名，其后学中，刘绚是常山人，谢良佐是上蔡人，游酢是建州建阳人，杨时是南剑将乐人等，而同一地域的学者不一定属于同一学派。根据这一原则扬州派不必另立一派，因为"戴氏弟子，以扬州为盛，高邮王氏传其形声训诂之学，兴化任氏传其典章制度之学。仪征阮文达公，友于王氏、任氏，得其师说……扬州以经学鸣者，凡七八家，是为江氏（按：戴震之师江永）之再传"。② 钱大昕也不必从吴派中析出，因为他与惠栋有师从关系，"在吴门时，（钱大昕）与元和惠定宇、吴江沈冠云友，乃精研古经义声音训诂之学"。③

所以将清代考据学全盛时期的乾嘉考据学派划分为吴派和皖派是有其依据的，基本反映了当时历史事实，本文所言之皖派以支伟成著，章太炎审定的《清代朴学大师列传》中所列之人物为依据。

二 "实事求是，不偏主一家"

如果说吴派的贡献是完全抛弃否定宋学，回归到汉代学术，构筑汉学森严的壁垒，那么皖派则在吴派的基础上，真正形成了"实事求是，不偏主一家"的治学精神。

针对经学的荒疏，考证学派中一部分人首先倡导以求古义的办法来克服宋人的玄言解经。清初的朱鹤龄云："经学之荒世，荒于执一先生之言，而不求其是，苟求其是，必自信古始。"④ 他想用古注来打破朱熹对经典阐释"一言堂"局面。"苟求其是，必自信古始"，因为宋儒解经多

---

① 章太炎：《检论》卷四《清儒》。
② （清）刘寿曾：《传雅堂文集》卷一《沤宦夜集记》。
③ （清）江藩：《国朝汉学师承记》卷三《钱大昕》。
④ （清）朱鹤龄：《愚庵小集》卷五《毛诗稽古篇序》。

不依古注，所以他们把"信古"作为"求是"之路。这种"信古"的"求是"方法在吴派表现得尤为明显。乾嘉时期考据学中的吴派，抱有较深的"门户之见"。惠栋高举"汉学"的旗帜，"凡古必真，凡汉皆好"，完全抛弃魏晋以后的经说，一味寻求汉儒的经说，无论其精华与糟粕，一概视为金玉良言，不论是非。与宋代义理之学相反，惠栋治经，"笃于尊信，缀次古义，鲜下已见"。① 惠栋云："汉人通经有家法，故有五经师，训诂之学皆师所口授，其后乃著竹帛，所以汉经师之说立于学官，与经并行……古字古言，非经师不能辨……是故古训不可改也，经师不能废也。"② 汉代学者距经典形成时期相对较近，而且学有师承，训诂由经师口授相传，经师之说列于学官，要理解经书之原义，必须借助汉注，这种做法，有其一定合理性。他们"求古"的目的不是好古，而是"求是"，所以王鸣盛说："求古即所以求是，舍古无是者也。"③ 吴派学者多谨守师说，尊信汉儒。其中王鸣盛表现得较为典型。他极力主张尊郑，把郑玄视为经学的宗师，认为："两汉经生蝟起，传注麻列，人专一经，经专一师，直至汉末有郑康成，方兼众经，自非康成，谁敢囊括大典，网罗众家，删裁繁诬，刊改漏失，使学者知所归乎？"王鸣盛为了阐扬郑学，"使世知有郑氏之注，并使世知有郑氏之学"，他"钻研群儒，爬罗剔抉，凡一言一字之出于郑者，悉甄而录之"。④ 其目的是"发挥郑氏康成一家之学也"。⑤ 他主张研究经学"但当墨守汉人家法，定从一师，而不敢他徙"⑥，存有较深的门户之见。钱大昕也认为"训诂必依汉儒，以其去古未远，家法相承，七十子大义犹存者，异于后人之不知而作也"⑦，与惠栋如出一辙。余萧客为惠栋弟子，笃守汉学营垒，其弟子江藩谨承师教，以"汉学"为宗，为了宣扬"汉学"，撰写《国朝汉学师承记》八卷，后附《国朝经师经义目录》，于嘉庆二十三年（1818）出版，江氏称其取去标准是"言不关乎经义小学，意不纯乎汉儒古训，固不著录"。吴派这

---

① 章太炎：《检论》卷四《清儒》。
② （清）惠栋：《松崖文钞》卷一《九经古义述首》。
③ （清）王鸣盛：《古经解钩沉序》。
④ （清）杭世骏：《道古堂文集》卷四《尚书后案序》。
⑤ （清）王鸣盛：《尚书后案·序》。
⑥ （清）王鸣盛：《十七史商榷·序》。
⑦ （清）钱大昕：《潜研堂文集》卷二四《臧玉琳经义杂说序》。

种"凡古必真、凡汉皆好"的思路。是用汉之"旧权威"来替代宋明之"新权威",与真正实事求是的精神相违,如果考据学派沿着这一思想发展下去,考据学就只能成为真正的"汉学"。以皖派为主的考据学者打出了"实事求是"的旗帜,对这种有限的"求是"提出了尖锐而有力的批判。《四库全书总目》评价惠栋云:"其长在博,其短亦在于嗜博;其长在古,其短亦在于泥古。"① 王引之则说得更不客气:"惠定宇先生考古虽勤,而识不高,心不细。见异于今者则从之,大都不论是非。"② 皖派主师戴震对惠栋极其尊敬,但他所具有的怀疑、批判精神不允许他去走惠氏"佞汉"的老路,他力矫吴派墨守汉儒之弊,主张"实事求是,不偏主一家"。③ 他认为:"志存闻道,必空所依傍。汉儒训诂有师承,亦有傅会,晋人傅会凿空益多;宋人则恃胸臆为断,故其袭取者多谬,而不谬者在其所弃。我辈读书,原非与后儒竞立说,宜平心体会经文。"④ 即从经典原文入手进行研究,探讨经典原意,不受前人观点的影响。他们注重古注古训是因为"古训明则古经明,古经明则贤人圣人之义理明,而我心之同然者乃因之而明"。⑤ 他针对吴派等唯汉儒是从的倾向批评说:

> 不以人蔽己,不以己自蔽,不为一时之名,亦不期后世之名……君子务在闻道也。今之博雅能文章善考核者,皆未志乎闻道,徒株守先儒而信之笃,如南北朝人所讥,"宁言周、孔误,莫道郑、服非",亦未志乎闻道者也。⑥

这里"能文章者"是暗指方苞等桐城派,"善考核者"则暗指吴派学者及追随者,所谓"株守先儒而信之笃"是指能文章的桐城派独信宋儒朱子之学和善考核的吴派墨守汉儒之学。他说:

> 经自汉经师所授受,已差违失次,其所训释,复各持异解。余尝

---

① 《四库全书总目》卷二九《左传补注》。
② (清)王引之:《王文简公文集》卷四《与焦里堂先生书》。
③ (清)钱大昕:《潜研堂文集》卷三九《戴先生震传》。
④ (清)戴震:《东原文集》卷九《与某书》。
⑤ 《清史稿》卷四八一《戴震传》。
⑥ (清)戴震:《东原文集》卷九《答郑丈用牧书》。

欲搜考异文，以为订经之助；又广揽汉儒笺注之存者，以为综考故训之助。①

戴震也很重视汉人的成果，但他只是将它们作为自己研究经书的资料和工具，而不是唯汉是求，凡汉皆好。从而开启了乾嘉考据学派真正意义上"实事求是"的学风。戴震的弟子亦继承了其师的观点，不以"汉学"自封，没有门户之见，不论汉宋，唯求其是。如王念孙承袭戴氏的训诂形声之学，无门户之见，他赞扬刘台拱说："其于汉宋诸儒之说，不专一家，而唯是之求。"② 王引之亦反对"株守汉学而不求其是者"。③ 他在《经义述闻序》中借用其父之语云："说经期于得经义而已。前人传注不皆合于经意，而参之他经，证以成训，虽别为之说，亦无不可。必欲专守一家，无稍出入，则何邵公之墨守见伐于郑康成者矣。"以明其书的宗旨，也是对吴派墨守汉儒、唯汉是求的委婉批评。诚如梁启超在《清代学术概论》中所说："苟无戴震，则清学能否卓然自树立，盖未可知也。"④

三 重视小学，成就斐然

在我国古代学术划分中，小学即文字、音韵、训诂之学，属于经学范围，本为经学的附庸。乾嘉诸儒治经，从小学入手，使小学成为一门十分重要的学问，蔚为大国。清初，顾炎武提出"读九经自考文始，考文自知音始"，顾氏的这一主张，成为考据学派的不二法门，所以清代考据学在小学方面的成就巨大，而皖派在重视小学研究和小学研究成果方面尤其突出。皖派创始人戴震以其既精通小学、历算、地理、名物又讲义理之学而影响了皖派乃至吴派的部分学者，在全国产生了广泛的影响，其倡导由小学而通经明道的言论最多，也最具有说服力。戴震有一段名论：

经之难明，尚有若干事。诵《尧典》数行至"乃命羲和"，不知

---

① （清）戴震：《东原文集》卷一〇《古经解钩沉序》。
② （清）王念孙：《王石臞先生遗文》卷二《刘端临遗书序》。
③ （清）王引之：《王文简公文集》卷四《与焦里堂先生书》。
④ 梁启超：《清代学术概论》，上海古籍出版社1998年版，第34页。

恒星七政所以运行,则掩卷不能卒业;诵《周南》、《召南》,自《关雎》而往,不知古音,徒强以协韵,则龃龉失读;诵古《礼经》,先《士冠礼》,不知古者宫室、衣服等制,则迷于其方,莫辨其用;不知古今地名沿革,则《禹贡》职方失其处所;不知"少广"、"旁要",则《考工》之器不能因文而推其制;不知鸟兽虫鱼草木之状类名号,则比兴之意乖。①

他在17岁时就抱定了从小学、制度、名物入手探求《六经》之道的志向,并终身守之,他在乾隆四十二年(1777)正月十日即逝世前四个月写给段玉裁的信中说:

> 仆自十七岁时,有志闻道,谓非求之《六经》、孔孟不得,非从事于字义、制度、名物,无由以通其语言。宋儒讥训诂之学,轻语言文字,是欲渡江河而弃舟楫,欲登高而无阶梯也。②

在这些众多的相关学科中,小学最为重要,被视为通经明道的最主要的工具。他说:"经之至者,道也;所以明道者,其词也;所以成词者,字也。由字以通其词,由词以通其道,必有渐。"③ 他在给其他学者的著作作序时再一次申明:

> 后之论汉儒者,辄曰故训之学云尔,未与于理精而义明,则试诘以求理义于古经之外乎?若犹存古经中也,则凿空者得乎?呜呼!经之至者,道也;所以明道者,其词也;所以成词者,未有能外小学文字者也。由文字以通乎语言,由语言以通乎古圣贤之心志,譬之适堂坛之必循其阶,而不可以躐等。④

他在给他人的文集作序时亦不失时机地宣扬这一观点:

---

① (清)戴震:《东原文集》卷九《与是仲明论学书》。
② (清)戴震:《戴震全书》之三五《与段茂堂等十一札·第九札》,黄山书社1995年版。
③ (清)戴震:《东原文集》卷九《与是仲明论学书》。
④ (清)戴震:《东原文集》卷一〇《古经解钩沉序》。

> 以今之去古既远，圣人之道在《六经》也。当其时，不过据夫共闻习知，以阐幽而表微。然其名义制度，自千百世下，遥溯之至于莫能通。是以凡学始乎离词，中乎辨言，终乎闻道。离词，则舍小学故训无所藉；辨言，则舍其立言之体无从而相接以心。①

一言以蔽之，只有通过小学、名物、制度的研究才能通经，才能求得经书之道，舍是路则"流而为凿空"，而凿空会导致两大致命的弊端："其一，缘词生训也；其一，守讹传谬也。缘词生训者，所释之义，非其本义；守讹传谬者，所据之经，并非其本经。"② 既然所据之经不是本经，所释之义不是本义，则所求之道亦非圣贤之道。戴震强调小学在通经明道上的桥梁作用，所以他十分重视"六书"的研究，认为"六书也者，文字之纲领，而治经之津涉也。载籍极博，统之不外文字，文字虽广，统之不越六书"③，"书者，治经之本，仅仅赖许叔重《说文解字》略见梗概"④。所以，梁启超说："乾嘉间学者，以识字为求学第一义，自戴氏始也。"⑤

戴震重视小学的思想在皖派乃至整个考据学派产生了深远的影响。戴氏的弟子，以训诂校勘精绝而闻名的王念孙亦认为，"训诂声音明而小学明，小学明而经学明"⑥。焦循云："训诂明乃能识羲文周孔之义理。"⑦ 阮元说："圣人之道，譬若宫墙，文字训诂，其门径也。门径苟误，跬步皆歧，安能升堂入室乎？"⑧ "圣贤之道存于经，经非诂不明……舍经而文，其文无质；舍诂求经，其经不实。为文者尚不可以昧训诂，况圣贤之道乎！"⑨ 他认为不仅深奥难解之经要依赖于训诂乃明，即使是浅显易懂之言也离不开训诂，"圣贤之言，不但深远者非训诂不明，即浅近者，亦

---

① （清）戴震：《东原文集》卷一一《沈学子文集序》。
② （清）戴震：《东原文集》卷十《古经解钩沉序》。
③ （清）戴震：《东原文集》卷三《六书论序》。
④ （清）戴震：《东原文集》卷七《刊九章算术序》。
⑤ 梁启超：《论中国学术思想变迁之大势》，江苏广陵古籍刻印社1990年版，第25页。
⑥ （清）王念孙：《说文解字注序》，见段玉裁《说文解字注》卷首。
⑦ （清）焦循：《雕菰楼文集》卷一三《寄朱休承学士书》。
⑧ （清）阮元：《揅经室一集》卷二《拟国史儒林传序》。
⑨ （清）阮元：《揅经室二集》卷七《西湖诂经精舍记》。

非训诂不明也"。①"为正统派死守最后壁垒"的晚清考据学者俞樾、孙诒让等②，同样坚持由小学以通经明道的宗旨，俞樾在《文庙祀典议》中说："义理存乎训诂，训诂存乎文字。无文字是无诂训也，无诂训是无义理也。"所以，他十分重视《说文解字》的价值，"《说文解字》一书尤为言小学者所宗，士生今日，而欲因文见道，舍是奚由哉？"③"许慎《说文解字》，为言小学者所祖，俾学者因文字而通训诂，因训诂而通义理，厥功甚巨。"④孙诒让在十六七岁时，通过读记载考据学谱系的《国朝汉学师承记》和清代考据学者考证经学成果的总汇《皇清经解》，而熟悉了考据大师们的"治经史小学家法"。⑤他利用金石甲骨材料研究古代文字，目的在于"证经"。他"精熟训诂，通达假借，援据古籍，以补正讹夺，根柢经义，以诠释古言，每下一说，辄使前后文皆怡然理顺"⑥，走的是乾嘉大师们由小学通经的老路。他说"文言雅辞，非淹贯故训，不能通其读"。⑦

可见，皖派学者无不以小学为通经的工具。正因为他们认识到小学研究的价值所在，所以皖派在小学方面的成就十分突出，蔚为大国。皖派考据学者的主要的小学专著有江永《音学辨微》《古韵标准》《四声切韵表》等，戴震《经雅》《方言疏证》《声类表》《声韵考》《尔雅文字表》等，程瑶田《解字小记》等，洪榜《四声韵和表》《示儿切语》等，任大椿《字林考逸》《小学钩沉》等，段玉裁《说文解字注》《毛诗故训传定本》《诗经小学录》等，王念孙《广雅疏证》《读书杂志》等，王引之《经传释词》《经义述闻》等，郝懿行《尔雅义疏》等，阮元《经籍纂诂》等，胡秉虔《说文管见》《古韵论》《小学卮言》等，孔广森《诗声类》等，胡承珙《小尔雅义证》《尔雅古义》等，江有诰《诗经韵读》《群经韵读》《楚辞韵读》《先秦韵读》《古韵总论》《唐韵四声正》《廿一部谐声表》《入声表》《等韵丛说》等，李富孙《说文

---

① （清）阮元：《揅经室一集》卷二《论语一贯说》。
② 支伟成的《清代朴学大师列传》将俞樾、孙诒让纳入皖派考据学者之列。
③ （清）俞樾：《宾萌集》卷四《文庙祀典议》。
④ （清）俞樾：《宾萌集》卷四《学校祀仓颉议》。
⑤ （清）孙诒让：《札迻·序》。
⑥ （清）俞樾：《札迻序》。
⑦ （清）孙诒让：《尚书骈枝序》。

辨字正俗》等，徐养原《六书故》《说文声类》《毛诗类韵》等，沈涛《说文古本考》等。

例如段玉裁《说文解字注》是清代"说文"学的代表作，段氏弟子江沅在为该书所作的后序中说："沅谓世之名许氏之学者夥矣，究其所得，未有过于先生者也。"段玉裁师承戴震，继承自汉儒以来的传统，将文字学与经学结合在一起。段注《说文解字注》的学术价值，其一，归纳总结出许氏《说文》体例，以经证许，订讹正误，使人们得以窥见许氏《说文》原貌；其二，从语言学的观点分析文字的形、音、义之间的关系，尤其重视以音释义；其三，在词汇学、词义学上提出一系列独到的见解。王力先生《中国语言学史》中对段玉裁及其《说文解字注》评价说："段氏'说文之学'独树一帜，影响非常之大。""他是许氏的功臣，又是许氏的诤臣。他赶上了许氏又超过了许氏。""段书精当的地方甚多，令人惊叹；虽有缺点，终是瑕不掩瑜。在《说文》研究中，段氏应坐第一把交椅，那是毫无疑义的。"① 受其影响，钮玉树撰有《段氏说文注订》，桂馥有《说文义证》，朱骏声有《说文通训定声》，王筠有《说文句读》《说文释例》等，蔚为大观。

又以古音研究为例。清初顾炎武著有《音学五书》分古韵为十部，皖派始祖江永在所著《古韵标准》中推演为 13 部，戴震弟子段玉裁《六书音韵表》又有所发展，分为 17 部，戴震受段玉裁启发，在其所著《声类表》中，增为 18 部，戴学传人王念孙、王引之父子进一步研究，在《经义述闻》《诗经群经楚辞韵谱》中分析为 21 部，同属皖派的同人江有诰与王氏父子不谋而合，把古韵分部研究愈推愈密。所以王力先生总结说："清儒在古音方面，特别是古韵方面，获得了空前的成绩。""清初经学大师顾炎武作《音学五书》，分古韵为十部。后来江永、戴震、段玉裁、孔广森、王念孙、江有诰、章炳麟、黄侃，逐步有所修正。"② 王力先生所列举的清代古音韵学家中除顾炎武是清初学者，章炳麟、黄侃是晚清学者之外，其余全是皖派学者，正如梁启超所言："要之，乾嘉以后言古韵者虽多，而江戴门下薪火相传，实为其中坚。"③

---

① 王力：《中国语言学史》，山西人民出版社 1981 年版，第 116、118—119 页。
② 王力：《汉语史稿》，中华书局 1980 年版，第 11 页。
③ 梁启超：《中国近三百年学术史》，中国书店 1985 年版，第 215 页。

支伟成《清代朴学大师列传》所列小学大师级学者共六位,他们是顾炎武、戴震、段玉裁、王念孙、王引之、郝懿行,除顾炎武为清初学者之外,其他五位都是皖派考据学者,皖派考据学者在清代小学研究领域的地位可见一斑。

四 道在六经,研经求道

考据学的学术内容相当广泛,其主要的核心是治经,在考据学者们看来,经书中包含有圣贤之道,只有通过对经典的研究,才能求得圣贤之道,而道的求得不仅有利于修身,且有利于治世。在这种思想的驱动下,皖派学者们将他们的主要兴趣放在通经上。戴震云:"《六经》者,道义之宗而神明之府也。"① 将经看成道义之源,舍经而无从得道义,故他诘问空讲义理的人说:"试诘以求理义于古经之外乎?"② 显然,在他看来经外不可能求得义理和圣贤之道。这并不是戴震的一家之言,而是皖派考据学者的较为普遍的认识。段玉裁云:"尝闻六经者,圣人之道之无尽藏,凡古礼乐制度名物之昭著,义理性命之精微,求之六经,无不可得。"③ 王引之云:"儒者言义理、言治法,必溯源于经史。"④ 阮元云:"圣贤之道,存于经。"⑤ 焦循说:"习先圣之道,行先王之道,必诵其《诗》,读其《书》,博学而详说之,所谓因也。……先王之道载在《六经》。"⑥ 他们都把经看成载道之书,欲求道,必通经。皖派重视小学的研究,其目的是解经,解经是为了求"道","由声音文字以求训诂,由训诂以寻义理"。⑦ 用经书本义之道,批判宋明理学。戴震并不是为考据而考据。他说:"六书、九数等事,如轿夫然,所以舁轿中人也。以六书、九数等事尽我,是犹误认轿夫为轿中人。"所谓的轿中人就是义理。戴震认为"有

---

① (清)戴震:《东原文集》卷一〇《古经解钩沉序》。
② 同上。
③ (清)段玉裁:《经韵楼集》卷五《江氏音学序》。
④ (清)王引之:《王文简公文集》卷四《詹事府少詹事钱先生神道碑铭》。
⑤ (清)阮元:《揅经室二集》卷七《西湖诂经精舍记》。
⑥ (清)焦循:《孟子正义》离娄章句条。
⑦ (清)钱大昕:《潜研堂文集》卷三九《戴震先生传》。

义理之学，有文章之学，有考核之学。义理者，文章、考核之源也"。①他批评将训诂与义理割裂开来的观点说：

> 言者辄曰："有汉儒经学，有宋儒经学，一主于训故，一主于理义。"此诚震之大不解也者。夫所谓理义，苟可以舍经而空凭胸臆，将人人凿空得之，奚有于经学之云乎哉？惟空凭胸臆之卒无当于贤人圣人之理义，然后求之古经。求之古经而遗文垂绝，今古悬隔也，然后求之训故。训故明则古经明，古经明则贤人圣人之理义明，而我心之所同然者，乃因之而明。②

在这种思想的指导下，在研究文字音韵、算学、典章制度的同时，运用考据学的研究方法研究义理之学。戴震认为"古人之学在行事，在通民之欲，体民之情，故学成而民赖以生"，"学成而民情不知，天下自此多迂儒"③，所以凌廷堪在总结戴震的学术时说：

> 先生之学，无所不通，而其所由以至道者则有三：曰小学、曰测算、曰制度。至于《原善》、《孟子字义疏证》，由古训而明义理，盖先生至道之书也。④

这说明，戴震研究小学、测算、典章制度之学的最终目的是求道，即"理义"；而《原善》《孟子字义疏证》是他求道的心得。诚如章学诚所言："凡戴君所学，深通训诂，先于名物制度而的其所以然，将以明道也。"⑤《孟子字义疏证》《原善》等论著，批判社会上流行的理学，揭露"以理杀人"的黑暗现实：

> 程朱以理为"如有物焉，得于天而具于心"，启天下后世人人凭在己之意见而执之曰理，以祸斯民。更淆以无欲之说，于得理益远，

---

① （清）段玉裁：《东原文集序》。
② （清）戴震：《东原文集》卷一一《题惠定宇先生授经图》。
③ （清）戴震：《东原文集》卷九《与某书》。
④ （清）凌廷堪：《校礼堂集》卷三五《戴东原先生事略状》。
⑤ （清）章学诚：《章氏遗书》卷二《朱陆》附《朱陆篇书后》。

于执其意见益坚，而祸斯民益烈。①

圣人之道，使天下无不达之情，求遂其欲而天下治。后儒不知情之至于纤微无憾，是谓理。而其所谓理者，同于酷吏之所谓法。酷吏以法杀人，后儒以理杀人，浸浸乎舍法而论理。死矣！更无可救矣！②

可见其救民于水火之心。章太炎说："戴君生雍正乱世，亲见贼渠之遇士民不循法律，而以闽、洛之言相稽，哀矜庶戮之不幸，方告无辜于上，其言痛绝。"③ 没有对社会的关注，不会有《孟子字义疏证》中那种深刻的思想与不屈不挠的批判精神。《孟子字义疏证》，是考据学派走完其所倡导的由小学以通经明道的最后阶段"明道"的典型代表作。所以戴震极其重视《孟子字义疏证》，他说："仆平生著述，最大者为《孟子字义疏证》一书，此正人之心要。今人无论正邪，尽以意见误名曰理，而祸斯民，故《疏证》不得不作。"④ 书中活泼、犀利，富于社会批判精神的思想比比皆是，与清初诸大师相比，也毫不逊色。

即使是从事纯小学研究的学者，其研究的终极目的也是通经明道。如戴震的弟子段玉裁精研《说文》，是非常典型例证：

昔东原师之言："仆之学不外以字考经，以经考字。"余之注《说文解字》也，盖窃此二语而已。⑤

《说文》《尔雅》相为表里。治《说文》，而后《尔雅》及传注明，《说文》《尔雅》及传注明，而后谓之通小学，而后可通经之大义。⑥

段玉裁注释《说文》是基于小学明则经学明、文字通则通经义通的认识撰写其书的，其目的非常明确，这就是把研究《说文》与研究经典结合

---

① （清）戴震：《东原文集》卷八《答彭进士允初书》。
② （清）戴震：《东原文集》卷九《与某书》。
③ 章太炎：《太炎文录初编》卷一《说林》。
④ （清）段玉裁：《戴东原先生年谱》。
⑤ （清）陈奂：《说文解字跋》，见段玉裁《说文解字注》卷尾。
⑥ （清）段玉裁：《说文解字注·许慎叙注》。

起来，治《说文》就是治经。他说：

> 吾见读《说文解字》而于经传《尔雅》愈不能通，钼铻不合，触处皆是，浅人遂谓小学与治经为二事。然则从事小学将以何为也。①
>
> 凡治经，经典多用假借字，其本字多见于《说文》。学者必于《尔雅》、传注得经义，必于《说文》得字义。既读经注，复读之《说文》则可知若为假借字，若为本字，此治经之法也。②
>
> 训诂必就其原文，而后不以字妨经，必就其字之声类，而后不以经妨字。不以字妨经，不以经妨字，而后经明；经明而后圣人之道明……夫不习声类，欲言六书治经，难矣。③

段玉裁的《说文解字注》对人们探求经典本义确实起到了很大作用，"段氏把经传的字和《说文》所收的字从音义上加以比较，说明其间的关系，不仅使人能够对《说文》有更多的理解，而且解释了不少经传中文字的训诂问题"。④

在戴震的影响下，皖派中的部分学者继承了他用考据方法以探求义理的学术范式，并取得一定成就。如果说皖派学者段玉裁、王念孙、王引之、任大椿等只是接受了戴震不以汉宋为是非标准，以六书、九数为通经求义理的观点，将主要精力放在文字、音韵、训诂、名物、制度、算学等研究上的话，那么，焦循、凌廷堪、阮元、刘文淇等则继承了戴震的义理之学，在注重考据的同时，重视义理的阐发。

焦循极为尊崇戴氏义理之学，"循读东原戴氏之书，最心服其《孟子字义疏证》"。他说："说者分别汉学、宋学，以义理归之宋，宋之义理诚详于汉，然训诂明乃能识羲文周孔之义理。"⑤ 所以他在《读书三十二赞》中对《孟子字义疏证》大加表彰，并在《孟子正义》中大量引用戴说。

---

① （清）段玉裁：《尔雅匡名序》。
② （清）段玉裁：《经韵楼集》卷二《聘礼辞曰非礼也敢对曰非礼也敢》。
③ （清）段玉裁：《周礼汉注读考序》，《皇清经解》卷六三四。
④ 周祖谟：《周祖谟学术论著自选集》卷八《论段玉裁〈说文解字注〉》，北京师范大学出版社1993年版，第501页。
⑤ （清）焦循：《雕菰集》卷一三《寄朱休承学士书》。

其主张与戴氏一样,以训诂明义理,在弄懂经典文字本义的情况下阐发义理。他批评吴派说:"近数十年来,江南千余里中,虽幼学鄙儒,无不知有许郑者。所患习为虚声,不能深造而有得。盖古学未兴,道在存其学;古学大兴,道在求其通。前之弊患乎不思。证之以实,而运之以虚,庶几学经之道。"① 所谓"证之以实,而运之以虚",是指在训释文字考证事实的基础上,用抽象的方法,阐释义理。其《孟子正义》《论语通释》等著作堪为戴氏《孟子字义疏证》之流亚。

凌廷堪,读《戴氏遗书》而敬慕之,自称为戴氏的私淑弟子,论学极尊戴震,《礼经释例》《复礼》《论语礼后说》等论著,不仅从文字音韵、典章制度进行考释,还归纳义例,阐发他对儒家礼制思想的认识,主张彻底抛弃宋明之"理",而代之以"礼"。

阮元表现出折中汉宋的倾向,他治学,"不敢有昔人门户之见"。② 认为"两汉名教,得儒经之功,宋明讲学,得师道之益,皆于周孔之道得其分合,未可偏讥而互诮也"。他有一段十分精彩的比喻,将圣人之道比作"宫墙",而文字训诂乃是进入圣人之道的"门径"。他批评当时学术界的两种错误倾向说:

> 圣人之道,譬若宫墙,文字训诂,其门径也。门径苟误,跬步皆歧,安能升堂入室乎?学人求道太高,卑视章句,譬犹天际之翔,出于丰屋之上,高则高矣,户奥之间未实窥也。或者但求名物,不论圣道,又若终年寝馈于门庑之间,无复知有堂室矣。③

这与戴震的"轿夫"与"轿中人"之比,有异曲同工之妙。所以他主张"崇宋学之性道,而以汉儒经义实之"。④ 其《论语论仁》《孟子论仁》《论语通释》等论著,特别注重从文字训诂入手,来阐明经典义理,将文字考证与义理阐释结合起来。其弟阮享在《瀛洲笔谈》评述阮元的《论语通释》说:

---

① (清)焦循:《雕菰集》卷一三《与刘端临教谕书》。
② (清)阮享:《瀛洲笔谈》。
③ (清)阮元:《揅经室一集》卷二《拟国史儒林传序》。
④ 同上。

昔人以主静、良知标其学目。一贯之说，亦为创论。故所撰之书，当以此五卷为最精。又言近人考证经史小学之书则愈精，发明圣贤言行之书甚少，否则专以攻驳程朱为事。于颜、曾纯笃之学，未之深究。兹注释五卷，不敢存昔人门户之见，而实以济近时流派之偏。

张舜徽先生评价阮元的学术曰："顾其志犹在由训诂以阐明义理，盖欲探本索源，以佛家之说还之佛家，以宋儒之说还之宋儒，以三代之说还之三代。故其解《论语》'一贯'，释《大学》'格物'，皆推穷本谊，力破俗说，又尝集孔孟论仁之语，成《论语论仁论》、《孟子论仁论》，以祛后来附会之见。"① 可谓真知灼见。

正如黄爱平所说："如果说，从反宋走向复汉，极力恢复汉人经说，是汉学形成时期吴派学者学术路径的顶点；那么，试图通过评判理学，弘扬汉学来寻求圣人之道，则是皖派学者努力的目标。戴震就是其中最杰出的代表。此后其学友和弟子虽未能完全继承其思想主张，但仍然不同程度地有所发展，反映出他们寻求圣人之道的不懈努力。"②

以上所述皖派之学术特点，是与吴派相比较而言的，"实事求是，不偏主一家"，是相对于吴派的"佞汉"而言的，是皖派对清代学术治学精神与学风的贡献；重视小学，成就斐然，是相对于吴派的兼重史学③而言的，是皖派对我国传统语言学的贡献；道在六经，研经求道，是相对于吴派"纯宗汉学"④"罕下己见"⑤而言的，是皖派对"新义理"学的贡献，

---

① 张舜徽：《清人文集别录》卷一一《揅经室一集》条，中华书局1980年版，第318页。
② 黄爱平：《清代汉学的发展阶段与流派演变》，《中国文化研究》2001年春之卷。
③ 吴派相对于皖派在小学上的贡献而言，比较重视史学。吴派史学的代表作有惠周惕的《春秋问》等，惠士奇的《春秋说》等，惠栋的《左传补注》《后汉书补注》《续汉志考》《诸史荟最》等，钱大昕的《廿二史考异》《三史拾遗》《诸史拾遗》《元史氏族表》《补元史艺文志》《通鉴注辨正》《宋辽金元四史朔闰表》《疑年录》等，钱塘的《史记三书释拟》等，钱坫的《史记补注》《汉书十表注》等，王鸣盛的《十七史商榷》等，洪亮吉的《补三国疆域志》《东晋疆域志》《十六国疆域志》等，褚寅亮的《诸史笔记》等。江藩的《汉学师承记》《宋学渊源记》也属于当代学术史著作。吴派还十分重视《尚书》的研究，惠栋著有《古文尚书考》，江声著有《尚书集注音疏》《尚书经师系表》和辑有《尚书逸文》，王鸣盛著有《尚书后案》，孙星衍著有《尚书今古文注疏》等，在今天看来《尚书》也属于史学的范畴。
④ 支伟成：《清代朴学大师列传》，岳麓书社1998年版，第26页。
⑤ 梁启超：《论中国学术思想变迁之大势》，第92页。

因此，从某种意义上来说，上述皖派的学术特点也可以视为皖派的学术贡献。至于皖派对经学子学、名物制度、历算水地等的学术贡献，前人多有论述，本文不一一列举。

原载《明清安徽典籍研究》，黄山书社2005年9月版

从武亿的学术之路看乾嘉汉学壮大的原因

武亿（1745—1799），字虚谷，号授堂，清河南偃师人，清代著名汉学家。清代，尤其是武亿所生的乾嘉时期是汉学大盛的时期。清代汉学者主要集中在安徽、江苏、浙江地区，河南籍学者非常少，支伟成《清代朴学大师列传》所载的370多位学者中，河南籍学者仅两人，另外一位是被列入博物学家的固始人吴其濬。作为河南籍著名的汉学家，武亿的学术之路对我们探讨汉学发展原因具有重要的标本价值。

我们简要地梳理一下武亿的学术之路。乾隆十年（1745）武亿出生于京邸。武亿"八九岁，以朱墨点定明代名人制义，第其高下，父惊爱之"。"年十二，遍览九经、诸子，为文下笔千言。"①"君少有异禀。年十二即能属文，塾师课之经，辄能举疑义以相质难。"② 可以看出他早期的教育与其他读书人一样是科举应试教育，是一个刻苦学习、勤于思考的人。

乾隆二十六年（1761）"少喜读书，年十七丧父"③，武亿父卒后生活更加贫困。"君父官中外三十年，无担石储，君又不问生计，衣食几不能给。"④"岁大水，伊、洛漫溢，家室倾纪，君自负败木植泥潦间，壅以沙石，覆以葭苇，穴一隙通天光，伛偻而入，不废吟啸。尝于风雪中取枯柳供爨薪，手僵斧堕伤足，血淫淫溢，诵读自若。"⑤ 乾隆二十八年

---

① （清）孙星衍：《武亿传》，《授堂遗书》附录卷首下，道光癸卯年偃师武氏刊本。
② （清）法式善：《武虚谷传》，《授堂遗书》附录卷首下。
③ （清）朱珪：《武君亿墓志铭》，《授堂遗书》附录卷首下。
④ （清）孙星衍：《武亿传》。
⑤ （清）法式善：《武虚谷传》。

(1763)，武亿嫡母孟氏、生母郭氏相继去世。"哀痛毁瘠，益以读书自励。"① 乾隆三十年乙酉（1765）武亿"年二十一，县试第一。明年入学"。② 乾隆三十五年（1770）"乾隆庚寅科，中式本省乡试第六名举人"。③ 乾隆三十六年（1771）会试不第。次年会试落选，乾隆四十年（1775）第三次参加会试仍然名落孙山"予乙未下第，计自辛卯、壬辰凡三北矣"。④ 乾隆四十一年（1776），"岁内冬十一月，方谋入京师，迂道德州，就谒曹剑亭先生。在署中日间出旧作论辨序记杂文十余篇请质，往往为所称许"。⑤ 乾隆四十二年（1777）二月，33岁的武亿经曹锡宝介绍，入朱筠幕，"三应礼部试皆报罢，因游朱学士筠之门"。⑥ 时朱筠为《四库全书》纂修官。三月，武亿第四次会试不第。朱筠门下广聚天下才学之士。一时大儒，如章学诚、邵晋涵、王念孙、汪中、洪亮吉、黄景仁等，皆在朱筠幕下。从此在朱筠及朱筠幕下汉学者的影响下，武亿走上了汉学的道路。此前的武亿"乡居讲学，力求通博，鲜所师承"。⑦ "某少时沉溺文字，捃摭古人得属相嘲嗷，忽已坐废岁月。后聆先师绪余，乃稍知读书。"⑧ 此后"凡得先生所指授者，惟日孜孜研习不懈"⑨，最终形成了自身"通贯经籍，讲学依据汉学师授，不蹈宋明人空虚臆说之习"⑩ 的治学风格。"时学士负海内文望，门下士多一时贤俊阔达不羁之才，亿尽与交游，而独以文章气谊相勖厉，学士雅重之为延誉。然性朴直，不喜干谒，惟布衣履跣，就日下书肆购异书，所得金石古文，皆为考证，学日益进。"⑪ 乾隆四十四年（1779）武亿馆乐亭。乾隆四十五年（1780）三月，武亿第五次参加会试得中。"四十五年成进士。"⑫ "赐同进士出身，

---

① （清）法式善：《武虚谷传》。
② （清）朱珪：《武君亿墓志铭》。
③ （清）孙星衍：《武亿传》。
④ （清）武亿：《授堂诗抄·忆昨行》注。
⑤ （清）武亿：《授堂文集》卷四《上朱笥河先生求撰先大夫神道碑铭书》。
⑥ （清）孙星衍：《武亿传》。
⑦ （清）武穆淳：《虚谷府君行状》。
⑧ （清）武亿：《授堂文集》卷五《与朱少白书》。
⑨ （清）武穆淳：《虚谷府君行状》。
⑩ （清）孙星衍：《武亿传》。
⑪ 同上。
⑫ （清）法式善：《武虚谷传》。

以知县归班用。"①

乾隆四十九年（1784），武亿主召南书院，以汉学学训诂教导诸生，其《甲辰主召南书院示诸生诗八首》其一云："六艺之所蕴，诂训为师资。汉儒勤掇拾，坠绪余端倪。世皆贵苟得，卤莽而耘苗。空腹逞迁怪，剿说生嵚巇。遂令绝学贤，颓然弊于斯。吁惟二三子，胡不综厥遗。"其二云："厚积而博储，数典乃得祖。勿徒学面墙，膜眼逐群瞽。"批评宋学抛弃经典，面壁顿悟是"膜眼逐群瞽"，同年武亿馆陕州。

乾隆五十二年（1787），秋，武亿馆清化。在此期间，写《经读考异》一书。武亿病宋明以来俗流未能离经辨义，塾师多牵缀附会，以曲解凿说辗转授受，以致古训沉没。故于授徒时究心故读义训，撰成是书。是年，孙星衍主纂《偃师县志》，将金石之编属武亿，为《偃师金石录》二卷。时任偃师知县汤毓倬跋云："邑金石文字，二千年来风霜摧剥，销磨殆尽。郡志所引寥寥，考古者每为怅惋。邑进士武君亿博学好古，悉志搜罗，于残碣断幢不惜兼金购之，家中藏弆甚富，余复属韩生甲辰，于南北两山，荒城幽窔，披薜刈荆，广为访拓，以考订之役委之武君。案证确凿，论断精核，多发明宋元来金石等书所未及，共得八十余种，为《金石录》二卷。"

乾隆五十三年（1788），武亿入河南巡抚毕沅幕。受毕沅的影响，武亿更进一步尊汉薄宋、重考证而黜虚言。因此，其所著书"皆稽之经史百家传记，旁引远征，遇微罅，辄剖抉蕴要，比词达义，以成一例。大兴朱珪称亿不愧好古遗直云"，并以"经史训诂教授生徒"②，广泛传播汉学。武亿著《偃师金石遗文补》24卷、《偃师金石录》2卷刊行。章学诚在毕沅幕任编辑《史籍考》事，武亿、洪亮吉、凌廷堪皆分任此事。

乾隆五十四年（1789），小石山房刊行武亿《经读考异》8卷，《经读考异补》1卷，《句读叙述》2卷，《句读叙述补》1卷，附翟灏《四书考异句读》1卷。

乾隆五十五年（1790），武亿馆汝州，武亿自刻所著《小石山房文集》1卷。

乾隆五十六年（1791），武亿任山东博山县（今山东淄博博山区）知

---

① （清）朱珪：《武君亿墓志铭》。
② 《清史列传·儒林列传下·武亿》。

县。革除弊政，建立范泉书院，"亲临讲课，口授指画，示以训诂文字、通经术、树风节之要"。①

次年，因杖军役之事武亿被罢官。"亿官博山，才七阅月耳。"② 罢官后，武亿授馆于东昌启文书院。"其后馆于亳州、临清、鲁山、安阳、邓州无虚岁，所至以小学经史古文伦品教生徒。"③ 乾隆五十八年（1793）八月，撰《经读考异后序》云："自丁未馆西霞先生西斋，日课两生，与之授读，因检昔所究心故读至某字属句，世已口习，不复可破，及塾师坚执一读，不能兼通他读，或一字而上属下属，于文皆可两从，辄有义证求其致确时，为两生言之。后于他方二三从游者，亦有所有授焉。由是流闻于处，同人多欲构写。予苦无以悉应其求，乃竭资觅工较刻，凡间岁而成。"不久后，武亿移馆亳州。乾隆五十九年（1794），武亿入山东学政阮元幕，参纂《史籍考》，助阮元校订《山左金石志》。

嘉庆元年（1796），武亿著《授堂金石文字续跋》14卷及其与董作栋所同纂《鲁山县志》26卷刊行。嘉庆二年（1797）六月，《偃师金石遗文补录》16卷成，署武亿撰，王复（时任偃师县知县）续补。其子武穆淳编刊武亿著《群经义证》8卷。与孙星衍同纂《偃师县志》2卷，与宝丰县令陆蓉同纂《宝丰县志》24卷刊行。其《郏县金石志》1卷、《宝丰金石志》5卷、《鲁山金石志》3卷皆为编纂其县志时所纂。

嘉庆三年（1798），武亿与赵希璜共修《安阳县志》。赵希璜《安阳县志·序》曰："去年戊午（嘉庆三年），偃师老友虚谷武君亿过从，与之商榷、考据。为图、为表、为志、为传、为记，体例凡五，而另编为录，博取金石，以资考证。"嘉庆四年（1799）十月二十九日，武亿"卒于邓州客馆，得年五十有五"。④ 葬于偃师西郭外。是年，《安阳县志》修成，十四卷，并附武亿纂《安阳金石录》十二卷。

嘉庆六年（1801）其子武穆淳编《授堂遗书》，辑录武亿著作共计10部，即《经读考异》8卷，《补》1卷；《句读叙述》2卷；《群经义

---

① （清）孙星衍：《武亿传》。
② 同上。
③ （清）朱珪：《武君亿墓志铭》。
④ （清）孙星衍：《武亿传》。

证》8卷；《三礼义证》12卷；《金石一跋》4卷；《金石二跋》4卷；《金石三跋》2卷；《授堂金石文字续跋》14卷；《授堂文钞》8卷；《授堂诗钞》8卷。

武亿还校《发墨守》1卷、《起废疾》1卷、《箴膏肓》1卷、《驳五经异议》1卷、《郑志》1卷，以传播郑玄学术。另外武亿还著《钱谱》1卷、《四书考异句读》1卷、《读史金石集目》1卷。

对于乾嘉汉学，学术界长期以来存在一种文字狱成因说。认为清代的学术之所以变成以经学考证为主的乾嘉汉学，主要是因为读书人受到清政府的文字狱迫害，不敢触及现实和思想问题，被迫转到考证方面，因为考证是远离思想的，不会触犯思想上的禁忌而遭致文字狱的迫害。从而造成乾嘉汉学派壮大。这种说法与实际情况并不相符。

从上述武亿学术经历可以看出，乾嘉汉学之所以能够发展壮大，可以归纳为以下三个大的方面。

一　师友的影响

武亿之所以走向汉学之路，完全是因为受了朱筠的影响。著名的汉学家武亿的好友江藩在《国朝汉学师承记》中将武亿与朱筠放在一卷，列于朱筠之后是看到了朱筠对武亿的影响而作出的精心安排。朱筠是"乾嘉朴学家的领袖"。"说经宗汉儒，不取宋元诸家之说，《十七史》、涑水《通鉴》诸书皆考定其是非，证其异同。"[①] "筠博闻宏览，以经学、六书训士。……视学所至，尤以人才经术名义为急务，汲引后进，常若不及。因材施教，士多因以得名，时有朱门弟子之目。好金石文字，谓可佐证经史。诸子百家，皆考订其是非同异。"[②] 朱筠"弟子以通经著者：兴化任大椿、龙溪李威、阳湖洪亮吉、孙星衍、偃师武亿、全椒吴鼒"。[③] 武亿"承筠河先生之学"，"生平深于经史，七经注疏、三史、涑水《通鉴》皆能暗诵"。[④] 特别是他重视金石，强调金石可以证经佐史补史的思想与朱

---

① （清）江藩：《国朝汉学师承记》卷四《朱筠河先生》。
② 《清史稿·朱筠传》。
③ （清）江藩：《国朝汉学师承记》卷四《朱筠河先生》。
④ （清）江藩：《国朝汉学师承记》卷四《武亿》。

筠何其相似乃尔!

从武亿的学术之路可以看出,汉学者之所以走上考据之路,因师友影响非常重要。武亿的道路并非个案。

毛奇龄,"亡命游淮上,得交阎百诗,始闻考索经史之说"。① 何秋涛亦云:"西河四十以前,未见潜邱时,率以赋诗、填词、选制艺、评传奇为事……西河考证之学,得自潜邱,良信。"②

王鸣盛,"年十二,为《四书》文,才气浩瀚,已有名家风度"。后来他游于沈德潜门下,犹"与王侍郎兰泉先生、钱少詹大昕、吴内翰企晋及曹仁虎、赵文哲、黄文莲相唱和",这说明此时他还没有将兴趣转到汉学上来,他在"与惠松崖征君讲经义"后,方知"训诂必以汉儒为宗,精研《尚书》,久之,乃信东晋之古文固伪"。③ 惠栋对他学术方向的选择起了很大的作用。

钱大昕,他与王鸣盛有类似的学术转向经历。年十五,为诸生,有神童之誉。"弱冠时雅擅文藻,与诸名士驰逐坛坫,每有著作,人竞钞写。"④"在吴门时,与元和惠定宇、吴江沈冠云两征君游,乃精研古经义声音训诂之学,旁及壬遁太乙星命,靡不博综而深究焉。"⑤

王昶,他在二十四五岁以前并未以考据研究为其学术目标,与王鸣盛、钱大昕一样,是惠栋这位汉学大师将他引入了考据之途。"先生生而开敏,四五岁时能背诵周伯弜《三体唐诗》,为人演说杨用修《廿一史弹词》,娓娓不倦。年十八,应学使试,以第一入学。是年,得韩柳文集,《归震川集》、张炎《山中白云词》,读而爱之,乃肆力于古文词……肆业紫阳书院,时从惠征君定宇游,于是潜心经术,讲求声音训诂之学。"⑥

卢文弨,"官京师,与东原交善,始潜心汉学,精于雠校"。⑦ 文弨是

---

① (清)全祖望:《鲒埼亭集外编》卷一二《萧山毛检讨别传》,《四部丛刊》本。
② 转引自钱穆《中国近三百年学术史》,中华书局1986年版,第244页。
③ (清)江藩:《国朝汉学师承记》卷三《王鸣盛》。
④ (清)陈康祺:《郎潜纪闻四笔》卷六《昭代通儒钱大昕》,中华书局《清代史料笔记丛刊》本。
⑤ (清)江藩:《国朝汉学师承记》卷三《钱大昕》。
⑥ (清)江藩:《国朝汉学师承记》卷四《王兰泉先生》。
⑦ (清)江藩:《国朝汉学师承记》卷六《卢文弨》。

乾隆壬戌年即乾隆七年（1742），授内阁中书之职后，开始在京城为官，也就是说卢文弨在36岁以后才在戴震的影响下从事考据。

段玉裁，"年十三，补诸生，学使尹会一授以小学书，遂究心焉。乾隆二十五年举人，至京师，见休宁戴震，好其学，遂师事之"。①

程晋芳，"始为古文词，及官京师，与笥河师（朱筠）、戴君东原游，乃治经，究心训诂"。② 金榜，"少工文词，以才华为天下望。后师事江永，友戴震，遂深经术"。③

洪亮吉，"谒安徽学使笥河先生，受业，为弟子，先生延之校文，时幕下士多通儒，戴编修震、邵学士晋涵、王观察念孙，汪明经中，皆通古义，乃立志穷经。家居，与孙星衍相观摩，学益进"。④

任大椿，"与东原同举于乡，于是习闻其论说，究心汉儒之学"。⑤

汪元亮，与同郡余萧客等在城东结为诗社，"睥睨余子，不可一世。乾隆壬午（1762）与戴君东原同举于乡，相亲善，乃究心经义及六书之学"。⑥

孔广森，"少受经于东原氏，为三礼及公羊春秋之学"。⑦

陈寿祺，"少能文"，"时称为才子⋯⋯从同县孟超然游，为宋儒之学，憪然以古君子自期"。后因"会试，出朱珪，阮元门，乃专为汉儒之学，与同年张惠言、王引之齐名。又及见钱大昕、段玉裁、王念孙、程瑶田诸人，故学益精博，解经得两汉大义"。⑧ 先选择宋学，后受师友影响而改从汉学，并非政治因素促使他转向汉学。

这种受师友的影响而走上治汉学的例证还有很多，不一一列举。刘成禺在《世载堂杂忆·清代之教学》中总结说："按有清一代，经史、词章、训诂、考订各种有用之学，名家蔚起，冠绝前朝，皆从事学问，而不事举业⋯⋯论其原因：一、继承家学，如二钱、三惠、王氏父子之例。二、各有师承，读《汉学师承记》、《宋学渊源记》诸书自知。"

---

① 《清史列传·儒林传下·段玉裁》。
② （清）江藩：《国朝汉学师承记》卷七《程晋芳》。
③ 《清史列传·儒林传下·金榜》。
④ （清）江藩：《国朝汉学师承记》卷四《洪亮吉》。
⑤ （清）江藩：《国朝汉学师承记》卷六《汪元亮》。
⑥ （清）江藩：《国朝汉学师承记》卷六《任大椿》。
⑦ （清）江藩：《国朝汉学师承记》卷六《孔广森》。
⑧ 《清史列传·儒林传下·陈寿祺》。

二　官僚兼学者的倡导与支持

　　武亿在王筠去世后，又先后入毕沅、阮元幕，参与了《史籍考》《山左金石志》等编纂工作，并应偃师、鲁山、郏县、宝丰、安阳等县令邀请参加县志的修订，为他的金石学研究提供了有力的支持，其《偃师金石录》《偃师金石遗文补录》《郏县金石志》《宝丰金石志》《鲁山金石志》等金石学成果都是在修志时完成的。

　　汉学在清代的发达与一批爱好学术的高官大吏和富商大贾的支持分不开，他们凭借自身的地位和经济实力支持赞助学术事业，为汉学的发展起到了积极推动作用。

　　刘成禺在《世载堂杂忆·清代之教学》中总结有清一代的学术时云："按有清一代，经史、词章、训诂、考订各种有用之学，名家蔚起，冠绝前朝，皆从事学问，而不事举业。……自明季黄梨洲、顾炎武、李二曲、王船山四大儒出，学术风尚，焕然大变。其后如徐健庵、王贻上、朱竹君、翁覃溪、阮芸台、曾涤生，皆能提进学者，建树学宗。"刘禺生学术的发展壮大则得益于徐乾学、朱筠、阮元等大官僚"能提进学者，建树学宗"，道出清代汉学之所以发达的一个重要原因。清代的封疆大吏如毕沅、朱筠、阮元等凭借着官吏、学者一身而二任的有利条件，努力提倡学术，奖掖后进，整理典籍，刊布图书，大大推动了清代汉学的发展壮大。近人支伟成在所著《清代朴学大使列传·提倡朴学诸显达列传第二十五》之《叙目》云："康熙朝，举博学宏词科，海内方闻之士，咸奔集辇下，冯益都徐东海诸公乘时结纳，用广声誉。健庵昆季，为亭林先生外甥，学有本原，故出其门者亦较益都为盛；特不如大兴二朱之实心宏奖耳。及芸台相国，秋帆制府，起儒生，跻高位，飏历中外者十数年，其所造就尤多。纪文达任四库总裁，复注意网罗俊彦。乾嘉之际，汉学勃兴，厥功巨焉。"

　　"大兴二朱"之一的朱筠，曾多次担任乡试、会试同考官或正考官，"屡主文柄，搜罗英俊，如大理寺卿陆锡熊、吏部主事程晋芳、礼部郎中任大椿，皆所取士"；"奉命视学安徽，以古学教士子，重刻许氏《说文解字》"；"先生提倡风雅，振拔单寒，虽后生小子一善行及诗文之可喜者，为人称道不绝口，饥者食之，寒者衣之，有广厦千间之概，是以天下才人学士从之者如归市"。① 如戴震、汪中、王念孙、武亿、洪亮吉、邵晋涵、章学诚等都曾居其幕。"秋帆制府"毕沅，"好儒雅，广集遗书，敬重文士，孙渊如、洪稚存、赵味辛诸名士，多出其幕下。尝岁以万金遍惠贫士，人言宋牧仲后一人，信不虚也"。② "芸台相国"阮元，"以懿文硕学受知九重，扬历八座，累主文衡，首以经术为多士倡"。③ 他是乾隆五十四年（1789）进士，历官乾隆、嘉庆、道光三朝，多次出任地方督抚、学政，充兵部、礼部、户部侍郎，拜体仁阁大学士。公务之暇，阮元始终坚持学术研究，在经学、小学、金石、书画以及天文历算等方面，都有相当深的造诣，撰写了大量的叙述著作，更重要的是他于宦迹所到之处，提倡经学，兴办学校，奖掖人才，整理文献，刊刻典籍，推动了汉学的发展。徐世昌在《清儒学案·仪征学案》中对阮元推动汉学发展的功劳进行了充分的肯定，他说："乾嘉经学之盛，达官耆宿提倡之力为多。文达早跻通显，扬历中外，所至敦崇实学，编刻诸书类多，宏深博奥，挈领提纲，《揅经室集》说经之文，皆诂释精详。"

由此可以看出官员的倡导与支持对汉学的发展壮大，起到了至关重要的作用。

三　汉学者注重学术教育，培养考据后备人才

武亿为博山知县时立范泉书院，"亲临讲课，口授指画，示以训诂文字、通经术、树风节之要"。④ 武亿不仅在经学研究方面有独到之处，他晚年还先后在清源、东昌、亳州、临清、鲁山、安阳、邓州等地书院讲学，"所至以经史训诂教生徒"⑤，培养人才。武亿重视经学教育，认为"君子之学，以经务也。韩子云：士不通经，果不足用"。⑥ 其子武穆淳编刊武亿著《群经义证》8卷，其中《书》一卷，卷尾署"受业夏邑张曰珩校"；《诗》一卷，卷尾署"受业鲁山李渡校"；《春秋左氏传》上、

---

① （清）江藩：《国朝汉学师承记》卷四《朱笥河先生》。
② （清）昭梿：《啸亭杂录》卷一〇《毕制府》。
③ （清）钱大昕：《经籍纂诂序》，见阮元《经籍纂诂》卷首。
④ （清）孙星衍：《武亿传》。
⑤ （清）朱珪：《武君亿墓志铭》。
⑥ （清）武亿：《授堂文钞》卷八《潭西精舍送桂君入都序》。

中、下三卷,《春秋公羊、谷梁传》一卷,署李渡校;《论语》一卷、《孟子》一卷,署张曰珩校。由此我们推测是武亿教授生徒讲义,由生徒记录整理而成。武亿授徒从"句读"开始,"离析经读,亦其为小学之所先事"。① 句读不明,导致曲解经义,误读经典原意。他曾阐述《经读考异》撰作动机云:"经之义起于析句不明,而俗学依文曲附,使上下牵缀,强为属词,于是凿说纷纷,浸致古训沉没。如是者,宜急以订正其误,此愚之不揣而妄为有述也。"② 武亿认为经书在长期的流传过程中,"某字属句,世已口习,不复可破;及塾师坚执一读,不能兼通他读"。③ 武亿的教授生徒,传播汉学,取得了非常明显的效果。"今中州士知读古书,崇汉学,搜访碑刻,备一方掌故,多自亿为倡始。"④

武亿创立书院,在各地书院授徒,传播汉学,是乾嘉汉学者的一个缩影。嘉庆初年,阮元在西湖圣因寺旁设诂经精舍,阮元亲自授课,聘请著名的汉学家孙星衍、王昶"先后主讲席其中","讲授《十三经》、三史疑义,旁及小学、天部、地理、算法、词章,各听搜讨,书传条对,以观其识,不用扃试糊名之法。暇日聚徒讲议,服物典章,辨难同异"⑤,汉学特色相当浓厚。不仅培养了一批专做学术研究的学者,而且造就了一大批治民之才。后来阮元调任两广总督兼署广东巡抚,当时的广东"制举之外,求其淹通诸经注疏及诸史传者,屈指可数……州郡书院,止以制艺试帖与诸生衡得失,而士子习经,亦但取其有涉制艺者,简炼以为揣摩"。⑥ 阮元仿在浙江建诂经精舍的做法,在广州粤秀山山麓建学海堂,使广东的"修学好古读书砥行者皆藏修息行于此"。彻底改变了当地以应试科举教育为主的教育模式,造就了一批学有所长的学者,如被视岭南大儒的陈澧。"东塾之学,悉本之阮元。元督粤,以粤人不治朴学,乃创学海堂以训士,东塾遂为高材生。东塾于天文、地理、算术、乐律、篆隶,无不研究。中年读诸经注疏、子史及朱子书,日有课程。"⑦ 阮元创办诂经精舍

---

① (清)武亿:《经读考异·后序》,道光癸卯年重刊。
② (清)武亿:《授堂文钞》卷一〇《与孙渊如一》。
③ (清)武亿:《经读考异·后序》。
④ (清)孙星衍:《武亿传》。
⑤ (清)孙星衍:《诂经精舍题名碑记》,见《诂经精舍文集》卷首。
⑥ (清)崔弼:《新建粤秀山学海堂记》,见《学海堂集》卷一六。
⑦ 刘禺生:《世载堂杂忆·岭南两大儒》,中华书局《清代史料笔记丛刊》本。

和学海堂以培养学术人才的做法，带动了全国一批官员兼学者的人起来创办新式书院，刘禺生《世载堂杂忆·清代之教学》云："自阮芸台总督两广，创建学海堂，课士人以经史百家之学，士人始知八股试帖之外，尚有朴学，非以试帖取科名为学术也。陈兰甫创菊坡经舍继之，浙江俞阴甫掌诂经书院。及南皮督学湖北，创经心书院，后督鄂，创两湖书院，督学四川，创尊经书院，督两广，创广雅书院。于是湖南有校经堂，江苏有南菁书院，苏州有学古堂，河北有问津书院等，皆研求朴学，陶铸人心之地。士人不复于举业中讨生活，皆力臻康、干、嘉、道诸长老之学，贱视烂墨卷如敝屣，光绪中叶以前之风气如此。"

一滴水可以看太阳，武亿的学术之路说明汉学在乾嘉时期之所以发达，是汉学家们不懈努力的结果，并非迫于文字狱的压力所致。

中原历史文献与文化研讨会暨中国历史文献研究会第 33 年会，河南新乡，2012 年 10 月

中 编
文 化 史

河洛文化中的古代水文化举例

河洛文化与晋文化、荆楚文化、齐鲁文化、吴越文化、巴蜀文化、燕赵文化一样是地域文化，是华夏文化的重要组成部分，具有鲜明的地域特色，但又有不同，这是因为河洛文化是中华文化的源头，如果把中国不同地区的地域文化都比作中华文化大河的支流，那么河洛文化则是中华文化大河源头与干流。河洛地区"在漫长的华夏文化史前期，始终是中国原始人类聚居的集中场所，积淀了极其丰富而深厚的原始文化，在华夏文明的起源过程中占有独特的地位"。[①] 我国进入阶级社会之后的夏、商、周三代，其政治文化中心地区是在河洛。司马迁在《史记·封禅书》中说："昔三代之居，皆在河洛之间。"其文化地位是其他地域文化无法比拟的。因此有学者认为"所谓'河洛'，就是指的黄河与洛水，也就是今日的河南，广泛而言，也可称之为中原"。[②]"河洛文化的概念，广义地讲就是中原文化的泛称。"[③]

我们注意到，河洛文化的命名与晋文化、荆楚文化、齐鲁文化、吴越文化、巴蜀文化、燕赵文化等的命名也有很大的不同，晋文化、荆楚文化、齐鲁文化、吴越文化、巴蜀文化、燕赵文化都是以其在历史上主要是春秋战国时期各地建立的诸侯国的名称来命名的，而河洛文化是以流经该地域的河流来命名的。"河"是指中华民族的母亲河——黄河，"洛"是指黄河中游的支流洛水。

这种命名不是偶然的，其中隐含有深厚的文化内涵，河洛文化与河流

[①] 陈昌远：《河洛地区——华夏文明的策源地》，《史学月刊》1994年第1期。

[②] 卢文博：《河洛文化与台湾》，《黄河文化》2004年第1期。

[③] 张振犁：《从"河图"、"洛书"乃祭祀河洛神化的演变，看"河洛文化"在华夏文明中的地位和作用》，载《洛汭与河图洛书》，河南科学技术出版社1996年版。

（也就是水）有着不解之缘。《尚书·禹贡》中记载"豫州"时，是这样写的："荆河惟豫州，伊、洛、瀍、涧，既入于河。"伊、洛、瀍、涧四条河都在洛阳市附近汇集并总汇于黄河。《尚书·洛诰》："我乃卜涧水东、瀍水西，惟洛食。"孔传："又卜涧瀍之间，南近洛，吉。"三国魏嵇康《难〈宅无吉凶摄生论〉》："周公迁邑，乃卜涧瀍，终惟洛食。"这种密集的水系势必影响到河洛文化的内在精神，使河洛文化具有鲜明的水文化特色。

河洛文化中与水文化相关的内容极其丰富，现略述一二。

一 河图洛书

对中国文化产生重要影响的河图洛书源自黄河、洛水。《易·系辞上》："是故天生神物，圣人则之；天地变化，圣人效之；天垂象，见吉凶，圣人象之；河出图、洛出书，圣人则之。"《尚书·顾命》中写康王即位的陈设，"大玉、夷玉、天球、《河图》在东序"。汉代孔安国传："河图八卦，伏羲王天下，龙马出河，遂则其文以画八卦，谓之《河图》。"[①]《礼记·礼运》："故天不爱其道，地不爱其宝，人不爱其情。故天降膏露，地出醴泉，山出器车，河出马图。"《论语·子罕》中子曰："凤鸟不至，河不出图，吾已矣夫。"《墨子·非攻下》："天命文王伐殷有国。泰颠来宾，河出绿图，地出乘黄。"《管子·小匡》："昔人之言受命者，龙龟假河出图，洛出书，地出乘黄，今三祥未有见者。"《淮南子·俶真训》："洛出丹书，河出绿图。"上述众多的古代典籍说明了"河图""洛书"确实存在，虽然历来对河图洛书的具体内容有很大的争议，但有一点是肯定的，那就是出自黄河与洛水，与黄河、洛水有关。

而"河图""洛书"对中国传统文化的元典《周易》八卦与《洪范》九畴产生了极其重要的影响。汉儒认为《周易》八卦是伏羲、文王所作，《洪范》九畴则是夏禹、箕子所作，二者皆出自天授，取法于天。圣人画八卦、陈九畴，主要根据上天授予的河图、洛书。《周易·系辞上》"河出图、洛出书，圣人则之"，孔颖达疏云："如郑康成之义，则《春秋纬》云：河以通乾，出天苞；洛以流坤，吐地符。河龙图发，洛龟书感。……

[①]《尚书正义》卷一八，阮元校刻《十三经注疏》，中华书局1980年版。

孔安国以为河图，则八卦是也。洛书，则九畴是也。"① 东汉班固《汉书·五行志》："《易》曰：'天垂象，见吉凶，圣人象之；河出图，洛出书，圣人则之。'刘歆以为，虙羲（伏羲）氏继天而王，受《河图》，则而画之，八卦是也；禹治洪水，赐《洛书》，法而陈之，《洪范》是也。圣人行其道而宝其真。降及于殷，箕子在父师位而典之。"《论衡·正说篇》称："说易者皆谓伏羲作八卦，文王演为六十四。大圣王起，河出图，洛出书。伏羲王，河图从河水中出，易卦是也。禹之时得洛书，书从洛水中出，《洪范》九章是也。故伏羲以卦治天下，禹案洪范以治洪水。"《周易》八卦、《洪范》九畴，是儒家文化的重要思想元，黄河、洛水之水对儒家文化产生的作用，由此可见一斑。

二 《道德经》中的水文化

戴逸先生认为，道家文化产生在河洛地区，"老子就是在洛阳管理图书的，《道德经》可能也是在这里写成"。② 这种判断是有道理的。老子"周守藏室之史也"，"居周久之，见周之衰，乃遂去。至关，关令尹喜曰：'子将隐矣，强为我著书。'于是老子乃著书上下篇，言道德之意五千余言而去"。③ 至少老子在洛阳的生活对他的思想产生了较大的影响，这种影响包括了河洛的自然山水。老子的思维是"道法自然"，河洛地区众多水流自然会影响到他的思想。老子曰：

上善若水。水利万物而不争，处众人之所恶，故几于道。居，善地；心，善渊；与，善仁；政，善治；事，善能；动，善时。夫唯不争，故无尤。④

知其雄，守其雌，为天下溪；为天下溪，常德不离，复归于婴儿。⑤

---

① 《周易正义》卷七，阮元校刻《十三经注疏》，中华书局1980年版。
② 戴逸：《关于河洛文化的四个问题》，《寻根》1994年第1期。
③ 《史记·老子韩非列传》。
④ 《老子》第八章。
⑤ 《老子》第二十八章。

鱼不可脱于渊，国之利器不可以示人。①
江海所以能为百谷王者，以其善下之，故能为百谷王。②
天下莫柔于水，而攻坚强者莫之能胜，以其无以易之！③

老子将对自然水的体悟上升到哲学的高度，道家的水思想对后世的道家、道教的影响是显而易见的。秦汉新道家的代表作《淮南子》在《原道训》中说："水者，天地所包幕，五行始焉，万物所由生，元气之津液也。"道教把"天""地""水"看作"三元"之气。

三　河伯、洛神

河洛地区之水还孕育了自然神的崇拜——河神、洛神崇拜。河神崇拜在殷周时代就已相当流行。人们确信河神控制着洪水，主宰着人们的生产和生活。因此，长期生活在黄河两岸的殷商人占卜祭河活动相当频繁，这在甲骨文中有相当多的记载，如：

丁巳卜，其燎于河牢，沉妾？④
辛丑卜，于河妾？⑤
其求年于河，雨？⑥
贞，翌甲戌，河不令雨？贞，翌甲戌，河其令雨？⑦
河祟我。⑧
贞，勿舞河，亡其雨？⑨

卜辞的"河"均指黄河神，大略相当于后来所称的河伯。这种祭祀

---

① 《老子》第三十六章。
② 《老子》第六十六章。
③ 《老子》第七十八章。
④ 罗振玉：《殷虚书契后编》卷上，1916年影印本，第23页。
⑤ 罗振玉：《殷虚书契后编》卷下，1916年影印本，第3页。
⑥ 董作宾：《殷虚文字甲编》3640，商务印书馆1948年版。
⑦ 董作宾：《殷虚文字乙编》3121，商务印书馆1949年版。
⑧ 董作宾：《殷虚文字乙编》5406。
⑨ 董作宾：《殷虚文字乙编》6857。

活动一直延续到后代。《史记·六国年表》："（秦灵公）八年……初以君主妻河。"司马贞《索隐》："妻河，谓嫁之河伯。"《汉书·沟洫志》："皇谓河公兮何不仁，泛滥不止兮愁吾人。"颜师古注引张晏曰："河公，河伯也。"对于河伯，古代的记载很多。如《山海经》卷七云："从极之渊，深三百仞，维冰夷恒都焉。冰夷人面，乘两龙。"郭璞注云："冰夷，冯夷也。《淮南》云：'冯夷得道，以潜大川。'即河伯也。《穆天子传》所谓'河伯无夷'者，《竹书》作冯夷，字或作冰也。"《庄子·大宗师》云："冯夷得之，以游大川。"陆德明释文引司马彪云："《清泠传》曰：'冯夷华阴潼乡堤首人也，服八石，得水仙，是为河伯。'"《楚辞·九歌》洪兴祖补注引《抱朴子·释鬼篇》（今本无）云："冯夷以八月上庚日渡河溺死，天帝署为河伯。"等等。

　　从相关的文献记载来看黄河之水神河伯是一位作恶多端的恶神，属男性，人们为了求得风调雨顺，黄河安宁，不得不献祭，甚至要用年轻貌美的女子来讨好他，因此人们又衍生出"羿射河伯"的传说。《楚辞·天问》云："帝降夷羿、革孽夏民，胡射夫河伯而妻彼雒嫔？"王逸注云："河伯化为白龙，游于水旁，羿见射之，眇其左目。河伯上诉天帝，曰：'为我杀羿。'天帝曰：'尔何故得见射？'河伯曰：'我时化为白龙出游。'天帝曰：'使汝深守神灵，羿何从得犯汝？今为虫兽，当为人所射，固其宜也，羿何罪欤？'"高诱注《淮南子·泛论篇》云："河伯溺杀人，羿射其左目。"由此可以看出在古代神话中河伯为反面形象人物，其影响已远远超越了河洛中原地区。

　　"胡射夫河伯而妻彼雒嫔"的"雒嫔"即洛水之神——洛神。洛水，是一条充满神话传奇的河流，它发源于陕西，但关于它的那些绘声绘色的故事却都发生在洛阳。洛出书的地方，就在洛宁县，所以自古以来洛河就被视为神河。相传伏羲氏的女儿宓妃溺死于洛水，化为洛水之神。

　　《淮南子》中记载，伏羲氏之女洛神嫁于河伯为妻，但河伯不贤，与水族女神私通，洛神与后羿情深。相传河伯与后羿大战于天庭，天帝震怒，将洛神贬落凡间……洛神转世之后，为美女甄宓，曹操攻下邺城之后，将甄宓一家接入司空府，奉作上宾。曹植、曹丕两人同时钟情甄宓，最后，两人由好兄弟变成大仇人。曹丕登上帝位，甄宓为后，曹丕又娶郭儇为妃，郭儇不甘为妃，于是同司马懿设计害死甄宓。曹植与甄宓两情相悦，甄宓逝后数年，曹植在洛水之滨又遇见甄宓——洛神，写下千古绝唱的《洛神赋》。曹植在《洛神赋》中这样形容洛神之美："翩若惊鸿，婉若游龙。荣曜秋菊，华茂春松。仿佛兮若轻云之蔽月，飘摇兮若流风之回雪。远而望之，皎若太阳升朝霞；迫而察之，灼若芙蕖出渌波。"洛神成了美女的化身。

四 《诗经·国风》中的河洛"水文学"

西周时期河洛地区是当时的政治文化中心区，《诗经》中有很多诗作就产生于此。戴逸先生认为"如果做一下《诗经》的地望统计，河洛地区应该是首屈一指的。《国风》中著名的郑、卫之风当然是河南的作品。'二南'（周南、召南）中很多可能也是产生在河洛地区的"。[①] 许智银先生认为《诗经》中属于河洛地区的"大致包括《国风·周南》中的一些诗篇，《王风》、《郑风》和《魏风》等全部内容以及《小雅》的部分篇章"。[②] 一方水土养育一方人，不同的生活环境造就了不同的生活方式，从而形成不同的风俗习惯，进而通过风诗的传唱而得以活现。由于《诗经》时代河洛地区河泽纵横，水与人们的生活息息相关，所以反映河洛地区生活的诗篇，充满了水的气息。我们检索《诗经·国风》的《郑风》《卫风》，与水有关的诗篇相当的多。如：

《郑风·清人》：清人在彭，驷介旁旁。二矛重英，河上乎翱翔。清人在消，驷介麃麃。二矛重乔，河上乎逍遥。

《郑风·扬之水》：扬之水，不流束楚。终鲜兄弟，维予与女。无信人之言，人实诳女。扬之水，不流束薪。终鲜兄弟，维予二人。无信人之言，人实不信。

《郑风·褰裳》：子惠思我，褰裳涉溱。子不我思，岂无他人？狂童之狂也且！子惠思我，褰裳涉洧。子不我思，岂无他士？狂童之狂也且！

《郑风·溱洧》：溱与洧，方涣涣兮。士与女，方秉蕑兮。女曰

[①] 戴逸：《关于河洛文化的四个问题》，《寻根》1994年第1期。
[②] 许智银：《〈诗经〉中河洛地区民情风俗研究》，《河南科技大学学报》（社会科学版）2004年第1期。

观乎？士曰既且。且往观乎？洧之外，洵吁且乐。维士与女，伊其相谑，赠之以勺药。溱与洧，浏其清矣。士与女，殷其盈矣。女曰观乎？士曰既且。且往观乎？洧之外，洵吁且乐。维士与女，伊其将谑，赠之以勺药。

《卫风·考槃》：考槃在涧，硕人之宽。

《卫风·竹竿》：籊籊竹竿，以钓于淇。……泉源在左，淇水在右。……淇水在右，泉源在左。……淇水滺滺，桧楫松舟。驾言出游，以写我忧。

《卫风·河广》：谁谓河广？一苇杭之。

《卫风·有狐》：有狐绥绥，在彼淇梁。……有狐绥绥，在彼淇厉。……有狐绥绥，在彼淇侧。

河洛大地之水孕育了河洛之地文学，这些诗篇，或以河流水泽起兴，或以之为活动的场景，总之与水有关，营造出一幅幅水意浓浓的诗意画卷，水成为一种具有特殊意义的文化符号。

五 河流的化身——龙

龙是中国文化的标志符号，与水有着千丝万缕的联系。虽然学者们对龙的起源的解释见仁见智，但对龙与水的关系却是大家公认的。龙在河洛文化中有充分的反映。《左传·昭公十九年》："郑大水，龙斗于时门之外洧渊。"这说明春秋时期的郑国人把龙与大水联系在一起。被誉为"华夏第一龙"的蚌壳龙在河南濮阳西水坡遗址出土。在这里一共发现三条蚌壳雕塑的龙图案。从发掘的出土文物看，属于仰韶文化的遗存。据中国社会科学院考古研究所测定，三组动物图案的年代距今 5800±110 年，树轮校正年代为距今 6400±135 年。第一条蚌壳龙图案位于 M445 号墓中。蚌壳龙图案摆于人骨架的右侧，龙头朝北，背朝西，昂首，曲颈，弓身，长尾，前爪扒，后爪蹬，状似腾飞。第二条蚌壳龙图案雕塑位于 M445 号墓南面 20 米处，其龙头朝南，背朝北。第三条蚌壳龙图案位于第二条龙图案南面的一条灰沟中，两者相距约 25 米，为人骑龙的图案。人骑龙雕塑于灰沟的中部偏南，龙头朝东，背朝北，昂首，长颈，舒身，高足，背上骑一人，两足跨在龙的背上，一手在前，一手在后，面部微侧，似在回首观望。这证明河洛地区在距今6000年左右就已经有龙崇拜,可以当之无愧地称为"华夏第一龙"。

　　河洛文化中与水相关的古代文化远远不止这些,如大禹治水的传说等,其丰富的内容和深厚的文化底蕴有待于更深入的挖掘和研究。从河洛文化中的古代水文化这一侧面,可以看出河洛文化所具有的渊源性和影响力。对中国传统文化产生极大影响的五行说,其处于首位的是水。《尚书·甘誓》:"有扈氏威侮五行,怠弃三正。"孔颖达疏:"五行:水、火、金、木、土。"水甚至被认为是万物的本原。《管子·水地篇》:"水者何也,万物之本原也,诸生之宗室也,美恶贤不肖愚俊之所产也。"1993年在湖北省荆门市郭店一号楚墓出土的距今2300年的战国中期简书,其中的《太一生水》,把水的作用推到了极致:"太一生水,水反辅太一,是以成天。天反辅太一,是以成地。天地复相辅也,是以成神明。神明复相辅也,是以成阴阳。阴阳复相辅也,是以成四时。四时复相辅也,是以成冷热。冷热复相辅也,是以成湿燥。湿燥复相辅也,成岁而后止。"① 可见,水在我国传统文化中的地位十分重要,而这种重要性在河洛文化中就已经体现出来,并且对整个华夏文化产生了深远的影响。

　　　　　　　　原载《河洛文化与汉民族散论》,河南人民出版社2006年版

---

① 据庞朴先生校正本,《宇宙生成新说——漫说郭店楚简之二》,《寻根》1999年第2期。

论辽文化对唐文化的继承

唐文化是我国封建社会前期之末的一个文化高峰。它是当时中华民族大家庭中的各族共同创造的产物。至今它的大量文化成就，仍在我国、日本等国家和地区放射着令人赞叹的光辉。唐帝国结束，中原地区于907年开始了五代时期，960年又开始了北宋时期；东北部地区、北部地区以及部分西部地区，也于五代开始的同时，开始了辽朝统治时期。《辽史·地理志》说：辽朝统治地区，"东至于海（今日本海及鄂霍茨克海），西至金山（今阿尔泰山），暨于流沙，北至胪朐河（今克鲁伦河，实际上不止于此，而是抵达贝加尔湖西北的安加拉河），南至白沟，幅员万里"。这些地区正是唐朝极盛时期的东北部、北部和部分西北部的疆土。辽朝虽然是契丹族建立的政权，但在文化的选择上仍然是吸收、继承、发展中原文化，特别是唐文化。

一　精神文化

（一）统治思想

儒家思想是中原地区自汉以来统治阶级的主要统治思想。唐朝统治者对之非常重视，唐太宗令颜师古对儒家经典进行订正，颁行《五经》定本。到文宗开成二年（837），又依后汉故事，勒《五经》于石，以消除儒经文字歧异。在儒经的诠释上，太宗令孔颖达与群儒撰《五经正义》，作为士人读书的课本和科举考试的标准答案，以便统一思想，维护思想统治。但唐朝不是儒学独尊，道教、佛教同样甚有声势。唐初，皇族李氏即以老子后裔自居，对道教大力扶持。武则天时，为了政治的需要，又以佛压道。武宗时又大肆灭佛，极力崇道。宣宗时，又扶植佛教。儒学与宗教之间，存在交流，也存在对抗。唐时儒、道、佛三者之间的抗衡角逐，与政治斗争相关联，但三者谁也消灭不了谁，因为都有其存在的社会基础，基本上形成了三足鼎立，既对抗又交流的局面。

在辽朝，儒家思想同样是统治思想。《辽史·宗室传·义宗倍》：

> 时太祖问侍臣曰："受命之君，当事天敬神。有大功德者，朕欲祀之，何先？"皆以佛对。太祖曰："佛非中国教。"倍曰："孔子大圣，万世所尊，宜先。"太祖大悦，即建孔子庙，诏太子春秋释奠。

在这里，太祖阿保机与太子耶律倍等人并非排斥佛教、道教和契丹族的原始宗教，而是在讨论众多的思想中哪个位于首位的问题。他们选中了儒学，因为儒学的创始人孔子为"万事所尊"，儒学是"中国教"，是历来汉族统治阶级所信奉的主要政治学说，于是契丹族统治集团把儒学置于佛、道和本族原始宗教之先，这表明在辽朝建立之初，就是以继承汉唐以来的文化思想为己任的。

> 魏正始以太牢祀孔子，为先圣，配以颜子为先师。晋宋及隋遵循弗改，而庙制未详。唐武德初，命于国子学立周公、孔子庙各一所。至贞观中停祭周公，始专立孔子庙于国学，自是遂为定制。①
> 太宗贞观二年，升孔子为先圣……四年诏州县学皆作孔子庙。②

辽朝也继承了这一传统，在京城和各地各级学校建孔子庙。道宗时，大公鼎为良乡县令，就很注意"建孔子庙、学"。③ 辽朝境内各级学校都以儒家经典作为教科书。道宗清宁元年（1055）就曾经"诏设学养士，颁《五经》传疏，置博士、助教"④，培养为辽朝统治阶级服务的、具有儒家思想的知识分子。

辽朝统治者在注重研读儒学经典的同时，对中原皇朝的历史也十分重

---

① （清）梁国治等：《钦定国子监志》卷九，《四库全书》本。
② （明）李之藻：《頖宫礼乐疏》卷一，《四库全书》本。
③ 《辽史·能吏传·大公鼎》。
④ 《辽史·道宗纪一》。

视,从中借鉴历史的经验与教训,并用于教育各级官员和广大士人。辽太宗会同元年(938)六月"癸巳,诏建日月四时堂,图写古帝王事于两庑"。① 咸雍十年(1074)十月,"诏有司颁行《史记》、《汉书》"。② 唐朝的历史尤为得到珍视,圣宗耶律隆绪喜"阅唐高祖、太宗、玄宗三纪",侍读学士马得臣"乃录其事可法者进之"。③《契丹国志》称,圣宗每读"太宗、明皇《实录》,则钦服"。④

辽朝的君臣,有一些人很熟知唐朝的史实,他们常以之作为论据,来加强说明自己的观点;或以唐人唐事打比喻,对时人、时事进行品评和议论。马得臣柬圣宗击鞠书,就是用下面的句子开头的:"臣窃观房玄龄、杜如晦,隋际书生,向不遇太宗,安能成一代名相?"中间又说:"陛下尝问臣以贞观、开元之事,臣请略陈之。"接着历述唐太宗、唐玄宗如何循礼而行,"以隆文治",又如何舍田猎,重治道。他建议圣宗学习他们,不再沉溺于击鞠。圣宗阅后,"嘉叹良久"。⑤《辽史·伶官传》记载了一件很有趣的事情:辽兴宗耶律宗真与西夏作战,败北而逃。"先是,元昊获辽人辄劓其鼻,有奔北者,惟恐追及。故罗衣轻止之曰:'且观鼻在否?'上怒,以毳索系帐后,将杀之。太子笑曰:'打诨底不是黄幡绰。'罗衣轻应声曰:'行兵的亦不是唐太宗。'上闻而释之。"太子讥笑罗衣轻不像唐太宗时有名的伶官黄绰那样善于言语,所以得罪兴宗;罗衣轻则说兴宗不如唐太宗那样善于行兵,而又度量宽宏。兴宗听了,就放了他,看来辽兴宗是以唐太宗为楷模的。道宗时,阿骨打与辽朝大臣玩双陆,大臣触怒阿骨打,阿骨打欲杀之,未遂。有一侍臣建议杀死阿骨打,他说:"张守珪赦禄山,终倾唐室。"⑥ 萧陶隗与道宗议论大臣的优缺点,其评论很为道宗所赏识,道宗感叹地说:"陶隗虽魏征不能过也,但恨吾不及太宗尔!"看来道宗也是很想做像唐太宗那样的帝王的。道宗常把他认为是忠臣的人比作唐朝的狄仁杰,他曾说,萧兀纳"忠纯,虽狄仁杰辅唐,

---

① 《辽史·太宗纪下》。
② 《辽史·道宗纪三》。
③ 《辽史·马得臣传》。
④ (宋)叶隆礼撰:《契丹国志·圣宗天辅皇帝》,贾敬颜、林荣贵点校,上海古籍出版社1985年版。
⑤ 《辽史·马得臣传》。
⑥ 《契丹国志·道宗天福皇帝》。

屋质立穆宗，无以过也"。① 耶律乙辛专权，"荐孝杰忠于社稷，帝谓孝杰可比狄仁杰，赐名仁杰"。② 天祚帝时，耶律石柳请天祚帝耶律延禧严治耶律乙辛党人，以报父仇，而尽孝道，以唐德宗为例说："昔唐德宗因乱失母，思慕悲伤，孝道益著。"③ 辽朝君臣对唐朝历史掌故之熟悉程度，由此可见一斑。

在辽朝是不是儒学独尊呢？也不是。《辽史·太祖纪上》：神册三年（918），"诏建孔子庙、佛寺、道观"；次年"秋八月，谒孔子庙，命皇后、皇太子分谒寺观"。这表明，儒学虽列于首位，但又儒、佛、道三者并行，而不是儒学独尊。佛教在辽朝非常兴盛，早在阿保机称帝之前，他为夷离堇的第二年（902），就"城龙化州于潢河之南，始建开教寺"。④ 开教寺是契丹族建立的第一个佛寺，以后逐渐增多，仅上京就建有天雄寺、大广寺、节义寺、安国寺、兴王寺、弘福寺等。在大兴佛寺的同时辽朝诸帝还大肆"饭僧"，《辽史》诸本纪中都有"饭僧"的记载。如道宗时期，曾"一岁而饭僧三十六万，一日而祝发三千"⑤，可见其佞佛之深。高僧每每被宠以高位。《辽史·景宗纪上》：保宁六年（974），"以沙门昭敏为三京诸道僧尼总管，加兼侍中"。沙门本是"跳出三界外"的"出世"之人，但景宗却封之以朝廷官职，这在辽朝，并非鲜见，道宗在咸雍六年（1070）也"加圆释、法均二僧并守司空"。⑥ 可见僧尼在当时政治生活中的地位不低。

圣宗统和年间，开始雕刻《大藏经》，用千字文编号，到道宗咸雍四年（1068）止，完成了579帙的鸿篇巨制。《辽藏》的雕印，是佛教史上的一件大事，它仅晚于《开宝藏》，而早于国内其他任何藏经。从圣宗开始，还支持僧人继唐僧人静琬和其徒子徒孙导公、仪公、法公之后，在房山续刻石经。这些石经至今保存完好，为研究辽代佛教，乃至我国佛教史提供了宝贵的资料。

道教的声势在辽境虽不及佛教，但也颇为流行。东丹王耶律倍曾经把

---

① 《辽史·萧兀纳传》。
② 《辽史·奸臣传·张孝杰》。
③ 《辽史·耶律石柳传》。
④ 《辽史·太祖纪上》。
⑤ 《辽史·道宗纪六》。
⑥ 《辽史·道宗纪二》。

道教的经典《阴符经》译成契丹文,以广流传。圣宗于"道释二教,皆洞其旨"。① 齐国王耶律隆裕,"自少时慕道,见道士则喜。后为东京留守,崇建宫观,备极丽辉,东西两廊,中建正殿,接连数百间。又别置道院,延接道流,诵经宣醮,用素几馔献,中京往往化之"。② 兴宗也好道教,曾在夜宴时,"命后妃易衣为女道士"。他宠信的道士有许多被授以官职,如"王纲、姚景熙、冯立辈,皆道流中人,曾遇帝于微行,后皆任显官"。③ 道教的相当兴盛,由此可见。

在辽宁省法库县叶茂台出土的棺床小帐,"帐身面南壶门内绘有虎头图案,帐幔上绣有鸾鹤五云图案","这类题材显然是受神仙道教升天思想的影响"④,可见道教在民间也有很广泛的影响。

契丹人的原始宗教是多神崇拜。契丹贵族建国以后,原始宗教的许多内容被保留下来,与儒、释、道共存。从《辽史》各纪所记载的情况看,契丹人所崇拜的有天、地、日、月、山、河、泽、风伯,有祖先、白马神,有兵神、鹿鹿神(猎神)、君墓太一神等。这些原始诸神,与儒、释、道三者,在辽朝共同统治着人们的精神世界。

辽朝继承、汲取了唐朝的以儒学为主,以佛、道等宗教思想并存的统治思想,又保留了本民族的原始宗教思想。以儒学与契丹故俗相结合为主的、儒释道与契丹原始宗教的合一,于是形成并发展起来。

(二)学术

辽代学术著作传世者非常少,仅就目前可以看到的两部小学著作而言,辽代学术继承了唐代的学术。唐人颜元孙著《干禄字书》,以四声属字,每字分俗、通、正三体,收录了不少当时已经通行的简化字。辽僧人行均继承了这一字书的体例和精神,于圣宗统和十五年(997)撰成有名的《龙龛手镜》,收录了辽朝当时流行的大量俗字。把两书进行对读,其间的继承关系显而易见。《龙龛手镜》对于解读敦煌发现的唐写本和山西应县木塔中发现的辽写本中的俗字,至今起着不可或缺的作用。唐代僧人

---

① 《契丹国志·圣宗天辅皇帝》。
② 《辽史·道宗纪六》。
③ 《契丹国志·诸王传·齐国王隆裕》。
④ 曹汛:《叶茂台辽墓中的棺床小帐》,《文物》1975年第12期。

慧琳撰《一切经音义》，为汉译佛经《开元释教录》中的字、词注音，辽朝僧人希麟踵慧琳之后，撰《续一切经音义》，专为《开元释教录》所未收的佛经作注。学术发展上的这些承继脉络，是显而易见的。

(三) 文学

契丹族以强悍的军事力量而得以建立辽朝，但他们同样十分重视文治。就是宋人也不得不承认："北虏多有文籍，亦以文化相尚。"① 辽朝的文学深受唐代文学的影响，特别是辽诗，在风格、技法上主要是模仿唐诗。契丹人喜爱汉文诗歌，尤其喜好唐诗。辽圣宗写诗就主要是学习白居易，他有佚句云："乐天诗集是吾师。"② 他还亲自用契丹文翻译白居易的《讽谏集》，给大臣们阅读。契丹族的小孩子们在刚刚读书时，就学习唐诗。"契丹小儿初读书，先以俗语颠倒其文而习之，致一字用两三字者。……如'鸟宿池中树，僧敲月下门'两句（引者按：唐人贾岛诗句），其读时则曰：'明月里和尚门子打，水底里树上老鸦坐。'"③ 幼童刚刚启蒙，还未懂得多少汉文时，就受教于唐诗，为其后的文学修养打基础。一些唐人的名句深受辽人喜爱。据《蔡宽夫诗话》记载："韩襄客者，汉南女子，为歌诗，知名襄汉间。孟浩然赠诗曰：'只为阳台梦里狂，降来教作神仙客。'襄客闺愁诗云：'连理枝前共设誓，丁香花下共论心。'先公熙宁迓辽使成尧锡，见遗衣服，刺此联于里肚上，其下复刺丁香连理，男女设誓之状。辽人重此句，以为佳制。"④

参加科举考试的汉族士人，都必须以诗文应考。辽朝贡举中，一项主要的科目就是"诗赋"。如辽圣宗太平五年十一月，"求进士得七十二人，命赋诗，第其工拙，以张昱等十四人为太子校书郎，韩栾等五十八人为崇文馆校书郎"。⑤ 辽兴宗重熙五年十月，"壬子，御元和殿，以《日获三十六熊赋》、《幸燕诗》试进士于廷"。⑥

---

① （清）厉鹗：《辽史拾遗》卷二一。
② （宋）阮阅：《诗话总龟·古今诗话》。
③ （宋）洪迈：《夷坚志乙志》卷一八。
④ （清）陆长春：《辽金元三朝宫词·辽宫词》，见《辽金元宫词》，北京古籍出版社1988年版。
⑤ 《辽史·圣宗纪八》。
⑥ 《辽史·兴宗纪一》。

从《辽史》记载来看，辽朝文人大多善于写诗。辽代初期的契丹皇族耶律倍就会写诗，流传下来的诗有两首：《乐田园居》和《海上诗》，都是和他的政治生活有关的，辽圣宗耶律隆绪既是一个在政治上很有作为的皇帝，又是一位文学艺术修养很高的皇帝，他懂音乐，能作曲，"幼喜书翰，十岁能诗"①，有诗作五十余首。流传至今的《传国玺》："一时制美宝，千载助兴王。中原既失守，此宝归北方。子孙皆慎守，世业当永昌。"② 辽兴宗也擅长诗赋，在宴饮、游玩中常与臣僚以诗唱和。如重熙五年四月"甲子，幸后弟萧无曲第，曲水泛觞赋诗"。重熙六年（1037）六月壬申，"上酒酣赋诗，吴国王萧孝穆、北宰相萧撒八等皆属和，夜中乃罢"。七月"壬寅，以皇太帝重元生子，赐诗"。③ 重熙二十四年（1055）二月己丑朔，"召宋使钓鱼，赋诗"。④ 他的《赐耶律仁先诗》有句云："自古贤臣耳所闻，今来良佐眼亲见。"⑤ 其《以司空大师不肯赋诗以诗挑之》："为避绮句不肯吟，既吟何必昧真心。吾师如此过形外，弟子争能识浅深。"语言质朴，对仗工整。辽道宗耶律洪基在帝王中堪称最具诗才，其作品结集为《清宁集》。他的《题李俨黄菊赋》："昨日得卿黄菊赋，碎剪金英填作句。袖中犹觉有余香，冷落西风吹不去。"⑥《戒勖释流谒》："欲学禅宗先趣圆，亦非著有离空边。如今毁相废修行，不久三涂在目前。"⑦ 还有《赐法均大师》佚句："行高峰顶松千尺，戒净大心月一轮。"其诗想象奇特，意境高远，禅味十足。

除辽朝皇帝擅长诗文外，还有许多大臣工于诗歌，他们有的是汉族官员，有的是土生土长的契丹人。例如，萧劳古"以善属文，为圣宗诗友"。耶律资忠"工辞章"，在出使高丽羁留期间"每怀君亲，辄有著述，号《西亭集》"。⑧ 耶律庶成，"善辽、汉文字，于诗尤工"。⑨ 耶律隆先现有《阆苑集》行于世。耶律孟简从小能写作，"六岁，父晨出猎，俾赋

---

① 《辽史·圣宗纪一》。
② （宋）孔平仲：《珩璜新论》，转引自陈述《全辽文》卷一，中华书局1982年版。
③ 《辽史·兴宗纪一》卷一八。
④ 《辽史·兴宗纪三》卷二〇。
⑤ 陈述：《全辽文》卷二。
⑥ （宋）陆游：《老学庵笔记》卷四。
⑦ 《大日经义释演密钞》卷一〇，见《全辽文》卷二。
⑧ 《辽史·耶律资忠传》卷八八。
⑨ 《辽史·耶律庶成传》卷八九。

《晓天星月诗》，孟简应声而成，父大奇之，既长，善属文。……闻皇太子被害，不胜哀痛，以诗伤之，作《放怀诗》二十首"。① 王鼎，"幼好学，居太宁山数年，博通经史。时马唐俊有文名燕、蓟间，适上巳，与同志祓水滨，酌酒赋诗。鼎偶造席，唐俊见鼎朴野，置下坐，欲以诗困之，先出所作索赋，鼎援笔立成"②，显示出倚马可待的诗才。

道宗宣懿皇后萧观音，她"工诗，善谈论。自制歌词，尤善琵琶"。③我们凭借王鼎的《焚椒录》得以对她的作品窥豹一斑。《伏虎林应制》："威风万里压南帮，东去能翻鸭绿江，灵怪大千俱破胆，那教猛虎不投降。"《君臣同志华夷同风应制》："虞廷开圣轨，王会合奇深，到处承天意，皆同捧日心，文章通蠡谷，声教薄鸡林，大禹看交泰，应知无古今。"《怀古》："宫中只数赵家妆，败雨残云误汉王，惟有知情一片月，曾窥飞燕入昭阳。"④ 这些诗作娴熟地运用了许多历史典故，思想性和艺术性达到了理想的高度。天祚帝文妃萧瑟瑟，她聪明姻雅，"善歌诗，女直……日见侵迫。帝畋游不恤，忠臣多被疏斥"。妃作《讽谏歌》："勿嗟塞上兮暗红尘，匀伤多难兮畏夷人，不如塞奸邪之路兮，选取贤臣。直须卧薪尝胆兮激壮士之捐身，可以朝清漠北兮夕枕燕云。"讽谏天祚帝要其励精图治，抵御日渐强大的女真族，具有很强的现实意义。秦晋国妃萧氏，"博览经史，聚书数千卷，能于文词，其歌诗赋咏，落笔则传诵朝野，脍炙人口。……撰《见志集》若干卷行于代"。⑤ 邢简妻陈氏，"凡览诗赋，辄能诵，尤好吟咏，时以女秀才名之"。⑥ 耶律常哥，"能诗文，不苟作"。⑦

许多契丹贵族也善于诗歌创作。圣宗"十岁能诗"⑧，一生创作了500多首诗。平王耶律隆先"博学能诗"，有《阆苑集》。⑨ 萧柳作诗千

---

① 《辽史·耶律孟简》卷一〇四。
② 《辽史·文学传下·王鼎传》。
③ 《辽史·后妃传》。
④ （辽）王鼎：《焚椒录》，见《全辽文》卷三。
⑤ 陈述：《全辽文》卷八《秦晋国妃墓志铭》。
⑥ 《辽史·列女传·邢简妻陈氏》。
⑦ 《辽史·列女传·耶律氏常哥》。
⑧ 《辽史·圣宗纪一》。
⑨ 《辽史·耶律隆先传》。

篇，集为《岁寒集》。① 道宗有《御制清宁集》，耶律良善作诗，深得道宗喜爱，为其诗集题名《庆会集》，并亲自为之作序。② 萧孝穆有《宝老集》，萧韩家奴有《六义集》，耶律孟简有《放怀集》等。此外从辽初的耶律倍，辽中期的耶律留国、耶律常哥、耶律资忠、萧观音，直到辽末的萧瑟瑟等，均善作诗。③ 从保留至今的辽朝诗作来看，辽诗学习、模仿唐诗的痕迹，灼然可见。

(四) 艺术

据《辽史·乐志》记载，辽朝的音乐大部分来源于唐乐。辽初直接用唐《十二和》乐，后来的辽《十二安》乐，只是"改乐名而已"。辽太宗灭晋，"得太常乐谱、宫悬、乐架"。"辽国大乐，晋代所传。"可见辽朝的雅乐来自后晋，而后晋的雅乐来自唐，所以辽朝的雅乐是来自唐。"辽雅乐歌词文阙不具；八音器数，大抵因唐之旧。"辽朝的散乐，也是从后晋得来。"晋天福三年（辽会同元年，938年），遣刘昫以伶官来归，辽有三乐，盖由此矣。"④ 曾经出使辽朝的宋人沈括认为："外方乐尤无法……唯北狄（引者按：指辽朝）乐声比教坊下二均（韵）。大凡北人衣冠、文物多用唐俗，此乐疑唐之遗声也。"⑤ 沈括的看法和上述《辽史·乐志》的记载是一致的。

唐人的绘画艺术对辽人的绘画产生了很大影响，许多唐画流传到辽，成为辽人学习模仿的蓝本。契丹人萧融，"辽之贵族"，"性好读书，被服儒素"，"官致南院枢密使，政有余闲，辄亲翰墨"，具有很高的中原文化素养。他"尤善丹青，慕唐裴宽、边鸾之迹。凡奉使入宋者，必命购求；凡遇名迹，不惜重价，装潢既就，而后携归本国，建小楼以贮之。风日晴和，焚香展卷，临摹所至，咸有法则"。⑥ 可以想见，他的绘画必然带有唐画的风格与精神。

辽代的绘画继承了唐朝绘画的技法和风格，这可以从现已出土的

---

① 《辽史·萧柳传》。
② 《辽史·耶律良传》。
③ 见《辽史》各自的本传。
④ 《辽史·乐志》。
⑤ （宋）沈括：《梦溪笔谈》卷六。
⑥ （清）王毓贤：《绘事备考》卷七，《四库全书》本。

辽墓壁画中得到证明。辽墓壁画近几十年来的发现可谓丰富多彩，其中保存较好的辽宁法库叶茂台萧义墓、内蒙古翁牛特旗解放营子辽墓和敖汉旗康家营子辽墓的壁画，"都具有场面大、人物多、形象生动、线条流畅的特点，还较多地保持着唐代以来寺观建筑壁画宏伟的气魄和粗犷的风格"。① 叶茂台辽墓壁画中的人物绘画，"画法朴素，都是丰颐肥颊，妇女双颊全涂红粉，似有唐俑的风格"。② 在北京发掘的一座辽墓中的壁画，"人物生动活泼，女像上都是头梳高髻，博衣大袖，是承袭唐代的风格"。③

传世的辽代绘画胡瓌的《卓歇图》和辽"北方草原画派"的其他作品，在绘画技法上，也"继承了中原汉、唐以来的绘画传统"，承袭了唐朝绘画的现实主义风格。④ 辽朝绘画还有些取材于唐朝史实，如陈及之的《便桥会盟图卷》，就是描绘唐太宗和突厥可汗颉利会盟的盛大场面。

二　制度文化

（一）官吏制度

契丹族的社会发展到耶律阿保机继任夷离堇的时候，建立皇朝政权的时机已经成熟。在皇朝建立上，具有中原文化素养的汉族地主阶段知识分子的推波助澜无疑是起了促进作用。"是时，刘守光暴虐，幽、涿之人多亡入契丹。阿保机乘间入塞，攻陷城邑，俘其人民。依唐州县置城以居之。汉人教阿保机曰：'中国之王无代立者'是由阿保机益以威制诸部而不肯代。"⑤ "不肯受代"说不可全信，但耶律阿保机建立政权，具有中原文化的汉人确实是重要的依靠力量。"依唐州县置城以居之"，就是汉人韩延徽的建议。韩延徽"乃请树城郭，分市里，以居汉民之降者"。不仅如此，韩延徽在阿保机政权建立过程中的作用可谓举足轻重，"太祖初

---

① 《文物考古工作三十年·概述辽宁省考古新收获》，文物出版社1979年版。
② 《法库叶茂台辽墓纪略》，《文物》1975年第12期。
③ 苏天钧：《辽代壁画和铜质飞天人——北京出土文物》，《北京日报》1951年5月11日。
④ 陈兆复：《契丹画家胡瓌和他的北方草原画派》，《美术》1983年第3期。
⑤ 《新五代史·四夷附录第一》。

元，庶事草创，凡营都邑，建宫殿，正君臣，定名分，法度井井，延徽之力也"。① 辽政权建立之初，就具有浓厚的中原文化色彩。

辽朝机构的设置，尤其是南面官的设置，大都是仿唐制而设。《辽史·百官志三》说："契丹自唐太宗置都督、刺史，武后加以王封，玄宗置经略使，始有唐官爵矣。其后习闻河北藩镇受唐官名，于是太师、太保、司徒、司空施于部族。太祖因之。"太祖从先辈那里继承下来的官爵名号，都是唐制。《辽史·百官志三》又说："辽朝有北面官矣，既得燕、代十有六州，乃用唐制，复设南面三省、六部、台、院、寺、监、诸卫、东宫之官。诚有志帝王之盛制，亦以招徕中国之人也。"中央南面朝官是唐制，地方官的设置也一样采用的是唐制，"节度、观察、防御、团练、刺使，如唐制也"。"冠以节度、承以观察、防御、团练等使，分以刺使、县令，大略采用唐制。"② 这样南面官中，上至中央，下至地方各级机构的设置，就无一不是唐制了。

（二）法律制度

辽朝法律也主要继承唐律。辽朝前期法律分南、北两个系统，南系统主要是继承了唐律，北系统主要是沿袭契丹族旧有的习惯法；中后期北系统向南系统靠近，呈南北一体化的趋势。"辽代刑法有'参酌国俗'的方面，但它从立法伊始就参用以《唐律》为主的'汉律'，它的成文法的形式及其内容实际上有许多是与唐律基本相同的。"③ 日本学者沈川政次郎和岛田正郎合著《辽律之研究》，参证史籍，对辽律进行了全面的研究，指出《重熙新定条制》540 条中蹈袭《唐律》的有 88 条。的确如此，辽朝在法律制度方面基本上是沿袭的唐律，如唐代法律中的"八议"就被辽朝所继承。

《旧唐书·刑法志》云：

> 又有议请减赎当免之法八：一曰议亲，二曰议故，三曰议贤，四曰议能，五曰议功，六曰议贵，七曰议宾，八曰议勤。八议者，犯死

---

① 《辽史·韩延徽传》。
② 《辽史·百官志四》。
③ 杨黛：《辽代刑法与〈唐律〉比较研究》，《杭州大学学报》1998 年第 2 期。

罪者皆条所坐及应议之状奏请，议定奏裁。

《辽史·刑法志上》云：

> 品官公事误犯，民年七十以上、十五以下犯罪者，听以赎论。赎铜之数，杖一百者，输钱千。亦有八议、八纵之法。

在法律实践中我们也可以找到"八议"的案例，如：

> （统和六年）二月丁未，奚王筹宁杀无罪人李浩，所司议贵，请贷其罪，令出钱赡浩家，从之。①
>
> （大康七年耶律乙辛）坐以禁物鬻入外国，下有司议，法当死。乙辛党耶律燕哥独奏当入八议，得减死论，击以铁骨朵，幽于来州。②
>
> 刘六符，父慎行……为都统，伐高丽，以失军期下吏，议贵乃免，出为彰武军节度使。③

（三）监察制度

辽朝的监察制度也继承了唐代的监察制度。张志勇先生曾经对辽朝与唐朝的监察制度进行过比较研究，他认为"辽朝的监察制度基本上承袭唐制"。例如在中央设置最高监察机构御史台，负责对朝廷百官和地方官吏的监察。在监察准则上辽朝"主要沿用唐代的'六条问事'后又发展为'六察法'的规定"。④

（四）科举制度

科举制度创始于隋，完善、成熟于唐。辽朝的选拔官员，除世选外，

---

① 《辽史·圣宗纪三》。
② 《辽史·奸臣传上·耶律乙辛》。
③ 《辽史·刘六符传》。
④ 张志勇：《辽朝与唐朝监察制度比较研究》，《辽宁工程技术大学学报》（社会科学版）2003年第9期。

就是继承了唐朝的科举制度。《辽史·室昉传》记载，室昉"会同初，登进士第，为卢龙巡捕官"。这是目前所见史料中，辽朝举行科举考试的最早年代。朱子方、黄凤岐先生认为辽朝初设科举考试是在会同初年，无疑是正确的。而对于景宗保宁八年（976）十二月"诏南京复礼部贡院"，两位先生认为"于礼部设贡院，掌贡举之事，也是宋制"，景宗诏礼部复贡院，"是沿袭宋制而采取的措施"。① 这一点似可商榷。《金史》说得很明确，"辽起唐季，颇用唐取进士法取人"。② 辽初在科举制度上，全是继承的唐制，只是有所删减而已，并不是把宋制的部分内容纳入唐制中混合使用。实际上，辽朝在礼部设贡院也是沿袭的唐制。唐人李肇《国史补·下》说："开元二十四年（736），考功郎中李昂，为士子所轻诋，天子以郎署权轻，移职礼部，始置贡院。"唐人王起《和周郎见寄》诗有句云："贡院离来二十霜，谁知更添主文场。"③ 说明唐朝已在礼部置贡院主持科举考试。在贡举年限上，辽朝开始也是沿袭唐制，从圣宗统和六年（988）在全国范围内实行科举考试开始，到兴宗景福元年（1031），除部分记载不详或未记载以外，都和唐制一样是一年一次。景福元年以后，才仿宋制，三年一次。

（五）礼制

辽朝继承了唐朝的礼制，有些礼制宋朝都是受辽朝的影响而加以继承的，如皇帝上尊号就是如此。《宋史·礼志十三》载司马光奏书云："尊号起唐武后、中宗之世，遂为故事。先帝治平二年，辞尊号不受，天下莫不称颂圣德。其后佞臣建言，国家与契丹常有往来书，彼有尊号而中国独无，足为深耻。于是群臣复以非时上尊号，论者甚为朝廷惜之。"

辽朝以继承唐文化为己任，这可以从辽朝人避唐讳得到证明。辽朝人焦习作于辽穆宗应历九年（959）的《驸马赠卫国王娑姑墓志铭》有句云："以恩及众，使民忘劳。"其"民"最后一笔缺笔以避唐太宗李世民之讳。④

---

① 朱子方、黄凤岐：《辽代科举制度述略》，《辽金史论文集》第三集，文献书目出版社1987年版。
② 《金史·选举志·序》。
③ 《全唐诗》卷四六四。
④ 《全辽文》卷四。

(六) 政务制度

在处理政务上，辽朝也是依唐制而行。这从辽朝大臣的奏疏多提及唐事和《贞观政要》为辽朝君臣所特别熟悉可以看出。

《辽史·刘景传》说：穆宗"诏草赦，既成，留数月不出。（刘）景奏曰：'唐制，赦书日行五百里，今稽朝弗发，非也。'"《辽史·文学传上·萧韩家奴》记载，兴宗重熙十三年（1044），萧韩家奴奏请追封辽先祖四世为皇帝，其中有言："臣以为宜依唐典，追崇四祖为皇帝，则陛下弘业有光，坠典复举矣。"这表明，辽朝君臣在考虑治国施政的重大问题时，都是依唐制而行，"坠典复举"则反映出辽朝是以继承中原文化为己任的。

《贞观政要》记录了唐太宗与魏征、房玄龄、杜如晦等45位大臣商讨国事的答问和奏疏，书中对于治国方略、原则及历代的治国经验教训，对政府机构的设置，法律的制定，官员的选拔任用与培养，多有论列，是一部治国理政的参考书。撰者吴兢写作此书的目的也是希望统治者能以之为鉴，使唐朝的统治长治久安。此书在辽朝很受重视。例如辽圣宗"好读《贞观政要》"①；辽兴宗时，萧韩家奴"欲帝知古今成败"，将《贞观政要》翻译成契丹文②；天祚帝的儿子耶律雅里也很爱读此书，常令侍臣给他讲解③。

三　物质文化

辽代金银器在器物种类、形制、装饰、工艺上全面地继承了唐代金银器的艺术风格。尤其是辽初至兴宗时期的金银器，"在很大程度上是直接吸收唐文化金银器艺术风格的产物"。"辽代金银器的器形，在器口变化上呈多样化，有圆形、花瓣形、盘状、曲式、海棠形等；而这种器形的变化多端是始自唐代的，与唐代金银器的圆形、葵式、椭方、海棠、花瓣、菱弧形口有着明显的共性，二者显然有着直接的渊源关系。""辽代的银

---

① 《契丹国志·圣宗天辅皇帝》。
② 《辽史·文学传上·萧韩家奴》。
③ 《辽史·天祚帝纪四》。

箸、银匙、渣斗、盏托，在造型上都与唐代同类器物有共同点。"从景宗、圣宗时期的辽金银器的特征看，"它对唐代金银器的模仿是全面的，不仅限于晚唐，而且模仿唐前期风格"。"辽代金银器的纹饰题材、布局几乎是唐代艺术的翻版。尤其是第一、二期，纹饰布局讲求对称，构图繁褥而层次分明。纹饰有分区装饰、单点装饰和满地装等，在器物内底或器顶饰以主体花纹，其他部位以辅助性花纹修饰。"①

辽朝的制瓷业早在辽太祖耶律阿保机建国前后就已经发展起来。辽代的制瓷工艺主要是继承了唐代工艺技术。例如辽代彩瓷，从辽代墓葬、遗址、窑址出土的大量实物来看，无论是单彩，还是双彩、三彩"都是受唐三彩的影响发展起来的"。② 辽朝继承了产生于晚唐时期的官窑制度，辽朝官窑目前可以确定的有缸瓦窑和林东窑。

辽朝的建筑也是在继承唐朝的建筑式样和建筑技法的基础上发展起来的。如叶茂台出土的一木制棺床"小帐"，是难得的辽代建筑模型，"这小帐帐身以上颇似唐代建筑，小帐的结构做法有些尚存唐风"。③ 还有辽塔，大部分是六角形和八角形密檐实心塔式，这种实心塔源于唐朝，辽朝有所改进，其优点之一就是增加了抗震能力，它们经历了几百年至上千年的风风雨雨，甚至地动山摇，仍然屹立在祖国的北疆。

辽朝宫廷中的文物，很多是从中原而来的。辽灭后晋时，从中原运回大量法物仪仗。后晋的这些东西本来是经后梁、后唐传承下来的唐朝的文物。《辽史·仪卫志四》说："金吾、黄麾、六军之仗，辽受之晋，晋受之后唐，后晋受之梁、唐，其来也有自。"其他仪物，也多类此。"圣唐辇辂，尽在辽庭。"④ 其实，辽在灭晋以前所用的仪仗，即所谓的国仗也是唐物。"辽自大贺氏摩会受唐鼓纛之赐，是为国仗，其制甚简，太宗伐唐、晋以前，所用皆是物也。"⑤ 仪仗是国家权力和文化的象征，辽朝用唐物、唐制，又有唐朝传下来的"传国宝"，所以辽朝以正统自居，辽圣

---

① 张景明、马利清：《论辽代早中期金银器的唐代风格》，《内蒙古大学学报》（人文社会科学版）1999年第5期。
② 孙秀夫：《辽代陶瓷初探》，《承德民族师专学报》1996年第1期。
③ 曹汛：《叶茂台辽墓的棺床小帐》，《文物》1975年第12期。
④ 《辽史·仪卫志一》。
⑤ 《辽史·仪卫志四》。

宗不无得意地在诗中写道，"中原既失鹿，此宝（引者按：传国宝）归北方"①，把辽朝看成唐文化的当然继承者。

　　本文从精神文化、制度文化、物质文化三个层面分析了辽文化对唐文化的继承，每个层面仅仅是以举例的方式进行了列举，挂一漏万，但已经足以说明辽文化是唐文化的延续。

原载《辽宁工程技术大学学报》2011 年第 3 期

---

① 陈衍：《辽诗纪事》卷一。

辽、金对中原典籍的搜求

正当我国封建文化的发展达到新的高峰时期时，我国东北地区相继兴起了两个少数民族，并先后建立了各自的政权，这就是契丹族建立的辽（907—1125）和女真族建立的金（1115—1234）。他们凭借强大的军事力量，不断向南进扰中原地区，与中原王朝形成一种时战时和的对峙关系。但这种关系并没有阻隔辽、金与中原王朝的政治、经济和文化交流。面对高度发达的中原文化，辽、金不仅没有阻止中原文化的输入，反而积极主动地引进、消化和吸收中原文化，其表现为对中原王朝各种政治制度的全面学习借鉴、对中原知识分子的重用和对中原典籍的搜求利用。

辽、金统治者十分仰慕中原文化，故作为中原文化载体的汉文典籍理所当然地成为其渴望得到的中原物品之一。在他们极力搜求下，中原典籍通过种种渠道，流入辽、金统治区。笔者拟对辽、金搜求中原典籍的主要方式及其受重视的原因等做初步的探讨。

一 辽、金对中原典籍搜求的主要方式

（一）武力掠夺

契丹、女真族贵族在其崛起之初和建立政权之后，为了扩大自己的疆域，掠夺更多的财富和俘虏更多的劳动力，不断向中原地区进扰，与中原王朝间常常发生战争。在战争中，辽、金占据了中原王朝许多城镇，并对所占据的城镇实行文化掠夺政策，其表现之一就是对城镇里的中原典籍搜

掠一空，运往辽、金统治区。辽灭后晋，进入汴京，"取晋图书、礼器而北"①，"晋诸司僚吏、缤御、宦寺、方技、百工、图籍、历象、石经、铜人、明堂刻漏、太常乐谱、诸宫县、卤簿、法物及铠仗，悉送上京"②，这其中有一些是中原典籍。

和契丹统治者一样，金人在与辽、宋交战时，对中原典籍也十分重视。金太祖在发布"今欲中外一统"的讨辽诏令后，又特别宣示臣属注意对文物典籍的搜求："若克中京，所得礼乐仪仗图书文籍，并先次津发赴阙。"③金灭辽后，聚集于辽的汉文典籍成为金人的战利品。在宋、金战争中，金人每到一处，都大力搜寻书籍及雕版。金太宗天会四年（1126），金兵攻陷汴京，入城后，"索监书藏经，苏（轼）黄（庭坚）文及古文书、《资治通鉴》诸书"④，还遣人搜集图书雕版。在金人的武力威迫下，宋朝政府把监本书籍、印版三番五次解往金营，有一次甚至差兵八千运赴军前⑤，可以想见有多少汉文典籍及印版流入金统治区。据《靖康要录》记载：靖康元年（1126）十二月二十五日，"虏人入宋国子监取官书"；二十八日，"虏取《秘书录》及所藏古器"⑥；二年（1127）二月初二，"虏图明堂九鼎，观之不取，止索三馆文籍图书国子书版"，"又取太清楼书，皆黄帕牙签，载以太平车，凡百余"；四日，"般《藏经》、《道经》等书版"⑦。金人对国家极重要的礼器九鼎都不取，而对典籍情有独钟，由此可知，其对典籍是多么重视。金人不但把宋国子监、三馆秘阁书籍、太清楼藏书等搜掠一空，就连开封府商民书铺都不放过，甚至私人藏书也在搜取之列。如靖康二年（1127）二月二十九日，"取朱勔家书画"等。⑧

中原典籍曾是宋、金双方停战议和条件之一。靖康二年（1127）正月，宋、金议和，金人以宋钦宗为人质，索要宋王朝的"浑天仪、铜人、

---

① 《辽史·文学传序》。
② 《辽史·太宗纪下》。
③ 《金史·太祖纪》。
④ （宋）徐梦莘：《三朝北盟会编》卷七三，上海古籍出版社1987年版。
⑤ 张秀民：《辽、金、西夏刻书简史》，《文物》1959年第3期。
⑥ 《靖康要录》卷一四。
⑦ 《靖康要录》卷一五。
⑧ 《靖康要录》卷一六。

刻漏、古器、秘阁三馆书籍、监本印版、古圣贤图像、明堂辟雍图、皇城宫阙图、四京图、大宋百司并天下州府职贡令应、宋人文集、阴阳医卜之书"。① 简而言之，金人是想要采撷中原王朝文化典籍的精华。为了达成停战协议，迫于金朝的压力，软弱的宋王朝命"鸿胪卿康执权、少卿元当可、寺承邓肃，押道释经版；校书郎刘才、邵溥、宿国子监主簿叶将、博士熊彦诗、上官悟等五人，押监书印版，并馆中图籍送纳"②，从而将宋王朝累世之藏席卷而去。

（二）使臣求赐

辽、金与中原王朝之间保持着经常的使臣往来，彼此不断互派使臣，祝贺正旦、生辰等，并互相赠送礼品。中原文化典籍在当时属于中原王朝赠送给辽、金的礼品之一，而且辽、金使臣出使中原王朝时，也常常主动求赐一些在榷场互市中不易得到而又深为本国人民所喜爱的汉文典籍，带回国内，广为流布。如宋祥符中，"契丹使至，因言本国喜诵魏野诗，但得上轶，愿求全部"。为了满足辽使的请求，宋真宗命人"搜其诗，果得《草堂集》十卷，诏赐之"③，使辽使满意而归。又据志磐《佛祖统记》载，北宋天禧三年（1019）"东女真国人贡，乞请《大藏经》，诏给与之"。

由此可以看出，对于契丹、女真等民族求赐的中原典籍，只要是不影响防务安全，宋朝基本上有求必应。因此，中原典籍就随着使臣往来不断由中原地区流入辽、金统治区，在那里刊行、扩散。

（三）贸易走私

宋与辽、金之间虽时常发生战争，但是仍然保持着频繁的贸易往来，有政府管理下的榷场贸易，也有私下的民间贸易。在这些贸易中，中原典籍也是宋王朝输出的商品之一。

当时宋王朝对外文化交流最突出的特点就是汉文典籍的大量外传。④

---

① 《靖康要录》卷一五。
② 同上。
③ （宋）释文莹：《玉壶清话》卷七。
④ 参见曾枣庄《宋朝的对外文化交流》，《中国典籍与文化论丛》第一辑，中华书局1993年版。

宋代刻书业十分发达，私人刻书坊林立，大量的典籍被刊刻，并借助于贸易而流传到国外和中国境内的少数民族政权所统辖的地区，从而呈现出"中国书籍山积于高丽，而云布于契丹"①的景象。由于大量涉及国家机密的汉文典籍外流，引起宋王朝的重视，并相应地制定出严刑酷律禁止书籍外传。宋"景德三年（1006）九月，诏：民以书籍赴沿边榷场博易者，自非九经书疏，悉禁之。违者案罪，其书没官"。②此令明确限定了外传书籍的种类，九经书疏之外的汉文典籍都属于被禁之列，但是，十分敬慕汉文化的辽、金，仅读"九经书疏"不能满足他们的需求。要想得到"九经书疏"之外的书籍，则不得不通过私下交易，秘密购买。当时走私的物品基本上都是可获厚利及榷场禁止贸易的物品，其中，被禁的汉文典籍在辽、金地区都是最受欢迎的，利润极高，"此等文字贩入虏中，其利十倍"③，故法令虽严，但"射利之徒，殊不知畏"④，大量走私宋王朝所禁之典籍，从而使中原典籍仍然"流布北界"，广泛传播于辽、金统治区。辽东丹王耶律倍为了购买中原典籍，曾"令人赍金宝私入幽州市书"，"凡数万卷"⑤，并建立起一座藏书楼——望海堂，成为当时我国北方藏书较丰富的藏书楼。

辽、金两朝通过以上主要渠道，大量搜求中原典籍。据有关学者研究，流传到辽、金统治区的中原典籍，种类相当广泛，经、史、子、集四大类都有。经部有《周易》《尚书》《诗经》《左传》《礼记》《周礼》《孝经》《论语》《孟子》等书；史部有《史记》《汉书》《后汉书》《三国志》《晋书》《北史》《国朝登科记》以及历日、地理书；子部有诸子、《大藏经》、大型类书《册府元龟》、医书《圣惠方》；集部有大型总集《文苑英华》，别集有《眉山集》等。⑥除此之外，据笔者所见有关资料，还有《阴符经》《道经》《三字经》《百家姓》《千字文》《蒙求》《贞观

---

① （宋）苏轼：《苏轼文集》卷三五《论高丽买书利害札子三首》，孔凡礼点校，中华书局1986年版。

② 《宋会要辑稿》食货三八。

③ （宋）苏辙：《栾城集》卷四二《北使还论北边事札子五首》，曾枣庄、马德富点校，上海古籍出版社1987年版。

④ 《宋会要辑稿》刑二。

⑤ （宋）叶隆礼：《契丹国志·诸王传·东丹王》，贾敬颜、林荣贵点校，上海古籍出版社1985年版。

⑥ 曾枣庄：《宋朝的对外文化交流》，《中国典籍与文化论丛》第一辑。

政要》《宋书》《齐书》《梁书》《陈书》《后魏书》《北齐书》《周书》《隋书》、新旧《唐书》、新旧《五代史》、《资治通鉴》《老子》《文中子》《刘子》《扬子》《方脉书》《通历》《大明历》《十二和乐谱》《白氏策林》、白居易《讽谏集》、魏野《草堂集》等历代文人名士的诗文集。以上所列典籍仅仅是见于有关史料中点明了书名的，其实际种类远远超过了这些。《金史·章宗纪》云，金章宗明昌五年（1194）二月，"诏购求《崇文总目》内所阙书籍"。众所周知，《崇文总目》乃宋景祐元年王尧臣等根据昭文、史馆、集贤三馆及秘阁所藏书目编定，几乎囊括了宋朝皇家所藏全部典籍。金章宗下诏求书，以《崇文总目》为依据，说明金朝的藏书已极丰富；《崇文总目》中所列书籍，金朝所缺不是很多。金朝所得中原典籍之丰富，可以想见矣。可以说，宋以前的汉文典籍以及宋代编印的重要典籍有不少流往契丹、女真等少数民族政权所统辖的地区。

二 辽、金搜求中原典籍的原因

（一）军事目的

契丹、女真两个民族有着共同的民族特点，即"俗勇悍喜战斗"，素以粗犷蛮勇而著称。随着这两个民族军事力量的日益强大，他们为了获取更多的土地、财富、人口，不断向南拓展，与中原王朝展开了拉锯式的争夺战。在南进过程中，他们注意到一些中原典籍如"朝廷大臣之奏议、台谏之章疏、内外之封事、士子之程文、机谋密画"等本是宋王朝明令不可泄露的，而"今乃传播街市，书坊刊行，流布四远"①，"其间臣僚章疏及士子策论，言朝廷得失，军国利害"②。从这些典籍中，辽、金可以"周知（宋朝）山川险要、边防利害"。③ 拥有大量这类中原典籍，对辽、金军事防御和进攻都极为有利，因此，辽、金十分注重对中原典籍的搜求。如靖康元年（1126）正月三十日，金人从宋王朝索去了"大内图、夏国图、天下州府尚书省图、百王图、宝箓宫图、隆德宫图、相国寺图、

---

① 《宋会要辑稿》刑二。
② （宋）苏辙：《栾城集》卷四二《北使还论北边事札子五首》。
③ 同上。

五岳观图、神霄宫图、天宁寺图",此外还有宋"开国登宝位赦书旧本、夏国奏举书本"等。① 而宋王朝严禁九经书疏以外的中原典籍流传到辽、金地区也正是出于防务安全的考虑。

(二) 巩固统治的需要

辽、金不断从中原地区劫夺大量财物,俘掠众多人口。如辽太祖阿保机领兵攻占河东、代北九郡时,就"获生口九万五千"。② 后晋皇帝石敬瑭把燕云十六州献给辽朝,使生活在十六州里的广大汉民成为辽的编户。金朝所获汉人数量更甚于辽朝,不仅拥有生活在辽统治区的汉人,而且其疆域不断南伸,扩展到淮河一线,统治了大量的汉人。"所得汉人,以长绳连头系之于木"③,就像拴牛、马一样,被驱赶北上。文化的差异,非人的待遇,不可避免地会导致汉人的反抗,大量汉人开始逃亡,甚至爆发起义。

经过一段时间的磨合,辽、金统治者逐渐认识到,要巩固自己的统治,管理好汉族的百姓,光靠武力征服是远远不够的。为了缓和民族矛盾,更好地统治和利用所得的汉人,辽、金统治者不得不调整其统治政策,寻找更利于管理本国各族人民特别是汉族人民的统治方法。他们在汉族知识分子的影响下,选择了学习中原文化,借鉴中原王朝统治方法的道路。曾出使过金朝的范成大云:"金既蹂躏中原之地,制度强效华风,往往不遗余力。"④

辽、金两朝统治区域内民族成分较复杂,各民族的社会组织和社会生活状况差别很大,各民族的思想文化呈现多元化,不利于巩固统治,因此,确定一个众多民族共同遵循的统治思想就成为当务之急。他们选择了儒家思想作为其统治工具。辽、金统治者十分重视儒家经典,推崇儒家思想中的政治学说,把它确定为统治本国各族人民的主导思想。辽朝各代皇帝中,圣宗、兴宗、道宗对儒家经典的重视和学习最为突出。圣宗"好读唐《贞观政要》,至太宗、明皇《实录》"⑤,并"阅唐高祖、太宗、玄

---

① (宋)徐梦莘:《三朝北盟会编》卷七八。
② 《辽史·太祖纪上》。
③ 《新五代史·四夷附录一》。
④ (宋)范成大:《揽辔录》。
⑤ (宋)叶隆礼:《契丹国志·圣宗天辅皇帝》。

宗《纪》"[1]，学习其统治方法；兴宗"好儒术"[2]；道宗喜欢同群臣讲论儒家经典，辽大安二年（1086）正月，"召权翰林学士赵孝严、知制浩王师儒等讲《五经》大义"，四年（1088）四月，又"召枢密直学士耶律俨讲《尚书·洪范》"，并"命燕国王耶律延禧（后来的天祚皇帝）写《尚书·五子之歌》"[3]，以加强对皇子的儒学教育。金朝统治者对于儒家经典的重视程度远远超过了辽朝。金熙宗本人"颇读《尚书》、《论语》及《五代》、《辽史》诸书，或以夜继焉"[4]；海陵父子皆从学于儒者张用直，甚至面临衰微之际的哀宗也尊儒重经，正大三年（1226）设益政院，"以学问该博、议论宏远者数人兼之。日以二人上直，备顾问，讲《尚书》、《通鉴》、《贞观政要》"[5] 等。辽、金统治者还采用各种方法来广泛推行儒学，发挥其教化作用。辽、金两朝多次颁行中原典籍：如辽道宗清宁元年（1055），"颁《五经》传疏"，咸雍十年（1074），"诏有司颁行《史记》、《汉书》"。[6] 金大定五年（1165），"翰林侍讲学士徒单子温进所译《贞观政要》、《白氏策林》等书。六年（1166），复进《史记》、《西汉书》，诏颁行之"。[7] 为了便于女真人学习，特"诏以女直字译书籍"[8]，将一些重要的儒家经典如《周易》《尚书》《论语》《孟子》《孝经》等译成女真文字，使得儒家思想广泛传播到社会各个角落，甚至深入女真亲军里。如金世宗诏令"以女直字《孝经》千部付点检司分赐护卫亲军"，令他们学习。金世宗曾道出了自己的心机，他对宰臣说："朕所以令译《五经》者，正欲女直人知仁义道德所在耳。"[9] 金章宗也曾"诏亲军三十五以下，令习《孝经》、《论语》"[10]，大力提倡孝道，使中原王朝尊卑分明的封建纲常秩序深入本国各阶层人心中。因此，辽、金两朝迫切需求反映儒家思想的中原典籍。于是凝聚着儒家政治学说精髓的中原典籍就在他们

---

[1] 《辽史·马得臣传》。
[2] 《辽史·兴宗纪一》。
[3] 《辽史·道宗纪》。
[4] 《金史·熙宗纪》。
[5] 《金史·百官志二》。
[6] 《辽史·道宗纪》。
[7] 《金史·徒单镒传》。
[8] 同上。
[9] 《金史·世宗纪》。
[10] 《金史·章宗纪》。

极力搜求下不断传入辽、金。

为了巩固政权、加强统治，辽、金两朝承继了唐、宋之制，先后在中央与地方设置了各类官私学校，培养人才。当时儒家经典是学校教育、培养知识阶层的主修教材。辽朝各类学校所用的主要课本有《三字经》《百家姓》《千字文》及《蒙求》《论语》等书。金朝把中原典籍定为各类学校统一的教学内容："凡经，《易》则用王弼、韩康伯注；《书》用孔安国注；《诗》用毛苌注、郑玄笺；《春秋左氏传》用杜预注；《礼记》用孔颖达疏；《周礼》用郑玄注、贾公彦疏；《论语》用何晏集注、邢昺疏；《孟子》用赵岐注、孙奭疏；《孝经》用唐玄宗注；《史记》用裴骃注；《前汉书》用颜师古注；《后汉书》用李贤注；《三国志》用裴松之注；及唐太宗《晋书》，沈约《宋书》，萧子显《齐书》，姚思廉《梁书》《陈书》，魏收《后魏书》，李百药《北齐书》，令狐德棻《周书》，魏征《隋书》，新旧《唐书》，新旧《五代史》；《老子》用唐玄宗注疏，《荀子》用杨倞注，《扬子》用李轨、宋咸、柳宗元、吴秘注，皆自国子监印之，授诸学校。"① 由此可知，当时金朝学校教学内容包括经部、子部、史部三大类。这些儒家经典的注疏本，都是中原经学中的权威之作，是汉文化中有高度学术价值的东西。辽、金为了笼络汉人地主阶级，以加强并巩固其统治，两朝都仿照中原王朝的科举取士制度，其考试内容仍取自中原典籍。"金天会元年（1123），始设科举，有词赋，有经义，有同进士，有同三传，有学究，凡五等。""词赋之初，以经、传、子、史内出题，次又令逐年攻一经，亦许注内出题，以《书》、《诗》、《易》、《礼》、《春秋》为次，盖循辽旧也。"② 由此可知，辽、金当时的考试内容都是从儒家典籍内出题。金循辽旧制，同时又借鉴宋朝科举制度，"令《易》、《书》、《诗》、《礼》、《春秋》专治一经内出题"。金章宗明昌元年（1190），又明令规定"以《六经》、《十七史》、《孝经》、《论语》、《孟子》及《荀》、《扬》、《老子》内出题，皆命于题下注其本传"。③ 众多的学子读经读史，使得这类书籍成为紧缺商品。这必将促使书籍贸易和走私的增加，同时也促进了辽、金刻书业的发展。

① 《金史·选举志一》。
② （元）李世弼：《登科记序》，见清张金吾编纂《金文最》卷四五，中华书局1990年版。
③ 同上。

由此可知，在维护、巩固辽、金统治过程中，中原典籍始终发挥着重要作用，因而备受辽、金统治者青睐。

（三）加强自身文化建设的需要

辽、金不遗余力地搜求中原典籍，也是为了满足自身文化建设的需要。辽、金以其强大的军事力量取得稳定的地域疆界，形成了与宋对峙的局面，但在文化上，后起的边疆政权辽、金无法与宋朝相抗衡，他们力图改变这种状况，取得真正意义上与宋朝平等的地位。辽朝曾想将宋朝称为南朝，自称为北朝，"契丹遣使论国书中所称'大宋'、'大契丹'，以非兄弟之国，今辄易曰'南朝'、'北朝'"[①]。由互称"大宋""大契丹"改称"南朝""北朝"，实际上是想取得与宋朝平等的地位。金朝也欲极力摆脱"蕃"的形象，金章宗曾"禁称本朝人及本朝言语为'蕃'，违者杖之"[②]。这种政治上追求与宋朝平等地位的努力，必然导致辽、金在文化上与宋朝抗衡。辽道宗曾宣称"吾修文物，彬彬不异中华"[③]，金海陵王"禁卖古器入他境"[④]，金章宗"诏购求《崇文总目》内所阙书籍"[⑤]，其目的是显而易见的，都是为了增强自己的文化实力。辽、金欲通过加强自身的文化建设，提高自己的文化水平，来摆脱在当时中原王朝看来不高贵的所谓"夷""蕃"出身的阴影，以求得正统王朝的名位。这种动机，也导致了辽、金对中原典籍文物大规模的搜求。

（四）满足对中原实用科技的需求

契丹、女真这两个民族都是由文化落后的社会步入高度发展的封建社会。在这个历史过程中，面对自身落后的科技文化，辽、金迫切需求中原先进的实用科技。宋、金议和时，金人索要"阴阳医卜之书"[⑥]，是他们对中原技术典籍渴求的反映。

现以医学为例，辽、金均地处北方地区，自然生存环境恶劣，因而对

---

① （宋）王韦撰：《道山清话》，《四库全书》本。
② 《金史·章宗纪》。
③ （宋）叶隆礼：《契丹国志·道宗天福皇帝》。
④ 《金史·海陵纪》。
⑤ 《金史·章宗纪》。
⑥ 《靖康要录》卷一五。

先进的中医技术十分渴求，中原医书自然成为他们搜罗的对象。如辽大同元年（947）辽太宗灭后晋时，就曾从汴京掳去了不少医官、方技和图书（其中包含医学典籍），以及针灸教学实习模型——铜人，并且采取积极态度进行研究，使辽朝的针灸技术得到更进一步发展。在辽朝宫中长大的直鲁古就是"专事针灸"之学的一代名医。他总结了当时的临床经验和针灸理论，写成《脉诀》和《针灸书》。① 他的著述对推广中原的针灸技术做出了贡献。在大量接触中医著作之前，"契丹医人鲜知切脉审药"，为了推广中原医学，辽兴宗命耶律庶成将所搜求的中原医书用契丹语译成《方脉书》，在各部里推广学习，使"人皆通习，虽诸部族亦知医事"②，使中原的医学知识在辽朝统治区得到普及。乾统年间又刻医书《肘后方》，对辽朝的医学发展产生直接的影响。

中原典籍为辽朝培养了大量精通医术的人才，如耶律倍曾"市书至万卷，藏于医巫闾绝顶之望海堂"，潜心研读。其"精医药、砭焫之术"③，就是从读书中获得的。

（五）满足人们精神生活的需求

书籍凝聚着人类的智慧，是一种精神食粮。辽、金对书籍的渴求，除了上述几种原因之外，还有一个重要的原因就是满足辽、金地区人们精神生活的需求，他们需要阅读哲学、史学书籍以增加自己的智慧，需要阅读文学书籍以陶冶性情，需要阅读宗教书籍以满足心灵的皈依，等等。正是这种民间的巨大需要才使当时的书籍走私成为热门生意，才会造成"文字贩入虏中，其利十倍"④ 的巨大差价。

一般的辽人喜欢宋人魏野的诗，并不是要看其中是否隐含着某种军政机密，而是喜其"中的易晓"和"平朴而常，不事虚语"⑤ 的诗风。苏辙出使辽朝，燕京副留守邢希古传语苏辙说："令兄内翰（轼）《眉山集》，已到此多时。内翰何不印行文集，亦使流传至此？"⑥ 可见，苏东坡

---

① 《辽史·方技传·直鲁古》。
② 《辽史·宗室传·耶律庶成》。
③ 《辽史·宗室传·义宗倍》。
④ （宋）苏辙：《栾城集》卷四二《北使还论北边事札子五首》。
⑤ （宋）释文莹：《玉壶清话》卷七。
⑥ （宋）苏辙：《栾城集》卷四二《北使还论北边事札子五首》。

的诗文,很受辽人欢迎。苏轼曾说:"昔余与北使刘霄会食。霄诵仆诗云:'痛饮从今有几日,西轩月色夜来新。公岂不饮者耶?'虏亦喜吾诗,可怪也。"① 宋人的很多诗集被走私到辽以后,因读者多、需求量大而再次进行翻刻,广为流传,以满足人民的需求。如:"张芸叟奉使大辽,宿州馆中,(见)有题子瞻(轼)《老人行》于壁者。闻范阳书肆,亦刻子瞻诗数十篇,谓《大苏小集》……芸叟题其后曰:'谁题佳句到幽都,逢著胡儿问大苏。'"② 宋人王君玉《国老谈苑》记载了这样一件事:"寇准出入宰相三十年,不营私第。处士魏野赠诗曰:'有官居鼎鼎,无地起楼台。'泊准南迁(指寇准受排挤罢相后被贬斥到广东)时,北使(指辽使)至,内宴,宰执预焉。使者历观诸相,语译道者曰:'孰是无地起楼台相公?'毕坐无答者。"辽人对宋人作品的熟练程度,由此可以想见矣。宋人洪皓使金,被留十五年,"为金人所敬,所著诗文,争钞诵,求锓梓"。③ 宜于歌唱的柳永词也传到了金统治区,并在那里广为流布,被人传唱。其颇负盛名的《望海潮》,据罗大经《鹤林玉露》说:"此词流播,金主亮(海陵王完颜亮)闻歌,欣然有慕于'三秋桂子,十里荷花',遂起投鞭渡江之志。"宋人的作品如此之快地得以在辽、金地区流传,一方面说明这些作品确实脍炙人口,深得各地区、各族人民的喜爱,另一方面说明辽、金与宋之间的书籍流通渠道极为通畅,宋人的作品面世后不久,很快就传播到辽、金地区。对于时代较近的作家作品如此重视,对于那些时代较远的文学大家的作品的珍视,可想而知。金章宗明昌二年(1191),"学士院新进唐杜甫、韩愈、刘禹锡、杜牧、贾岛、王建,宋王禹偁、欧阳修、王安石、苏轼、张耒、秦观等集二十六部"。④

典籍是文化的载体,典籍的流动昭示着文化的传播。辽、金通过武力掠夺、使臣求赐、贸易走私的方式从中原获取了大量的典籍。从这个意义上说,战争、外交往来、贸易走私也是一种文化交流方式。辽、金搜求中原典籍的目的,既是军事对抗、巩固统治的需要,又是自身文化建设的需

---

① (宋)苏轼:《苏轼文集》卷六八《记虏使诵诗》。
② (宋)王辟之:《渑水燕谈录》卷七《歌咏》,《丛书集成初编》本。
③ 《宋史·洪皓传》。
④ 《金史·章宗纪》。

要，同时也是满足各族人民对中原实用技术和精神生活的需求。中原典籍的北流，加速了契丹、女真等族封建化的进程，促进了北部边疆地区文化的发展。

原载《中国文化月刊》（台湾）2001 年第 251 期

辽朝科技述略

辽朝是我国古代以契丹族为主体，由契丹族贵族建立的一个封建王朝。辽朝统治我国北方前后长达三百多年。由于民族的纷争，政权的更迭，加上辽朝本身"书禁甚严"，留传后世的文献甚少，其中有关辽朝科学技术的记载更是一鳞半爪。要对辽朝的科技情况做全面的了解实甚困难。本文根据零星的文献记载和现有的文物考古材料，以及学者们已取得的研究成果，对辽代（不含西辽）所取得的科技成就，作一简略概述，以就教于方家。

一　医　学

辽朝医学继承了我国传统的医学成果，在临床运用技术上又有新的建树，更有一些土生土长的医学成就。

针灸是中医的传统治病方法，此法在辽代较为普及，契丹人能熟练地运用针灸技术治病。辽太祖阿保机的长子东丹王耶律倍喜好汉学，"精医药、砭焫之术"。[①]太祖族弟迭里特"尤神于医，视人疾，若隔纱睹物，莫不悉见"。阿保机曾患"心痛"，痛苦不堪，迭里特诊视后说："膏肓有淤血如弹丸，然药不能及，必针而后愈。"阿保机听从了迭里特之言，果然手到病除。[②] 太宗大同元年（947）灭晋以后，从汴京运回的图籍（其中包含医学典籍）和针灸教学实习模型——铜人，使辽朝的针灸技术得到更进一步发展。在辽朝宫中长大的直鲁古就是"专事针灸"之学的一

[①]《辽史·宗室传·义宗倍》。
[②]《辽史·逆臣传上·耶律迭里特》。

代名医。他总结了当时的临床经验和针灸理论，写成《脉诀》和《针灸书》①，他的著述一直流传到明代，为我国的针灸学做出了贡献。或许是直鲁古的《脉诀》仅用于针灸，而不是用于切脉，一般的"契丹鲜知切脉审药"，契丹人耶律庶成将汉文医学典籍用契丹语译成《方脉书》，介绍中原传统的诊病用药之术，受到辽人的喜爱。此书印行后"人皆通习，虽诸部族亦知医事"②，使中原的医学知识得到普及。

辽朝的医学基本上承袭了中国传统的望、闻、问、切四诊法，但在具体治病方法上有自己的独到之处。《辽史·方技传·耶律敌鲁传》有这样一例："枢密使耶律斜轸妻有沉疴，易数医不能治。敌鲁视之曰：'心有蓄热，非药石所及，当以意治。因其聩，聒之使狂，用泄其毒则可。'于是令大击钲鼓于前。翌日果狂，叫呼怒骂，力极而止，遂愈。治法多类此，人莫能测。"一般说来，中医理论是阴阳相对，冷热调适，治蓄热当用药泄热毒，而耶律敌鲁采用精神疗法——"意疗"，取得了良好的效果。这种疗法已被现代西医理论证明，有其科学根据。

在尸体防腐处理方面，辽朝有一种"木乃伊"保存法。首先，对尸体实行外科手术，用药物进行防腐，然后用铜丝网络网罩全身或部分肢体，以此保持尸体的完整性，使之不易散落。宋人文惟简《虏廷事实》云："其富贵之家，人有亡者，以刃破腹，取其肠胃涤之，实以香药盐矾，五彩缝之；又以尖苇筒刺于皮肤，沥其膏血且尽，用金银为面具，铜丝络其手足。"③耶律德光死后就是用这种方法处理的。刘跂《暇日记》也说：宋哲宗元祐七年辽朝贺正旦使耶律迪死于滑州，"虏人倒悬其尸，出滓秽口鼻中，又以笔管刺皮肤出水。以白矾涂尸令瘦，令支骨以归"。④两者的记载可以相互印证，互为补充，考古证明，铜丝网络起到了保护尸体的作用。

契丹人世居朔漠，冬季酷寒漫长，为了适应生存的环境，契丹人在实践中创制了一种医治冻伤的特效药。陆游《老学庵笔记》卷七云："赵相挺之使虏（辽朝），方盛寒。在殿上，虏主忽顾挺之耳，愕然，急呼小胡

---

① 《辽史·方技传·直鲁古》。
② 《辽史·耶律庶成传》。
③ （清）李有棠：《辽史纪事本末》卷二九考异引。
④ （清）厉鹗：《辽史拾遗》卷一〇。

指示之，盖阉也。俄持一小玉合子至，合中有药，色正黄，涂挺之两耳周匝而去，其热如火。既出殿门，主客者揖贺曰：'大使耳若用药迟，且拆裂缺落，甚则全耳皆坠而无血。'扣其玉合中药物为何物，乃不肯言，但云：'此药市中亦有之，价甚贵，方匕直钱数千。某辈早朝遇极寒，即涂少许。吏卒辈则别有药，以狐溺调涂之，亦效。'"由此看来，辽人的治冻药物，既可治冻又可防冻；药有高、低档之分，效果都很好。辽人还制成一些中成药，其中"花蕊石散"就是治"冒风得疾"的，此药可随身携带，遇疾即服，极为方便。①

辽人还发明了世界上第一把牙刷。在内蒙古赤峰县大营子辽墓里发现两把骨柄牙刷，一把长 19.5 厘米，另一把长 19.2 厘米。植毛由于岁月的长久而消失，留下两排共 8 个植毛孔。无独有偶，1983 年在察哈尔前旗豪欠营契丹人家族墓地的九号墓中，又出土一把长 23 厘米的牙刷，其形制与赤峰大营子辽墓相同，植毛孔两排，每排六孔。② 两墓相距有几百公里之遥，牙刷的形制、大小却相差不多，说明辽朝牙刷制作接近定型，和现代的牙刷极其相似。以牙刷的陪葬说明墓主生前对牙刷的喜爱。牙病是一种常见病，由于饮食关系，辽人的牙病发病率较高。豪欠营六号墓中的契丹女尸，据检查就患过龋齿和牙周炎。牙病患者多，自然就有为患者除痛治病的牙医。邓延正就是辽圣宗时期的一位精于治牙的医生，专攻牙科及小儿科，"兴庙时，皇太后齿疾，工治不验，因召入，遽以术止之。尔后出入扈从"。因其医术高超，人们称他有缓佗（华佗）之能。③ 辽朝的人们正是在和牙病不懈斗争的过程中发明了牙刷。

二 天文历法

辽朝南面官中有司天台，设太史令等职，负责观测天象、记录星变、推演历法、报道时辰等。这些记载和其他各代的记载一起，成为现代科学工作者研究古天象、古气候的重要文献资料。辽朝使用的是中原历法，太

---

① （宋）陆游：《老学庵笔记》卷二。
② 参见郑绍宗《赤峰县大营子辽墓发掘报告》，《考古学报》1956 年第 3 期；《豪欠营辽墓第二次清理报告》，载《契丹女尸》，内蒙古人民出版社 1985 年版。
③ 向南编著：《辽代石刻文编》，河北教育出版社 1995 年版，第 488 页。

宗耶律德光灭晋,"自晋汴京收百司僚属伎术历象,迁于中京,辽始有历"。辽圣宗统和十二年(994)六月,可汗州刺史贾俊进新历,于是改用《大明历》。① 辽朝很重视天文历法,辽朝早期的政治家耶律屋质,"博学,知天文"。② 中期将帅萧挞凛"有才略,通天文"。③ 天祚帝时的萧阳阿"识辽汉文字,通天文,相法"。④ 金初的司天监郝世才"本辽臣也,精于天文地理"。⑤ 辽朝的历法比当时的宋历都要精确些。熙宁十年(1077)冬至,宋臣苏颂出使辽朝,因辽、宋历法推算误差的不同,宋使与辽朝馆伴在冬至日的时间上发生了争执。虽然苏颂以其才学,瞒天过海,解决了当时的争端,但科学毕竟是科学。苏颂本人就是一位严谨的科学家,回宋以后,神宗问他:契丹历和宋历哪个是对的?苏颂实言相告,说契丹历是对的。宋朝掌管历法的太史因此受罚。"元祐初年,遂命子容重修浑仪,制作之精,皆出前右。"⑥ 正是两历的差异促使宋朝改进天文仪,使宋历更趋精确。宋、辽在天文历法上的互相交流,促进了双方天文历法的发展。

辽代的天文学成果还表现在辽朝绘制的星图上,星图发现于河北宣化辽墓中,位于墓后室穹窿顶部的正中央。星宿画在 2.7 米为直径的范围内。在穹窿顶部的中心悬铜镜一面,铜镜周围画有莲花,在莲花的东北绘北斗七星,四周绘五红、四蓝星。中间一层绘二十八宿,东方为苍龙七宿,南方为朱雀七宿,西方为白虎七宿,北方为玄武七宿。最外层分布黄道十二宫图,基本上是30°一宫,十二宫为一年,合360°。每宫都用符号和图形表示。黄道十二宫源于古巴比伦,已有四千多年的历史,在隋唐以来的典籍中已有记载,而将中国传统的星图和黄道十二宫绘在一起。在历史上是极其罕见的,这也是辽彩绘星图的特点和价值所在。辽人所绘十二宫的符号和图案并非照搬古巴比伦的画法,而是用中国化了的图案表示,富有中国特色。⑦ 这一星图为研究我国古代的天文学提供了重要的资料,

---

① 《辽史·律象志上》。
② 《辽史·耶律屋质传》。
③ 《辽史·萧挞凛传》。
④ 《辽史·萧阳阿》。
⑤ (宋)宇文懋昭:《大金国志》卷二四。
⑥ (宋)叶德辉:《石林燕语》卷三、卷九及宇文绍奕《考异》。
⑦ 《河北宣化辽壁画墓发掘报告》《辽代彩绘星图是我国天文史的重要发现》,《文物》1975年第8期。

也是研究中西文化交流的实证材料，为我们了解辽朝的科学技术提供了不可多得的资料，弥足珍贵。

三 冶金与金属加工

契丹族的冶炼业在辽朝建立之前就起步了。但大规模的矿冶业是随着契丹贵族军队的东征西讨和南向拓土而逐步发展起来的，其工匠主要是室韦、渤海、汉等族人民。

辽朝的冶炼技术达到较高的水平。炼铁方面，辽人已经会炼制低碳钢，这种钢用于制造兵器。辽宁法库叶茂台辽墓中发掘出的一批铁器，即用优质低碳钢制成。① 运用现代检测手段对豪欠营辽墓中出土的铁钉进行测试，结果表明："其他元素的含量很低，接近现代的 08 沸钢板和纯铁的成分。"辽人已经能冶炼黄铜和纯铜。对豪欠营不同时期的墓葬出土的铜丝进行测试，发现除锌、铝元素外，其他元素的含量基本相同。② 表明当时的冶炼技术是成熟的。其杂质的含量很低，因而能拉成细而均匀的铜丝。

优质的金属为辽朝的金属加工业提供了原料，辽朝的金属加工颇具特色，带有浓郁的草原气息。契丹族在建国前以游牧生活为主，马是他们代步的工具，也是他们获得生活资料的生产资料。因此，辽朝的马具生产尤其发达。所制鞍勒，做工精细，装饰华丽，无与伦比。鞍勒常常以辽朝"名优产品"的身份，作为贵重礼品而赠遗宋朝。宋太平老人《袖中锦》云："契丹鞍……为天下第一，他处虽效之，终不及。"金银器加工也是辽朝的重要加工业。契丹贵族之家，许多器皿都是金银打制而成，上面錾实蕊梅花五瓣，花附五叶，造型古朴典雅。更为妙者，银杯在加工过程中运用了折光原理，杯内的曲线纹在盛入水酒以后，给人以清澈荡漾之感。③ 可谓匠心独具，是难得的辽代艺术品。

---

① 《文物考古工作三十年》，文物出版社 1979 年版，第 196 页。
② 参见陆金生《豪欠营辽代古墓中金属网套上锈蚀物的结构分析》，载《契丹女尸》。
③ 同上。

四　交通工具

在古代，人们出行的交通工具除了马以外，不外乎车和船。辽朝的劳动人民以其聪明才智创制了一种水陆两用交通工具——舟车。这种交通工具既可路行，又可渡河。曾经两次出使辽朝的富弼说：契丹"多作大舟，安四轮陆行，以载辎重，遇塘水、黄河则拖轮以渡人马"。① 出使过辽朝的张舜民在其《使北记》中写道："过卢沟桥，伴使云：'恐乘轿危，莫若车渡极安，且可速济。'南人不晓其法。"二人的记载应是可信的。

五　文化用品

辽朝建立后，其文化事业逐渐发展起来，文化用品需要量相应增加。墨是重要的文化用品之一，而墨制作离不开胶，胶是制墨的主要原料。"凡墨，胶为大"，"凡胶之妙，鹿胶为上"。② 北方的鹿很多，契丹人善于猎鹿，原料有保证，加之辽人高超的炼胶技术，就能炼出上等墨胶。宋代的文豪苏东坡制墨就是用的契丹胶。《香祖笔记》卷十二："东坡作墨，以高丽煤、契丹胶为之。"契丹墨也很有名，有些流入宋朝，成为宋人的收藏品。"陆子履奉使契丹日，得墨铭曰阳岩镇造者，其国精品也，滕子济亦有墨一大笏，为龙凤之文，面曰：镇库万年不毁。"③ 辽墓中的许多壁画经过近千年的地下水侵蚀，发现时犹灿然可观，辽墨之善，可见一斑。

学术书籍的印刷，《五经》传疏的颁行，佛教经典的刊刻，需要大量的纸张和较高的印刷技术。当时的南京（今北京）就是辽朝造纸、印刷业的中心。山西应县木塔中发现的辽版《契丹藏》，从经卷上的题记可以看出，绝大部分是在南京书写、雕印的。这批刻经"字体秀丽，书法遒劲，刀法圆润有力，行款疏朗，纸墨精美"，反映了辽人娴熟的刻印技巧。刻经所用的纸张"大部分为硬黄纸，或麻纸如潢。虽时近千年，至

---

① 《辽史拾遗补》卷四引方勺《泊宅编》。
② （宋）晁季一：《墨经》。
③ （元）陆友：《墨史》卷下。

今仍光泽润滑，不见虫蛀"。① 这不仅说明辽代的造纸工艺先进、纸质精良，还说明辽人在纸张防蛀方面所取得的成就——用黄檗叶染纸，以避虫蛀，木塔中的经卷证明潢纸防蛀效果极好。

六　建筑

辽代的建筑，文献记载不多。所幸的是辽代的部分建筑保留至今。现存殿阁建筑主要有辽宁义县奉国寺大殿、河北蓟县独乐寺观音阁、山西大同华严寺大雄宝殿等。这些建筑运用了中原传统的木架结构，历经近千年的风雨剥蚀、兵灾战乱以及地震的破坏，依然保留至今，本身就是一项了不起的成果。独乐寺观音阁始建于唐，辽统和二年（984）重建，高23米，是一座两层阁，当中有一暗夹层，实为三层。观音阁的出檐很大，下层的出檐有3.8米，采用了几十种斗拱。这些斗拱设计大大减轻了出檐的压力，非常符合力学的要求。由于它结构合理，因而一直没有损坏。它是我国古代木构楼阁中最杰出的创作。

保留至今的辽代建筑物中，当属辽塔最多。辽人崇信佛教，大兴寺塔。和唐以前的塔相比，辽塔的一个重大发展是普遍由唐代的四方形转变为六角形和八角形，这不仅使辽塔更具艺术表现力，而且也大大增加了塔的抗震性能。辽人还在砖石塔的建筑中，有意识地运用一些木构件，创造了砖木混合结构。在砖石塔中加入的木枋，有如现代建筑中的钢筋，增加了抗震能力。实践证明，辽代的砖石塔具有很强的防震性能。唐山市丰润县车轴山上有一座高28米多的辽代八角形亭阁式砖石花塔，1976年的唐山大地震，使山上建于明代的无梁阁和建于清代的四方亭阁全部塌毁，辽塔仅局部震损，塔身基座大部保存。

我国古代纯木结构的塔在辽代可谓达到了登峰造极的地步，辽代以后很难再看到大型纯木结构的塔了。可以这样说，辽代纯木结构塔是我国古代木结构塔的终结。其典型建筑要首推山西应县佛宫寺的释迦木塔，塔总高67.31米，保存至今已九百多年，不仅为我国现存木构之最，也是世界古代木构建筑的最高者。木塔为八角形，五层，各层间设有暗层，实为九

---

① 阎文儒、傅振伦、郑恩淮：《山西应县佛宫寺释迦塔发现的〈契丹藏〉和辽代刻经》，《文物》1982年第6期。

层。总体设计近似两个重叠的正方体，这种形体较为稳定，木塔采用内外槽两圈柱子，内槽的一圈柱子，等于扩大了的中心柱。上下各层槽柱都放在同一轴线上，八根轴线略向塔心倾斜，下大上小，各层向内递收，既符合结构稳定要求，又使得塔身总体造型显得稳重大方，使塔本身的稳定性加强。使用暗层，在结构上等于增加了一道钢箍，大大增强了木塔的力度，增加了抗震能力。木塔根据各处受力大小的不同，设计了六十余种斗拱，种类繁复，运用巧妙。据明万历《应州志》载：从木塔建成（1056）到明万历以前山西应县一带经历过好几次强烈和比较强烈的地震，"塔历屡震而屹然壁立"。"元顺帝时，地大震七日，塔旁舍宇，尽皆倾颓，惟塔屹然不动。"1989年10月18日晚到19日凌晨，山西大同、灵阳县一带发生6.1级地震，应县在震区之内，震后木塔情况良好。应县木塔堪称古代建筑史上的奇迹。

七　畜牧·农业·园艺

畜牧是契丹族重要的生产部门。辽朝境内的其他少数民族大多过着游牧或半牧半农、半牧半渔猎的生活。他们积累了丰富的畜牧经验。契丹人的养马有其独到之处。在宋人看来，"视马之形体皆不中法相"，但其马"终日驰骤而力不困乏"。辽人很重视对马的驯养，"彼谚云：一分喂，十分骑"，"蹄毛俱不剪剔，云：马遂性则兹生益繁，此养马法也"。①

契丹族建国前就已有了粗放的农业，阿保机的祖父匀德实和仲父述澜时，就开始"教民稼穑"，"种桑麻"。② 随着契丹贵族统治范围的扩大，辽朝的农业有了长足的发展。辽朝统治地区的秋冬春季气温低，降雨量少，北风肆虐，风沙很大。为了解决这些问题，辽人发明了"垅耕法"，"所种皆以垅上"，这一方面是"盖虞吹沙所壅"③，另一方面也是为了保温、保湿。

在粮食生产发展的同时，辽朝的园艺业也发展起来，其中果树的种植很有特点。辽朝政府有各种果园，由专人负责管理。辽在南京（今北京）

---

① （宋）苏颂：《苏魏公文集》卷一三《契丹马》诗序。
② 《辽史·太祖本纪下》。
③ （宋）李焘：《续资治通鉴长编》卷七九。

设有南京栗园司，"典南京栗园"。①辽朝著名的学者萧韩家奴，就曾于统和二十八年（1010），"为右通进，典南京栗园"。一些私人也种植草木蔬果。佛寺也不例外，蓟祐福寺"地腴壤，间栽珍果，棋布蔬畦"。同样，果木也有一个防寒越冬问题，辽人自有一套防寒技术。"宁江州去冷山百七十里，地苦寒，多草木。如桃李之类，皆成园，至八月，则倒置地中，封土数尺，覆其枝干，季春出之。"辽人还掌握了嫁接技术以改善果木的品种。"以胡桃条接于柳木，易活而速实。"

辽朝统治着当时我国的北部边疆，与西域各族有着广泛的联系，西域的一些作物品种被引种到辽朝。"回鹘豆，高二尺许，直干，有叶无旁枝，角长二寸，每角止两豆，根才六七角，色黄，味如栗。"②又有西瓜，"契丹破回纥得此种，以牛粪覆棚而种（覆棚而种是为了防寒增温），大如中国冬瓜而味甘"。③太祖天赞三年（924）西征，破甘州回鹘，西瓜可能就是此时传入辽朝统治地区，以后又逐渐传入内地的。除经济作物之外，辽朝还有观赏植物。《辽史》中有关帝王赏花、赐花的记载颇多，如圣宗曾"如长春宫观牡丹"。④还有专门种植花草的花园，上花园"在州城西四十里相传辽萧后种花之所"，下花园"在州城西三十里亦辽萧后置"。⑤渤海富贵之家"往往为园池，植牡丹，多至三二百本，有数十干丛生者"。⑥

辽朝的制瓷业也很发达，考虑到老一辈学者已有很精到的论述，本文从略。

结　语

辽朝的科学技术在各个领域里都取得了一定的成就。和整个古代中国科技史一样，辽朝的科技成果主要偏重于实用技术方面。

辽朝的科技与五代、北宋的科技基本上属于一个统一的整体，它承袭

---

① 《辽史·百官志四》。
② （宋）叶隆礼：《契丹国志·岁时杂记·回鹘豆》。
③ 《新五代史·四夷附录第二》。
④ 《辽史·圣宗本纪四》。
⑤ 《明一统志》卷五。
⑥ （宋）叶隆礼：《契丹国志·诸蕃记·渤海国》。

了中原的一些科技成就，和中原的科技有着不可分割的联系。在继承的基础上，结合北方地域特点和民族特点，有创新、有发展，形成了地域和民族特点。

辽朝的科技明显地受到了同时代北宋的影响，辽代的白瓷受宋定窑和邢窑的影响很大，同时辽代的科技又曾对北宋产生了一定的影响。如天文方面，宋、辽司天监"固相参考"。又如宋人仿制契丹鞍。宋人曾以金钱收买辽人炼制玫瑰油（化妆品）的秘方。辽、宋之间的经济、文化交流是双边的、相互的，在科技方面也不例外。

辽朝的科技水平和成就，从总体上与同时代的北宋相比，不算很高，但有些发明和创造是独一无二、史无前例的。还应该看到，辽朝统治的范围主要是我国的北部边疆，此前这里的科技几近荒漠，而辽人正是在这片荒漠上移植或培植出了各种花草树木，使荒漠有了大片的绿洲或稀疏植被。辽朝的科技成就在少数民族建立的边疆政权中属于上乘，可以说是空前的。这些成就对当时和后世我国北方领土的开发起到了积极作用，有些科技成果被后起的金、蒙古所继承，有些到现在尚造福于人类，如牙刷，又如西北有些地方葡萄的越冬就是采用辽人冬天"倒置地中"，"覆其枝干，季春出之"的方法。

辽朝科学技术的发展说明是各族人民共同谱写了中国的科技史。

原载《湖北大学学报》1991年第1期

辽代娱乐文化之研究

一个民族，一个社会群体，进入文明社会后，都存在文体娱乐活动。无论是生活在远古的先人，还是生活在当今的大众，都或多或少地涉足于娱乐活动，参与娱乐文化的创造。娱乐活动是指个人或集体在闲暇中所进行的有趣味的满足自身爱好和消遣的活动，它本身具有直接的吸引力。在古代社会，它包括戏剧、音乐、舞蹈、杂技、体育、游戏、聚会、聚餐等，它为人们提供了社会接触和交往的机会。好的娱乐有利于健身壮体，益智健脑，陶冶性情。娱乐文化是文化的一个组成部分，不同的民族，不同的地区，不同的历史时期，其娱乐文化的内容、来源、特点有所不同，在古代尤其如此。本文拟对辽代娱乐文化的内容及其来源、特点及其成因做初步的探讨。

一　辽代娱乐文化探源

据笔者所见史料，辽代娱乐文化的内容主要包括以下几部分。

（一）棋艺

围棋是我国一种古老的文化娱乐品，相传为尧所作。到唐时形成定制，与现代围棋相同。辽代的对弈方法也与唐时无异。《契丹国志·渔猎时候》记载："夏月以布易毡帐，籍草围棋、双陆，或深涧张鹰。"契丹人下围棋、博双陆的情况可见一斑。

看来围棋在辽时是相当普及的。赤峰市博物馆内藏有辽代黑白围棋子数十粒。近年发掘的辽陈国公主驸马合葬墓中，出土了 80 粒围棋子。①1987 年夏，中国辽金史学会举办的赤峰地区辽金遗址考察团在辽上京（巴林左旗林东镇附近）城址内考察时，笔者还在地表面拾得一粒黑围棋子。

辽人郭奇《耶律琼神道碑》说："逮至天授、天顺（世宗、穆宗）二帝，优游自得，不拘官爵，而乐以琴棋歌酒，玩以'八索'、'九丘'。"此处的"棋"，不知是指围棋，还是指象棋。这种琴棋歌酒的娱乐方式在辽画中也有反映。叶茂台辽墓内出土的《山水楼阁图轴》，表现了士大夫阶层悠闲生活和山居洞处的"出世"思想。画中部的山崖上，松林楼阁前有两人在对弈，旁立一人在观战。在崖下的邃洞门前，有一老者扶杖而行，后有两小童负琴囊和酒葫芦跟随，似乎是来赴琴棋酒会的。② 这轴画是对辽朝盛行琴棋歌酒之会的写照。

辽朝的棋艺水平较高，曾有棋手向宋朝求战，切磋棋技，交流心得。宋人祝穆《方舆胜览》卷二记载了这样一件事：

昌元县南二十里老鸦山，有李戡、李觳兄弟善棋。会虏（契丹）索战于国朝（宋朝），诏求天下善弈者，蜀帅以戡应诏，虏望风知畏，不敢措手。

虽然在这次较量中辽人败于宋朝"国手"，但辽朝棋手敢于挑战的进取精神是可嘉的，说明辽人对这一健智活动也是爱好的。

宋人洪迈《夷坚志补》卷 19《蔡州小道人》记述了这样一个故事。宋朝蔡州有位自称"小道人"而善下围棋的棋童，"挟艺出游"，"适汴京，过太原、真定。每密行棋觇视，自知无出其右者，奋然至燕。燕为虏都（辽五京之一的南京），而棋手乃一女子妙观道人"。小道人巧妙地向妙观求战，经过两次角逐，小道人获胜，并与妙观结百年之好。这一故事，后经明人凌蒙初敷演成白话小说《小道人一着饶天下，女棋童两局注终身》，刊行在《二刻拍案惊奇》中。这表明宋、辽之间的棋技交流、切磋是较为常见的，也说明反映宋、辽之间文化交流的故事深受中原人民的喜爱。

---

① 《辽陈国公主驸马合葬墓发掘简报》，《文物》1987 年第 11 期。
② 《法库叶茂台辽墓纪略》，《文物》1975 年第 12 期。

（二）击鞠

击鞠即击球、打球，后来又叫打马球，又因球形似桃，辽金时期称为"打桃"。这是骑在马上用月杖（杖端弯如新月）击球的一种运动。击鞠在唐代非常盛行。较正规的球场广阔平坦，三面围以矮垣，以防球滚得太远。场上设一个或两个窄小的球门，两队队员乘马挥杖争逐，以进入球门的球数多少定胜负。辽时也盛行此项活动。穆宗、圣宗、兴宗、天祚帝都喜好击鞠。圣宗"击鞠无度"到了无节制的程度。从马得臣的谏圣宗击鞠书来看，这种运动是非常激烈的，"跃马挥杖，纵横驰骛"，往往有"衔勒之失"[①]，要求有很高的骑马和击球功夫。道宗时的耶律塔不也"以善击鞠，幸于上，凡驰骋，鞠不离杖"。[②] 有时还召集辽境内的优秀选手与皇家球队比赛，以供帝后赏乐。如兴宗重熙七年（1038）十月，"召善击鞠者数十人于东京，令与近臣角胜，上临观之"。[③] 看来，当时辽京击鞠十分频繁，否则近臣怎敢与各地"善击鞠"的尖子们较量！

（三）角抵、百戏

胡峤《陷北记》记载：（上京）有绫、锦诸工作、宦者、翰林、伎术、教坊、角抵、秀才、僧尼、道士等，皆中国（中原）人，而并、汾、幽、蓟之人尤多。

文中的"伎术"是指百戏表演，"角抵"是指从事角力竞赛。值得注意的是，这些艺人大都是并、汾、幽、蓟一带的中原人。在唐、五代时，幽燕多出名伎、角抵者。《杜阳杂编》卷中记载："敬宗降诞日，大张音乐，集天下百戏于殿前。有妓女石火胡，本幽州人也。"《朝野佥载》卷六云："幽州人刘交"善缘竿。《角力记》云，唐朝的角抵能手蒙万赢，传授角抵技艺，"五陵少年，幽燕任侠，相从诣教者数百"。由此可知，幽燕一带有角抵、百戏的传统。许多人在唐末、五代战乱时流入辽境，后来又因其地被割为辽属，使得大批百戏、角抵艺人成为辽民。他们的表演、传艺活动，为辽朝的文化娱乐增添了许多精彩的内容。

[①] 《辽史·马得臣传》。
[②] 《辽史·奸臣传下·耶律塔不也》。
[③] 《辽史·兴宗纪》。

角抵是两人斗力斗智的竞技活动，既有专业的表演，又有业余爱好者的较量。契丹人在辽初即有角抵。太祖在"诸弟之乱"后，曾治"逆党三百余人"，判以死刑，"上以人命至重、死不复生，赐宴一日，随其平生之好，使为之。酒酣，或歌舞，或戏射、角抵，各极其意"。① 这些临死之人的平生所好是歌舞、戏射、角抵等，可见契丹人对娱乐的喜爱之深。爱好角抵的不仅是契丹人，汉人也同样如痴如醉。重熙十年（1041）十月，"以皇子胡卢干里生，北宰相、驸马撒八宁迎上至其第宴饮。上命卫士与汉人角抵为乐"。② 除业余爱好者外，还有专业从事表演者。太宗天显四年（929）五月，"宴群臣及诸国使，观俳优、角抵戏"。③ 曾出使辽朝的宋人张舜民，在《画漫录》中写道：辽人"角抵，以倒地（使对手倒地）为胜，不倒为负。两人相持终日，欲倒不可得。又物小如额，通蔽其乳，脱若襁露之，则两手覆面而走，深以为耻"。这一记载向我们展示了角抵场上你争我斗、互不示弱和相持不下的激烈场面。

百戏，又称杂戏。《辽史·乐志》说："杂戏，自齐景公用倡优侏儒，至汉武帝设鱼龙曼衍之戏，后汉有绳舞、自刳之伎，杜佑以为多幻术，皆出西域。哇俚不经，故不具述。"百戏的某些内容虽来源于西域，但传入中原后，经历了长期的改造、发展，已经成为中原文化娱乐活动的不可或缺的一部分。修《辽史》者认为是"哇俚不经"、削而不书的百戏，正是当时人们喜闻乐见的节目。因其未加详细记述，只能从零星的记载中理出以下几项。

鱼龙曼衍之戏。圣宗太平元年（1021）十月，"庚申，幸通天观，观鱼龙曼衍之戏"。④ 辽时的这种"节目"，与《隋书·乐志》所说的"黄龙变"当大致相同："有舍利先来，戏于场内，须臾跳跃，激水满衢……又有大鲸鱼，喷雾翳日，倏忽化成黄龙，长七八丈，耸踊而出，名曰'黄龙变'。"此戏还可以追溯到更早的西汉时期，张衡的《西京赋》中就有记载。唐人颜师古在注《汉书·西域传·赞》"漫衍鱼龙"条说："漫衍者，即张衡《西京赋》所云'巨兽百寻，是为漫延'者也。鱼龙者，

---

① 《辽史·太祖纪》。
② 《辽史·兴宗纪》。
③ 《辽史·太宗纪》。
④ 《辽史·圣宗纪》。

为舍利之兽，先戏于庭极，毕乃入殿前激水，化成比目鱼，跳跃漱水，作雾障日，毕，化成黄龙八丈，出水敖戏于庭，炫耀日光。《西京赋》云'海鳞变而成龙'，即为此色也。"这是以人化装成各种动物，参以背景道具进行表演之戏，场面热闹，非常吸引人。

缘竿。又叫寻橦。这是在长竿顶上做高空表演的节目。宋人江万里《宣政杂录》云：

> 宣和初，收复燕山以归朝，金民来居京师（汴京）。……又有伎者，以数杖长竿系椅于杪。伎者坐椅上。少顷，下投于小棘坑中，无偏颇之失。未投时，念诗曰："百尺竿头望九州，前人田土后人收，后人收得休欢喜，更有收人在后头。"

宣和初，为1119年，金朝建立于1115年，这里的金民应为原来的辽民。辽朝的缘竿是以高难度的特技吸引人，又与以时谚为词的歌曲结合在一起进行表演，是很具有刺激性的，当时的观众当亦很多。

魔术。即《契丹国志》引张舜民《使北记》所说的"兜玄国"，也就是宋人蔡绦在《铁围山丛谈》卷四中所说的"百戏中诸伎甚精者，皆挟法术"的"法术"。在我国很早就有此术，旧题汉刘歆撰《西京杂记》卷三："余所知有鞠道龙，善为幻术……立兴云雾，坐成山河。"这是百戏中精彩的内容之一。张舜民使辽时就听过辽人介绍魔术师的精彩表演。《使北记》："契丹上京有人忽见二青牛驾赤犊出耳中，别有天地。花木繁茂，云兜玄国也。"这种表演给人一种魔幻的感觉，使人觉得不可思议，有了好奇心并产生兴趣。

徘优戏。是说滑稽话，做滑稽动作以引人发笑的表演，已见前面所引太宗"宴群臣及诸国使，观徘优、角抵戏"的记述。

辽朝在帝后举行的大型宴会时，都有百戏表演，"阶下列百戏，有舞女八佾"。[①]

（四）双陆戏、叶格戏

双陆戏，辽境也非常盛行。它在我国兴起较早，属古代"六博"之

[①] （宋）路振：《乘轺录》，见（宋）江少虞《宋朝事实类苑》卷七七。

一。其玩法为两人相向而坐，中间有盘，盘上有称作"马"的黑白两种棋子，分路布列于盘上。有骰子两个，以掷骰子的点数行马。白马自右向左，黑马自左向右，马先出完者为胜，用筹码计算胜负，按预约的赌注为赏罚。

圣宗统和六年（988）九月丁酉，"皇太后幸韩德让帐，厚加赏赉，命从臣分朋双陆以尽欢"。① 兴宗曾与太弟重元为"双陆，赌以居民城邑，帝屡不竞，前后已偿数城"②，所下赌注之大，令人吃惊。辽末，完颜阿骨打来朝，"与辽贵人双陆，贵人投琼不胜，妄行马"。③ 阿骨打气极，一时竟要杀掉贵人。辽臣耶律大石曾被金军俘获，以俘虏之身，"与大酋粘罕为双陆戏"。④ 从这两条记载看，不仅契丹人，也包括辽朝统治下的女真人，都喜爱玩双陆。

新中国成立后发掘的辽宁法库叶茂台辽墓，出土漆木双陆一副。棋盘成长方形，两边各刻一个月牙形纹样，左右共刻 20 个圆坑，刻线处涂以白色。盘上堆放 30 粒椎形棋子（即马），黑白各 15 粒。旁边还放有两个角骰子，已腐朽。此墓主为一妇女。妇女随葬双陆，可见受中原文化影响之深。⑤

叶格戏，是赌博玩乐的器具。《辽史·国语解》说："叶格戏，宋钱僖公家有叶子揭格之戏。"宋人欧阳修说："叶子格者，自唐中世以后有之。说者云，因人有姓叶号叶子青者撰此格，因以为名。此说非也。唐人藏书，皆作卷轴，其后有叶子，其制似今策子。凡文字有备检用者，卷轴难数卷舒，故以叶子写之，如吴彩鸾《唐韵》、李郃《彩选》之类是也。骰子格，本备检用，故以叶子写之，因以为名尔。唐世士人宴聚，盛行叶子格，五代、国初犹然，后渐废不传。"⑥ 高士奇《天禄识余》："叶子格，《汀中》称为叶格戏。"可见叶格戏是一种起源于唐、供赌博玩乐的器具，这种在宋以后绝迹的游戏，在辽朝曾经得以流行。《辽史·穆宗纪下》有穆宗"与群臣为叶格戏"的记载。

---

① 《辽史·圣宗纪》。
② 《辽史·罗衣轻传》。
③ （宋）洪皓：《松漠纪闻》。
④ （宋）叶隆礼：《契丹国志·耶律大石传》。
⑤ 《法库叶茂台辽墓纪略》，《文物》1975 年第 12 期。
⑥ （宋）欧阳修：《归田录》卷二。

(五) 宴饮笔会

置酒高会，咏诗作赋，是中原文人的雅趣。唐人承汉、晋之绪，值统一之盛，这种活动更是常见。王勃《滕王阁序》之作、李白桃李园之序，所写的都是这类佳话。文人士大夫的这种情趣，也被以武见长的契丹人所接受。帝后、皇室、达官贵人，也常常邀集文人，纵酒作乐，酒酣歌舞，吟诗作赋。圣宗时，"承平日久，群方无事，纵酒作乐，无有虚日，与蕃、汉臣下饮会，皆连昼夕"。他本人"或自歌舞，或命后妃已下弹琵琶送酒"。他"喜吟诗，出题诏宰相已下赋诗。诗成进御，一一读之，优者赐金带"。有时还幸临大臣私第集会，都是"尽欢而散"。① 兴宗重熙六年（1037）六月，"酒酣赋诗，吴国王萧孝穆、北府宰相萧撒八等皆属和，夜中乃罢"。② 道宗清宁二年（1056）二月乙巳，"以兴宗在时生辰，宴群臣，命各赋诗"。③ 天祚时，"每豫游闲，逢宴会，入宿阁夜饮，召亲信侍坐，则公（王师儒）必与焉。上方合（洽），命公进酒及索歌以佐之，公止赋诗代唱，御览无不称善"。④

古代中原地区阴历三月上旬，人们到水滨嬉游，拔除不祥，称为"修禊"。魏以后定于三月三为修禊日。修禊时，大家列坐曲水之旁，在上流置酒杯，任其顺水而下，停在谁的面前，即由谁饮，并吟诗作赋。有名的王羲之《兰亭集序》、杜甫《丽人行》就是写修禊活动的名篇。《丽人行》写道："三月三日天气新，长安水边丽人行。"

这一活动也为辽人承袭、爱好。重熙五年四月甲子（三月三日的变通），兴宗"幸后弟萧无曲第，曲水泛觞赋诗"。⑤ 道宗初年，后来很有名的王鼎在大宁山读书。"时马唐俊有文名燕、蓟间，适上巳，与同志拔禊水滨，酌酒赋诗。鼎偶造席，唐俊见鼎朴野，置下坐。欲以诗困之，先出所作索赋，鼎援笔立成。唐俊惊其敏妙，因与定交。"⑥ 从当时场景看，也是消灾的意味少，而以文会友的意韵多。这一类活动的参加者主要限于

---

① （宋）叶隆礼：《契丹国志·圣宗天辅皇帝》。
② 《辽史·兴宗纪》。
③ 《辽史·道宗纪》。
④ 陈述辑校：《全辽文》卷一〇《王师儒墓志铭》。
⑤ 《辽史·兴宗纪》。
⑥ 《辽史·王鼎传》。

统治阶级，只有他们才有这样的酒食和侍奉，才有这样的闲暇和雅兴。广大人民顶多在上巳日外出踏踏青而已。

（六）灯市

上元观灯起自唐代，唐玄宗以正月十五前后三夜，设灯市，让人们游乐观灯，各地盛行。《雍洛灵异录》说："正月十五夜，许三夜夜行。其寺观、街巷灯明若昼，山棚高百余尺，神龙（705—707）以后，复加严饰。士女无不夜游，车马塞路，有足不蹑地浮行数十步者。"辽沿唐风，也有灯市，各阶层的人们，盛装游乐于其中。皇帝、后妃也出来观灯游乐。穆宗应历"十二年春正月甲戌夜观灯"。① 保宁五年（973）春正月庚午，景宗"御五凤楼观灯"。② 登高俯视城中灯市，自是另有一番情趣。圣宗太平五年（1025），"燕民以年谷丰熟，车驾临幸，争以土物来献。上礼高年，惠鳏寡，赐酺饮。至夕，六街灯火如昼，士庶嬉游，上亦微行观之"。③ 真是一片年丰人寿、歌舞升平的景象。

（七）戏射

契丹人在建立辽朝之前，以车马为家，挽强射猎，马逐水草，人仰湩酪，过着游牧狩猎的生活。骑是他们的代步工具，射是他们获取衣食之源的方式。随着生产力的提高，特别是建立辽朝以后，契丹贵族衣食有着，经济生产的骑射慢慢地成为一项较骑术、比射技的竞技娱乐活动。《辽史·太祖纪下》："酒酣，或歌舞，或戏射、角抵，各极其意。"戏射和歌舞、角抵一样，是辽人经常进行的娱乐活动。戏射包括射柳、射木兔和射虎。

射柳。契丹族源于鲜卑族，是由鲜卑族的一支发展而来的，射柳是古鲜卑族的风俗。鲜卑人在秋天举行祭祀时，进行射柳，众骑环绕所植柳跑马三周，以箭射柳枝。据《辽史·礼志一》载：契丹族在举行瑟瑟仪祈雨时进行射柳："前期，置百柱天棚。及期，皇帝致奠于先帝御容，乃射柳。皇帝再射，亲王、宰执以次各一射。中柳者质志柳者冠服，不中者以

---

① 《辽史·穆宗纪》。
② 《辽史·景宗纪》。
③ 《辽史·圣宗纪》。

冠服质之。不胜者进饮于胜者，然后各归其冠服。又翌日，植柳天棚之东南，巫以酒醴、黍稷荐植柳，祝之。皇帝、皇后祭东方毕，子弟射柳。"这里射柳是瑟瑟仪的主要内容，是仪式化的祭祀活动。从中可以看到有很多的竞技内容，如"质冠服"、负者进酒等内容。这是对古鲜卑族的"藉柳"在继承的同时，又掺入了新的内容和功用。射柳在更多的场合是作为一项竞技娱乐活动，没有祭仪中那种神秘、严肃的色彩。保宁四年（972）景宗"观从臣射柳"。[①] 景宗是把射柳当作一项竞技活动来欣赏品味的。《辽史·游幸表》中有大量关于射柳的记载，射柳与击鞠、观灯、钩鱼、射猎等游乐活动一样记入皇帝的《游幸表》中，说明射柳也是一项游乐活动。射柳活动很适合在从事畜牧生产和马上征战的北方民族中开展，具有广泛性和群众性。这一活动明朝时宫中还时常进行，不过内容有所损益。

射木兔。契丹人在农历三月三日举行的一项比赛骑射活动。这一天，"刻木为兔，分朋走马射之。先中者胜，负朋下马列跪进酒，胜朋马上饮之。国语谓是日为'陶里桦'。'陶里'兔也，'桦'射也"。[②] 射木兔是集体项目，可以培养协作精神和集体荣誉精神。

射虎。契丹贵族的一种围猎比赛，以射虎的多少决定胜负，多在重阳节这一天进行。这天，"天子率群臣部族射虎，少者为负，罚重九宴"。[③] 如果说射木兔是一项模拟射猎活动的话，那么射虎就是一项有实战冒险意味的竞技活动。重阳节射虎是契丹贵族秋季射猎活动的一个缩影。契丹皇帝秋"捺钵"主要是射虎、射鹿。如辽道宗耶律洪基，每至仲秋时节，都要率群臣及后妃去伏虎林行猎射虎。道宗皇后萧观音有一首《伏虎林应制》诗，即是她随道宗皇帝秋"捺钵"至伏虎林猎虎时而作。诗云："威风万里压南邦，东去能翻鸭绿江。灵怪大千俱破胆，那教猛虎不投降。"[④] 据王鼎《焚椒录》记载："清宁二年（1056）八月，上（道宗）猎秋山，后（萧观音）率嫔妃从行在侧。至伏虎林，命后赋诗，后应声赋此。上大喜，出示群臣曰：'皇后可谓女中才子。'次日，上亲射猎，

---

① 《辽史·游幸表》。
② 《辽史·礼志六》。
③ 同上。
④ 陈述辑校：《全辽文》卷三《焚椒录》。

有虎突林而出。上曰:'朕射得此虎,可谓不愧后诗。'一发而殪,群臣皆呼万岁。"

(八) 凿冰钩鱼,放弋为乐

这原本是契丹族的渔猎经济生产,是一种谋生手段,契丹贵族成为统治阶级后,钩鱼、射猎对他们而言失去了经济生产的意义,而变成一种游娱、锻炼活动。《辽史》作者把狩猎、钩鱼、射雁、捕鹅载入《游幸表》,应是对历史的客观记录。契丹贵族也的确从这些活动中享受到不少快乐,但对那些以渔猎为谋生手段的劳动人民说来,钩鱼、射猎仍是一种经济活动,是一项苦差事,甚而有生命之虞。曾经出使辽朝的北宋文学家苏辙在其《虏帐》诗中对辽朝契丹皇帝和贵族的冬"捺钵"有很形象的描写:"虏帐冬住沙陀中,索羊织苇称行宫。从官星散依冢阜,毡庐窟室欺霜风,春粱煮雪安得饱,击兔射鹿夸强雄。……朕翩岁旦有来使,屈指已复过昊封。礼成即日卷庐帐,钩鱼射鹅沧海东。秋山既罢复来此,往返岁岁如旋蓬。"

凿冰钩鱼是契丹族的一种饶有兴味的捕鱼方式。《燕北杂录》记载了辽清宁四年(1058)辽道宗至达鲁河钩鱼的情况。

> 达鲁河东与海接,岁正月方冻,至四月而泮。其钩是鱼也,虏主与其母皆设帐冰上,先使人于河上下十里间以毛网截鱼,令不得散逸,又从而驱之,使集冰帐。其床前预开窍四,名为冰眼,中眼透水,旁三眼环之不透,第斫令薄而已。薄者所以候鱼,而透者将以施钩也。鱼虽水中之物,若久闭于冰,遇可出水之处,亦必伸首吐气。故透水一眼,必可以致鱼,而薄不透水者将以伺视也。鱼之将至,伺者以告虏主,即遂于斫透眼中用绳钩掷之,无不中者。既中,遂纵绳令去。久,鱼倦,即曳绳出之,谓之得头鱼。头鱼既得,遂相与出冰帐于别帐作乐上寿。

"醉翁之意不在酒",显然道宗的钩鱼不在于得到鱼的经济目的,而在于钩鱼时的欢娱和得到鱼后的"作乐上寿"。

到了春天,天鹅从南方越冬后回到北方,契丹贵族又"放弋为乐"。据宋人路振记载:辽中京"东北百余里有鸭池,鹜之所聚也。虏春种稗以饲鹫，肥则往捕之"。① 皇帝率群臣捕鹅射雁，"皇帝每至，侍御皆服墨绿色衣，各备连锤一柄，鹰食一器，刺鹅锥一枚，于泺周围相去各五七步排立。皇帝冠巾，衣时服，系玉束带，于上风望之。有鹅处举旗，探骑驰报，远泊鸣鼓。鹅惊腾起，左右围骑皆举帜麾之。五坊擎进海东青鹘，拜授皇帝放之。鹘擒鹅坠，势力不加，排立近者，举锥刺鹅，取脑以饲鹘。救鹘人例赏银绢。皇帝得头鹅，荐庙，群臣各献酒果，举乐，更相酬酢，致贺语，皆插鹅毛于首以为乐"。② "平沙软草天鹅肥，胡儿千骑晓打围。皂旗低昂围渐急，惊作羊角凌空飞。海东健鹘健如许，韝上风生看一举。万里追奔未可知，划见纷纷落毛羽。"③ 好一幅激动人心的围猎情景！

《宋会要辑稿·蕃夷二》也说："每初杀获，即拔毛插之，以鼓为坐，遂纵饮，最以此为乐。"和得头鱼后一样，完全是一片狂欢的景象。因此宋人洪皓说："辽主每春必至宁江州，凿冰钓鱼，放弋为乐。"④《契丹国志》也说辽人"最以此乐"。⑤

（九）歌舞为乐

生活在辽朝统治区的各族人民能歌善舞。有的以此为职业，在宫廷和官宦之家演唱，以供帝后和王公大臣们观赏享乐；或在街市上进行表演，供市人观看。江万里《宣政杂录》曰："宣和初，收复燕山以归朝。金民来居京师（汴京），其俗有《臻蓬蓬歌》，每扣鼓和'臻蓬蓬'之音，为节而舞，人无不喜闻其声而效之者。其歌曰：'臻蓬蓬，臻蓬蓬，外头花花里头空。但看明年正二月，满城不见主人翁。'"这种街头歌舞很具有感染力，因而"人无不喜闻其声而效之者"。有的在劳作之余击节而歌，随歌起舞，以调节生活，进行自娱。"渤海俗，每岁时聚会作乐。先命善歌舞者数辈前行，士女相随。更相唱和，回旋宛转，号曰：'踏鎚'。"⑥ 嗢热人和女真人相邻，"女真贵游子弟及富家儿，月夕被酒，则相率携樽驰马戏饮其地，（嗢热）妇女闻其至，多聚观之。间令侍坐，与之酒则饮，

---

① （宋）路振：《乘轺录》。
② 《辽史·营卫志中》。
③ （宋）姜夔：《白石道人诗集》卷上《契丹歌》。
④ （宋）洪皓：《松漠纪闻》。
⑤ （宋）叶隆礼：《契丹国志·渔猎时候》。
⑥ （宋）王曾：《行程录》，见《续资治通鉴长编》卷七九。

亦有起舞歌讴以侑觞者"。① 正是在这种轻松愉快的游乐戏娱之中，女真青年小伙和嘅热妇女相识、相爱结成百年之好。契丹人更是喜爱歌舞，这在辽朝的绘画中有大量反映。契丹画家胡瓌《卓歇图》的一个画面是：射猎归来的途中，一对契丹贵族夫妇席地而坐，男主人边饮酒边欣赏着乐舞，其前面有一男子随着音乐起舞，旁边有二人奏箜篌，三人击掌伴奏。这生动描绘了契丹人在狩猎之余的乐舞情景。辽代契丹萧总管作有一首《契丹风土歌》，该诗歌描述了辽代契丹青年男女于春暖花开的美丽大草原上，一边放收牛羊，另一边歌舞嬉戏的情景："契丹家住云沙中，耷车如水马若龙。春来草色一万里，芍药牡丹相间红。大胡牵车小胡舞，弹胡琵琶调胡女。一春浪荡不归家，自有穹庐障风雨。"② 此诗中之"穹庐"，即契丹人游牧渔猎时居住的毡帐。宋王安石在诗中写道："涿州沙上饮盘桓，看舞春风小契丹。塞雨巧催燕泪落，濛濛吹湿汉衣冠。"③ 宋人张舜民使辽时，看到"胡人吹叶成曲，以蕃歌相和，音韵甚和"。④ 以契丹民歌和柳叶笛，想必悠扬动人。

（十）"水（冰）上击髀石为戏"

这是《辽史·游幸表》中的一条记载，因无其他可以补充说明的史料和实物，不知道其确切的玩法。"水上"当为"冰上"之误。这条记载的全文是：应历六年十月，穆宗"与群臣水上击髀石为戏"。在寒冷的北方，"胡天八月即飞雪"，十月份已是大雪飞舞，千里冰封，要在水上为戏，难以想象，水上击髀石也不可能。"冰"又写作"氷"，与水字形近而误。可以认为"水（冰）上击髀石为戏"是一项冰上运动，其玩法和项目是否像清代盛行的"冰嬉"，难以假设，但有一点是可以肯定的，辽人已利用北方寒冷的气候开展了冰上运动。

二　辽代娱乐文化的特点与成因

从以上所述可以看出，辽娱乐文化的来源大致可以分为两大类：中原

---

① （宋）叶隆礼：《契丹国志·诸国杂记》。
② （宋）姜夔：《白石道人诗集》卷上《契丹歌》。
③ （清）厉鹗：《辽史拾遗》卷一通引王安石《临川集》。
④ （宋）叶隆礼：《契丹国志·张舜民使北记》。

传统农业文化和草原游牧文化。酒会赋诗、击鞠、双陆戏、叶格戏、棋艺、灯市、角抵、百戏等大体上属于前一类，其中有些内容是在中原土生土长的娱乐活动，有些虽是来源于其他少数民族地区，甚至国外，但经过中原农业文化的容纳、改造，已发展成为中原农业文化的一部分，浑然一体，不可分割。戏射、民族歌舞、凿冰钩鱼、放弋为乐等大体上属于后一类。这一类不只是来源于契丹族，还来源于北方草原各族，是北方草原各族在长期的文化创造中形成并沿袭下来的成果。辽娱乐活动的多源性带来了辽娱乐活动的多元性。

辽娱乐文化的特点可以说有多元性、民族性、地域性、与中原文化的相通性等，但都可以归结到多元性。来自中原的娱乐活动和来自草原的娱乐活动同时并存，并行不悖，结果是各自都得以保存和发展，更为重要的是两者之间的相互影响、相互融合。

辽娱乐文化的多元性形成的原因是多方面的，以笔者之见主要有以下几个方面。

一是人口原因。契丹族贵族虽然是辽朝的缔造者和统治者，具有不可动摇的统治地位，但契丹族及其他少数民族的人口有限，以各种方式入辽的汉人在辽朝占有很大的比重。据魏特夫格、冯家升合著的《辽代中国社会史》的《辽国人口》表推算，辽朝统治下各族人口数分别为：契丹75万人；渤海人以外的蕃部（最低估计）20万人，渤海人45万人，汉人（最低估计）240万人。总计380万人，汉人占了总人数的63.2%，其中绝大多数是在唐末藩镇割据、五代争战、契丹南掠，特别是石敬瑭割让燕云十六州时入辽的。他们必然将他们世代相传的喜闻乐见的中原娱乐文化带入辽朝，并影响、传播给其他少数民族的人民。另外，渤海人占总人数的11.8%。他们在唐时就深受唐文化的辐照和影响，汉化程度较高，和唐朝"车书本一家"[①]，中原的一些娱乐活动可能早就传到了渤海人中。

二是辽朝统治者的"双轨"文化政策。辽朝统治者采用"以国制治契丹、以汉制待汉人"的"因俗而治"政策，这种行政管理上的"双轨制"也影响到文化政策，他们既不像拓跋魏孝文帝那样对本族的鲜卑文化全盘放弃，又不像元初的统治者那样对先进的中原农业文化采取抵制、不容纳的态度，而是使两者同时并存，同时发展。多元的娱乐文化正是在

---

① （唐）温庭筠：《送渤海王子归本国》，《全唐诗》卷五八三。

这样一个良好的文化环境中形成并发展起来的。

三是娱乐文化在文化结构中所处的层位。娱乐文化处于文化结构中的较浅层，又具有直接的吸引力，它与处于文化结构深层的思想意识不同，在两种文化的撞击与交汇中易于被对方所接受。娱乐文化是以一些物质文化为前提的，棋有棋子、棋盘，击鞠要有月杖、球和场地等，这些器物易于被他种文化所接受，在文化交流和传播中起着先锋作用。而娱乐规则一般不是很繁杂，短期内就能学会。因而中原的娱乐文化能迅速在辽朝传播，成为辽人所喜爱的文化活动。

原载《北方文物》1995 年第 1 期

论辽朝契丹人的孝忠妇道观与中原文化的关系

孝、忠、妇道是我国中原地区封建社会的几个重要的伦理道德观念，它们与法律互为补充，起着维系封建社会统治秩序的作用，是当时人们日常行为的重要准则之一。中原地区的这些伦理道德观念，对我国边疆少数民族或多或少地造成了影响。契丹族建立辽国以后，在很大程度上接受了中原地区的孝亲、忠君、妇道等伦理道德观念。

一　孝亲

在我国历史上的少数民族中，是否存在孝的观念？答案应是肯定的。虽然有部分少数民族在一定的历史时期存在"贵壮贱老"，甚至子弑其父的情况，但这并不排除另一部分少数民族具有孝敬长者的美德与传统。辽与五代时期的黑车子族"善作车帐，其人知孝义"[1]，这是汉人胡峤以其固有的道德观念而作的关于黑车子族的记述。至于契丹族，在建立辽朝以前，他们就有了孝的观念。《辽史·国语解》说：契丹语"得失得本，孝也"。传说由阻午可汗制定的再生仪（又名复诞），当是对契丹族遥辇氏部落联盟初期人们不忘母亲生身之恩的仪式化的表现，虽然辽时规定再生仪"惟帝与太后、太子及夷离堇得行之"[2]，但这并不是说其他的人可以忘掉母亲的生身之恩。

---

[1] （五代）胡峤：《陷北记》，见（宋）叶隆礼撰，贾敬颜、林荣贵点校《契丹国志》卷二五，上海古籍出版社1985年版。

[2] 《辽史·国语解》。

儒家经典《十三经》之一的《礼记》卷四九《祭统》用这样几句话以概括孝行："孝子之事亲也,有道三焉。生则养,没则丧,丧毕则祭。养则观其顺也,丧则观其哀也,祭则观其敬而时。尽此三道者,孝之行也。"这里既说出了孝行所包含的"养""丧""祭"三条内容,又说出了考察孝行的"顺""哀""敬而时"的三个标准。下面就从这三个方面对辽朝人们的孝行(主要是契丹人)加以考察。

(一)"生则养","养则观其顺"

太祖神册四年(919)"九月,征乌古部,道闻皇太后不豫,一日驰六百里还侍,太后病间,复还军中"。① 因为母亲有病而放下征伐大事回到宫中侍养,其平时孝顺之情可想而知。

太宗"性孝谨,母病不食亦不食,尝侍于母前,应对或不称旨,母扬眉而视之,辄俱而趋避,非复召不敢见也"。② 他的"顺"可谓至矣。会同五年(942)六月丁丑,"闻皇太后不豫,上驰入侍,汤药必亲尝"。③ 太宗灭晋,述律太后"以其国中酒馔脯果赐帝,贺平晋国。帝与群臣宴于永福殿,每举酒,立而饮之,曰:'太后所赐,不敢坐饮。'"他在中原时久,思念太后,对群臣说:"天时向暑,吾难久留,欲暂至上国省太后。"④ 这表明他常常惦念着自己的母亲。

圣宗即位,其母承天太后摄政。圣宗时时受到其母的监督与指责,御服、御马都须经过太后的检查。有时"宫嫔谗帝,太后信之,必廷辱帝"。对此,圣宗也是"侮承顺,略无怨辞"。⑤

兴宗重熙三年(1034),因皇太后与她的诸弟密谋,欲立少子重元为帝,"事发,帝(兴宗)收太后符玺,迁于庆州七括宫"。到"六年秋,帝悔之,亲驭奉迎,侍养益孝谨"。⑥

贵为天子,孝行如此,其他贵族亦然。耶律安抟"事母至孝"⑦;萧

---

① 《辽史·太祖纪下》。
② (宋)叶隆礼撰,贾敬颜、林荣贵点校:《契丹国志》卷二《太祖嗣圣皇帝上》。
③ 《辽史·太宗纪下》。
④ 《契丹国志》卷三《太祖嗣圣皇帝下》。
⑤ 《契丹国志》卷七《圣宗天辅皇帝》。
⑥ 《辽史·后妃传·圣宗钦哀皇后萧氏》。
⑦ 《辽史·耶律安抟传》。

阳阿，时"人称其孝"①；萧意辛"事亲睦族，以孝谨闻"②；萧乌野"性孝悌，尚礼法，雅为乡党所称"③。

耶律石柳建议天祚帝诛灭耶律乙辛余党，认为这正是"陛下英断，克成孝道之秋"。他援引唐德宗的孝行，来打动天祚帝的心，强调"圣人之德，无加乎孝"，请"尽收逆党，以正邦宪，快四方忠义之心"。④ 这表明当时社会舆论是很看重孝道的，而辽境"孝"的观念与中原文化也是相通的。

辽朝中、后期，还特地对老人给予一定的物质照顾，使他们得以比较容易地安度晚年。如《辽史》圣宗统和年间有以下记载：四年（986）冬十月"壬戌，以银鼠、青鼠及诸物赐……耆老"；九年（991）秋七月乙巳，诏诸道"抚高年"；十二年（994）春正月，"霸州民李在宥年百三十有三，赐束帛、锦袍、银带，月给羊酒，仍复其家"；十六年（998）五月，"妇人年逾九十者赐物"。这是对全社会关心老人、孝敬老人的引导和提倡。

宋人使辽时，也看到了辽人的孝行。"楚公（名佃，字师农）使虏（引者按：指契丹人建立的辽朝）时，馆中有小胡执事事甚谨，亦能华言。因食夹子，以食不尽者与之，拜谢而不食。问其故，曰：'将以遗父母。'公喜，更多与之。"⑤ "夹子"似为一般不易吃到的食物，"小胡"得到后，不是自己一饱口福，而是准备带给他的父母尝尝，难怪楚公要"喜"了，喜的什么？喜其孝也。

（二）"没则丧"，"丧则观其哀"

《契丹国志》卷二三《国土风俗》记载："（契丹人）父母死而悲哭者，以为不壮，但以其尸置于山树之上，经三年后，乃收其骨而焚之。因酹酒而祝曰：'冬月时，向阳食；夏月时，向阴食；我若射猎时，使我多得猪鹿。'"

看这一记载，似乎契丹人在父母死后，无"丧"，更无哀意。三年后

---

① 《辽史·萧阳阿传》。
② 《辽史·列女传·萧意辛》。
③ 《辽史·萧乌野传》。
④ 《辽史·耶律石柳传》。
⑤ （宋）陆游：《家世旧闻》，转引自《说郛》卷五，中国书店1986年版。

的酹酒而祝,似可看作"祭"。但这是契丹族早期的情况。祝词说的"我若射猎时,使我多得猪鹿",反映的是契丹族早期的畋猎经济生活。这段文字的上文是:"有七十二部落,不相统制,好为寇盗。"那正是契丹族早期的历史,《契丹国志》的撰写,时间虽然是在辽灭亡之后,但其内容大多是抄录前代文献而成。《国土风俗》很可能是抄《隋书》卷八四《契丹》中的一段,不过文字稍异而已。

说《契丹国志》的这段记载是反映契丹族早期情况,更有《辽史》和《契丹国志》的其他记载为证。在辽朝,契丹人失去亲人之后,是用以泪洗面、失声痛哭来抒发自己的痛苦哀思之情的。耶律安抟"居父丧,哀毁过礼,见者伤之"①;萧阳阿"父卒,自五蕃部亲挽丧车至奚王岭"②;萧乌野"母亡,尤极哀毁"③;萧蒲离不的父母早亡,鞠于祖父兀古匿,"性孝悌。年十三,兀古匿卒,自以早失怙恃,复遭祖丧,哀毁逾礼,族里嘉叹"④。由族里嘉叹可以看出,哀思孝行,不是个人天性的偶然流露,而是具有普遍意义的道德观念使然。

契丹皇帝与一般的人相比,在寄托哀思方面可谓有过之而无不及。如辽圣宗在母亲承天太后病故后,"哀毁骨立,哭必呕血,番、汉群臣上言:'山陵已毕,宜改元。'帝曰:'改元,吉礼也。居丧行吉礼,乃不孝子也。'群臣曰:'古之帝王,以日易月,宜法古制。'帝曰:'吾契丹主也,宁违古制,不为不孝之人。'终制三年"⑤。三年之丧,《仪礼·丧服》上有规定,父母死,儿子和未出嫁之女,要服丧三年。皇帝因要治理国家大事,后来可以以日易月。但圣宗仍坚持守三年之丧,可见孝心之诚。圣宗父事耶律隆运,隆运死后,"帝与后、诸王、公主已下并内外臣僚制服行丧,葬礼一依承天太后故事。灵柩将发,帝自挽辒车哭送,群臣泣谏,百余步乃止"⑥。辽穆宗死,其子景宗奔赴行在吊丧,连夜狂奔,"黎明,至行在,哭之恸"⑦。辽"兴宗崩,(道宗)即皇帝位于柩前,哀

---

① 《辽史·耶律安抟传》。
② 《辽史·萧阳阿传》。
③ 《辽史·萧乌野传》。
④ 《辽史·萧蒲离不传》。
⑤ 《契丹国志》卷七《圣宗天辅皇帝》。
⑥ 《契丹国志》卷一八《耶律隆运》。
⑦ 《辽史·景宗纪一》。

恸不听政"。① 可见辽代契丹人在父母等亲人去世后，哀思之深，而且这种悲哭哀毁，不仅不会被视为不壮，反而会得到人们的赞赏。

辽朝帝后在一些有名的大臣死后，下令停朝数日。这当然不是"孝"，而是表达哀思。

萧海黎年五十而卒，"帝愍悼，辍朝二日"②；耶律屋质年五十七卒，"帝痛悼"③；室昉年七十五卒，"上（圣宗）嗟悼，辍朝二日"④；萧挞凛侵宋时在澶渊按视地形，为伏弩射中身死，"轝车至，太后（承天太后）哭之恸，辍朝五日"⑤。这些名臣病故辍朝致哀的做法，明显是受到中原文化影响的结果。

（三）"丧毕则祭"，"祭则观其敬而时"

契丹人祭祀先人的活动是很多的。《辽史》中记载，他们对其始祖奇首可汗夫妇，经常杀白马、青牛进行祭祀。对于辽朝已故诸帝，在上京修建开皇、安德、五鸾三大殿为祭所。三殿中有诸帝"御容，每月朔望、节辰、忌日，在京文武百官并赴致祭"。⑥ 圣宗时，诏"中京建太祖庙，制度、祭器皆从古制"。⑦ 这些祭祀大都吸收了中原制度。皇帝、后妃、太子、大臣常到帝王陵寝处"谒陵"。皇帝行柴册仪时，仪式中有"拜先帝御容"，并奉各庙"神主置龙纹方茵"之上，这是仪式的一项重要内容。《辽史·礼志一》说："告庙、谒庙，皆曰拜容。以先帝、先后生辰及忌辰行礼，自太宗始也。其后正旦、皇帝生辰、诸节辰皆行之。若忌辰及车驾行幸，亦尝遣使行礼。凡瑟瑟、柴册、再生、纳后则亲行之。凡柴册、亲征则告；幸诸京则谒。四时有荐新。"这些祭祀，不可不谓"敬而时"也。

始于太宗时的这些制度化的祭祀活动，明显是承袭了中原文化中庙祭的内容。但这并不排除契丹平民有可能采用其他形式，对其先辈进行祭

---

① 《辽史·道宗纪一》。
② 《辽史·萧海黎传》。
③ 《辽史·耶律屋质传》。
④ 《辽史·室昉传》。
⑤ 《辽史·萧挞凛传》。
⑥ 《辽史·地理志一》。
⑦ 《辽史·圣宗纪七》。

祀。前文提到的流行于契丹族早期的"酹酒而祝"，就可以看作一种简单的祭祀活动。酒为祭品，"祝"是祈求父母的在天之灵保佑他们畋猎多获，犹如帝王列三牲、进贡品，祈求先帝、先后保佑其国祚绵永、江山永固一样。这种民间的祭祀活动，由于受中原文化的影响，必然会有进一步的发展，可惜由于文献不足征，难以确知详情。

二　忠君

孔子弟子有子说："其为人也孝弟，而好犯上者，鲜矣；不好犯上，而好作乱者，未之有也。"[1] 孝和忠是相关联的，在家为孝，在国为忠；于父为孝，于君为忠。《礼记·大学》说："君子不出家而成教于国，孝者所以事君也。"又《祭义》说："事君不忠，非孝也。"因此有"求忠臣于孝子之门"的古训。辽朝统治地区的人们也有类似的观念。辽人李晟撰于道宗咸雍七年（1071）的《为亡父母造幢记》云："于家存孝，于国尽忠。"[2] 耶律孝杰作于大康三年（1077）的《仁懿皇后哀册》云："家以孝笃，国以忠全。"[3] 这与儒家经典中的有关语句是流和源的关系，其继承性显而易见。辽朝统治者大力倡导孝的目的，实为要求臣民无条件地忠于君。

契丹贵族对五代时期中原各政权投降来的将领，一方面加以任用，另一方面对他们不忠其主的行为加以指责，以告诫辽朝文武，当尽忠事主。同时，对那些为其国、其君捐躯尽忠，以及对父母恪守孝道者待以厚礼，予以表彰，即使在战场上是自己的死对头，因其忠心为主之故，在其战死之后亦会给予厚葬的礼遇。辽太宗于后唐之末入侵中原，围晋安寨数日。晋安守军粮绝马死，而援军不至。后唐守将杨光远、安审琦劝主将招讨使张敬达投降，遭到张敬达的拒绝，杨光远等杀死张敬达，率诸将降辽。辽太宗"嘉敬达之忠，命收葬而祭之。谓其下及晋诸将曰：'汝曹为人臣，当效敬达也。'"后来，曾经使契丹人胆寒、被称为"杨无敌"的宋朝名将杨业，在与契丹军队作战时，受创被擒，不肯投降，绝食而死。辽朝为

---

[1] 《论语·学而》。
[2] 陈述辑校：《全辽文》卷八，中华书局1982年版。
[3] 陈述辑校：《全辽文》卷九。

其建庙祭祀。宋朝的苏辙出使辽朝，亲眼看到此庙，因此在《过杨无敌庙》诗中写道："驰驱本为中原用，尝享能令异域尊。"① 辽朝统治阶级的这种做法对其治下的臣民无疑具有教化作用。

三 妇道

《辽史·后妃传·论》云："辽以鞍马为家，后妃往往长于射御，军旅田猎，未尝不从。如应天之奋击室韦，承天之御戎澶渊。仁懿之亲破重元，古所未有，亦其俗也。"这里所举后妃的情况，反映了契丹族原有的风俗。辽朝妇女的地位，与五代、北宋相比，要显得高一些。这是因为氏族社会尊重女性的遗俗尚存。由于中原文化影响的加深，特别是到了辽朝后期，辽朝契丹妇女很注重自身"妇德"的修养。从《辽史·列女传》中被封建史学家称道的五位妇女来看，除邢简妻陈氏是辽朝中期的人外（她是汉人，受中原文化熏陶很深），其余四人均为辽朝后期的契丹人（两人死于道宗时，两人死于天祚帝时）。这与辽朝后期的文化趋于成熟是一致的。其时，中原的伦理观念比较普遍地为契丹人所接受了。

邢简妻陈氏，"孝舅姑，闺门和睦，亲党推重"。统和十二年（994）死去，睿智皇后听说后，"赠鲁国夫人，刻石以表其行。及迁祔，遣使以祭。论者谓贞静柔顺，妇道母仪始终无愧云"。② 辽朝统治者给陈氏立碑进行表彰，是对妇道的提倡和宣扬，人们的议论更反映了当时道德观念和行为取向。这表明到了辽朝中期，人们是很重视"妇道"的。

"从一而终"是封建社会的口头禅。许多妇女在丈夫死后，守寡至死，有的甚至自尽殉夫，被人们颂为"贞烈"。辽初契丹族妇女离婚本是比较自由的，再嫁也不困难。但到圣宗时，这种情况已有所变化。开泰六年（1017）四月，"禁命妇再醮"。③ 这种非人道的做法，是圣宗时期大量学习中原文化时，把其中的封建糟粕也"拿来"的结果。许多妇女因而不能再嫁重新组建家庭。此令虽然针对的是命妇，但她们是社会的上层，对她们再嫁的禁止会对全社会的妇女产生很大的影响，从而使更多的妇女

---

① （宋）苏辙：《栾城集》卷一六《过杨无敌庙》。
② 《辽史·列女传》。
③ 《辽史·圣宗纪六》。

守节乃至殉夫。

道宗时，耶律奴的妻子萧意辛的所言所行显示出了那时契丹妇女的道德观念。她"事亲睦族，以孝谨闻"，并认为妇女应遵从的"礼法"是："修己以洁，奉长以敬，事夫以柔，抚下以宽，毋使君子见其轻易，此之为礼法，自然取重于夫。"① 天祚帝时，耶律术者妻萧氏，"谨裕贞婉，娣姒推尊之"。耶律术者看到当时"小人满朝，贤臣窜斥"，天下大乱，想拥立贤明的魏王耶律淳为帝，事败，被处以死刑。萧氏云："夫妇之道，如阴阳表里，无阳则阴不能立，无表则里无所附。妾今不幸失所天，且生必有死，理之自然。术者早岁登朝，有才不寿。天祸妾身，罹此酷罚，复何依恃。倘死者可见，则从；不可见，则当与俱。"她在葬夫之后，"自刃而卒"。② 她的思想和行动，显然是受中原文化的"妇道"观念影响甚深所致。

四　成因分析

虽然以上所举诸多事例，尚不具有统计学上的意义，但我们可以从这些事实中看出，当时契丹人的伦理道德观受中原文化影响之一斑。正因为孝亲、忠君、妇道成为辽朝统治阶级规范人们品行的道德标准，所以许多人死后，生者在其墓志铭中不忘大书特书死者在这方面的德行，以示褒美。《耶律宗允墓志铭》中有"钟孝敬之性"③；《附马赠卫国王娑姑墓志铭》中有"允文允武，能孝能忠"④；《清河公女坟记》中有"故长女杨郎妇、故张郎妇、田郎妇、张郎妇、王郎妇等，各奉于二亲，尽当竭力"⑤；《故陈国公主墓志铭》中有"员贵出王宫，而礼遵妇道"⑥ 等。

中原地区的封建伦理道德观在辽朝中后期能较为普遍地为契丹人所接受，原因是多方面的，概括起来有以下几个方面。

第一，汉人与契丹等族人民杂居，是中原伦理道德观念得以传播的重

---

① 《辽史·列女传》。
② 同上。
③ 陈述辑校：《全辽文》卷八。
④ 陈述辑校：《全辽文》卷四。
⑤ 陈述辑校：《全辽文》卷九。
⑥ 《辽陈国公主驸马合葬墓发掘简报》，《文物》1987年第11期。

要途径。契丹族虽然是辽朝的缔造者和统治阶层，具有不可动摇的统治地位，但契丹族及其他少数民族的人口有限，以各种方式入辽的汉人占绝大多数。入辽汉人必然是信守原有的伦理道德规范，并影响契丹等少数民族。

第二，统治阶级的大力倡导。道德有其阶级性，封建的忠、孝、节、义、妇道等伦理道德，有利于维护封建统治，辽朝统治者对中原伦理道德大加倡导，把它作为衡定人的品德操行优劣的标准，并非偶然，他们要广大臣民身体力行地按孝、忠、妇道等的要求来行事。道宗时，惕隐（管理族属的官员，相当于中原王朝的宗正）耶律义先告诫族人说："国中三父房，皆帝之昆弟，不孝不义尤不可为。"他的妻子、晋国长公主之女，就是一位力行妇道者，"每遇中表亲，非礼服不见，故内外多化之"。① 统治者、统治集团人物的"教诲"和"模范行为"，对中原封建伦理道德观念的迅速传播起到了很大的作用。辽朝统治者，特别是圣宗及兴宗、道宗等，也运用政权的力量，对恪守封建伦理道德者加以奖励，给予殊荣，对违背者则不惜处罚，直至极刑。一般来说，道德和法律在社会上所起的作用是不同的，道德是依靠社会舆论的力量，依靠人们的自觉信念、习惯传统、示范教育的力量来维持，法律则由政权机构强制执行。但道德所要求的内容也往往会被法律化，辽圣宗曾下诏："民间有父以在，别籍异居者，听邻里觉察，坐之。有孝于父母，三世同居者，旌其门闾。"② 又规定，"倍（背）父母"者，"不得举进士"。③ 辽朝的法律中还有一条为："淫乱不轨者，五车轘杀之，逆父母者视此。"④ 以如此重刑维护伦理道德，目的是维护当时的封建统治，当然，同时也是为了社会的安定。

第三，中原文化典籍在传播中原伦理道德观念上，无疑起到了巨大的作用。《五经》及其传疏是儒家伦理道德的渊薮，是辽境士人的必读之书。其他一些中原文化典籍也是契丹人的读物。耶律中曾对妻子萧挼兰说："汝可粗知书，以前贞淑为鉴。"她"遂发心诵习，多涉古今"。后来金兵入辽，她随夫赴难，成为"虽烈丈夫有不能者"的"烈女"。⑤ 1974

---

① 《辽史·耶律义先传》。
② 《辽史·圣宗纪一》。
③ 《辽史·圣宗纪三》。
④ 《辽史·刑法志上》。
⑤ 《辽史·列女传》。

年7月28日，在全国重点文物保护单位山西应县佛宫寺木塔四层主像腹内发现了一批珍贵文物，其中有一本辽版的蒙童教材《蒙求》，为我们了解中原文化在辽朝的传播提供了新的实物。《蒙求》一书，内容广泛，其中有一部分讲的是历史上中原地区的忠、孝、节、义的典型人物、事例。如"江革孝忠""王览友悌""屈子泽畔""闵损衣单""苏武持节""董永自卖"等。① 唐人李华在《蒙求·序》中说：《蒙求》"列古人言行美恶，参之声律，以授幼童，随而释之，比其始终，则经史百家之要，十得其四五矣。推而引之，源而流之，易于讽习，形于章句，不出卷而知天下"。正因为《蒙求》容纳的事类宽泛，又便于诵读记忆，所以流传很广，在辽朝被再次刻版印刷，为人们所习诵，受教于《蒙求》的，当不只是刚刚启蒙的幼童，"老成亦颇览起予"②，而许多不识字者也会从中受到教育。

中原地区历史上的"孝子""孝行"故事，在契丹族中流传很广，为契丹人所熟知，有些契丹贵族死后，其墓室中绘有在中原地区流传很广的"二十四孝"图。1956年和1958年，分别在辽宁辽阳金厂村和锦西大卧铺发掘了两座辽朝中后期的墓，墓壁上所绘的内容就是"二十四孝"。内有"闵损草衣顺母"（即《蒙求》中所说的"闵损衣单"）、"王祥卧冰求鲤"、"孟宗哭竹"、"董永卖身葬父"（即《蒙求》中所说的"董永自卖"）、"薛包孝亲"、"蔡顺孝母"和"魏汤为亲复仇"等。同一内容的壁画分见于两处，表明这些故事在辽时流传很广，并且深受契丹人所喜爱。饶有趣味的是，金厂村的石墓画像，"从画像人物看，均作契丹装束，头戴毡帽，有的剃顶发，着长袍、筒袖、长靴，这与辽庆陵壁画人物装束基本相同"。③ 这些故事的人物都被契丹化了，中原地区"二十四孝"中的孝子，成了契丹人的孝子。

第四，佛教的俗讲在宣扬中原伦理道德上也起到了一定的作用。佛教在辽朝非常盛行。固然"佛非中国教"④（辽太祖语），但佛教自两汉传入我国后，几经演变，已成为具有中国文化特色的宗教。它原来是声称

---

① 毕素绢：《世所仅见的辽版书籍——〈蒙求〉》，《文物》1982年第6期。
② 杨守敬：《日本访书志》卷一一。
③ 王增新：《辽宁辽阳金厂画像石墓》，雁羽：《锦西大卧铺辽金时代画像石墓》，两文均载《考古》1960年第2期。
④ 《辽史·宗室传·义宗倍》。

"无父无君"的，后来逐渐糅进了儒学的东西，承认有父有君，而且要孝于父、忠于君。佛教僧侣在传教的同时，也宣扬忠、孝等内容。从唐朝开始，寺庙中出现了"俗讲"。这种布教形式，也为辽僧所使用。寺庙在进行俗讲时，往往同时宣扬一些儒家伦理道德内容。在应县木塔内发现的变文，有为天祚帝、皇妃和叔叔、婶母、哥哥、阿嫂等的《讲题念诵》。其中说："人人和沐（睦），唯闻父义子孝之名，各各（个）温柔，皆传兄有（友）弟供（恭）之喻。特垂卷（眷）念助宣扬，赖此殊功酬厚德。"① 佛教俗讲对中原伦理道德的宣扬，所起的作用也不可忽视。

道德观念是精神文化，它的传播和被接受比物质文化要慢得多。虽然辽朝建立前，契丹族已有与中原地区相通的一些道德观念，但到了后来从中原输入的道德观念才愈来愈为契丹人所接受。圣宗时，中原输入的伦理道德就已占据了一定的地位。到道宗、天祚帝时期就比较广泛地为契丹人所接受了。中原伦理道德观念较快地被契丹族所接受，是辽文化从整体上继承中原文化的结果。这也表明，辽文化是中原文化的延续和发展。

原载《北方文物》1999 年第 1 期，人大复印报刊资料《宋辽夏金元史》1999 年第 2 期全文转载

---

① 史树青：《应县佛宫寺木塔发现的辽代俗文学写本》，《文物》1982 年第 6 期。

辽朝夷夏观的演变

夷夏观是中国古代重要的思想观念。起自朔漠、雄踞北方、被视为"夷狄"的契丹族，在建立政权以后，随着中原文化渗入的加深和自身政治、经济、文化的进步，他们逐渐接受了中原文化中的夷夏观念，并加以发展，为其所用。

一

辽朝初期，其统治阶级依靠其强大的军事力量，从中原地区输入了大量的物质文化，并借用了大量的制度文化，但处于文化深层结构的思想意识还没有很大的改变。他们安于过去被称为"夷"和"蕃"的名号。辽太宗时，在入主中原的问题上，太宗耶律德光和述律太后之间产生了分歧，太宗主张积极进取，而太后则极力反对，他们俩有一段对话：

> 述律太后谓帝曰："使汉人为胡主，可乎？"曰："不可。"太后曰："然则汝何故欲为汉帝？"曰："石氏（后晋出帝石重贵——引者注，下同）负恩，不可容。"后曰："汝今虽得汉地，不能居也，万一蹉跌，悔所不及。"又谓群下曰："汉儿何得一饷眠？自古但闻汉和番，不闻蕃和汉。汉儿果能回意，我亦何惜与和。"[①]

在述律太后看来，契丹人不能做汉地的皇帝，与其争一个"胡人"（契丹人）不应得的中原地区的帝位，不若坐等后晋来求和，而契丹人却

[①] （宋）叶隆礼撰，贾敬颜、林荣贵点校：《契丹国志·太宗嗣圣皇帝下》，上海古籍出版社1985年版。

不能主动去与后晋言和，理由是契丹是"蕃"。这是她从以往史事中，从契丹族文化心理中接受下来的观念：少数民族入主中原是很困难的，只要能取得"汉和蕃"的成果就足够了。这表明她还是把契丹族当作"夷"，把它和历史上其他少数民族政权等量齐观。

辽太宗耶律德光灭晋，入晋宫，接受百官参拜，他对身边的侍臣说："汉家仪物，其盛如此，我得于此殿坐，岂非真天子邪？"① 这反映了辽太宗耶律德光尚有较深的因民族文化较中原文化落后所造成的自卑心理，对称帝中原缺乏信心，甚而对辽政权和自己"天子"的"权威性"都感到信心不足。

北京房山辽塔出土的塔砖上有文云："大蕃天显岁次戊戌五月拾三日己未。"② 这与后来辽人习惯在年号之前冠以"大契丹""大辽"字样迥然有别，说明在太宗天显十三年（938）前后，辽人犹自称为"蕃"。曾经在辽朝生活了七年，于后周广顺三年（辽应历三年，953年）从辽朝逃归的胡峤，在他的《陷北记》中写道：

> 契丹谓峤曰："夷狄之人岂能胜中国（中原）？然晋所以败者，主暗而臣不忠。"因具道诸国事，曰："子归悉以语汉人，使汉人努力事其主。无为夷狄所虏，吾国非人境也。"③

这里胡峤所说，或许有夸大的成分，但他所说契丹人把自己视为"夷狄"，是可信的。他们甚至认为辽朝地区"非人境"，在一定程度上也有可能。"非人境"这一说法，从另一角度来看，也是中原地主阶级中的一部分人把契丹人当作非人看待的结果。同时也表明契丹人在先进的中原文化面前所表现出的卑弱心理：作为"夷狄"的契丹人是不能战胜中原的。

从以上史实可以看出，辽朝初期，契丹人的夷夏观还没有大的变化，他们对中原王朝的物质文明与精神文明心存景仰，有较强的自卑心理，因而安于长期以来被中原王朝称作"夷""蕃"的名号。

---

① 《新五代史·四夷附录第一》，中华书局点校本。
② 《全辽文》卷四《房山辽塔出土砖文》，陈述辑校，中华书局1982年版。
③ 《新五代史·四夷附录第二》。

二

随着时间的推移，契丹人更多地接受了中原文化。契丹人的夷夏观念逐渐发生了变化，他们不再甘心于被称为"夷狄"，想求得与中原政权宋朝平起平坐的对等地位。辽、宋结盟后互为兄弟之国，这大大促进了契丹民族自信心的增强。

辽朝使臣萧和尚于辽圣宗开泰（1012—1020）初"使宋贺正，将宴，典仪者告，班节度使下"，又送锦服给他做礼服。这种做法是把他当作蕃部的使臣看待。萧和尚反对说："班次如此，是不以大国之使相礼。且以锦服为贶，如待蕃部。若果如是，吾不预宴。"在他的力争之下，宋方不得不"易以紫服，位视执政，使礼始定"。① 萧和尚作为辽朝的使臣，对这种降低辽朝地位的做法的敏感说明他们已不甘心被视为蕃部。萧和尚的这次努力，并未完全解决问题。宋使至辽与辽使至宋在接待宴会的位次上仍然不是对等的。辽圣宗太平七年（即宋仁宗天圣五年，1027年），萧蕴等至宋贺乾元节，萧蕴指出："中国使者至契丹，坐殿上，位高；今契丹使至中国，位下，请升之。"被馆伴使程琳以"此真宗皇帝所定，不可易"而拒绝。② 宋庆历二年（1042）增加岁币之后，萧偕使宋，再次提出要求，仁宗不得不下诏："自今契丹使，不以官高下，并移坐近前。"③ 从外交礼仪上最终获得了平等的地位。

辽方曾经想把宋方称为南朝，自称为北朝。"契丹遣使论国书中所称'大宋''大契丹'（引者按：当时辽朝的国号为契丹），似非兄弟之国，今辄易曰'南朝'、'北朝'。"④ 由互称"大宋""大契丹"到想改称为"南朝""北朝"，实际上是想提高辽朝的地位，使两朝平等，居南方者为南朝，居北方者为北朝。其实宋真宗也有过这种想法。"景德（1004—1007）中，朝廷始与北虏通好，诏遣使将以北朝呼之。王沂公（曾）以为太重，请但称契丹本号可也。真宗激赏再三，朝论韪之。"⑤ 宋人杨仲

---

① 《辽史·萧和尚传》，中华书局点校本。
② 《续资治通鉴长编》卷一〇五，中华书局点校本。
③ 《续资治通鉴长编》卷一三八。
④ （宋）王暐：《道山清话》，《丛书集成初编》本。
⑤ （宋）王辟之：《渑水燕谈录》卷二《名臣》，中华书局1985年版。

良撰《皇宋通鉴长编纪事本末》卷一五《新征契丹》载有王曾反对称南、北朝的理由。

> 古者尊中国，贱夷狄，直若手足。二汉始失，乃议和亲，然礼亦不至均。今若与之亢立，首足并处，失孰（孰）甚焉，狄固不可启，臣恐久之，非但并处，又病倒植，愿如契丹足矣。

王曾反对以"北朝""南朝"代替"契丹""宋朝"的理由仍是从夷夏之防出发，这从另一方面说明辽朝此举是为了提升辽朝的地位。实际上辽朝在澶渊之盟以前就已自称北朝了，由宋战败入辽的王继忠在景德元年九月给宋方的信中有言曰："北朝钦闻圣德，愿修旧好。"① 已以北朝自居。结盟后更是常以北朝、南朝指代辽、宋。辽圣宗太平七年（1027）出使宋朝的副使杜房与宋朝馆伴使程琳争论位次时说："大国之卿，当小国之卿，可乎？"程琳说："南北朝安有大小之异？"② 这表明辽人已以大国自居而小视宋朝，而宋人也不得不承认辽与宋为平等的南北朝关系。至庆历二年（1042）增币时，辽兴宗已不满足于所取得的与宋朝平起平坐的地位，而想做"宗主"了。他坚持在宋、辽和约中将宋朝所送岁币称为"献"，"须于誓书中加一'献'字"。众所周知，"'献'乃下奉上之辞"③，兴宗之用心，昭然若揭。

在我国历史上，当几个平等的政权对峙时，它们几乎都声称各自的政权是正统，为其政权的存在和扩展找"合理"的依据。一般说来，当汉族建立的政权与少数民族建立的政权同时存在时，中原的"夏"政权被视为当然的正统王朝，而"夷"政权亦安于非正统地位。辽朝初期是如此，至中后期则不然。辽朝中期"宝谷务农，从绳纳谏。惠养鳏寡，钦恤刑名。禀道毓德，恶煞好生。洽前代无为而治，见时政不肃而成。四民殷阜，三教兴行。开拓疆场，廓静寰瀛。东振兵威，辰下以之纳款；西被声教，瓜沙由是贡珍。夏国之羌浑述职，遐荒之乌舍来宾"。④ 宋人纳币

---

① 《续资治通鉴长编》卷五七。
② 《续资治通鉴长编》卷一〇五。
③ 《续资治通鉴长编》卷一三七。
④ 《全辽文》卷六《圣宗皇帝衰册》。

请和，国内经济、文化发达。辽人认为辽朝已是尽善尽美的"天朝"①，是当然的正统王朝。辽兴宗重熙七年（1038）"以《有传国宝者为正统赋》试进士"。②与中原地区的一般认识一样，他认为哪个政权有传国宝，哪个政权就是正统。早在太宗灭后晋时，就把后晋的文物、典籍运到上京，帝玺也由中原带入辽朝，辽圣宗曾不无得意地吟诗曰："一时制美宝，千载助兴王。中原既失守，此宝归北方。子孙皆慎守，世业当永昌。"③辽兴宗的做法，不言而喻，辽朝有传国宝，辽朝就为正统，宋朝没有传国宝，宋朝就不是正统。兴宗以之作为科举考试的试题，表明这种看法在辽境有一定的影响。这次考试，兴宗"御清凉殿试进士，赐邢彭年以下五十五人第"。④中举的55人写的赋，各自所表达的看法与兴宗的看法一定比较合拍，否则兴宗不会赐给他们进士第。同时值得注意的是，在辽境，不仅契丹人的思想在变，汉人的思想也在变，应试者绝大多数是汉人，汉族地主阶级的读书人也认为辽为正统。事实上他们把契丹族看作中华民族各族中平等的一员，其建立的政权，也可以是正统皇朝。

这是辽朝中期的情况。契丹人及其辽境的汉人，其夷夏观念的变化，主要是致力于提高辽朝的地位，不再把自己当作"夷狄"，也不能容忍宋人把他们看作"夷狄"，并开始认为辽朝为正统皇朝。

三

辽朝后期，契丹人的夷夏观念又有进一步的发展。北宋史学家欧阳修撰《新五代史》，"褒贬祖《春秋》"⑤，寓褒贬于"书法"、体例中。他自然是以大汉族主义的正统目光，作夷夏之辨，把当时与宋朝对峙的辽朝的建立者所属的民族契丹族的历史，作为"四夷"之一，附录于书后。其书流传到辽，引起了辽方人士对宋朝和欧阳修的强烈不满。《辽史·文学传下·刘辉》云：

---

① 《全辽文》卷二《遣萧好古册高丽王太子诏》。
② 《辽史·仪卫志三》。
③ 《全辽文》卷一《传国玺》。
④ 《辽史·兴宗纪一》。
⑤ 《四库全书总目》卷四六，中华书局1965年影印本。

寿隆（昌）二年（1096），（刘辉）复上书曰："宋欧阳修编《五代史》，附我朝于四夷，妄加贬訾。且宋人赖我朝宽大，许通和好，得尽兄弟之礼。今反令臣下妄意作史，恬不经意。臣请以赵氏初起事迹，详附国史。"上嘉其言，迁礼部郎中。

刘辉认为，辽朝与宋朝互称兄弟，而宋朝的臣下修史，却把辽朝当作"四夷"附录在《新五代史》后，着实令人气愤；为了报复，辽朝也要把宋朝皇帝赵氏初起之事，作为"四夷"附在辽朝国史之后。刘辉的观点引起了道宗的共鸣，所以"嘉其言"，并提拔他为礼部郎中。不仅不承认辽朝为"夷"，而且要把宋朝当作臣服于辽的小属国。这并非出于他个人夷夏观念变化的偶然表露。辽朝经圣宗时的封建化改革，到道宗时，其物质文明和精神文明成果已灿然可观。中原文化为绝大多数契丹人所接受，儒家的政治思想在辽朝的统治思想中已占据主要地位，道宗时期是儒学大盛的时期，人们的观念、思想，与辽初相比，已经发生了很大的变化。辽人的夷夏思想到此时也已趋于成熟，形成了这样一种氛围：辽帝国物华天宝，制度修举，国泰民安，与中原盛朝无异。因而欧阳修把辽视为"夷狄"的做法，必然引起辽方人士的不满。在新的情况下，辽道宗的夷夏观更是使人耳目一新：

帝（道宗）聪达明睿，端严若神，观书通其大略，神领心解。尝有汉人讲《论语》……讲至"夷狄之有君"，疾读不敢讲。（道宗）又曰："上世獯鬻、猃狁荡无礼法，故谓之'夷'。吾修文物，彬彬不异于中华，何嫌之有？"卒令讲之。[①]

这条史料，向我们透露了以下信息：其一，道宗心目中的"夷狄"是以文明的高低来作为衡量标准的："荡无礼法"者谓之"夷"；"修文物，彬彬不异于中华者"谓之"夏"。其二，道宗时文物彬彬，与中原不异，辽朝的文明程度已比以前高了很多。其时大兴文教，"诏设学养士，颁《五经》传疏，置博士、助教"。"诏求乾文阁所阙经籍，命儒

---

① （宋）叶隆礼撰，贾敬颜、林荣贵点校：《契丹国志·道宗天福皇帝》。

臣校雠","诏有司颁行《史记》、《汉书》"①，都是为了使更多的人学习接受中原文化。其三，道宗的这种思想是直接来源于中原文化，他正是在研读大量的中原文化典籍之后，"神领心解"，得出这一观点的。他以"礼"作为衡定一个政权的文明高低，区别一个民族是"夷"是"夏"的标准，和孔子重"礼"的思想是一脉相承的。其四，道宗时辽人已经不承认自己是"夷狄"，而是"绍百王之正统"②的正统王朝。活动于道宗天祚帝时期的耶律俨（原为汉人，赐姓耶律），在他所纂修的史书中，"称辽为轩辕后"。③这样，为契丹族非"夷狄"找到了血统上的依据（且不论其说法是否科学）：契丹族与汉族同源，都是炎黄子孙，具有相同的血缘，因而应具有相同的民族地位。这正是当时辽朝君臣夷夏观念的反映。

清宁三年（1057），道宗"以《君臣同志华夷同风诗》进太后"④，可惜其诗已佚。所幸懿德皇后同时作有《君臣同志华夷同风应制》诗，在《焚椒录》中被保存下来：

虞廷开盛轨，王会合奇琛。到处承天意，皆同捧日心。文章通蠡谷，声教薄鸡林。大寓看交泰，应知无古今。⑤

这首诗为"君臣同志"之作，可以代表道宗及大臣们的思想。诗的主旨是倡导"华夷同风"，认为其时辽朝之"今"可以和"虞廷盛轨"之"古"比美，辽朝承天意而行，深得各族拥护，文治声教，被及遐迩，因而辽朝可以自视为堂堂华夏的正统了。

契丹人的夷夏观念，必然影响到他们对其统治下的其他少数民族的态度。他们在摆脱"夷狄"的帽子之后，却给其他少数民族戴上了"夷狄"的紧箍咒。契丹族贵族东征西伐，把许多少数民族纳入其统治之下，边疆内外各民族纳贡称臣，这更助长了契丹族统治者的自大心理。他们开始称这些少数民族为"夷"了。早在辽统和二十八年（1010），萧敌烈谏圣宗

---

① 《辽史·道宗纪一、二、三》。
② 《全辽文》卷二《遣萧好古赐高丽国王太子册》。
③ 《辽史·世表·序》。
④ 《辽史·道宗纪一》。
⑤ 《全辽文》卷三《焚椒录》。

伐高丽时，已将高丽视为"岛夷小国"。① 刘辉在道宗大安末年上书言边事云："西边诸番为患，士卒远戍，中国之民疲于飞挽，非长久之策。"② 刘氏将西部的少数民族称为"诸番"，将辽朝国内之人民称"中国之民"，这说明辽人已俨然以中国自居了，而附属于辽的其他部族包括高丽、西夏等都被他们视为"夷"。

深受中原文化浸染，"善诗歌"的天祚妃萧瑟瑟在她有名的《讽谏诗》中写道："勿嗟塞上兮暗红尘，勿伤多难兮畏夷人。"她写这首诗的背景是"女真作乱，日见侵逼。帝（天祚帝）畋游不恤，忠臣多被疏斥"。③ 作诗的目的是讽谏天祚帝，要他振奋精神，来对付勃兴的女真人，诗中的"夷人"指女真族。契丹族贵族中更有人很轻蔑地说："阿骨打朔北小夷。"④

辽朝君臣自视为泱泱大国，在其统治下，已达到"华夷同风"。它一方面用武力对付周边各族，另一方面又以儒家"修文德以徕远人"为标榜，用文治教化作为其统治的另一手。辽朝统治者自视为圣朝，辽主自视为圣主，高高在上，就连宋朝每年输入的岁币，也要说是"献"或"纳"。"统和五年，以宋降军置七指挥署"，名其军曰"归圣军"⑤，其意为这些宋军弃暗投明，来归我圣朝、圣主。道宗也说：我"示信以怀远方"。⑥ 就在辽朝江河日下时，天祚帝万般无奈，与女真讲和，阿骨打要求称国号为"大金"，用天之仪册封阿骨打为帝，与辽约为兄弟之国。满脑子夷夏思想的天祚帝怎肯接受，认为女真族不过是"朔北小夷"，怎么能与堂堂大辽相对等呢？所以改"大金"国号为"东怀国"，册仪也只用诸侯礼。阿骨打的谋臣杨朴看出，"仪物不全用天子之制，又东怀国乃小邦怀其德之义，仍无册为兄弟之文，如'遥芬多戬'，皆非美意，彤弓象辂，亦诸侯事，'渠材'二字，意似轻侮"。⑦ 和谈最终成为泡影。天祚帝在《降金表》中仍念念不忘地表白自己是"正统"王朝皇帝，他说："伏

---

① 《辽史·萧敌烈传》。
② 《辽史·文学传下·刘辉》。
③ 《辽史·后记传·天祚文妃萧氏》。
④ （宋）叶隆礼撰，贾敬颜、林荣贵点校：《契丹国志·道宗天福皇帝》。
⑤ 《辽史·百官志四》。
⑥ （宋）叶隆礼撰，贾敬颜、林荣贵点校：《契丹国志·道宗天福皇帝》。
⑦ （宋）叶隆礼撰，贾敬颜、林荣贵点校：《契丹国志·天祚皇帝上》。

念臣祖宗开先，顺天人而建业，子孙传嗣，赖功德以守成，奄有大辽，权持正统，拓土周数万里，享国余二百年，从古以来，未之或有。"①

从以上论述可以看出，契丹族人接受中原的夷夏观念，是一个逐步发展的过程。辽初虽有大量的中原文化涌入辽朝，但处于更深层文化结构的思想意识的转变，则要经历一个较长的时期。他们自认为是"蕃"是"夷狄"。圣宗时，契丹人不再甘心于被宋人视为"夷狄"和处于蕃部的地位。兴宗时，辽为正统的思想拥有一定的市场。道宗、天祚帝时，契丹不仅不承认自己是"夷狄"，而且自视为承天意、得民心，继唐虞而下的正统皇朝，而辽朝境内外的其他少数民族则被他们斥为"夷人"。这一呈阶段性发展的过程，与中原文化的传播和被吸收的进程相一致。契丹族在吸收中原文化精华的同时，也接受了势所必然存有一定民族偏见的"夷夏"观念和正统思想，并加以改造，为其所用。从契丹族对中原文化中的"夷夏"观念的接受与改造上，可以看出辽文化是中原文化的延续和发展。"夷夏"观念是中国传统文化中的重要观念，契丹人自认为"夏"民族，汉人及其他民族对契丹"夏"民族地位的认同，反映了中华民族所具有的巨大的民族凝聚力，它说明，"华夏"是一个动态的系统，它是由各民族长期互相认同、兼容、融合而成的，在不同的历史时期具有不同的外延。

原载《中国史研究》2001年第2期，人大复印报刊资料《宋辽夏金元史》2001年第4期全文转载

---

① 《全辽文》卷三《降金表二》。

双轨制与辽文化

契丹族建立的辽朝在二百余年的时间里形成了独具特色的辽文化,辽文化是以中原文化为主体,同时具有契丹民族文化特色的文化。辽文化的发展道路既不同于它之前的拓跋氏所建立的北魏,也不同于其后女真族所建立的金。北魏孝文帝对本民族的鲜卑文化实行全盘放弃:革除原有官制,全用中原官制;禁胡服,着汉装;断北语,说汉活;改姓氏,用汉姓等。金朝在大量继承和吸收中原文化的同时也具有浓厚的民族褊狭性和保守性,曾多次下令不准女真族穿汉服,说汉话,改汉姓。辽朝是多元文化并存,兼容并包,自然融合。辽文化的这种发展道路与辽朝实行的"双轨制"有极大的关系。

一 双轨制是对不同文化类型的认同

辽朝双轨制是特定历史条件下的产物。阿保机在其勃兴之初,先后征服了同属于以游牧文化为主的室韦、奚、乌古、女真、吐谷浑等族,俘获了大量人口,又南下进攻中原地区,俘虏了大量以农业文化为主的汉人,阿保机为了发挥汉人所长,以利扩大自己的势力,他遵从汉人的习俗,广置田宅,修建城郭,"以居汉人之降者。又为定配偶,教垦艺,以生养之。以故逃亡者少"。[①] 阿保机建立辽朝后,发动对中原的战争,"攻陷城邑,俘其人民,依唐州县置城以居之"。[②] 在新建的州县里,保留汉人的生产方式和生活习俗。"由是汉人各安生业,逃亡者益少。"[③] 为了加强对

[①] 《辽史·韩延徽传》。
[②] 《辽史·太祖纪》。
[③] 《资治通鉴》卷二六九。

汉人的管理，阿保机专门设立"汉儿司"，任命俘获的汉人韩知古总知汉儿司事，实行蕃汉分治。天显元年（926），阿保机灭渤海国，建立东丹国，由汉文化水平较高的太子耶律倍主持国政。渤海文化汉化程度很高，与唐朝"疆理虽重海，车书本一家"。① 耶律倍在渤海"置左、右、大、次四相及百官，一用汉法"②，这可以看作双轨制的雏形。

辽太宗耶律德光占有燕云十六州，使生活在十六州地区里的广大汉民成为辽朝的编户。当时的大臣张砺提出："今大辽始得中国，宜已中国人治之，不可专用国人及左右近习。苟政令乖失，则人心不服，虽得之亦将失之。"③ 用什么制度来管理这片土地及其人民更为有效，以往的经验告诉辽朝统治者，尊重汉人旧有的文化，保留汉人旧有生产方式和生活习俗，采用中原的政治制度是最有效的办法。"至于太宗，兼制中国，官分南、北，以国制治契丹，以汉制待汉人。"因而形成了"辽国官制，分北、南院。北面治宫帐、部族、属国之政，南面治汉人州县、租赋、军马之事，因俗而治"的双轨制。④

"因俗而治"的双轨制是对不同文化多元并存的认同，这不仅是因为"俗"是重要的文化内容，而且双轨制不单是以地域为划分依据，"以国制治契丹，以汉制待汉人"，不同的制度是针对具有不同文化背景的人。从辽朝实行双轨制的实际情况来看，这里的契丹不仅仅指的是契丹族，它还包括与契丹民族在文化类型及发展水平大致相同的其他一些北方少数民族，如奚、乌古、女真等族；汉人也包括了汉化程度很高的渤海人。所谓"国制"，是指与当时契丹等民族社会经济文化发展水平相适应的政治制度；所谓"汉制"，是指与中原地区社会经济文化发展水平相适应的政治制度。所以，从某种意义上来说，双轨制也是一种文化政策。

二 双轨制下多元文化的并存与发展

在"以国制治契丹，以汉制待汉人"的政治制度之下，辽朝统治下

---

① （唐）温庭筠：《送渤海王子归本国》。
② 《辽史·宗室传·义宗倍》。
③ 《辽史·张砺传》。
④ 《辽史·地理志一》。

的各族人民基本保存了自己原有的民族文化，中原文化伴随着大量的汉人流入辽朝而成为主流文化，契丹文化因其创造者契丹族在辽朝拥有优势地位而成为仅次于中原文化的主流文化之一，其他各类文化也都拥有自己的生存与发展空间。如辽朝境内的嗢热国其男女婚姻为自由恋爱，"女真贵游子弟及富家儿，月夕被酒，则相率携樽驰马戏饮其地。妇女闻其至，多聚观之，间令侍坐，与之酒则饮，亦有起舞歌讴以侑觞者。邂逅相契，调谑往反，即载以归，妇之父母知亦不为之顾。留数岁有子，始具茶食酒数车归宁，谓之拜门，因执子婿之礼。其俗谓男女自媒，胜于纳币而婚者"。[①] 这种自主婚姻的习俗在北方许多少数民族中都存在，辽朝不加干预。到了金朝世宗时，却明令禁止，大定十七年（1177）"十二月戊辰，以渤海旧俗男女婚娶多不以礼，必先攘窃以奔，诏禁绝之，犯者以奸论"。[②] 这说明辽朝比较遵从各族人民旧有的文化。

汉人在辽朝占绝对多数，"以汉制待汉人"的结果是中原文化在辽朝占了主导地位，契丹统治者在建立政权之初大量使用俘获的中原汉族知识分子，后来又"用唐之制"，开科取士，选拔汉族知识分子来管理汉人。同时辽朝的契丹族贵族也积极学习中原文化，从中原文化中吸取治理汉人及其他民族的经验教训，以便更好地巩固自己的政权。

辽朝的皇帝，特别是中后期的皇帝大多崇尚中原文化，具有较高的中原文化素养。辽朝的建立者阿保机会汉语，崇尚儒学，曾建孔子庙[③]；景宗耶律贤"雅好音律，喜医术"[④]；圣宗耶律隆绪"幼喜书翰，十岁能诗"[⑤]，自称"乐天诗句是吾师"[⑥]，曾"亲以契丹字译白居易《讽谏集》，诏蕃臣等读之"[⑦]；兴宗耶律宗真"好儒术，通音律"[⑧]，善赋诗，"工绘画，善丹青"[⑨]；道宗耶律洪基"喜读《五经》，曾诏权翰林学士赵孝俨、

---

① （宋）叶隆礼撰，贾敬颜、林荣贵点校：《契丹国志·诸蕃国杂记·女真国》，上海古籍出版社1985年版。

② 《金史·世宗纪中》。

③ 《旧五代史·外国传第一》，《辽史·太祖纪上》。

④ （宋）叶隆礼撰，贾敬颜、林荣贵点校：《契丹国志·景宗孝成皇帝》。

⑤ 《辽史·圣宗纪一》。

⑥ 《辽诗纪事》卷一。

⑦ （宋）叶隆礼撰，贾敬颜、林荣贵点校：《契丹国志·圣宗天辅皇帝》。

⑧ 《辽史·兴宗纪一》。

⑨ （宋）叶隆礼撰，贾敬颜、林荣贵点校：《契丹国志·兴宗文成皇帝》。

知制诰王师儒等讲《五经》大义①。一些贵族人物、达官显宦，也爱好中原文化，以读书能文为荣。如东丹王耶律倍，"幼聪敏好学"，既长，"有文才，博古今"，喜读书，购书万卷，学识广博，"通阴阳，知音律，精医药、砭焫之术。工辽、汉文章"，善画本国人物，有部分作品藏入宋秘府。②萧韩家奴也是从小就喜欢读书，通辽汉文字，译著颇多，著《六义集》十二卷行于世。③所以中原文化在辽朝成为主流文化。

辽朝契丹族统治者在学习吸收中原文化的同时，对本民族的文化同样重视，他们不像拓跋魏那样对本民族的文化采取全盘放弃的政策，而是以"国制"加以保存，并促成其发展。契丹族文化的许多内容如官制、礼仪、风俗、语言、尚武精神等被保存下来，辽亡之后，还有一些被金朝所承袭。契丹族统治者保存并发展本族文化最典型的事例是创制契丹文字，契丹族原来只有本民族的语言而没有本民族的文字，即所谓"本无文记，惟刻木为信"④，辽太祖时，他"多用汉人，汉人教之以隶书之半增损之，作文字数千，以代刻木之约"⑤，这是契丹大字，后来又制成"数少而该贯"的契丹小字⑥，契丹文字用于文书、印信、碑刻、译文等方面，适应了契丹文化发展的需要。

在实行双轨制的辽朝呈现出多元文化并存的景象。在语言文字方面，汉语汉字与契丹语契丹字都是官方认可的语言文字。在服饰方面，庙堂之上，龙庭之中，有"汉服""国服"之别，"皇帝与南班汉官用汉服，太后与北班契丹臣僚用国服"。⑦其朝服如此，其他服饰可想而知。在礼仪上，"遥辇胡剌可汗制祭山仪，苏可汗制瑟瑟仪，阻午可汗制柴册、再生仪"等与"汉礼"并用于朝，所以到元朝修《辽史》时"国史院有金陈大任《辽礼仪志》，皆其国俗之故，又有《辽朝杂礼》，汉仪为多"。⑧所

---

① 《辽史·道宗纪四》。
② 《辽史·宗室传·义宗倍》，《辽史拾遗》卷一〇引《尧山堂外纪》。
③ 《辽史·文学传上·萧韩家奴》。
④ 《五代汇要》卷二九。
⑤ 《新五代史·四夷附录第一》。
⑥ 《辽史·皇子表》。
⑦ 《辽史·仪卫志一》。
⑧ 《辽史·礼志一》。

以在《辽史·仪卫志》中"国仪"与"汉仪","国舆"与"汉舆","国仗"与"汉仗""渤海仗"共存。在庙堂音乐方面,"辽有国乐,有雅乐,有大乐,有散乐,有铙歌、横吹乐",国乐是指契丹民族音乐,雅乐、大乐、散乐等是从中原而来的汉乐。辽朝另外还有"诸国乐",是指回鹘、敦煌、女真等国歌舞。在娱乐活动方面,既有来自中原的棋艺、击鞠、角抵、百戏、双陆戏、叶格戏等,也有具有北方草原民族特色的射柳、射木兔、射虎、钩鱼、捕鹅、民族歌舞等。凡此种种,都与辽朝"因俗而治"的双轨制有关,多元文化正是在这种宽松的文化环境之下并存发展的。

三 多元文化并存下的文化融合

辽朝由双轨制衍生出来的多元文化并存的文化政策,使以中原文化为代表的农业文化和以契丹文化为主的游牧文化都得到了保存与发展,这两种文化的发展并不是平行线式的各自独立的发展,而是在发展的过程中有交流、有融合、有创新。

前面说过,"以国制治契丹,以汉制待汉人"不单是以地域为界线,也是针对具有不同文化背景的人。辽朝初期契丹族统治者出于巩固统治的目的,强迫大量的汉人北迁,同时部分少数民族人口如奚族和宫卫军户的南迁,这使得辽朝统治的中国北部地区各民族的人口在空间分布上与辽建国前相比,发生了空前变化,形成了汉人、契丹人、渤海人、奚人、室韦人等杂居的局面。如原契丹人的居住区上京"有绫、锦诸工作,宦者、翰林、伎术、教坊、角抵、秀才、僧尼、道士等,皆中国(中原地区)人,而并、汾、幽、蓟之人尤多"。[①] 辽朝中期建成的中京,原主要为奚族生活的地区,也变成"奚、契丹、汉人、渤海杂处之"[②]。中京道"自松亭已北,距黄(潢)河,其间泽、利、潭、榆、松山、北安数州千里之地,皆奚壤也,汉民杂居者半"。辽东地区"旧为渤海之国,自汉民更

---

① (五代)胡峤:《陷北记》,转引自《契丹国志》卷二五。
② (宋)叶隆礼:《契丹国志·四京本末·中京》。

居者众，迄今数世无患"。① 今黑龙江省地区也有大量汉人居住。② 同时还有大量汉人深入到牧区，曾出使过辽朝的宋人苏颂说："契丹马群动以千数，每群牧者才三二人而已……番汉人户亦以牧养多少为高下。"③ 汉民与番户一样以牧养数量的多少作为衡定财产多少的依据，可见这些汉人已深入牧区，以畜牧为业。人是文化最活跃的载体，负载着不同文化的人杂居在一起，势必会带来文化的交流和融合。

以中原文化为主的农业文化和以契丹文化为代表的游牧文化的交流与融合，因中原文化处于优势地位，其表现主要是契丹文化对中原文化的吸收与借鉴。契丹大字是"以隶书之半增损之"而成，契丹小字是在吸取回鹘文字优点的基础上，又借入了汉字的特点而制成的。其"《上契丹册仪》，以阻午可汗柴册礼合唐礼杂就之"。④ 辽代的许多礼仪大多如此。中原的一些传统节令和契丹旧俗并行，同时又相互影响，相互融合，形成带有二者文化基因的新的内容。如三月三日，踏青嬉水、曲水流觞和"陶里桦"（射木兔）活动并存。中原传统的九九重阳节以登高、插茱萸、饮菊花酒为主要内容，这些内容在辽代得以保存，穆宗应历十三年（963）重阳，"登高，以南唐所贡菊花酒赐群臣"⑤；圣宗统和三年（985）重阳，"骆驼山登高，赐群臣菊花酒"⑥。辽人在保留重九中原旧俗的同时又加入了带有契丹游牧射猎色彩的活动内容，"九月重九日，天子率群臣部族射虎，少者为负，罚重九宴。射毕，择高地卓帐，赐蕃、汉臣僚饮菊花酒。兔肝为臡，鹿舌为酱，又研茱萸酒，洒门户以禬禳。国语谓是日为'必里迟离'，九月九日也"。⑦ 既吸收了中原地区登高望远、饮菊花酒和以茱萸消灾避邪等内容，又糅入了契丹文化内容，如改登高为"择高地卓帐"，增加了射虎等内容。其他一些岁时节令大多类此，形成了独具特色的辽代节令文化。辽代的陶瓷艺术、雕塑、绘画、音乐、舞蹈、文学等，在学习中原技法的同时都融入了鲜明的游牧文化特色。

---

① 陈述：《全辽文》卷九《贾师训墓志铭》。
② 孙秀仁：《读〈大安七年〉刻石漫笔》，《北方论丛》1979 年第 1 期。
③ （清）厉鹗：《辽史拾遗》卷一三引《苏魏公集》。
④ 《辽史·礼志五》。
⑤ 《辽史·游幸表》。
⑥ 《辽史·圣宗纪一》。
⑦ 《辽史·礼志六》。

辽兴宗重熙十二年（1043）北院枢密使萧孝忠上奏说："一国二枢密，风俗所以不同。若并为一，天下幸甚。"① 所谓"一国二枢密"，是指辽朝以北、南院枢密分别治契丹与汉人等，即"以国制治契丹，以汉制待汉人"的双轨制。这个奏议虽未能付诸实施，但它反映出到了辽代中后期，随着契丹等族社会经济文化的发展，随着中原文化对契丹等族影响的加深以及文化融合的加强，需要政治制度做出相应的调整；同时它说明双轨制确有保护不同文化的作用（"风俗所以不同"）。道宗清宁三年（1057），道宗"以《君臣同志华夷同风》诗进皇太后"，倡导"华夷同风"。② 它既是对"文章通蠹谷，声教薄鸡林"③ 的文化融合同风的肯定，又必将更进一步地促使多元文化的融合发展。

四　结束语

政治制度与文化有着不可分割的联系，不同的政治模式对文化的发展会产生不同的作用。辽朝的双轨制在辽朝中前期对多元文化的并存起到了积极的作用。双轨制下的多元文化并存共生为文化交流融合提供了可能，各类文化在自由发展的同时自然融合，形成了独具特色的辽文化，正因为如此，辽文化才成其为"辽文化"，而非纯然的中原文化的移植。辽文化是辽朝对中原文化、契丹文化以及其他少数民族（渤海、奚、室韦等）文化成果兼容并蓄、融会创新的产物，它改变了我国北疆文化的面貌，丰富了我国历史文化的内涵，为后起的金文化的发展奠定了基础。

原载《北方文物》2002年第3期，人大复印报刊资料《宋辽夏金元史》2003年第1期全文转载

---

① 《辽史·萧孝忠传》。
② 《辽史·道宗纪一》。
③ 陈述辑校：《全辽文》卷三《君臣同志华夷同风应制》。

辽朝的文化冲突与文化抉择

不同的文化，在交流中产生矛盾和冲突是必然的。佛教传入中国，与儒家的传统文化之间发生了矛盾和冲突；后来两种文化相互改造、相互渗透，形成了中国式的佛教和理学。在近代，西洋近代文化，伴随着西方的坚船利炮涌入中国，近代西方文化与古老的中国传统文化之间产生了矛盾和冲突，这两种文化的矛盾和冲突是以"血"与"火"的形式表现出来的。从我国国内来说，历史上的中原农业文化与北方少数民族的游牧文化之间，早就在不断地进行着交流、融合，也不断地产生矛盾和冲突。交流、融合就是在矛盾和冲突中进行的。辽代文化也是如此。

一 不可避免的碰撞

中原农业文化的不断北来与扩散，与契丹族等族以游牧文化为主的旧有文化之间，不可避免地产生矛盾和冲突，这是因为两种文化之间的差异而引起的。

中原文化是以农业文化为主体的文化，在这种文化的熏陶下，人们多尚儒雅，认为"文质彬彬"才好。而在以畜牧业为主的北方少数发族的游牧文化中成长起来的人民，强调孔武有力，以能征善战、驰骑射猎为荣。在契丹人看来，中原文化使人懦弱，不习武事，而只会挥毫泼墨、吟咏风月，这当然是一种误解。中原文化也曾造就了众多的铮铮铁骨、谔谔不挠的英雄好汉。但是这种误解却在辽朝存在了很长时期，至少是有一部分人一直持有这种看法。这实际上是因文化差异、文化类型的不同而在契丹人的心理上产生的隔阂。当时的契丹族贵族，凭借其劲弓快马，经过长期的征战，又利用了唐末至宋朝有利于自己的形势，打下了"大辽国"

的天下，不仅接连灭掉后唐、后晋，而且使北宋纳币请和，所以，他们认为武力可以取得一切。但是，在治理这些地区时，则又需要具有中原文化素养的人来帮助他们。在一部分契丹族贵族看来，中原文化是一把双刃剑。它既可以武装自己，又可能伤害自己。因此，形成了这样一种矛盾的局面：一方面积极地吸收、学习、利用中原文化，为自己服务；另一方面又对契丹人，特别是中、下层的契丹族人学习中原文化有戒备，有限制。

《旧五代史·外国列传》云："阿保机善汉语，谓（姚）坤曰：'吾解汉语，历口不敢言。惧部人效我，令兵士怯弱也。'"这里阿保机担心的不仅仅是兵士会汉语，更重要的是怕兵士因此而受中原文化的影响，变得怯弱而无战斗力。由此可以窥见中原文化与契丹旧有文化之间的矛盾在阿保机头脑中的反映。他一方面大量掳掠汉人，要汉族知识分子为自己出力，为自己扩大和巩固统治而服务；另一方面又害怕中原文化对契丹族人，尤其是契丹族兵士产生大的影响，削弱其战斗力，对他统治不利。

也正是基于这种考虑，辽朝禁止契丹人参加科举考试，目的就是不把契丹人的兴趣引导到读书上来，以保持契丹族军队具有强劲的战斗力。耶律庶箴的儿子薄鲁，幼时就聪悟好学，通契丹大字，习汉文，博通经籍，重熙年间，他参加考试，"举进士第"。"主文以国制无契丹进士之条。闻于上，以庶箴擅令子就科目，鞭之二百。"对身为"本族将军"的耶律庶箴，族以鞭打二百的刑罚，目的就是要罚一儆百，灭绝契丹人参加科举考试的念头。辽兴宗和部分贵族认为，耶律薄鲁有如此广博的学问，有一挥而就的文才，必然是懦弱不武之辈。有一次，耶律薄鲁"应诏赋诗，立成以进。帝嘉赏，顾左右曰：'文才如此，必不能武事。'"尽管薄鲁回答说："臣自蒙义方，兼习骑射，在流辈中亦可周旋。"[①] 兴宗还是不信。后来他随兴宗出猎，三矢射中三兔，兴宗才相信了。可见能文则不能武的偏见，到辽朝中期还有一定的影响。这自然是中原文化与契丹族等族旧有的游牧文化在融合的同时，又存在矛盾的一个体现。但融合是主流。众多的契丹人喜爱中原文化，他们努力学习、研究中原文化典籍就是一个明证。到了辽朝末年，情况就大不相同了。契丹贵族耶律大石就曾参加科举考

---

① 《辽史·耶律庶箴传·附薄鲁》。

试,"登天庆五年(1115)进士第"。①

当辽太宗率部长驱直入、进军中原、灭掉后晋、进驻汴京时,展现在他眼前的是中原文化的"全景"。对此,他起初感到茫然和不适应,他所习惯的还是本族旧俗。"德光将至京师,有司主以法驾奉迎",他不予接受,耶律德光说:"吾躬擐甲胄,以定中原,太常之仪,不暇顾也。"言外之意是:我以武力灭晋,其礼仪无足重轻。到次年正月乙未,他才"被中国冠服,百官常参,起居如晋仪"。但他还是有所保留,"毡裘左衽,胡马奚车,罗列阶陛",不失其"车马为家""毡车为营、硬寨为宫"的游牧旧俗。到三月丙戌朔,他才"服靴、袍、御崇元殿,百官入阁",全部采用晋仪。这时,他为如此宏大的场面而"大悦",不无感叹地对左右说:"汉家仪物,其盛如此。我得于此殿坐,岂非真天子邪!"② 在契丹旧俗和中原仪仗之间徘徊了一段时间之后,他终于接受了中原法驾仪仗,并认为只有如此才是"真天子"。

中原文化与契丹族畜牧业文化之间的矛盾,还可以从拥有不同文化的人对契丹皇帝畋猎、击鞠的不同看法上得到反映。契丹皇帝虽然任用汉人为官,学习中原典章制度,但他仍保持了本民族的某些文化特色。他孔武尚力,以射猎为乐事。太宗会同三年(940)九月庚午,"侍中崔穷古言:'晋主闻陛下数游猎,意请节之。'上曰:'朕之畋猎,非徒从乐,所以习武事也。'乃诏谕之"。③ 在拥有中原文化的后晋君臣看来,畋猎是一种纯然享乐的活动,所以要请辽太宗"节之",而拥有游牧文化的辽太宗则认为畋猎主要是"习武事",具有不同文化背景的两类人对同一件事情的认识大相径庭。

辽圣宗十分爱好击鞠。击鞠虽不是契丹故俗,却是一项极好的健身习武活动,因此这项活动受到契丹族等族人的喜爱,并和他们原有的骑射活动结合起来,成为一项"热门"娱乐活动。圣宗的击鞠受到了一批具有中原文化的官员的反对。汉官马得臣上书谏圣宗击鞠,提出了"三不宜"的理由:"窃以君臣同戏,不免分争。君得臣愧,彼负此喜,一不宜。跃马挥杖,纵横驰骛,不顾上下之分,争先取胜,失人臣礼,二不宜。轻万

---

① 《辽史·天祚帝纪四》。
② 《新五代史·四夷附录第一》。
③ 《辽史·太宗纪下》。

乘之尊，图一时之乐，万一有衔勒之失，其如社稷、太后何？三不宜。"①马得臣是以中原文化的眼光来看待圣宗与大臣击鞠的，三条理由前两条可以归结为一条，即君臣同戏有失君臣名分。辽朝中期，皇帝与大臣之间的关系不像中原那样森严，而是相当融洽。圣宗曾"以麻都骨世勋，易衣马为好"；"与夷离毕、兵部尚书萧荣宁定为交契，以重君臣之好"。② 兴宗"常夜宴，与刘四端兄弟、王纲入伶人乐队，命后妃易衣为女道士"③，与大臣同戏，所以圣宗与大臣击鞠不足为怪，而马得臣一味从君臣名分出发而立论，其说服力就未免不强。此后，辽圣宗还是与大臣击鞠不辍，如统和十四年（996）六月，就又大臣击鞠。这种观念上的差异，反映的正是文化背景的差异。

如果说上述这些矛盾和冲突表现得还不明显、不激烈的话，那么，下面的矛盾和冲突则是以"血"与"火"的形式表现出来的。

太祖死后的皇权之争，是两种文化之间的斗争在政治上的反映。当时两个最有可能继承皇位的人选，是耶律倍和耶律德光两兄弟，耶律德光是次子，为"天下兵马大元帅"。按契丹旧俗，掌兵马大权者，有选汗的资格。耶律倍是长子，是当时的皇太子。他喜好中原文化，他的皇太子之位是早由太祖立下的。按中原文化传统，他是当然的皇位继承人。但由于当时封建化力量和中原文化的影响在辽朝尚处于劣势，斗争的结果是太宗耶律德光即位，即契丹文化的代表者的势力占了上风。皇太后述律氏是守旧势力的领头人。"述律氏爱中子德光，欲立之，命与突欲（耶律倍的契丹名）俱乘马立帐前，谓诸臣曰：'二子吾皆爱之，莫知所立，汝曹择可者，执其辔？'诸臣知其意，争执德光，遂立之。"④ 这与诸臣本身倾向旧文化有很大关系。倘若有更多的大臣倾向汉化和学习中原文化，述律太后等少部分人想立德光为帝也不一定能成功（后来的兀欲和李胡之争就证明了这一点）。事情并未到此为止，中原文化毕竟有一定的市场，太宗不得不对汉化派加以防范，用各种手段对付汉化派。迁东丹王耶律倍到东

---

① 《辽史·马得臣传》。
② 《辽史·圣宗纪六》。
③ （宋）叶隆礼撰，贾敬颜、林荣贵点校：《契丹国志·兴宗文成皇帝》，上海古籍出版社1985年版。
④ 《资治通鉴》卷二七七。

平,升东平为南京,"置卫士阴伺动静"①,对耶律倍进行监视控制,耶律倍不堪忍受,终于泛海适唐,"以成吴太伯之名"。②太宗还对那些赞成立耶律倍为帝的人加以迫害。耶律迭里在立帝问题上曾经提出"帝位宜先嫡长;今东丹王赴朝(当时耶律倍因奔太祖之丧而入朝),当立"。这实际上是受中原皇位继承制"立长不立少""立嫡不立庶"的影响而提出的。因此他得罪于述律太后和太宗等人。后来"以党附东丹王,诏下狱。讯鞫,加以炮烙,不伏,杀之,籍其家"。③

太宗从石敬瑭处获得燕云十六州,大大增强了辽境的中原文化势力。契丹贵族中有许多人倾向汉化和主张大量引进中原文化,到太宗死时,皇位继承问题发生了第二次纷争。这次斗争以主张汉化的一派获胜而告终。太宗灭晋以后,他采用契丹族惯常的思维方式和统治手段对中原人民进行统治、压榨,激起了中原人民的强烈反抗,他不得不从中原撤出,在返辽途中病重身亡。以倾向汉化的东丹王之子耶律兀欲为首的汉化派,和以述律太后、太宗之弟耶律李胡为首的守旧派之间展开了新一轮的皇权之争,实际上也是两种文化之争。李胡以皇太弟的身份兼任兵马大元帅,太宗正是以兵马大元帅继承皇位的,按契丹故事有继位的资格,又加之他深得述律太后的宠爱,所以他大有可能继位。李明对中原文化一窍不通,视若粪土。这时,汉化派的耶律迭里之子安抟对兀欲说:"大王聪安宽恕,人皇王之嫡长;先帝虽有寿安(耶律璟,即后来的穆宗),天下属意多在大王。"④南院大王耶律吼、北院大王耶律洼等大臣都倾向于兀欲继位,他们号召诸将说:"永康王,人皇王之嫡长,天人所属,当立。"⑤在广大将士的拥护下,兀欲以人皇王之嫡长的身份被立为帝,这表明了汉化派势力的增强。述律太后和李胡等守旧派意欲以武力夺取皇位,终因大势所趋而妥协,承认兀欲帝位的合法性。世宗耶律兀欲"慕中华(中原地区)风俗,多用晋臣";他在重视中原文化上,大概走得颇远,以至做到"侮诸宰执,由是国人不附,诸部数叛"。⑥两派势力斗争很激烈,原来拥立世

---

① 《辽史·太宗纪上》。
② 《辽史·宗室传·义宗倍》。
③ 《辽史·耶律安抟传》。
④ 同上。
⑤ 《辽史·耶律洼传》。
⑥ (宋)叶隆礼撰,贾敬颜、林荣贵点校:《契丹国志·世宗天授皇帝》。

宗的部分大臣（他们与述律太后有矛盾）也反对世宗大量地吸收中原文化，终至进行叛乱。世宗继位的第二年，即天禄二年（948），耶律天德、萧翰、刘哥、盆都等谋反，被镇压。天禄三年（949），萧翰又与公主阿不里、耶律安端谋反，被镇压。天禄五年（951），耶律安端的儿子察割发动政变，杀死世宗和皇后，自称皇帝。世宗之弟耶律娄国以计杀之，帝位被太宗长子耶律璟（穆宗）夺得。他上台后，对汉化派进行报复。耶律安抟以"立世宗之故，不复委用"①，后又借口他与齐王罨撒葛谋乱，打入狱中，死去。耶律吼之子何不鲁，因"其父吼首议立世宗，故不显用"。② 在这种形势下，汉化派受到很大的打击。国舅政事令萧眉古得和宣政殿学士李澣（汉人）想南奔后周，未果，事败，萧眉古得被杀，李澣幸得汉官高勋力救，方免一死。后来穆宗因对奴隶极其残酷，被忍无可忍的奴隶杀死，景宗耶律贤继位。景宗为世宗的第二子，他是汉化派，主张大量吸收中原文化，他之后的圣宗耶律隆绪（景宗长子）更是力主广泛地吸收、学习中原文化，开创了辽朝历史上的极盛时期。他大量任用汉官，在全国以科举取士，进行了一系列的封建化改革。至此，作为两种文化冲突在皇位争夺上的斗争才基本结束。两种文化经过反复的较量，不断北来的中原文化终于占了上风，取得了胜利。

这种矛盾与冲突，即使到了辽朝晚期也仍然存在。辽道宗即位时，在举行册礼地点的问题上的争论，就是文化冲突的表现。"道宗即位，将行大册礼，北院枢密使萧革曰：'行大礼，备仪物，必择广地，莫如潢川。'六符曰：'不然，礼仪国之大体，帝王之乐，不奏于野，今中京四方之极，朝觐各得其所，宜中京行之。'上从其议。"③ 正如陈述先生的分析："萧革和刘六符的争论，正是代表两种不同的观念：北面的和南面的或契丹看法和汉人看法。道宗之世，建国已近二百年，其存于契丹人心者，仍然不是汉人庙堂之雅，相反的是平川广地，此是契丹国内民族文化的矛盾。"④

两种文化之间的矛盾与冲突，是因两种文化的差异所引起的。我们不

---

① 《辽史·耶律安抟传》。
② 《辽史·何不鲁传》。
③ 《辽史·刘六符传》。
④ 陈述：《契丹政治史稿》，人民出版社1986年版，第88页。

否认当时这两种文化之间矛盾与冲突的存在，但我们又决不同意"征服者王朝"论者的观点，把一部辽史看成契丹族的征服史，是纯然的两种文化的斗争史。矛盾与冲突是客观存在的，这是两种文化交汇时的必然现象，但在整个辽文化史中，不是占主导地位，交流与融合才是主流，也正是这一主流决定了辽文化的发展方向。辽朝的统治者（指那些顺应历史发展的统治者）在矛盾和冲突前做出了明智的抉择。

二 比较明智的抉择及其结果

在中原农业文化与契丹原有的游牧文化之间的对抗与冲突的情况下，中原文化能够比较快地在辽统治区传播、扩散，辽统治者的大力提倡和推广起了很大作用。文化的传播，无论是传播者还是接受者，都可以有意识地、主动地进行。文化的接受者，对所输入的文化的诸因素会使其适于自身的需要而加以利用。契丹族贵族为了利用中原文化为其统治服务，积极主动地倡导学习中原文化，他们所做的努力有以下几个方面。

（一）最高统治者的崇尚与学习

辽朝的皇帝，特别是中后期的皇帝，大多崇尚中原文化，积极汲取中原文化，具有一定的中原文化素养。辽朝的建立者耶律阿保机、景宗耶律贤、圣宗耶律隆绪、兴宗耶律宗真、道宗耶律洪基等崇尚中原文化，学习中原典籍。契丹族的一部分贵族、达官显宦，也喜爱中原文化，以读书能文为荣。帝王、大臣的行为必然影响到中、下层人民，使他们对中原文化产生浓厚的兴趣，去努力学习中原文化。

（二）重视教育、强强灌输

辽朝立国之初，凭借其强大的军事力量，南征东伐。后又得燕云十六州，获得大批汉人，其中不乏知识分子。辽朝进入巩固发展的建设时期，其所需人才则需要靠自身的力量去培养，对中原文化的学习、汲取，要继承和发扬下去，仅靠口耳相传是不够的，必须依靠系统的教育，辽朝最高统治者认识到了这一点。

辽朝在全国范围内，依照中原的办学方式，建立学校，进行文化教育。太祖时，在中央（上京）置国子监、设祭酒、司业、监丞、主簿，下设国子学，设博士、助教。后来，武白就曾被"诏受上京博士"。①圣宗统和十三年（995）九月，"以南京太学生员浸多，特设水墊庄一区"。②据此可知南京也设有太学。"中京别有国子监"，设有中京学；另外，东京、西京也设有东京学、西京学。③地方上，黄龙府、兴中府等设府学，五京道各州、县设有州学、县学，由博士、助教任教。不少地方官员注意兴学。耶律孟简为商州观察使时，"修学校招生徒"。④辽在各级学校中，都崇奉孔子并以儒家的经典为教学的主要内容。曹守常"幼习儒业，早善声明，口授诸生，处处为师匠"。⑤在西京道，"有奉圣、归化、云、德、宏、蔚、妫、儒等州学、各建孔子庙，颁《五经》诸家传疏，令博士助教教之，属县附焉"。⑥在一些少数民族聚居区，还按照其地不同情况，设立学校，如开泰二年（1013）"归州言其居民本新罗所迁，未习文字，请设学以教之，诏允所请"。⑦

学校向读书人灌输的是儒家思想，读书人尊崇的是儒学的创始人孔子，通过学校教育，使他们从小就受到中原文化的熏染。

除学校教育外，家庭教育也是一个重要方面。邢简妻陈氏，年轻时，"涉通经义，凡览诗赋，即能诵，尤好吟咏，时以女秀才名之"。她嫁给邢简，"有六子，陈氏亲教以经"，其中抱朴、抱质二子，"毕以儒术显"。⑧《大同府志》："一经楼在应州城内，辽郎中邢简妻陈氏教子读书处。"⑨可见《辽史》记载属实。萧薄奴，年幼孤贫，受雇于一个医生之家，为其放牛，医生"教以读书，聪明嗜学，不数年，涉猎经史"，后官至六部大王。⑩

辽朝大概还有一些供读书之用的藏书处，或可名之书堂。那里藏有图书，环境优雅，便于埋头苦读钻研。书堂大都在山里。东丹王耶律倍在医

---

① 《辽史·武白传》卷八二。
② 《辽史·圣宗纪四》卷一三。
③ 《辽史·百官志四》。
④ 《辽史·耶律孟简传》。
⑤ 陈述：《全辽文》卷八王鼎《六娉山天开寺戮悔上人坟塔记》。
⑥ 《宣府镇志》，转引自《辽史拾遗》卷六。
⑦ 《辽史·圣宗纪六》。
⑧ 《辽史·列女传·邢简妻陈氏》；又《辽史·邢抱朴传》。
⑨ 转引自《辽史拾遗》卷二一。
⑩ 《辽史·萧蒲鲁传》。

巫闾山筑望海堂。藏书数万卷（一说为一万卷），这是他私人的藏书处。后来耶律倍泛海适唐，虽"载书而去"，但不可能尽迁其书，总还会留下一大批。因而医巫闾山就成为一个读书之所。耶律良"出生乾州，读书医巫闾山"，当与此有关。此外，南山、太宁山也是求学之地。耶律良"学既博，将入南山肄业。友人止之……不听，留数年而归"。① 萧韩家奴也曾是在弱冠之年，"入南山读书，博览经史，通辽、汉文字"。② 王鼎"幼好学，居太宁山数年，博通经史"。③ 这些山中读书之所，可能与其地藏有图书有关，也可能仅是他们避嚣习静，在那里闭户精读。

学校、家庭、藏书处，多层次、多地点的教育体系，形成了一张巨大的教育网。中原文化比较集中地从网点上播散出来，培育了一大批契丹、汉等族知识分子，传播了中原文化。许多契丹族子弟和汉人经过学习，掌握了汉、契丹等语文，对中原地区的经、史、科技、典章制度等有较深的了解。萧阳阿"识辽、汉文字、相法"。④ 耶律庶成"幼好学，书过目不忘，善辽、汉文字，于诗尤工"。耶律薄鲁"幼聪悟好学，甫七岁，能诵契丹大字，习汉文，未十年，博通经籍"。⑤ 杨晳，"幼通《五经》大义"。⑥ 耶律昭、萧瑟瑟、耶律资忠、耶律国留、萧观音、耶律隆先、萧柳、萧孝穆、刘三嘏、耶律常歌、耶律孟简、耶律世良、耶律俨、耶律淳、耶律雅里、耶律大石等，都具有较深的中原文化造诣。

（三）"用唐之制"开科取士

读书不是最终目的，除少数以读书自娱和读书求道提高自身修养的人外，多数人都想学以致用。致用的内容，大半是学而优则仕，求取官禄。儒家学说是主张学以致用的。孔子说："诵诗三百，授之以政，不达；使于四方，不能专对，虽多，亦奚以为？"⑦ 契丹族贵族子弟起初虽不必经过考试就可以做官，但他们努力学习是为了熟悉中原文化，以增强其居官

---

① 《辽史·耶律良传》。
② 《辽史·文学传上·萧韩家奴》。
③ 《辽史·文学传下·王鼎》。
④ 《辽史·萧阳阿传》。
⑤ 《辽史·耶律庶箴传·附薄鲁》。
⑥ 《辽史·杨晳传》。
⑦ 《论语·子路》。

从政的能力。

辽开科取士,既是学习中原文化的结果,又是促进学习中原文化的原因。统和六年(988)诏"开贡举,放高举一人及弟"①,开始了辽朝在全国范围内的科举取士(在此之前,仅在一地或几地开科)。此后,每年中举的人数逐年增加,到道宗寿昌以后,"进士及第者多至百人"。② 一旦榜上有名,则授之以官,加以任用。所考内容,也以中原文化知识、写作能力为主。太平五年(1025),"求进士得七十二人,命赋诗,第其工拙。以张昱等一十四人为太子校书郎。韩栾等五十八人为崇文馆校书郎"。③ 重熙五年(1036)兴宗开始进行御试,中举者更是恩宠有加,荣耀无比。冬十月,"御元和殿,以《日射三十六熊赋》、《幸燕诗》试进士于廷,赐冯立、赵徽四十九人进士第,以冯立为右补阙,赵徽以下皆为太子中侍,赐绯衣、银鱼、遂大宴"。④

金榜题名的荣耀和随之而来的利禄,吸引着成千上万的人孜孜不倦地面壁苦读经书、诗赋,也在人们的心目中形成了这样的价值观念:只要饱学中原文化典籍、学会吟诗作赋,就可以取得功名。利禄所在,士人无不致力学习中原文化,由此而引起的学习中原文化的浪潮,比口头的倡导、行政命令的推广都更有效。

辽朝的科举考试与中原政权相比,无论是在科考的科目上,还是在科考的人数、规模上,都是小巫见大巫,这在我国北方少数民族统治阶级所建立的政权中,实属首创。对我国北方边疆文化事业的发展起到了促进作用,为后来的少数民族统治阶级所建立的政权,如金朝,提供了借鉴。

(四) 校勘、翻译、颁行中原文化典籍

中原文化典籍在流传的过程中难免出现衍、脱、误、倒的现象。辽朝统治者利用其人力、物力,对文化典籍进行了一定的校勘、整理。辽朝文学馆、崇文馆、司经局等,设有太子校书郎和校书郎。道宗清宁十年(1064)十一月,"诏求乾文阁所阙经籍,命儒臣校雠"。⑤ 道宗令儒臣校

---

① 《辽史·圣宗纪三》。
② 《续通志·选举略二》。
③ 《辽史·圣宗纪八》。
④ 《辽史·兴宗纪一》。
⑤ 《辽史·道宗纪二》。

雠儒学经籍之后，又令僧人对佛教经典进行校勘。太康九年（1083）十一月，"诏僧善知雠校高丽所进佛经，颁行之"。[1] 除校雠外，还对中原典籍进行摘要、改写，以便阅读。圣宗好读唐高祖、太宗、玄宗三纪，汉官马得臣摘录其"行事可法者进之"。[2] 萧韩家奴与耶律庶成受兴过之命。"博考经籍""酌古准今"，编成《礼典》三卷。此书内容是"自天子达于庶人，情文制度可行于事，不缪于古者"。[3] 可以说《礼典》基本上是对中原地区有关礼的典籍的浓缩。

辽朝对古籍（包括儒家经典、佛教经典和其他典籍）的校勘、整理虽不及中原皇朝所做的那样，规模宏大，考订精深，但对于一个少数民族所建立的政权来说，实为不易。辽朝对古籍的整理为契丹族等族学习中原文化，为其后世的学术的发展，奠定了一定的基础。

对于不会汉语，又想学习中原文化典籍的人来说，翻译本是最好不过的了。见于记载的译本有，圣宗译白居易的《讽谏集》，东丹王耶律倍译的《阴符经》，耶律庶成译的《方脉书》，萧韩家奴译的《通历》《贞观政要》《五代史》。耶律学古也"颖悟好学，工译（翻译）及诗"。[4] 陈昭衮"工译鞬"。[5] 只是未见其所译著作之名。这表明，当时翻译的典籍绝不只有上述几本。从《辽史》记录下来的这几位译者来看，他们都是精通辽、汉文字的大家，其译本想必是字斟句酌、质量较好的，这些译本流传很广，原来"契丹人鲜知切脉审药"，自《方肪书》译本行世之后，"人皆通习，虽诸部族亦知医事"[6]，达到了很好的效果，可惜的是这些译本均未能保存下来。

辽朝还经常颁行经、史等书籍，以便士人习读。清宁元年（1055），诏"颁《五经》传疏"[7]，咸雍十年（1074）十月"丁丑诏有司颁行《史记》、《汉书》"[8]。辽境内各部族有时还向朝廷求赐书籍，如开泰元年

---

[1] 《辽史·道宗纪四》。
[2] 《辽史·马得臣传》。
[3] 《辽史·文学传上·萧韩家奴》。
[4] 《辽史·耶律学古传》。
[5] 《辽史·陈昭衮传》。
[6] 《辽史·耶律庶箴传·附庶成》。
[7] 《辽史·道宗纪一》。
[8] 《辽史·道宗纪二》。

(1012)八月,铁骊(属辽东道)"那沙乞赐儒书",诏赐《易》《诗》《书》《春秋》《礼记》各一部。① 这样,就使儒家经典的读者面更广。

辽朝统治者为了积极主动地学习中原文化,所采取的上述措施,极大地推动了中原文化的普及、扩散,增强了中原农业文化与契丹族等族原有的游牧文化在对抗中的力量,使中原文化扎根于辽。这不能不说是辽朝统治者的明智之举,也是他们为我们伟大祖国的文化繁荣所做的积极贡献。

在中原文化与畜牧业文化的矛盾和冲突中,辽统治者做出的抉择是:既要最大限度地引进、学习、吸收、发扬中原文化,又要对契丹族旧有文化中的一些成分加以保留、继承和发扬,并使之与中原文化融合。他们不像北魏统治者孝文帝那样,对本民族鲜卑的文化进行全盘放弃(革除原有官制,全用汉官制;禁胡服,着汉装;断北语,说汉语;改姓氏,用汉姓等),而是借用政权的力量,对原有文化进行调整,使之得到一定的保留和发展。契丹族文化的许多内容,如礼仪、风俗、语言、尚武精神等,在辽朝被继承下来,辽亡以后,还有一些为金朝沿用和继承。

契丹族原来只有本民族的语言而无本民族的文字,即所谓"本无文字,惟刻木为信"。② 辽太祖时,"多用汉人,汉人教之以隶书之半增损之,作文字数千,以代记得木之约"。③ 这是契丹大字。神册五年(920)九月,"大字成,诏行之"。后来又制"数少而该贯"的契丹小字。④ 这都适应了契丹族文化发展的需要。契丹字广泛地用于文书、印信、碑刻、译文等方面,对契丹族历史的发展起了积极作用。金朝初期,女真族沿用契丹字,直到金章宗明昌二年(1191)四月,"谕有司,自今女真字直译为汉字。国史院专写契丹字者罢之"。十二月"诏罢契丹字"。⑤ 契丹文的创制,是契丹族积极学习、吸收、消化中原文化和邻近的兄弟民族文化的结果。契丹大字是以"隶书之半增损之"而制成的,契丹小字是在吸取了回鹘文字优点的基础上,又借入了汉字的特点而制成的。利用汉字的笔画结构,创制本民族的文字,这在我国各族文化中是一大创举,契丹族的这种做法,为西夏、女真族所承袭,为他们提供了可资借鉴的先例和经

① 《辽史·圣宗纪六》。
② 《五代会要》卷二九。
③ 《新五代史·四夷附录第一》。
④ 《辽史·皇子表》。
⑤ 《金史·章宗纪一》。

验,这也是契丹族对我国文化的重要贡献。

在服饰上,契丹族保留了民族服装。泱泱大辽,庙堂之上,龙庭之中,"皇帝与南班汉官用汉服,太后与北班臣僚用国服"。① 在官制上,根据辽朝统治区域内不同的经济类型和不同的文化、生活方式、习俗,实行因俗而治,"官分南北,以国制治契丹,以汉制待汉人"。"北面治宫帐、部族、属国之政;南面治汉人州县、租赋、军马之事"②,各司其职。

在姓氏上,契丹人一仍其旧。在礼仪上他们把许多契丹旧俗、礼仪保留下来。如柴册仪、祭山仪、瑟瑟仪、拜日仪、勘箭仪、再生仪等,岁时杂仪中,更是有许多具有鲜明的游牧文化特色。如三月三日的"陶里桦"(射木兔)活动、四时捺钵等。从中原接受的有些节日,也融入了契丹族文化的特色。如"重九",既吸收了中原地区登高望远、饮菊花酒和以茱萸消灾避邪等内容,又融入了契丹族较骑射猎的内容。如改登高为"择高地卓帐","天子率群臣、部族射虎,少者为负,罚重九宴"等③,使之同时具有鲜明的本族文化特色。音乐上,辽有国乐(契丹旧乐),"犹先王之风"④,国乐与中原音乐——雅乐,共同奏起文化交流与融合的乐章。

辽朝统治者还对建国以前的历史进行系统的总结和研究。如太宗会同四年(941)二月丁巳"诏有司编《始祖奇首可汗事迹》"。⑤ 兴宗重熙十三年(1644)"诏前南院大王耶律谷欲、翰林都林牙耶律庶成等编集四朝上世以来事迹"等。⑥ 更有一些契丹人,如耶律良,"练达国朝典故及世谱"⑦,成为精通本族历史的史学家。这对发扬民族文化、增强民族自信心是很有意义的。

正因为如此,辽文化才成其为"辽文化",而非纯然的中原文化的移植。辽朝一些有远见的统治者,在文化冲突面前所做的抉择——对北来的中原文化进行扶植,积极地吸收、继承和发扬;对本民族的文化,不是采

---

① 《辽史·仪卫志一》。
② 《辽史·百官志一》。
③ 《辽史·礼志六》。
④ 《辽史·乐志六》。
⑤ 《辽史·太宗纪下》。
⑥ 《辽史·兴宗纪二》。
⑦ 《辽史·耶律良传》。

取虚无主义的态度，而是加以相当的保留、继承、发扬，使之与中原文化相融合。历史证明，他们的抉择是明智的。正是这一文化政策，使辽文化得到了较快的发展，这样发展起来的别有特色的辽文化，为中华民族的历史文化增添了耀目的一页。

原载《辽金史论集》，中国社会科学出版社 2007 年 8 月版

辽代不存在诸行宫都部署院考

武玉环先生发表在《历史研究》2000年第2期的《辽代斡鲁朵探析》一文，对有关辽代斡鲁朵的一些问题进行了深入而全面的研究，给笔者许多启迪。武先生文章第四部分"斡鲁朵的管理机构——北、南面宫官考辨"认为"诸行宫都部署院是契丹行宫都部署司、汉人行宫都部署司之上的管理机构"，"斡鲁朵的最高管理机构为诸行宫都部署院"。笔者以为尚值得商榷，故不揣浅陋提出疑问，向武先生讨教，并就教于专家学者。

笔者比较赞同杨若薇先生的观点："诸行宫都署院，纯属修《辽史》者杜撰，诸行宫都部署乃汉人行宫都部署或契丹行宫都部署之简称，而此二者乃各为行宫中南北面之最高官署，在二者之上并没有更高的总辖机构。"①

武先生认为："据辽代石刻资料与其他史书查证得知：诸行宫都部署院确实存在，是总契丹、汉人（北、南面）诸行宫之事。"但文中所引石刻资料只能证明辽代确实存在"诸行宫都部署""诸行宫副都部署"之名，而不能证明"诸行宫都部署院确实存在"。武文中引用《全辽文》卷九《萧义墓志铭》：天祚帝继位乾统初年，萧义"于是自诸行宫都部署授国舅详稳，加太子太师"。陈述先生认为"萧义字子常，《辽史》卷八二有传，作萧常哥"。查《辽史》本传云："寿隆二年（1096），以女为燕王妃，拜永兴宫使。及妃生子，为南院宣徽使，寻改汉人行宫都部署。乾统初，加太子太师，国舅详稳。"《辽史·道宗纪六》：寿隆六年（1100）五月"乙酉，汉人行宫都部赵孝严薨"；乙未"南院宣徽使萧常哥为汉人

---

① 杨若薇：《辽代斡鲁朵官制探讨》，《中国史研究》1986年第4期。

行宫都部署"。由此可知,"诸行宫都部署"是"汉人行宫都部署"的异称。我们还是以石刻资料为参照,《全辽文》卷八《耶律仁先墓志铭》:"迁契丹诸行宫都部署。"时间在重熙十一年(1042)至十八年(1049)之间。查《辽史》卷九五本传,重熙"十三年,伐夏,留仁先镇边。未几召为契丹行宫副都部署"。《辽史·兴宗纪二》:重熙十五年十一月丁亥,"以……契丹行宫都部署耶律仁先南院大王"。这证明"契丹诸行宫都部署"与"契丹行宫都部署"为同一职位。这方面的论证材料杨若薇先生在《辽代斡鲁朵官制探讨》一文中列举得更多,本文不一一列举。

武文云:"《契丹国志》中也同样记载耶律隆运在辽圣宗朝曾担任南北面行宫都部署。《全辽文》卷一三《常遵化墓志铭》记载:'公(常遵化)先娶于南王□番汉都部署女。'这里的南北面行宫都部署、番汉都部署即是诸行宫都部署的异称。因诸行宫都部署总契丹、汉人诸宫之事。"我们认为这种推理和理解有误。《契丹国志·耶律隆运传》云:"赐姓耶律氏,及改赐今名。未几,拜大丞相,充契丹汉儿枢密使、南北面行宫都部署。"南北面行宫都部署应理解为南面行宫都部署和北面行宫都部署,即契丹行宫都部署和汉人行宫都部署,否则,按照武先生的逻辑,耶律隆运"充契丹汉儿枢密使",那么,在契丹枢密院、汉人枢密院之上还存在一个统管蕃汉事务的某某枢密院,这显然是不成立的。《常遵化墓志铭》中的蕃汉都部署,亦应作如是观。

武先生文中另一条证据为《辽史·兴宗纪》重熙六年(1037)的一条史料,武先生据此认为:"在同年同月存在三位斡鲁朵官员:诸行宫都部署、契丹行宫都部署、知南面行宫副都部署。由此可印证辽代确实存在诸行宫都部署院,而契丹行宫都部署、汉人(南面)行宫都部署都不能取代诸行宫都部署院的存在。"为了说明问题,兹将《辽史·兴宗纪一》的这段文字引述如下:十一月"辛亥,以契丹行宫都部署萧惠为南院枢密使。壬子,以管宁为南院枢密使,萧扫古诸行宫都部署,耶律裹里知南面行宫副部署"。这里有一个问题,正如校勘者所云:"连日以一官任二人,不合。……是管宁即萧惠,一事重出。"由此可知修《辽史》者未加考辨,只是将有关史料抄汇到一起。我们认为诸行宫都部署即契丹行宫都部署,修史者未弄清二者为异名,照录史料,使在同一段文字中出现两个不同的名称。正因为原来任契丹行宫都部署的萧惠改任为南院枢密使,所以要任命萧扫古来接替他,这种情况在《辽史》中很普遍,如《道宗纪二》:咸雍七年"十二月壬子，以契丹行宫都部署耶律胡睹知北院枢密使事，知北院枢密使事萧惟信为南府宰相，兼契丹行宫都部署"。《道宗纪四》：太康九年闰六月"己丑，以知兴中府事邢熙年为汉人行宫都部署，汉人行宫都部署王绩为南院枢密使"。《道宗纪六》：寿隆六年五月"乙酉，汉人行宫都部署赵孝严薨"。乙未，以"南院宣徽使萧常哥为汉人行宫都部署"。

武文的另一条证据是《全辽文》卷十《王师儒墓志铭》。称其"两处提到，王师儒曾于辽道宗大安七年（1091）、天祚帝乾统元年（1101）分别担任诸行宫都部署。与此同时，道宗大安七年任契丹行宫都部署的有萧陶隗，担任汉人行宫副部署的为耶律谷欲。在同一时间里，诸行宫都部署、契丹行宫都部署、汉人行宫副部署同时并存。由此可以断定：诸行宫都部署并非汉人行宫都部署或契丹行宫都部署的异称，也并非子虚乌有之事"。在大安七年同时存在诸行宫都部署、契丹行宫都部署、汉人行宫副部署的称呼，并不能否定诸行宫都部署是汉人行宫都部署或契丹行宫都部署的异称，我们认为此处的诸行宫都部署为汉人行宫都部署的异称，王师儒在大安七年任职汉人行宫都部署，与萧陶隗任契丹行宫都部署，耶律谷欲任汉人行宫副部署并不矛盾。假定诸行宫都部署为辽代斡鲁朵宫官之长，王师儒是不可能担任此职的，因为北面官"其官吏的任用一律用的是契丹贵族"[①]（引者按：除赐姓耶律的极少数汉人之外，如韩德让等人）。就《辽史》本纪所载来看，任契丹行宫都部署者 16 人，均为契丹人。地位并不显赫的汉人王师儒不可能担任斡鲁朵宫官之最高长官。

我们认为契丹行宫都部署、汉人行宫都部署是斡鲁朵北、南面最高官署契丹行宫都部署司、汉人行宫都部署司中的最高长官，在他们之上不存在一个更高级别的职位，更不存在一个更高级别的诸行宫都部署院。除上文列举的论据和杨若薇先生在《辽代斡鲁朵官制探讨》一文中所阐明的理由之外，尚有以下证据。

其一，我们注意到这样一条史料，《辽史·圣宗纪七》：开泰九年（1020）十一月"己未，以夷离毕萧孝顺为南面诸行宫都部署"。在诸行宫都部署之前有"南面"二字，按照武先生的观点，诸行宫都部署是北面宫官中之最高机构诸行宫都部署院的行政长官，那么在它之前不可能加

[①] 杨树森：《辽史简编》，辽宁人民出版社 1984 年版，第 55 页。

上"南面"字样。这说明诸行宫都部署不可能是契丹行宫都部署和汉人行宫都部署之上的长官，它只是契丹行宫都部署和汉人行宫都部署的简称，有时为便于区别而加上"北面""南面"或"契丹""汉人"。

其二，《辽史·仪卫志三·印》："契丹枢密院、契丹诸行军部署、汉人枢密院、中书省、汉人诸行宫都部署印，并银铸。文不过六字以上，以银朱为色。"查《辽史》无"契丹诸行军部署"之名，笔者以为"契丹诸行军部署"乃"契丹诸行宫都部署"之误，因为这里"契丹枢密院"与"汉人枢密院"相对，所以"汉人诸行宫都部署"也应该是与"契丹诸行宫都部署"相对出现。如果契丹诸行宫都部署、汉人诸行宫都部署之上有诸行宫都部署院这一机构存在，这里不会缺而不书。

其三，众所周知，相对来说，职位越高，权力越大，在史书中出现的频率就越高。笔者统计《辽史》本纪中各种斡鲁朵官职的出现频次，其结果是：契丹行宫都署34次（含兼知契丹行宫部署事4次），汉人行宫都部署41次（契丹行宫都署的地位和权力肯定比汉人行宫都部署要高要大，正因如此，前者以契丹族显贵担任任期相对较长，而后者更换较前者频繁，所以后者出现的频次比前者略高），行宫都部署3次，汉人行宫副都部署（含南面行宫副部署）5次，各宫的都部署、宫使共17次。而被视为诸宫斡鲁朵之最高机构的诸行宫都部署院的最高长官诸行宫都部署，在《辽史》中除《百官志》外，仅此一见，这与它的重要地位显然极不相称。

其四，行宫都部署在《辽史》本纪中出现3次。一次出现在《兴宗纪一》：重熙六年（1037）五月"癸亥，以……侍中管宁行宫都部署"。管宁即萧惠，查《萧惠传》："重熙六年，复为契丹行宫都署。"另外两次出现在《兴宗纪三》：重熙十七年（1048）十一月丁巳"封……行宫都部署别古得柳城郡王"。十九年三月"癸卯，命西南招讨使萧蒲奴、北院大王宜新、林牙萧撒抹等帅师伐夏。以行宫都部署别古得监战"。别古得即别古特，为同音异译。查《辽史·皇子表》："别古特，字撒赖。""重熙中，累迁契丹行宫都部署。""重熙中，封柳城郡王。"这证明行宫都部署乃契丹行宫都部署的异称。行宫都部署在《百官志》中是作为契丹行宫都部署司之下的行宫诸部署司的长官，既然行宫都部署只是契丹行宫都部署的简称，那么证明行宫诸部署司也并不存在（杨若薇先生在《辽代斡鲁朵官制探讨》一文中对此有较全面的考证）。契丹行宫都部署甚至可简称都部署。《辽史·二国外记传·西夏》：重熙十九年三月"招讨使萧蒲奴、北院大王宜新等帅师伐夏，都部署别古得为监战"。可见契丹行宫都部署、汉人行宫都部署的异称较多，在当时，因各宫之上的管理机构只有契丹行宫都部署司和汉人行宫都部署司，所以这些异称并不会造成指代上的误会；而元人修《辽史》时，因不明白这些异称而生造出并不存在的诸行宫都部署院和行宫诸部署司。

其五，《辽史·百官志》所载的北面宫官机构及官员非常臃肿，给人以叠床架屋之感：

诸行宫都部署院。（诸行宫都部署　知行宫诸部署司事　诸行宫副部署　诸行宫判官）

契丹行宫诸部署司。（契丹行宫都部署　知契丹行宫都部署事　契丹行宫副部署　契丹行宫判官）

行宫诸部署司。（行宫都部署　行宫副部署　行宫部署判官）

而南面宫官则非常简略，仅设汉人行宫都部署院。这与《百官志》所说北面官"事简职专"相矛盾。辽代初期、中期只有为数不多的几个宫，即使到辽代后期也仅十二宫，也完全没有必要在它们之上垂直设立三个在职责上相同的机构。按照杨若薇先生的研究，诸行宫都部署院和行宫诸部署司及有关官职并不存在，这样北面宫官只有契丹行宫都部署司及其官员，总管各宫事务，真正是"事简职专"，也正好与南面宫官相对应。

其六，从宋人的记载来看，辽代也不存在诸行宫都部署院。《仁宗实录》云："其官有契丹枢密院及行宫都总管司，谓之北面，以其在牙帐之北，以主蕃事；又有汉人枢密院、中书省、行宫都总管司，谓之南面，以其在牙帐之南，以主汉事。"[①] 行宫都总管司乃宋人对行宫都部署司的称呼，宋人将其在北南面官中与契丹枢密院、汉人枢密院并列对举，说明其上不可能存在更高一级的诸行宫都部署院。这与前面文中所引"契丹枢密院、契丹诸行军［宫］（都）部署、汉人枢密院、中书省、汉人诸行宫都部署印，并银铸"中所涉及的辽朝高级管理机构名称正相吻合。曾出使辽朝的余靖，在《契丹官仪》中云："辽人从行之兵，取宗室中最亲信者为行宫都部署以主之，其兵皆取于南北王府、十宫院人充之。"[②] 这条

---

① 李焘：《续资治通鉴长编》卷一一〇，中华书局1985年版。
② 余靖：《武溪集》卷一七《契丹官仪》，四库全书本。

材料可证明两点：第一，行宫都部署为辽代斡鲁朵最高统兵官；第二，斡鲁朵之最高长官由契丹贵族担任，这与我们前面的分析相吻合。

中华书局编辑部《辽史出版说明》云："元修《辽史》时，既没有认真搜集和考订史料，加上纪、志、表、传之间相互检对也很不够，因此前后重复，史实错误、缺漏和自相矛盾之处很多。甚至把一件事当成两件事，一个人当成两个人或三个人。"所以元人修《辽史·百官志》时，把一个官名误为两个或三个官名，一个官署错成两个或三个官署就不足为奇了。

因此我们有充足的理由认为，辽代并不存在诸行宫都部署院。

原载《辽金史研究》，吉林大学出版社 2005 年 2 月版

射柳源流考

一般的史学著作、辞书，在谈及射柳时，或将其看作一项竞技运动，或将其视为一种祭仪，造成这种分歧的原因是没有对不同历史时期的射柳进行系统的研究。本文拟对不同历史时期射柳的内容、功用、起源、流变作一考索，以就教于方家。

"射柳"一词，始见于辽。《辽史》中有关射柳的记载颇多，较为详细的要属《礼志》。"若旱，择吉日行瑟瑟仪以祈雨。前期，置百柱天棚。及期，皇帝致奠于先帝御容，乃射柳。皇帝再射，亲王、宰执各一射。中柳者质志柳者冠服，不中者以冠服质之。不胜者进饮于胜者，然后各归其冠服。又翼日，植柳天棚之东南，巫以酒醴、黍稷荐植柳，祝之。皇帝、皇后祭东方毕，子弟射柳。皇族、国舅、群臣与礼者，赐物有差。"这里，射柳是作为一种祈雨仪式，具有浓厚的神秘色彩，但其中也包含了较胜负、比高下的竞技内容。《金史·礼志》对射柳的具体内容、评定胜负的标准有更为详尽的记载。"凡重午日拜天礼毕，插柳球场为两行，当射者以尊卑为序，各以帕识其枝，去地约数寸，削其皮而白之。先以一人驰马前导，后驰马以无羽横簇箭射之。既断柳，又以手接而驰去者，为上。断而不能接去者，次之。或断其青处，及中而不能断，与不能中者，为负。每射必伐鼓以助其气。"

射柳所用之箭与一般的箭不同，是"无羽横簇箭"，有利于射断柳条。这种横簇在辽代的墓葬中有出土，考古学家称之为"平头铁簇"，簇身扁平，如一个倒置的等腰三角形，或者前端的刃线略呈弧形，因此有人又称之为"扇面铁簇"。

笔者认为，辽代存在两种不同功用的射柳，姑称之为"祈雨射柳"和"竞技射柳"。

祈雨射柳是指前面所引《辽史·礼志》所说的作为一种祭仪的射柳，是契丹人与上天对话，祈求降雨以解旱情的一种带有浓厚神秘色彩的仪式。因为是与上天对话，所以需要神职人员"巫"参与，要祭拜东方（契丹人尚东），用酒醴、黍稷做祭品。《辽史》各本纪中有关"射柳祈雨"的记载颇多。如太宗天显四年（930）五月戊子，"射柳余太祖行宫"①；景宗保宁元年（969）五月"丙申朔，射柳祈雨"；保宁七年（975）四月"辛亥，射柳祈雨"②，天祚帝乾统二年（1102）六月"丙申，射柳祈雨"③。这些射柳祈雨活动多在北方易产生干旱而又急需雨水的四、五、六月举行。

竞技射柳是一项健身习武的娱乐活动，它与祈雨射柳在内容上有相同之处，但祈雨射柳中仪式化的东西在竞技射柳中已荡然无存。两者的根本区别在于它们有着不同的功用，祈雨射柳是为了娱神，竞技射柳是为了娱人。《辽史》将祈雨射柳（已见前引）与射柳并书，有时甚至在很近的地方用这两个不同的名词，说明两者有明显的区别。如《太宗纪》：天显四年五月戊子，"射柳于太祖行宫。癸巳，行瑟瑟仪（即射柳仪）"。若射柳与瑟瑟仪是一回事，史书不会如此行文。《辽史》本纪中有关射柳（区别于"射柳祈雨"）记录也不少。如太宗天显五年（931）"六月己亥，射柳于行在"。天显六年（932）闰五月庚寅，"射柳于行在"。道宗清宁七年（1061）六月"丁卯，幸弘义、永兴、崇德三宫致祭。射柳、赐宴、赏赉有差。戊辰，行再生礼，复命群臣分朋射柳"。从这些材料可以看出，辽代竞技射柳的场所或在行在，或在宫中，或在近郊，不限于某地，皇帝兴之所至即举行射柳。《辽史·游幸表》中有景宗"观从臣射柳"的记载，说明景宗是把射柳当作一项极富情趣的竞技活动来欣赏的。《辽史》作者将射柳与击鞠、狩猎、钩鱼等活动并列载入《游幸表》中，而各本纪中所载"射柳祈雨"在《游幸表》中又未载入，无疑说明这类射柳与"射柳祈雨"不同，是一项娱乐活动。

辽代竞技射柳的时间，多集中在夏季。《游幸表》中共记录了15次射柳，其中二月1次，四月3次，五月2次，六月8次，七月1次。六月

---

① 《辽史·太宗纪上》。
② 《辽史·景宗纪一》。
③ 《辽史·天祚皇帝纪一》。

份射柳次数最多，占53%，因为此时北方已进入夏季，人们穿着简便，天气不太炎热，极便于骑射。金沿辽俗，亦盛行射柳之戏。《金史》各本纪中关于射柳的记载不亚于《辽史》。金太祖即位的第一年五月"甲戌，拜天射柳。故事，五月五日，七月十五日、九月九日拜天射柳，岁以为常"。世宗大定三年（1163）五月"乙未，以重五，幸广乐园射柳，皇太子、亲王、百官皆射，胜者赐物有差。上复御常武殿，踢宴击球。自是岁以为常"。章宗明昌元年（1190）五月"戊午，拜天于西苑。射柳，击球，纵百姓观"。将以上史料与前面所引《金史·礼志》的记载结合起来分析，可知金人沿袭的只是辽人的竞技射柳，大多在重五、七月十五、重九等节日进行，是一种传统的节日娱乐项目。

《金史》中未发现射柳祈雨的记载。各个民族都有不同于其他民族的文化，在与上天对话的方式上也各有不同。契丹人祈求降雨的方式之一是射柳祈雨。[①] 女真人有自己的祈雨方式，他们并不需要借用契丹人的射柳祈雨。《金史·章宗纪》：明昌元年"五月，不雨。乙卯，祷于北郊及太庙……壬戌，祈雨于社稷……己巳，复祈雨于太庙……丙子，以祈雨，望祭岳镇海渎于北郊"。而竞技射柳易于为女真人所接受，犹如足球、篮球、乒乓球等竞技活动虽起源于不同的民族，却能为其他民族所接受，而作为祭仪的祈雨射柳很难为女真人所接受，犹如某一民族的原始宗教，很难流行于其他民族之中。何况女真人有他们自己的祈雨方式呢！作为祭仪的祈雨射柳随着契丹族的消亡而消亡，竞技射柳却被宋人和后来的金、元人所接受并沿袭下来。

稍晚于辽的北宋，受辽文化的影响，也接受了辽人竞技射柳这一娱乐活动。据程大昌《演繁露》卷十三"蹛柳"条注所引一条史料，早在宋太祖时，宋人就已有射柳之戏。其云："《西壮录》：太祖时，契丹使来，朝诏使者于讲武殿观射，令从者与卫士射毛球，截柳枝。即其事也。"两宋之际的孟元老在他记叙北宋京城风物的《东京梦华录》中也谈到了北宋东京城中射柳的事实。"以柳枝插于地，数骑以划子箭或弓或弩射之，谓之蜡柳枝。"[②] 蜡柳枝，射柳之异名；划子箭，即《金史》所说的横

[①] 射柳祈雨并不是契丹人唯一的祈雨手段。《辽史·穆宗纪》：应历十六年（966）"五月甲申，以岁旱。泛舟于池祷雨，不雨，舍舟立水中而祷，俄顷乃雨"。

[②] （宋）孟元老：《东京梦华录》卷七《驾登宝津楼诸军呈百戏》。

簇箭。

兴起于北方的游牧民族——蒙古人建立的元朝,继承了辽金时期的许多风俗,带有浓厚草原文化特色的射柳之戏也为蒙古人所承袭。元人射柳,虽不见于元代史籍,但在明初朱有燉所撰的《元代宫词一百首》中有反映。"王孙王子值三春,火赤相随出内闱,射柳击球东苑里,流星骏马蹴红尘。"火赤,即火赤儿,蒙语,意为执弓箭者。描写了王子王孙与火赤儿在春天里射柳击球的盛况。虽出自明人之手,又是文学家言,却是言之有据的。朱氏《元宫词一百首序》云:"永乐元年,钦赐余家一老妪,年七十矣,乃元后之乳母女,知元宫中事最悉,间尝细访,一一备知其事,故予词百篇,皆宫中事实。"

明代万历以前尚有射柳之戏。《明史·礼志》:永乐"十一年五月五日,幸东苑,击球射柳。听文武群臣、四夷朝使及在京耆老聚观"。生活于万历时期的沈德符在其所著的《万历野获编》卷二云:"京师及边镇最重重五节,至今各边镇是日俱射柳较胜。士兵命中者,将帅次第赏赉。京师……内庭自龙舟之外,则修射柳故事。"其《野获编补遗》卷一进一步补充说:"今京师尚有射柳之戏,俱在天坛,中贵居多。"万历以后,射柳之戏逐渐失传,已不见于史书记载。

值得注意的是,明代的射柳与辽金时期相比,已发生了很大变化。明人周宾所《识小编》对明代射柳有记载。"周宾所《识小编》:永乐时,宫中有剪柳之戏,即射柳也。陈继儒云:以鹁鸽贮葫芦中,悬柳上,弯射之,矢中葫芦,鸽即飞出,以飞之高下为胜负,会于清明端午日。名曰射柳。"[①] 明人陈继儒《偃仆谈余》卷下、清人高士奇《天禄识余》卷下都有类似记载。明代射柳以葫芦为目标,以葫芦中飞出的鹁鸽飞翔的高低决胜负,与辽金时期以柳条上削出的白木为目标,以射断和驰马手接与否决胜负相比,在难度上要小得多。在均射中葫芦的情况下,谁胜谁负,取决于鹁鸽,而不取决于射手的射技和骑术,具有极大的偶然性,娱乐的意味更浓,而竞技的意味更淡。

射柳自始至终都未普及于民间,只是流行于贵族官僚阶层和军队中,军队中的射柳,除娱乐外,更重要的目的是习武。一般的平民百姓只是在皇帝等人的特许下,围观一下而已,本文引用的史料已证明了这

---

① (清)姚之骃:《元明事类钞》卷一八。

一点。金元戏曲作品中,涉及射柳时,参加者也都是具有一定官职的人。董解元《西厢记诸宫调》,虽是敷演的唐代故事,却杂入了董氏所在时代的许多风俗人情。其卷八云:"也不爱耽花恋酒,也不爱打桃射柳。"说这话的不是一介书生张生,而是金榜题名、衣锦还乡的张学士。王实甫《丽春堂》一折:"今日是蕤宾节令,圣人的命,着俺大小官员赴射柳会,到那里我射不着呵,也有我的赏赐。"李圭这位官员是听皇上之诏赴射柳会的,一般的人怎能有这等恩宠。《元曲选外编·射柳捶丸》第四折云:"众官庆贺蕤宾节令都要打球射柳。"由此可知,金元时期射柳多在五月蕤宾节进行,参加者都是有一定身份的官员,平民百姓是不可能参与此事的。射柳缺乏广泛的群众基础,这是它走向衰亡的重要原因。

《辽史》中没有言及射柳的起源,辽人的其他文献也未论及此事。倒是南宋人提出了这一问题并解答了这一问题。于"古今事靡不考究"的程大昌认为,射柳起源于古鲜卑人的蹛林。"壬辰(南宋孝宗乾道八年)三月三日,在金陵预阅李显忠马司兵,最后折柳枝环插球场,军士驰马射之,其矢簇阔于常簇,略可寸余,中之辄断,名曰蹛柳。其呼藉若乍声。枢帅洪公谓予曰:'何始?'予曰:'殆蹛林故事耶!'归阅《汉书·匈奴传》:'秋,马肥,大会蹛林。'服虔曰:'蹛林,音带。'师古曰:'蹛者,绕林而祭也。鲜卑之俗,自古相传,秋祭,无林木者尚竖柳枝,众骑驰绕三周乃止。此其遗法。'按此则予言有证,其驰骑之外,加弓矢焉,则又益文矣。"[①] 程氏所说的"蹛柳"与射柳是同一事情的不同说法,"其矢簇阔于常簇,略可寸余",即横簇箭。从颜师古的注可知蹛林为古鲜卑族的风俗,是一种祭祀活动,自古相传。"秋祭,无林木者尚竖柳枝。"说明蹛林不只是在秋天举行,而柳是这项活动的必备条件,不可或缺。

程氏的这一论断无疑是正确的,其理由有三条。

其一,"射柳"一词,异名甚多,或曰蹛柳,或曰剪柳,或曰蜡柳枝,但都未脱离"柳"字,柳是这一活动的必备条件。古鲜卑人蹛林,无柳树,也要插柳枝,后世的射柳,即使是明代已发生了很大变异的射柳,柳也是不可缺少的。也许在古人的眼里,柳具有某种神秘力量。它适

---

① (宋)程大昌:《演繁露》卷一三《蹛柳》。

应性强，截一条柳枝，插入有水分的土壤中就可以存活，唐人霸桥折柳送行，其寄托之意即在于此。明人陈继儒《珍珠船》中有这样一条材料："三月三日，赐侍臣细柳圈，言带之免万毒。"① 古鲜卑人的蹛林、契丹人的射柳之所以要用柳，原因盖在于此。

其二，古鲜卑人的蹛林是一种祭祀活动，契丹人的射柳也有祈雨的功能，两者在功用上是相通的。孟元老所说的"蜡柳枝"这一名称中，也遗存有这一活动原来所具有的祭祀功能。蜡，古代祭祀名。

其三，射柳始盛行于契丹族建立的辽朝，契丹族是由古鲜卑族的一支发展而来的。《新唐书·契丹传》云："契丹，本东胡种。其先为匈奴所破，保鲜卑山。魏青龙中，部酋比能稍桀骜，为幽州刺史王雄所杀。众遂微，逃潢水之南，黄龙之北。至元魏，始号契丹。"《辽史·世表》在论及契丹族族源时云："鲜卑葛乌菟之后曰普回，普回有子莫那，自阴山南徙，始居辽西，九世为慕容晃所灭，鲜卑众散为宇文氏，或为库莫奚，或为契丹。"鲜卑族虽几经消涨，离析分裂，而蹛林之俗却得以保存，因其世居边陲，未形成一个强大的政权，这一习俗一直未能被中原人所知晓，直到鲜卑族的后裔契丹人建立起雄踞朔漠，与中原王朝相抗衡的辽政权，才使之发扬光大，广为流传。

从古鲜卑人的蹛林到契丹人的射柳，有一个漫长的发展过程，其初只是绕柳林或柳枝而祭，到后来加入射的内容，也是很自然的事（骑射是北方游牧民族获取生活资料的重要手段之一）。从单纯的娱神，发展到既娱神又娱人，也是诸多祭仪发展的共同规律（如三月三日的修禊发展为后世的踏春）。

射柳始盛于辽，在辽代存在两种不同的射柳——祈雨射柳与竞技射柳，两者的区别主要是功用各不相同，祈雨射柳是为了娱神，竞技射柳是为了娱人。金人只是继承了辽人的竞技射柳，辽代之后，祈雨射柳从文献中消失，射柳成为一种单纯的娱乐活动。明永乐、万历时，京城和边镇尚保留有射柳之戏，不过其内容已发生了很大变异，只能看作射柳的末流。万历以后，射柳从历史的舞台上消失，从此再没有露过面。射柳并未普及民间，只有王公贵族、官僚阶层才能参与此戏，正是因为其缺乏广泛的群众基础，才最终走向消亡。射柳起源于古鲜卑人的蹛林。

---

① （明）陈继儒：《珍珠船》卷一。

这可以从射柳与蹛林在内容、功用上的相通之处得到印证，也可以从族源上找到两者的承传关系。从古鲜卑人的蹛林到契丹人的射柳，至金元明时期的射柳，经历了从娱神到娱神与娱人并存，再到单纯娱人的发展过程。

原载《湖北大学学报》1994年第2期

《射柳源流考》补正

笔者曾在《湖北大学学报》1994年第2期上发表了《射柳源流考》一文，对盛行于辽、金时期的射柳之俗及其起源、流变作了考证。在发表该文后数年间，笔者又收集到一些资料，有些可补充印证原有结论，有些可纠正原来的误断。

1. 《射柳源流考》断言："万历以后，射柳之戏逐渐失传，已不见于史书记载"；"万历以后，射柳从历史的舞台上消失，从此再没有露过面"。笔者后来阅读的方志资料证明，这一论断是错误的。

始修于康熙十四年（1675），二十二年又续修的浙江《海宁县志》云："五月五日为天中节。是日，武弁集于演武场，行射柳事。"康熙三十三年（1694）任璇所刻山东《登州府志》云："端午，军校蜡柳于教场，立彩门，悬葫鸽于上，走马射之，中葫则鸽飞跃，谓之'演柳'。间一行之。""蜡柳"即射柳，笔者已在《射柳源流考》中言及。这说明清初尚存射柳之戏。

乾隆时人潘荣陛在其所著的《帝京岁时纪胜》中有这样的记载："帝京午节，极盛游览，或南顶城隍庙游回，或午后家宴毕，仍修射柳故事，于天坛长垣之下，骋骑走繘。"这反映出在乾隆时期，京城在五月五日端午节时，仍盛行射柳。此时的射柳，虽是为了娱人，但其地点设在天坛，或许保留了辽金射柳祭天的遗意。《金史·太祖纪》：收国元年（1115）五月"甲戌（五日），拜天射柳。故事，五月五日、七月十五日、九月九日拜天射柳，岁以为常"。天坛乃祭天之地，金人拜天射柳，清人于天坛射柳，形式虽变，但遗意尚存。光绪二十八年（1902）所刻的《顺天府志》亦云：端午日，"挈酒游高梁或天坛，坛中有决射者，盖射柳遗意"。

刻于咸丰七年（1857）的海南《琼山县志》曰：五月五日，"士伍跨马挟弓矢会教场,插柳较射,名曰'剪柳'。"光绪八年(1882)刻本《万州志》云:"五月五日,谓之端阳。……是日,将军会教场,插柳枝走马射箭,曰'剪柳'。""剪柳"即射柳。光绪七年(1881)刻《增修登州府志》:"端午,军校蜡柳于教场,立彩门,悬葫贮鸽,悬于门上,走马射之,谓之演柳。"光绪八年(1882)刻本《祁县志》亦提到端午节射柳。"五月五日,端午节。祀先,戴艾,悬艾虎,饮菖蒲酒,采百草,射柳为乐。"这证明光绪时在海南、山东、山西等地,尚保留有射柳的习俗。

射柳在清代存在已是不争的事实,但其总的趋势是走向衰微,前述康熙《登州府志》称端午射柳为"间一行之",已非年年举行。嘉庆十五年(1810)刻本《重修扬州府志》虽有端午节在"西校场演武斫柳"的记载,但它是引用明代的《隆庆高邮志》,嘉庆时扬州是否有射柳之戏,不得而知,而刻于嘉庆二十二年(1817)的《松江府志》则明确地说,松江原有的射柳在嘉庆时已废而不行。其云:"旧志载:重午军校踏柳于教场……今废。"

射柳究竟何时从历史的舞台消失?笔者所见最晚的一条材料是民国二十三年(1934)印刷的《平谷县志》:"端午节,射柳。"这是否为射柳之俗的最后遗存,尚难定论。民国时魏元旷《都门琐记·燕都杂咏》云:"踏柳过端阳,筵开艾酒香。"其自注云:"旧俗,五日射柳,名踏柳。"这说明当时京城已不再行射柳之戏,否则不必自注称为"旧俗"。

2. 笔者在《射柳源流考》中认为:"射柳自始至终并未普及于民间,只是流行于贵族、官僚阶层和军队中。"上述所引地方志,除《帝京岁时纪胜》《顺天府志》《祁县志》《平谷县志》没有说明参加者的身份外,其余志书皆明言参加者为"武弁""军校""士伍""将军"等,地点为"演武场""校场"等,说明京城之外的各地射柳,多存在于军队之中,这进一步印证了笔者的观点。同时,这些方志资料也与《射柳源流考》中引用的沈德符《万历野获编》卷二"京师及边镇最重重午节(即端午节),至今各边镇是日俱射柳较胜负"的史料可以互证。

3. 《射柳源流考》注意到明代与辽金宋时射柳在形式上的变化,辽金宋人射柳是直接射中柳枝,而明代宫中射柳却是在柳枝上悬挂装有鹁鸽的葫芦,射中葫芦,以鹁鸽飞翔的高低决胜负。其实,明清时期这两种射柳方式在不同地区都存在。前引《登州府志》《增修登州府志》等所载属于变化后的射柳，而《琼山县志》《万州志》等所载仍保持辽、金、宋的方式。前述《松江府志》云："军校踏柳于教场，谓以柳枝插地，数骑用划子箭或弓弩驰射，如《梦华录》及《金史》中元、重阳射柳故事。"

4.《射柳源流考》认为辽人射柳起源于古鲜卑族的"蹛林"之俗，提出了三条理由，其中第三条为："射柳始盛行于契丹族建立的辽朝，契丹族是由古鲜卑族的一支发展而来。"从而找到了族源上的承传依据。笔者新近阅读《魏书》，又得一条史料，可为射柳起源于古鲜卑之说增一旁证。鲜卑蹛林之俗的记载见于《汉书·匈奴传》唐颜师古之注。"秋，马肥，大会蹛林。"服虔曰："蹛，音带，匈奴秋社八月中皆会祭处也。"师古曰："蹛者，绕林木而祭也。鲜卑之俗，自古相传，秋祭，无林木者尚竖柳枝，众骑驰绕三周乃止。此其遗法。"匈奴人的蹛林是承袭鲜卑旧俗而来，而这种旧俗又在北方的高车族风俗中有反映。《魏书·高车传》："喜致震霆，每震则叫呼射天而弃之移去。至来岁秋，马肥，复相率候于震所，埋殺羊，燃火，拔刀，女巫祝说，似如中国祓除，而群队驰马旋绕，百匝乃止。人持一束柳棷，回竖之，以乳酪灌焉。"高车族秋祭用柳以祀天，驰骑绕行等与古鲜卑族、匈奴族的做法如出一辙。高车族，"其语略与匈奴同而时有小异，或云其先匈奴之甥也"。① 高车与匈奴之间有族源关系。高车族祭天用柳与契丹人祈天求雨有诸多相同之处，例如有巫参与、驰骑等，特别是在用柳上极相似，契丹人射柳祈雨要"植柳天棚之东南，巫以酒醴、黍稷荐植柳，祝之"。② 这说明，祭祀用柳是我国历史上某些北方少数民族的一种传统习俗，古鲜卑、匈奴、高车、契丹族之间传承关系是很明显的。

清代王鸣盛在《十七史商榷·序》中称其为了考订史实，"搜罗偏霸杂史、稗官野乘、山经地志、谱牒簿录，以暨诸子百家、小说笔记、诗文别集、释老异教，旁及钟鼎尊彝之款识，山林冢墓祠庙伽蓝碑碣断阙之文，尽以供佐证"，很值得我们学习。笔者在考证射柳源流时，仅注意到正史、杂史、笔记等，而对方志材料未给予重视，占有史料不全造成错漏。清代顾炎武在其《日知录》卷首云："愚少读书，有所得，辄记之，

---

① 《魏书·高车传》。
② 《辽史·礼志》。

其有不合，时复改定。"顾炎武纠正自己的错误，体现了清人"不以己蔽人，不以己自蔽"①，对学术负责，对读者后人负责，敢于自我否定，自我批判的实事求是的治学精神。笔者虽不能至而心向往焉，故作补正，以纠前文之失，补旧文之缺。

原载《湖北大学学报》2001 年第 3 期

---

① （清）戴震：《东原文集》卷九《答郑丈用牧书》。

戴柳、插柳风俗考论

探讨中国的民俗文化，必须对一些具体而微的民俗事象进行分析研究，寻绎出它的原始状态和原始功能，方能裁断众流，认清其实质。在中国众多的节日民俗中，有插柳、戴柳的习俗，前贤对此俗鲜有研究，本文拟对此俗的流行地域、方式、功用以及原始形态、原始功能略作论述。

一

插柳和戴柳是一种节日民俗。所谓插柳是人们在特定的日子将柳枝插于门户、房檐等处的一种习俗；所谓戴柳是指人们在特定的日子里将柳叶或用柳枝做成的柳圈等佩戴于头上或身上的一种习俗。

插柳、戴柳之俗流行的地域极为广阔，据丁世良、赵放先生主编的《中国地方志民俗资料汇编》所辑录的资料来看，全国31个省、直辖市、自治区，除新疆、青海、西藏没有这方面的记载外，其余28个省、直辖市、自治区都存在插柳、戴柳之俗。青海、西藏、新疆方志中没有这方面的记载并不等于当地就一定没有这种习俗，因为该书的资料收录范围仅限于地方志，而这三省区历史上方志很少，且多为内地人游历后所写的风土记，他们所注意的主要是藏、维吾尔等少数民族不同于中原内地的风俗，对当地居住的汉民族风俗很少涉及。插柳、戴柳之俗流行于如此广阔的地域，也造成了此俗具有较大的差异性，表现为插柳、戴柳的时间不同，插柳的处所有异，戴柳的人员有别。

插柳、戴柳的时间有以下几种：（1）三月上巳日。如贵州省的安顺、安乎、永宁等地"上巳日,祓除不祥,或以柳枝插门,或簪髻上"。①(2)三月三日。魏晋以前以三月上巳日为节,此后固定于三月三日。唐段成式《酉阳杂俎》卷一《忠志》:"三月三日,赐侍臣细柳圈。言带之免召毒。"清代、民国时期山西、陕西、河北的部分地区是在三月三日插柳、戴柳。"三月三日,折柳枝插门"②,"游人在郊各折柳枝插头上,盖祓禊赐圈遗意也"③。(3)寒食节。宋吕原明《岁时杂记》:"江淮间寒食日家家折柳插门。"明杨基《客中寒食有感》《江村寒食》有句云:"且簪杨柳酬佳节,莫对桃花忆去年。""预折杨枝插绕檐,豆糜乡软麦饧甜。"④ 民国时期,贵州都匀县"寒食节,于门前插柳",兴仁县寒食节"插柳枝于门楣"。吉林东丰县寒食节,"家家禁烟,插柳枝于门旁"。⑤(4)五月端午。端午只有插柳,而未见戴柳。据宋孟元老《东京梦华录·端午》载,宋代已有端午插柳之俗。端午插柳一直延续到当代,黑龙江省宾县、讷河,吉林省磐石、桦甸、梨树,河北省定县,甘肃省皋兰、洮州、宁远,贵州省定番等都在五月五日这一天插柳于门。⑥(5)清明节。清明节插柳、戴柳,除青海、西藏、新疆三省区外,各地均有。在上述这五种时间中,清明插柳、戴柳最为普遍;其次是五月端午插柳,主要集中在黑龙江、吉林、甘肃等省,贵州省、河北省亦有零星分布。特别是甘肃省,虽有清明插柳者,然多于端午插柳,与其他省区不大相同,再次为寒食插柳;而三月上巳插柳最为少见,且仅限于贵州省的安顺、安平、永宁等地。

插柳之俗的通行做法是在上述特定的日子里折取柳枝插于家的大门上,其次是插于屋楣。除此之外,在山东、浙江、安徽等省的一些地区还

---

① 光绪十七年本《安顺府志》,道光七年本《安顺县志》,道光十年本《永宁州志》,见丁世良、赵放主编《中国地方志民俗资料汇编·西南卷》(按以下只写《某某卷》),书目文献出版社,第506、533、590页。

② 清光绪八年本《怀来县志》。

③ 光绪二十年本《盐源县志》。

④ 杨,柳也。李时珍《本草纲目》卷三十五下:"杨枝硬而扬起,故谓之杨,柳枝弱而垂流,故谓之柳,盖一类二种也,故今南人犹不称杨柳。"

⑤ 民国十七年贵阳文通书局铅印本《贵州通志》,1965年贵州省图油印本《兴仁县志》民国二十年铅印本《东丰县志》,分别见《西南卷》第434、478页,《东北卷》第362页。

⑥ 《东北卷》第430、492、287、355页,《华北卷》第326页,《西北卷》第166、203页,《西南卷》第681页。

有"插柳于寝、窗户、灶陉"者①，所插范围更广。

在河北万全县，插柳的处所和方式与众不同，清明扫墓之后，"归则取柳枝编为十圈，连环七个悬于屋隅"。②云南、江苏、浙江、陕西、湖北的某些地区还在坟上插柳，"墓祭则插柳墓上，以悬褚帛"③，"扫墓后必插柳于坟顶"④。清明插柳于坟，有的仅限于新坟，"新葬三年内，并于坟头插柳，俗称'花树子'"。⑤除插柳于门、寝、灶陉之外，有的地方还在清明节这一天用柳枝供佛敬神。"清明，首插柳枝，又瓶贮之献于佛、神前。""清明日，神前、门头供插柳枝。""清明节，折杨柳成柳球置神前。""采柳枝供家神。"⑥这些都可以看作插柳的变例，是其原始功能的延伸。

戴柳之在形式上各地大体相差不远，多为将柳条做成柳圈戴于头上，或直接将小柳枝、柳叶戴在头发上，但也有个别地区戴于项、衣服上者，河南林县，"小儿或带柳圈于项"。⑦我们注意到在四川的嘉定、乐山，妇女在清明这一天要在鬓间"贴胜"，"妇女贴胜于鬓，名'柳叶符'"。⑧"胜"指首饰，该地区虽然不直接戴柳而"贴胜"，但将清明节这天所戴的首饰称为"柳叶符"，透露出来的仍是戴柳之俗，它和直接戴柳枝柳叶，在功用和意义上毫无差别。

各地在戴柳主体，即什么人戴柳上有较大差异。大致有以下几种情况：(1) 妇女戴柳。如《甘肃新通志》：清明"插柳枝户上，妇女并戴于首"。吉林《临江县志》："妇女以柳条为小圈带头上。"⑨都明确指出戴

---

① 康熙二十四年本《蒙阴县志》；又乾隆二十一年本《严州府志》、明万历三年本《和州志》也有类似记载。
② 民国二十三年本《万全县志》，见《华北卷》第191页。
③ 民国五年本《宁州志》，见《西南卷》第799页。
④ 民国十九年上艺斋本《相城县志》，见《华东卷》第369页。
⑤ 民国三十三年本《洛川县志》，见《西北卷》第129页。
⑥ 民目二十三年本《乐山县志》，见《西南卷》第173页；民国十六年本《瓜洲续志》，见《华东卷》第496页；抄本《白蒲镇志》，见《华东卷》第525页；清道光二十二年本《安陆县志》，见《中南卷》第348页。
⑦ 民国二十一年本《林县志》，见《中南卷》第84页。
⑧ 清同治三年本《嘉定府志》，民国二十三年本《乐山县志》，分别见《西南卷》第171、173页。
⑨ 宣统元年本《甘肃新通志》，见《西北卷》第165页；1935年本《临江县志》，见《东北卷》第332页。

柳者为妇女。(2) 男子戴柳。山东《日照县志》：清明日，"士人出郭踏青，男子簪柳，女子戏秋千为乐"。① (3) 青年男女。浙江黄岩在清明这天，"青年男女并编柳枝为球戴发上"。② (4) 儿童戴柳。《安顺府志》《永宁州志》均云：上巳日"以新柳插门，童幼或簪髻上"。③《奉天通志》云：清明日，"小儿女皆折嫩柳，曲作连环簪头上，名曰'柳树狗'"。说明这些地区戴柳的只是小孩。(5) 妇女儿童戴柳。李家瑞《北平风俗类征·岁时》引演廉《京都风俗志》云："惟清明日，妇女儿童有戴柳条者。"清乾隆十二年本《曲周县志》：清明日"儿童以柳插首，或作柳圈戴之，妇女则采叶簪鬓髻旁"。(6) 男女老少都戴柳。康熙四十七年本《巨野县志》、光绪六年本《菏泽县志》云："清明，男女老少悉戴柳枝。"民国二十三年《阳乡村风土记》："清明节，是日于日不出前，各家均预先分往各处打采柳枝，采回，即分别插于各门首及各坟地，同时无论男女老幼亦均须带在身上少许。"有许多方志都未说明戴柳的主体，可视为人人都戴，否则修志者会与其他方志一样明言戴柳者。(7) 除人之外，动物亦戴柳。乾隆四年本《祥符县志》：采柳枝"归插屋檐，且佩带焉，下逮犬猫不遗"。从方志记载来看，在以上几种类型中，以青壮男女戴柳为最普遍，男女老幼皆戴次之，妇女儿童戴柳再次之，儿童戴柳、妇女戴柳又次之，男人戴柳、动物戴柳很少见，均仅见一例。

二

任何民俗活动都不是为了活动而活动，它们都有其一定的功用和意义，我国各地对插柳、戴柳功用意义的认识，可谓形形色色，各不相同。笔者概括出如下几种。

1. 记年华说。乾隆二十八年本《东湖县志》："是日，又戴杨柳于首，并插柳枝于户，谓之记年华。"民国六年本《沈阳县志》："折柳枝置门侧，有插柳纪年遗意。"类似说法还有"顺节气""纪春"。将柳仅仅看

---

① 清康熙五十四年《日照县志》，见《华东卷》第 274 页。
② 民国二十五年本《浙江新志》，见《华东卷》第 559 页。
③ 清光绪十七年本《安顺府志》，清道光十七年本《永宁州志》，分别见《西南卷》第 506、590 页。

成自然物。这种说法可能是受了宋人赵鼎《寒食书事》诗"寂寞柴门村落里,也教插柳纪年华"的影响,把柳看作春季、年度的代表。此说未能揭示出这一民俗事象的实质。

2. 吊介子推说。介子推,又名介之推,介推。春秋时晋国贵族。曾从晋文公流亡于其他诸侯国,文公归国后,随从流亡者皆获重赏,独未赏赐他,遂与母隐居绵山。文公后悔,欲逼子推出山,放火烧山,他仍不出山,被焚死山中。有的地区认为戴柳、插柳是为了纪念介子推,为他招魂。民国二十年本《东丰县志》:"旧俗,清明前;日为寒食节,家家禁烟火,插柳枝于门旁。盖晋贤人介之推于是日焚死绵山,后人哀之,禁火悬柳所以纪念之推也。"民国时期修的辽宁《新民县志》、云南《新平县志》《元江志稿》、河南《阳武县志》、贵州《贵州通志·都匀县志稿》《兴仁县志》、广西《宜北县志》等均持是说。该说是一种较晚近的说法,明、清方志中未见此说,盖为文人附会。前贤已有研究证明,寒食节非纪念介子推,故插柳以纪念介子推之说亦难成立。

3. 信号说。有两种说法,一为黄巢起义信号。李家瑞《北平风俗类征·岁时》引《京都风俗志》:"谚云:'清明不带柳,死后变黄狗。'其义殊不可晓,或曰:'清明不带柳,死在黄巢手。'盖黄巢造反时,以清明日为期,带柳为号,故有是谚也。"二为元代汉人起义说。民国二十一年本《德清新志》:"相传元人入主中土,防汉族严,编十家供养一蒙人以监之,汉人约于此日起义屠杀之,以柳为号焉。"此二说皆为附会之辞,前文引唐段成式《酉阳杂俎》已言及唐人戴柳之事,故唐末黄巢起义,元代汉人起义戴柳为号说存在明显漏洞。

4. 免虿毒说。清光绪八年本《怀来县志》:"三月三日,折柳枝插门,谓可避蛇蝎。"三月三日插柳、戴柳以驱蛇蝎的说法主要集中在陕西、山西两省,河北等省亦有之。此说可上溯至唐高宗三月三日赐群臣柳圈,称戴之可以免虿毒。而在南方的浙江、湖北、湖南等省也存在驱毒虫的说法,但多行之于清明。清同治二年本《宣恩县志》:"清明,插柳叶于门,簪柳于首,曰辟毒疫。"清光绪三年本《黄岩县志》:"俗以百足虫为香九娘,清明时插柳驱之。"这里将柳视为具有神力的植物,它可以让害虫毒疫逃之夭夭。

5. 明目说。此说由来已久,可追溯至宋代,宋吴自牧《梦粱录·二》:"寒食,京师从冬至后数起,至一百五日便是此日,家家以柳条插于门上，名曰明眼。"在海南、广东、河北等省某些地区，明、清、民国时期尚存此说。清道光二十九年本《遂溪县志》："清明日折柳枝悬门，并插两鬓，曰明目。"道光十一年本《南宫县志》："是日，取柳枝插于门，男女簪柳，曰令目清勿盲。"

6. 延年说。此说主要流行于河北、上海、浙江、四川等省市一些地区，这些地区有"清明不戴柳，红颜成皓首"的民谚。（按：河北省的水平、怀安等地作"白首"。①）四川西昌地区，其说法与上述有异，但表达的意思一致。"儿童拍手歌曰：胡不踏青，又过清明，胡不带柳，须臾黄耇。"② 耇者，老年人也。清明戴柳与否，关乎人之衰老，不戴则速老，戴则延年。

7. 来世说。主要流行于北京、天津、河北、河南、湖北、南京等省市一些地区。清人樊彬《燕都杂咏》自注曰："清明戴柳芽，有'清明不戴柳，来生变黄狗'之谚。"清人潘荣陛《帝京岁时纪胜》亦载此谚。天津、河北万全等地作"死后变黄狗"。河南淮阳作"死了变个老黄狗"。湖北武汉、孝感等地则作"死了变猪狗"。③ 文字有异，其意一也，意谓清明节这一天戴柳与否，对死后的来世有莫大关系。

8. 辟邪说。天一阁藏明嘉靖本《池州府志》："清明士女戴柳枝及插门之左右，俗云辟邪。"清同治十三年本《黔阳县志》："屋塘插柳枝，人各插柳叶簪头上，谓可祓除不祥。"此说主要流行甘肃、山东、安徽、湖南等省的一些地区。所谓的"邪""不祥"是指能危害人体健康的瘟疫、鬼祟。

9. 迎玄鸟说。此说主要流行于河北省的滦州、乐亭等地。玄鸟，即燕子。清嘉庆十五年本《滦州志》："男女簪柳，复以面为燕，著于柳枝插户，以迎元鸟。"元鸟，即玄鸟。光绪三年本《乐亭县志》："插柳枝于户，以迎玄鸟。"这种说法亦可上溯至宋，宋孟元老《东京梦华录》卷

---

① 乾隆三十九年本《水平县志》，见《华北卷》第225页；乾隆四年本《湖州府志》、乾隆十一年本《鸟程县志》、1961年本《续外冈志》，分别见《华东卷》第73、678、65页。

② 光绪二十年本《盐源县志》。

③ 民国二十年本《天津志略》，民国二十六年本《万全县志》，分别见《华北卷》第53、207页；民国二十三年本《淮阳乡村风土记》、民国四年本《汉口小志》、清光绪八年本《孝感县志》，分别见《中南卷》第165、321、330页；南京的谚语见冯桂林主编《中国名城风俗大观》，云南人民出版社1981年版，第85页。

七：清明节，"用面造飞燕，柳条中之，插于门楣，谓之子推燕"。

三

　　以上分析了我国各地插柳、戴柳之俗在时节、插柳的处所、戴柳的主体、功能意义的认识上所存的各种不同类型。这种差异表现出了一定的地域性特色，但时节、插柳处所、戴柳主体、功能意义的认识诸要素之间相互交叉错落，也就是说，在时节上一致者，其插柳处所、戴柳主体、功能意义的认识并不完全一致；而在功能意义的认识上一致者，其时节、插柳处所、戴柳主体也不完全相同。上述各种类型虽然在明清民国时期都同时存在，但我们认为它们在民俗发展的历史序列上并不是处在同一层面上，这就如当今世界上存在各种各样的婚姻习俗，所反映的除了地域、民族、文化的差异之外，还往往是人类不同历史进程的婚姻制度的反映。正如阿注婚俗与汉族婚俗的不同，更多的是两者处在历史序列不同的时段上，阿注婚俗反映的是人类早期的婚姻制度。戴柳、插柳之俗的差异性亦是如此。

　　由于历史的原因，记录戴柳、插柳之俗的资料，在唐代以前很少，要想得知此俗的原始状态和原始功能，只能借助一些相关的民俗资料加以探讨。我们认为戴柳、插柳是古代先民植物崇拜的表现。

　　现在能见到的最早的戴柳资料是唐人的记载。唐中宗、玄宗时人武平一在《景龙文馆记》中云："唐制，上巳祓禊，赐侍臣细柳圈，云带之免虿毒瘟疫。中宗四年上巳，祓禊于渭滨，赋七言诗，赐细柳圈。"后世一些学者据此认为戴柳之俗始于此，"至清明戴柳者，乃唐高宗三月三日祓禊于渭阳，赐群臣柳圈各一，谓戴之可免虿毒。今盖师其遗意也"。[①] 唐高宗不会无缘无故地在三月三日赏赐柳圈给群臣，并认为戴之可免虿毒瘟疫，而应是社会上早有此俗，高宗不过是据此而御赐罢了。宋代戴柳插柳之风极盛，但时间多改为寒食。"都下寒食，游人甚盛，水边花外，多丽环集，各以柳圈祓禊而去，亦京洛旧事也。"[②]

　　从现存的唐宋史料看，戴柳是与春季修禊这种户外活动相互联系的一

---

① （清）富察敦崇：《燕京岁时记·清明》。
② （宋）张炎：《庆春宫词序》。

种风俗。古人在每年的三月上巳日（魏晋以后定为三月三日）到郊外水滨举行集体洗涤活动，以消除不祥，称为祓禊，此俗起源甚早。《韩诗》云："唯溱与洧，方洹洹兮。唯士与女，方秉蕳兮。"①《宋书·礼志二》引《韩诗》："郑国之俗，三月上巳，之溱洧两水之上，招魂续魄。"反映的是士与女在野外集会的风俗，后世三月三日的上巳节已不甚受人重视，只在个别地仍保留有士女到野外踏青的习俗，但到野外踏青在很多地区移到清明举行。"礼失而求诸野"，踏青戴柳的这些特征使我们不禁想起了壮族三月三日的歌圩、侗族三月三花炮节、苗族的爬坡节、瑶族的耍歌堂、仫佬族的走坡、纳西族的三月会等，这些少数民族的春季节令，其特征都是青年男女在春季到郊野狂欢，主要内容是青年男女之间的恋爱，甚至性交合。之所以选择春天和野外，是为了感应大自然的生殖力以增强人们的生殖能力，因为春天是植物开花、动物交配的季节。《诗经》中所论述的溱洧水畔的男女狂欢正是这样的节日集会，后来演变成上巳节。在水滨洗浴也是为了洗去身上的不孕之灾，增加生殖能力，汉族许多农村地区仍有"三月桃花水洗不育症"的做法②，正是古风之遗。我们认为戴柳之俗就是汉族在这种节日活动中产生的一种伴生习俗。柳在这里被视为女性生殖的象征。古人认为柳具有强大的生命力、生殖力，戴上它可以感染其生殖力而增强自身的生殖力。

柳树具有强大的生命力、生殖力，可以无性繁殖，折取一枝"纵横倒顺插之，皆生"。③古人认为在树中生命力、生殖力最强的过于柳，"夫木槿杨柳，断殖之更生，倒之亦生，横之亦生，生之易者，莫过斯木"。④因此，古人把柳视为女性生殖的象征就不足为怪了。将植物作为生殖崇拜物在中外历史上曾普遍存在。⑤杨柳在中国古代一直被视为女性的象征，古人认为柳是"阴类"。⑥《诗·陈风·东门之杨》以杨柳树为起兴，《诗序》称该诗表达的是"婚姻失时，亲近女犹不至者"，毛传认为"言男女失时"。很显然，杨柳在这里是女性的象征。在我国汉语语汇中杨柳组成

---

① （南朝梁）宗懔：《荆楚岁时记》。
② 张铭远：《生殖崇拜与死亡抗拒》，中国华侨出版公司1991年版，第61—65页。
③ （唐）冯贽：《云仙杂记》。
④ （宋）周密：《癸辛杂识续集》卷下。
⑤ 傅道彬：《中国生殖崇拜》，湖北人民出版社1990年版，第76—77页。
⑥ 《汉书·睦弘传》："孟推《春秋》之意，以为'石、柳皆阴类，下民之象……'"

的词语一直代表着女性。所以，我们认为柳在古代被看成女阴、女性的象征。

很多学者认为，古代祈雨仪式中一般有象征性交合的场面或女性象征物。"昔者汤克夏而正天下，天大旱，五年不收，汤乃以身祷于桑林……雨乃大至。"① 赵国华先生认为"这是桑曾为女阴的象征，女性又有性水的缘故"。②《春秋繁露》记载，古时祈雨时，"命吏民偶处，凡求雨之大体，丈夫欲藏匿，女子欲和而乐"。意为在祈雨时，男女交媾，男子处于被动状态，女子要放纵，得到充分的满足。该书还讲到另一种祈雨方法是用虾蟆也就是青蛙求雨。东汉焦延寿《易林·大过》亦云："虾蟆群坐，从天请雨，应时辄下，得其愿所。"在这里，蛙"象征女性生殖器子宫（肚子）"。③ 作为女性生殖器象征的柳同样具有祈雨的功能。辽代契丹人祈雨仪式中重要的内容是射柳，我们认为射柳象征着男女交媾，柳象征女阴，箭象征男根。清代和民国时期，黑龙江、吉林、辽宁、河北、山东以及四川、湖北部分地区在祈雨时都离不开柳，"祈雨，遇天旱之时，农民有求雨之举，请关帝或龙王像，设坛三日，发异异像敲鼓游行，门插柳枝，人戴柳帽，且执柳洒水作雨状"。④ 我国少数民族满族，就是把柳树视为始母神树，把柳叶视为柳阴的象征。⑤ 这些证明柳在古代先民的观念中确曾被视为女阴的象征。

由此我们认为戴柳、插柳之俗的原始状态是汉民族在春季三月上巳壮年男女到郊野踏青洗浴，以求感染自然生殖能力，消除不孕之邪气时，将柳作为女阴、女性生殖的象征加以崇拜，其原始功能意义是为求得强大的生殖能力，是原始植物崇拜、生殖崇拜的反映。后世汉族对于此节俗的原始信仰意义逐步淡忘，而做出种种世俗的解释。汉族地区由于受到礼教的长期影响，对此类活动中性的内容讳莫如深，以致消亡，但在个别地区仍保留有一些遗风，据《中华全国风俗志》载，清朝末民国初，在东南沿海地区还遗留着春季抬着阴阳生殖器模型踏青的风俗。戴柳踏青之"柳"就相当于阴性生殖器模型。

---

① 《吕氏春秋·顺民》。
② 赵国华：《生殖崇拜文化论》，中国社会科学出版社1990年版，第224页。
③ 同上书，第213页。
④ 民国二十三年本《南皮县志》。
⑤ 参见程迅《满族历祭之女神》，《民间文学论坛》1985年第3期。

最初的戴柳、插柳之俗当是在上巳日，后固定为三月三日，由于三月三日在唐宋以后作为节令越来越不被人重视，而移至寒食节，到了明清时期，寒食节亦不甚为人重视而转移至清明节，与祭祖活动组合起来。由于中国地域广阔，在这种节令的转移中，并非全国一致，而是自发进行，所以有的转移了多次，有的转移了一两次，有的仍停留在上巳或三月三日，因而显现出在时间上、内容上、意义上的多样化。"远古人类所选择的女阴象征物，如鱼、花木，尔后其内涵逐渐发展变化，大体上循着象征女阴→象征女性→象征男女配偶→象征爱情→象征吉祥等这样一条脉络演进。"① 正因如此，柳作为女阴、女性的象征意义逐渐被人们淡忘，其作为吉祥的象征仍为人们认同，因而在戴柳的同时又插柳于室，并认为戴柳、插柳具有驱疫明目、护生延年、免毒避邪等功能意义，正是取其吉祥功能。由于其功能意义的扩大，戴柳的人由青壮年男女扩大到男女老少，或需要受到保护的弱者——妇女儿童。个别地区的迎玄鸟说乃是古风之遗存，在这里柳为女阴的象征，"玄鸟"为男根的象征②，柳迎玄鸟乃生殖交媾的象征，其功能意义仍是祈求生殖，感染自然的生殖力。当柳作为生殖崇拜的功能日渐消失之后，其作为吉祥之物的意义日益凸显出来，在某些由于自然等原因而无柳的地区，可以用其他具有吉祥功能的树木来代替。如民国二十六年本《来宾县志》："清明日，早起香烛拜先人，折桃枝带叶插门前。"其括注云："例应插柳，县境少柳，故易以桃。"民国十一年本《永泰县志》："清明插柳于门前，或以松枝代之。"而浙江上杭在清明日只要是树枝就可以，"清明，折树枝（三志俱作折柳。按：邑中少柳，插者不必尽柳，谓之插青）悬于门外"③，则更加泛化，更多的只是一种节俗象征。

民俗具有转移性，戴柳、插柳之俗，不仅在时节上发生转移，而且在功能意义上也发生转移，甚至作为民俗事象中的关键物也可由其他物品代替。但这种转移不是无限的，而是有限的，时间转移，大都在春季的范围，功能意义转移没有超出祈福求祥的范围，关键物替代没有超出树木的

---

① 赵国华：《生殖崇拜文化论》，第247页。
② 玄鸟本身就是生殖的象征，《史记》称：简狄吞玄鸟卵而生属契，女修吞玄鸟卵而生秦。玄鸟是男根的象征，在汉语俗语中，鸟也指男根。关于鸟的男根象征，请参阅赵国华《生殖崇拜文化论》第六章第一节。
③ 民国二十八年上杭启文书局本《上杭县志》，见《华东卷》第1341页。

范围。由此给我们一个启示：一些旧的节令在现代工业化、信息化社会越来越不受重视，而附着于这些节令的某些具有文化活力的民俗，可以转而附着于相近的仍受人们重视的节日里，使具有中国传统特色的民俗文化得以保存并发扬光大。

原载《湖北大学学报》2002 年第 5 期

论中国古代的柳崇拜

"在原始人看来,整个世界都是有生命的,花草树木也不例外,它们跟人们一样都有灵魂,从而也像对人一样对待它们。"[①] 正因如此,植物崇拜普遍存在于原始宗教中,但不同地区、不同民族,因其生活的自然环境、社会文化有别,其所崇拜的植物及其表现形式也有所不同。

一

柳,柳属植物的泛称,杨柳科,落叶乔木或灌木,枝条柔韧,叶狭长,种子有毛。《说文解字·木部》:"柳,小杨也。""杨,蒲柳也。"明人李时珍《本草纲目》卷三五下云:"杨可称柳,故今南人犹并称杨柳也。"杨与柳,析言之有异,通言之无别,故本文所论之柳,实际上也包含了杨。

柳树在我国的分布范围极广,全国各地都有生长。柳生长范围之广,可以从各地的一些有名的古今地名得到证明,如山东的柳泉、柳下、柳林,浙江的柳浦、柳翠桥,福建的柳营江、细柳,广西的柳浦、柳江、柳州,湖南的柳林堡,河南的柳泉驿,河北的柳河馆,北京的柳林城,辽宁的柳树屯,陕西的细柳营,甘肃的柳泉、柳园,新疆的柳中、柳城,青海的柳湾,等等。《管子·地员》云:"九州之土,为九十物,每州有常而物有次……五粟之土……其榆其柳,其䅣其桑,其柘其栎,其槐其杨……次曰五沃……其槐其杨,其榆其桑……次曰五位……种木胥容,榆桃柳楝。"这一方面说明杨柳在中国古代种植范围极广;另一方面说明,在中

---

① [英]詹·乔·弗雷泽:《金枝》,徐育新等译,中国民间文艺出版社1987年版,第169页。

国古代，杨柳与桑、桃、榆、槐等树木一样，与人们的关系密切。生长范围的广大，与人们关系密切，为柳崇拜在中国广泛地存在提供了基础。"人的生命和存在所依靠的东西，对于人来说，就是神。"①

二

古人崇拜某种植物，将其神异化，认为它具有某种神力，或可以预告吉凶，或可以驱魔降邪，或可以通灵显神，或可以行云施雨，而柳在古人的心目中正具有这种神异的力量。

古人认为杨柳可以预示吉凶，感应人事。《周易·大过》："九二，枯杨生稊，老夫得其女妻，无不利。""九五，枯杨生华，老妇得其士夫，无咎无誉。"反映中国先民很早就以杨柳占卜婚事。历史上以杨柳占测人事的事例很多，如《汉书·眭弘传》记载：汉昭凤三年，"上林苑中大柳树断枯卧地，亦自立生，有虫食树叶成文字，曰：'公孙病已立。'"当时眭弘"推《春秋》之意"，认为"僵柳复起，非人力所为，此当有从匹夫为天子者"。果然五年之后，"孝宣宗兴于民间，即位"。无独有偶，据《晋书·五行志中》记载，晋"成帝咸和六年五月癸亥，曲阿有柳树枯倒六载，是日忽起复生"，"与汉上林断柳起生同象"。后来司马岳果然继位为帝。上述二例都以柳树枯后复生来昭示帝王得位。《隋书·五行志上》：隋"仁寿四年八月，河间柳树无故枯落，既而花叶复生。京房《易飞候》曰：'木再荣，国丧。'是岁，宫车宴驾"。柳树枯落而复生预示帝王宴驾。史书中除了记录有柳树预示帝王的兴亡之外，还有许多感应人事的记载。如《隋书·高颎传》："初孩孺时，家有柳树，高百尺许，亭亭如盖，里中父老曰：'此家当出贵人。'"后高颎果真飞黄腾达，成为贵人。我们关注的不在于杨柳与婚姻的当否、帝王的即位和死亡、人们的显达之间是否有必然的联系，而古人将其联系在一起，无疑反映了这样一个事实：在古人看来杨柳具有超自然神力，它能预示吉凶，感应人事。

祭祀是早期人类神灵崇拜的表现，而祭祀时所选用的祭物又具有神秘性，这些被赋予某种灵性的祭物，往往是某种崇拜的延伸，或者这些祭物本身就是崇拜的对象。柳树曾在中国古代各民族的祭祀活动中作为祭物加

---

① 《费尔巴哈哲学著作选集》，三联书店1962年版，第438—439页。

以运用,是各种祭仪中的"灵物"。

　　古鲜卑人和匈奴人在秋天进行祭祀时,要使用柳。《史记》《汉书》的《匈奴传》云:"秋,马肥,大会蹛林。"颜师古注曰:"蹛者,绕林木而祭也。鲜卑之俗,自古相传,秋祭,无林木者尚竖柳枝,众骑驰绕三周乃止。此其遗法。"历史上生活于北方的高车族,在祭祀时亦用柳枝。《魏书·高车传》:"喜致震霆,每震则叫呼射天而弃之移去。至来岁秋,马肥,复相率候于震所,埋毅羊,燃火,拔刀,女筮祝说,似如中国被除……人持一束柳桋,回竖之,以乳酪灌焉。"满族人在祭祀时,柳是必不可少的,无论是朝祭还是家祭都要安神树——柳枝。①

　　以杨柳为灵物用于祭祀之中的现象并不限于北方少数民族,在汉族生活的内地同样普遍存在。南朝梁人宗懔在其《荆楚岁时记》中云:"正月十五日,作豆糜,加油膏其上,以祠门户。先以杨枝插门,随杨枝所指,仍以酒脯饮食及豆粥插箸祭之。"四川省江津地区若需动土,则要举行谢土仪式,柳箭是仪式中的重要法物:"二三月居民择土王用事日,延道士于家,讽诵经典,制桃弓柳箭,设衡量刀尺等具,用黄笺书镇宅符贴于壁,谓之谢土。"② 荆楚地区在建房要动土时,亦用桃弓柳箭射四方,以祭地脉龙神。与高车族祭雷神要用柳一样,荆楚地区在祭雷神时巫师也要用桃弓柳箭。③ 在四川省、湖北省的部分地区,清明节这一天要用柳枝供奉神灵。④

　　天旱求雨是古人常采用的祭仪,中国古代有多种求雨方式,如《春秋繁露》所载以虾蟆求雨,《吕氏春秋》所述汤祷于桑林求雨,《金史》所载以土龙求雨等。而用柳祈雨不仅历史久远,且分布范围广。《辽史·礼志一》:"若旱,择吉日行瑟瑟仪以祈雨……及期,皇帝致奠于先帝御容,乃射柳。皇帝再射,亲王、宰执各一射……又翌日,植柳天棚之东南,巫以酒醴、黍稷荐植柳,祝之。皇帝、皇后祭东方毕,子弟射柳。"据地方志记载,清朝和民国时期各地的祈雨内容虽有不同,但很多地区的

---

① 孙文良主编:《满族大辞典》,辽宁大学出版社1990年版,第270页。
② 民国十年刻本《合川县志》,见丁世良、赵放主编《中国地方民俗资料汇编·西南卷》,书目文献出版社1989年版,第207页。以下引用《中国地方民俗资料汇编》只注明卷名、出版时间和页码。
③ 陈贤发:《楚人对桃的崇拜源流考略》,《民间文学论坛》1985年第6期。
④ 清光绪十四年刻本《德安府志》,见《中南卷》1991年版,第348页。

祈雨都离不开柳。民国二十二年本《南皮县志》："遇天旱之时，农民有求雨之举，请关帝或龙王像，设坛三日，舁像铙鼓游行，门插柳枝，人戴柳帽，且执柳洒水作雨状。"[①] 山东省的陵县祈雨来得更简捷，人们直接向柳枝祈祷以求降雨。民国二十四年本《陵县续志》："各门首置坛盛水，上插柳条，按时跪祷而已。"[②] 在四川省的武阳，人们祈雨是用"耍水龙"的方式进行，"水龙用杨柳枝和竹子扎成，二人执着游行"，人们不断用桶、盆盛满清水泼向水龙，"象征大雨降临"。[③] 湖北来凤土家人祈雨方式虽与上述几种不同，但祈雨的巫师同样要戴柳。天大旱时，请巫师祷于洞神，"巫戴杨柳枝于首，执凫吹角，跳跃而往，众鸣钲鼓随之，名曰打洞"。[④] 上述各例中，杨柳是祈雨仪式中不可缺少的重要灵物，这说明，在古人看来，杨柳具有行云降雨的神奇力量。

古人在祭祀时用杨柳，是将杨柳视为具有某种神力，人们想通过它将自己虔诚祈福的心愿传达给他们看不见、摸不着的神灵，在这里杨柳也变成了神。

在中国古人看来，柳不仅可以通达神灵，传达人们的意愿，而且具有法力，可驱魔避邪、消灾致福、护育幼童。在医药学不发达的古代，人们认为得病是因疫鬼附体，要治病就得驱除疫鬼，才能康复。在古人眼里，桃枝具有驱鬼功能，这已为大多数民俗学者所认同。中国古人在驱鬼逐祟时，除用桃枝外，还用柳枝。用柳枝驱鬼治病的做法在现代汉族、满族、西南那马人中还有遗存。满族人生病以后，由病人家属或治病萨满手持刀、柳枝在病人身前做扑打砍击状，意在用刀与柳枝将为祟致病的鬼赶走。[⑤] 西南地区的那马人认为人生病是山鬼作祟，所以要驱山鬼，其中有一种方法就是由巫师用杨柳枝、炭火灰等驱逐山鬼离开。[⑥] 在荆楚地区，小孩子得了不明病因的怪病，一般认为是犯了关煞，要用桃弓柳箭驱病，而且专门为小孩做一副较小的桃弓柳箭，以避邪疫。[⑦] 满蒙民族的育儿习

---

① 见《华北卷》1989 年版，第 406—407 页。
② 见《华东卷》1995 年版，第 111 页。
③ 1938 年版《武阳镇志》，见《西南卷》，第 87 页。
④ 清同治五年刻本《来凤县志》，见《中南卷》，第 448 页。
⑤ 参见孙文良主编《满族大辞典》，第 556 页。
⑥ 参见刘龙初《那马人的山灵崇拜及其演变》，《世界宗教研究》1996 年第 1 期。
⑦ 参见陈贤发《楚人对桃的崇拜源流考略》，《民间文学论坛》1985 年第 6 期。

俗中，小儿降生后，要在门楣上悬挂杨柳枝制成的小弓箭。在东北民间，体弱多病的孩子往往要认一棵老柳树做干妈，在树干上系一条红绳，逢年过节去磕头。①

柳不仅可以消除人的疾病，还可以驱逐害虫。云南建水地区，人们在六月"筮朝作青苗会，延道士诵经拜蔬，用柳枝醮法水沿塍霑洒，以禳螟螣（䘍）"。② 山西、陕西等地盛行在三月三日的早晨，"以柳枝鞭房内四壁，避蛇蝎诸虫"。③

凡此种种，说明在古人看来，杨柳具有神力，致人生病的祟鬼疫魔，加害于作物和人的害虫毒蝎，遇到具有法力的柳枝，就会逃之夭夭。

在古人的意识里，柳的法力远不止这些，它还可以控制活人的灵魂，左右人的意志。《金瓶梅词话》卷十二在描写潘金莲欲专房宠，请刘婆的老公瞎子"回背"，瞎子指点潘氏说："用柳木一块，刻两个男女人形象，书着娘子与夫主的生时八字，用七七四十九根红线，扎在一处，上用红纱一片，蒙在男子眼中，用艾塞其心，用针钉其手，下用胶粘其足，暗暗埋在睡的枕头内……不过三日，自然有验。"柳木刻成的人俨然成了活人的替身，将柳人锁住，就锁住了活人。不仅如此，柳还可以左右死者的灵魂。台湾新竹地区有这样的说法：若某人遭人暗杀，收殓时，在死者手中放桃枝、柳枝，死者就会自己寻仇人报仇。④ 柳的力量之大，于此可见一斑。

古人认为柳具有神力的观念的最普遍反映是插柳、戴柳之俗，这种风俗在中国极其普遍。据丁世良、赵放主编的《中国地方志民俗资料汇编》所辑录的各地地方志材料，中国除新疆、青海、西藏未见此俗的记载外，各地皆有。对于插柳、戴柳的功用，古人或云为介子推招魂，或云免虿毒，或云避火灾，或云"清明不戴柳，红颜成皓首"，或云"清明不戴柳，死后变猪狗"，等等，无论哪一种说法都反映了这样一个事实：在古人的认识中，柳具有某种神秘力量，它能给人带来幸福吉祥。

---

① 参见陈见微《北方民族的树崇拜》，《中国典籍与文化》1995 年第 4 期。
② 民国九年本《续修建水县志稿》，见《西南卷》，第 833 页。
③ 清光绪九年本《文水县志》，见《华北卷》，第 598 页。
④ 1976 年版《新竹县志》，见《华东卷》，第 1497 页。

三

朱天顺曾指出:"据我国古籍记载,被古人神化和崇拜的植物,首先是与农业生产有关的桑树和谷类植物,其次是桃、苇、菖蒲等。"[1] 柳,不属于与农业生产有关能为人类提供衣食的植物,也不像桃树可以提供给人们食用的果实,那么是什么原因促使人们对柳产生崇拜呢?我们认为是柳所具有的超乎一般植物之上的生命力、繁殖力。

柳的生命力极强。古人认为在树木中柳树的生命力最强,"杨柳断殖之更生,倒之亦生,横之亦生,生之易者,莫过斯木"。[2] 柳树适应环境的能力极强,在许多树木无法生存的环境里,柳却可以生存。在二十八星宿中,唯一以树木命名的星宿是柳星,古人认为柳树之所以有如此强大的生命力,与柳宿有关。"此物何以易生,盖柳星在二十八宿中,寄根于天,故栽之辄活。"[3] 这反映出古人对柳超常生命力的敬仰。对柳树插之即生的生命力的崇拜,引发了对柳树超常繁殖力的崇拜。柳树结子,子粒极小,随风飘浮,落地后即可发芽成长,一棵柳树可以使大范围变成柳林。柳可以无性繁殖,截取小段枝条,插之则活,对所插柳条这个个体来说,是生命力强,而对于母体来说,是繁殖力强。

我们认为柳崇拜是原始女性生殖崇拜的反映。

其一,以树木作为生殖崇拜的神树,在世界原始宗教中并非个别存在,世界上的一些古老民族都产生过树神崇拜。"在弗雷泽看来,神树的生命力表现为树木被看作是有生命的精灵。它能够引云降雨,能使六畜兴旺、妇女多子,这样神树实际上已成为具有普遍生命力的生殖神。"[4] "中国远古先民曾将各种植物作为女性生殖的象征。"[5] 这说明以柳为生殖崇拜的神树,并非是孤立的存在,它是古代植物崇拜的一个历时久远的遗存。

其二,杨柳在中国古代一直被视为女性象征符号。古人认为柳为

---

[1] 朱天顺:《中国古代宗教初探》,上海人民出版社1980年版,第87页。
[2] (宋)周密:《癸辛杂识续集》卷下。
[3] 陈继儒:《笔记》卷二。
[4] 傅道彬:《中国生殖崇拜》,湖北人民出版社1990年版,第77页。
[5] 赵国华:《生殖崇拜文化论》,中国社会科学出版社1990年版,第223页。

"阴类"。① 杨柳在古代汉语语汇中一直都作为女性的象征，无论是褒词还是贬词，概莫能外。如柳眉、柳腰、柳陌花丛、柳市花街、柳性、柳巷、柳楼、水性杨花、杨柳身、败柳残花、柳妖花媚等。在广东方言中将幼女称为"柳阴仔"。

其三，中国东北的满族明确地以柳叶作为女阴、女性的象征，将柳树作为始母神，称为"佛托妈妈"（意为柳叶娘娘），虔诚供奉。② 满族对柳的生殖崇拜是基于这样的民族起源神话："在古老又古代的年月，富察哈拉祖先居住的虎尔罕河突然变成虎尔罕海，白水淹没万物。阿布卡恩都哩用身上搓落的泥做成的人只剩下一个。他在大水中漂流，忽然漂来一根柳枝，他手抓柳枝才漂进石洞，柳枝幻化成一个美女，从此留下后代。"③ 所以满族在祭祀时一定要用柳枝作神树。在这里，柳崇拜是对女性生殖崇拜的直接反映。

其四，戴柳、插柳是生殖崇拜的遗风。戴柳之俗是踏青的伴随物，"踏青"是青年男女到郊野集会，这种习俗最初举行于三月上巳，后固定于三月三日，这不禁让我们想起少数民族的一些春季青年节，如壮族三月三歌圩、侗族三月三日花炮节、苗族爬坡节、仫佬族走坡、纳西族的三月会等，"戴柳踏青"与上述少数民族的春季狂欢节俗相似，那就是求偶求子，到春季的大自然中去感受自然的生殖力④，而柳正是自然生殖力的代表与象征，戴柳、插柳是一种生殖崇拜，其目的是祈求旺盛的生殖力。

其五，作为生殖崇拜的神树，有着广泛的生殖象征意味。一般说来，生殖崇拜物大体上循着女阴象征、女性象征、男女交合象征、吉祥象征这样一条脉络演进。⑤ 弗雷泽曾论及神树具有行云播雨的魔力⑥，这正与中国古代以柳祈雨的做法相同。而柳所具有的驱疫避邪、预示吉凶、护育幼童的功能正是以柳作为吉祥象征，这反过来证明了柳崇拜最初是生殖崇拜。

---

① 《汉书·眭弘传》。
② 参见程迅《满族所祭之女神——佛托妈妈是何许人》，《民间文学论坛》1985 年第 3 期。
③ 陈见微：《北方民族的树崇拜》，《中国典籍与文化》1995 年第 4 期。
④ 参阅张铭远《生殖崇拜与死亡抗拒》第一、第二章，中国华侨出版公司 1991 年版。
⑤ 参见赵国华《生殖崇拜文化论》，第 247 页。
⑥ 参见［英］詹·乔·弗雷泽《金枝》，第 178 页。

综上所述，柳崇拜曾较为普遍地存在于中国古代，这种崇拜的最初形态是女性生殖崇拜。柳最初作为女阴、女性的象征，古人通过对柳的崇拜以祈求妇女具有旺盛的生殖力，在此基础上形成了中国古代跨越广阔时空的以柳占筮吉凶、感应人事、祭祀求雨、驱疫避邪、护育幼童等一系柳崇拜民俗。

原载《中国典籍与文化》2005年第3期

下编

文献

汉字书写下行原因蠡测

饶宗颐先生在《符号·初文与字母——汉字树》第六章《文字的左、右行与古代西戎》中，称"世界文字有左行、右行、下行之分"。[①] 汉字下行为唯一特例，饶先生虽举例说明，但并未解释其原因。本文试对汉字下行的原因做出解释。笔者认为汉字下行并不是由于书写材料造成的，而是由于汉字自身的特点造成的，因为在汉字系统中，左右结构的汉字占绝大多数，无论是左行、右行，皆易造成文字误读误抄，所以先民选择了下行书写。

汉字书写行款习惯是自上而下、自右而左，明显违背人的视觉规律。对于其他文字书写行款的了解，不会晚于公元纪元前后，一方面当时西域地区的少数民族使用文字书写与汉字不同，《汉书·西域传》云：安息国"书革，旁行为书记"。服虔注："横行为书记也。"颜师古注："今西方胡国及南方林邑之徒，书皆横行，不直下也。革谓皮之不柔者。"另一方面佛教传梵文经典传入中国。但是古代学者都没有对汉字的书写下行提出异议，也没有对汉字书写下行理由进行分析，视为当然。

据笔者目力所及，最早对此问题进行关注的是文字学家唐兰先生，他在1949年出版的《中国文字学》中分析："从中国文字的性质说，每一个字都是从上写到下的，当然以下行为适宜。"[②] 从单个汉字书写顺序来解释整行文字的排列，有一定道理。

美国芝加哥大学的钱存训先生在1962年出版的《书于竹帛》一书中指出："这种直行书写的原因虽不可确考，但可推测这一特点应和中国文字的构造、书写材料、应用工具以及生理和心理等因素有关。""毛笔书写的笔

[①] 饶宗颐：《符号·初文与字母——汉字树》，上海书店出版社2000年版，第76页。
[②] 唐兰：《中国文字学》，上海古籍出版社2001年版。

顺，大多是从上到下，竹木材料的纹理以及狭窄的简策，只能容单行书写等，都是促成这种书写顺序的主因。""至于从右到左的排列，大概是因为用左手执简，右手书写的习惯，便于将写好的简策顺序置于右侧，由远而近，因此形成从右到左的习惯。"① 可惜钱先生没有展开具体论述。

1992年，游顺钊先生《古汉字书写纵向成因——六书以外的一个探讨》一文认为："汉字下行是因为当时不用托板（如桌子等）所致"，"因此我推论当时写简的人是一手拈着竹简的顶端，另一端则顶着腹部或腹胸之间，一手提笔从简的顶端向己方写下去"。"这样的持简法也说明为什么好些战国的竹简还保存有天地头（平均1.4厘米），天头是手拈着的一端，地头是顶着身体的另一端，都是无法下笔的地方。"② 游顺钊先生的推测是基于古人书写文字是不用托板的，而不用托板的书写在笔者看来是不符合历史事实的。其一，从古书记载和目前所出土的简来看，简所书写的内容主要是抄写古书、公文、文书、卜筮祭礼记录和遣策等，书写这些内容，应该是在室内，古代虽然没有桌子、凳子，但可以席地而坐，在几案上书写。其二，简的长度，如写诏书律令的长3尺（约67.5厘米），抄写经书的长2尺4寸（约56厘米），民间写书信的长1尺（约23厘米）。晋荀勖《〈穆天子传〉序》："汲县民不准盗发古冢所得书也，皆竹简素丝编，以臣勖前所考定古尺度其简，长二尺四寸，以墨书，一简四十字。"2尺4寸约合54厘米。湖北郭店楚简的形制不尽一致，就长度而论，可以分作三类：一类长度在32.5厘米左右；另一类长25.5—30.6厘米；第三类长15—17.5厘米。清华收藏楚简总数为2388枚（包括残片），形制多种多样，简的长度最长的有46厘米（相当于战国时的2尺），最短的约10厘米。山东银雀山汉墓出土的简长度也有三种：最长者长69厘米，约合汉尺3尺，其次长27.6厘米，约合汉尺1尺2寸，最短者长度仅为18厘米，约合汉尺8寸。长简、短简用"一手拈着竹简的顶端，另一端则顶着腹部或腹胸之间，一手提笔从简的顶端向己方写下去"的方法都极为不便，即使是中等长度的竹简写起来也不方便，即便勉强用该方法书写，靠近竹简下端的文字字体，因为腹部的阻碍会造成字形与竹简的

---

① 钱存训：《书于竹帛》，上海书店出版社2002年版，第162页。
② 游顺钊：《古汉字书写纵向成因——六书以外的一个探讨》，《中国语文》1992年第5期。

上中部字形风格的不一致,而从目前出土的简牍文献来看都不存在这种现象。其三,笔者认为在古代写简时是先编后写者为多。《仪礼·聘礼·记》:"百名以上书于策,不及百名书于方。"郑玄注:"策,简也。"晋杜预《春秋序》:"大事书之于策,小事简牍而已。"孔颖达解释说:"简之所容,一行字耳。牍乃方版,版广于简,可以并容数行。凡为书,字有多有少,一行可尽者,书之于简;数行乃尽者,书之于方,方所不容者,乃书之于策。"编简成册而后书写是无法抵腹而书的。

2006年,李敬平《古代汉字行款成因探源》一文认为:"仅从书写便利的角度考察汉文书写下行左书的成因,将之归因于行为习惯的结论不足以服众,从简策书写的影响方面立论,又为时已晚。"作为中国书法篆刻的源头,甲骨文契刻隐藏有汉字行款成因的重要信息,"用刀乃右手","自右向左或由上而下执刀直冲","将甲骨旋转,以便取势"等刀法特点,是形成古代汉字下行左行行款的更为久远,也更为直接的成因。① "仅从书写便利的角度考察汉文书写下行左书的成因,将之归因于行为习惯的结论不足以服众"的观点很有道理,但用甲骨契刻刀法特点解释汉字行款成因同样是不足以服众。刀刻于甲骨不是当时书写文字的主流,当时主流书写应该是用笔书于简牍。古人认为"自古有书契以来便应有笔"。② 而从周到东汉一千多年时间内,竹牍是运用得最普遍的书写材料。③《尚书·多士》云:"惟殷先人,有典有册。"甲骨文册(前四·三七·六)字、𠕁(佚九三一)字④,都充分证明了这一点。"在甲骨中,但经书写而没有契刻的文字,甲编裏已著录过三版(《甲》870,2636,2940),因而我们可以推断殷代已有毛笔的使用,甲骨文字是先写后刻的。"⑤ 所以说契刻甲骨文的刀法特点是形成古代汉字下行的行款更为久远,也更直接的成因观点不能成立。

2007年,杨秋生《古代汉字书写行款考辨》一文认为,"汉字自上而下自右行而左行的书写形式的形成的年代最迟至西周已成定例,它最初的

---

① 李敬平:《古代汉字行款成因探源》,《河南理工大学学报》(社会科学版)2006年第2期。
② (晋)崔豹:《古今注》卷下。
③ 参见钱存训《书于竹帛》,上海书店出版社2004年版,第71—72页。
④ 本文中的甲金文字字形来自《汉语大字典》。
⑤ 董作宾:《殷墟文字乙编序》,《考古学报》1949年第4期。

形式是因书写方式、书写材料所决定的"。他强调，"书写材料的影响也许更为重要"。①李宾《古汉字下行、左行行款探源》一文认为汉字行款形式的形成，是有关书写的诸因素共同起作用的结果。"汉字行款形式的特殊性在于汉字在特定的历史时期使用了特定的书写材料，竹简的形制是导致古汉字行款方式的关键因素。字序的下行是人的生理结构使然，左手竖握竹简书写为便。"②两位先生都强调书写材料竹简是形成汉字下行的主要原因。诚然，一支竹简仅能容纳一行字，但也可以将竹简横放左行或右行书写，然后竖排成册。

综上所述，前贤们对汉字下行的原因的推测主要集中在书写载体竹简的形制上，而笔者认为推测汉字书写的行款下行的原因应该从汉字本身的角度来思考。

古人将汉字分为文与字，汉许慎《说文解字·叙》："盖依类象形，故谓之文；其后形声相益，即谓之字。"文即独体，字为合体。汉字中绝大多数为合体字，据科学出版社《汉字信息字典》对7786个正体字的字型组合统计：单一结构的有323字，占4.149%；左右组合的有5055字，占64.933%；上下组合的有1643字，占21.165%；包围结构的有715字，占9.184%。又据齐元涛对《说文解字》正篆、篆文重文和新附字共计10422字的统计：独体字311个，占2.98%；左右结构共计7674字，占73.62%；上下结构1730字，占16.57%。③

这不由得让笔者推测，汉字书写下行与汉字结构有关。因为左右结构的汉字占绝对多数，古人为了避免汉字书写因左行或者右行字写得紧密时造成误读误抄，从而确定文字书写下行的原则。例如妇字金文中有多种写法：🍀（比作伯妇簋）、🍀（令簋）、🍀（晋公簋）等，有时省写女，有时女在右，有时女在左；好字甲骨文金文有多种写法：🍀（妇好瓿）、🍀（乙2586反）、🍀（虚筵）、🍀（杕氏壶）、🍀（希伯簋）等，有时子在左偏上，有时子在右偏上，有时子在右偏下，有时子左女右并列。当我们看

---

① 杨秋生：《古代汉字书写行款考辨》，《泉州师范学院学报》2007年第1期。
② 李宾：《古汉字下行、左行行款探源》，《菏泽学院学报》2007年第4期。
③ 齐元涛：《〈说文〉小篆构型系统相关数据的计算器测查》，《古汉语研究》1996年第1期。齐元涛将小篆分为一分、二分、三分、四分、五分、六分等，一分即独体字，其他为合体字。本数据是依据其对二分、三分的左右结构、上下结构统计而来，因三分、四分、五分、六分没有有关结构的分类，不在统计范围。原文表格中个别百分比数据有误，笔者据字数重新计算。

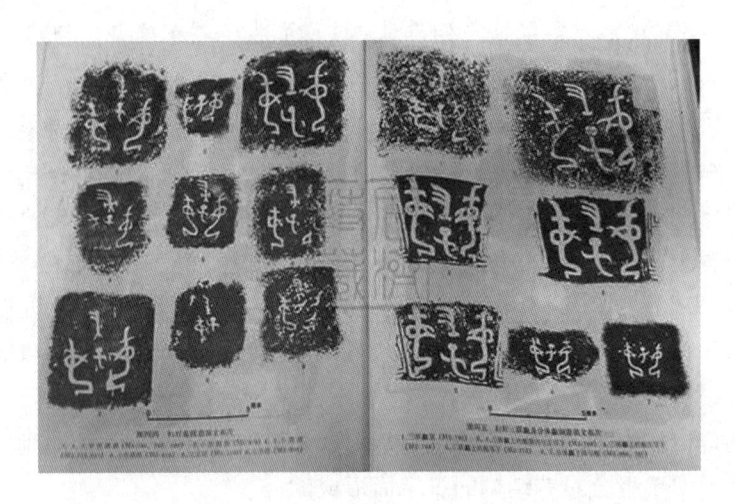

到左行或者右行的 ![字] 时（参见图片），是读"妇好"，还是读"好妇""女妇好""好妇女"呢。

汉字的纵变为汉字的下行提供了文字上依据。游顺钊先生在探讨汉字下行时说："第一次引起我对古汉字纵变解说的联想是一张加拿大印第安人在1700年跟白人签订的和约。和约上签满了各部落代表的名字。这些签字都是一些动物形象，是参与和约各部落的图腾标志。值得注意的是这些动物图腾，像古汉字的动物词汇一样，大部分是竖起来的。这使我想到初民扮演他们的动物图腾，模仿它们的动作来进行拜祭或舞蹈活动……要是中国古代存在动物图腾崇拜，以模仿图腾动物动作作为舞蹈和拜祭仪态的基础，那么先民就会常见到动物竖立起来的形象。为了记录这些活动，他们就得按这些动物图腾形象造字。"① 笔者认为这种推测依据不足，诚然汉字中的很多动物用字是从向描形的，如：象 ![字]（前三·三一·三）![字]（乙九〇六）、豕 ![字]（前四·二七·四）![字]（乙七九八五）、犬 ![字]（前七·三·三）![字]（甲四〇二）、豸 ![字]（乙四四二）![字]（前四·五三）、鸟 ![字]（甲二九〇四）![字]（乙六六六四）、隹 ![字]（乙六六〇）![字]（甲九三六）、马 ![字]（乙七〇九二）![字]（京津一六八六）、兔 ![字]（甲二七〇）、虎 ![字]（馀一七·一）![字]（甲一四三三）、它（蛇）![字]（乙八七一八）![字]（铁四六·二）、鱼 ![字]（佚八一二）![字]（前四·五五·七）、龟 ![字]（甲九八四）![字]（京津二二

---

① 游顺钊：《古汉字书写纵向成因——六书以外的一个探讨》，《中国语文》1992年第5期。

○)、虫❋（乙八七一八）❋（铁四六·二）等，但用图腾崇拜来解释理据并不充分，因为汉字中很多物体也发生纵变，如圹字❋（乙七三八）❋（后下一一·八）字中的床，俎字❋（傅卣）❋（三年癫壶），阜字❋（甲三九三六），山体纵变，而同样作为动物的鹿字❋（甲一二三三）❋（命簋），又没有发生纵变，而鹿在古代作为瑞兽，是人们崇拜的对象，却没有发生纵变，说明纵变与图腾无关。古人在造字时似乎对左右结构的对称之美有所偏好，之所以纵变是为了适应组合左右结构新字的需要，笔者据《说文解字》小篆统计，鱼部共102个字，有101个字是左右结构组合，鸟部共119个字，有88个字为左右组合。笔者注意到鹿字之所以没有纵变是因为在组合新字时鹿字下部空余可以形成半包围，而不致造成误读误抄，如❋（石鼓）、❋（秦公簋）、❋（前四·四八·八）等，后来隶定时该部首也成为半包围结构。笔者认为这种纵变是在文字下行原则确定之后，为了便于组合左右结构的汉字而形成的。

同时我们还注意到现在看来是上下结构的组合字，在早期书写时是近似半包围结构，文字下行排列时可以避免误读误抄，如盈字❋（右里盈）❋（《说文·皿部》）、杏字❋（《说文·木部》）、买字❋（乙五三二九）❋（佚四六二）❋（買车觚）、怒字❋（诅楚文）等。有些汉字在早期是上下结构与左右结构并存，但最终选择了左右结构。如妹字❋❋、娥字❋（京津一一六一）❋（铁二六四·一）❋（乙八八九六）❋（《说文·女部》）、媚字❋（菁三·一）❋（子媚爵）❋（《说文·女部》）、怛字❋（《说文·心部》）❋（《说文》或体）、快字❋（中山王墓宫堂图）❋（《说文·心部》）、惕字❋（《说文》或体）❋（《说文·心部》）、愉字❋（鲁伯俞父匜）❋（《说文·心部》）等，有些汉字在文献中上下结构并存（字义不同者除外，如杏与呆、邑与吧、查与杲等），而左右结构更为通用，如略与畧、峰与峯、概与槩、群与羣等。这些都是古人在选择了文字下行之后所采取的避免上下结构汉字误读误抄选择。

我们认为古人为了避免汉字书写因左行或者右行字写得紧密时造成误读误抄，从而确定文字书写下行的原则的观点，可以从文献讹误得到印证。虽然上下结构的汉字所占比例较小，但古代文献中还是存在误读误抄而出现将二字合为一字、一字误为二字者。《战国策·赵策四》："左师触詟愿见太后，太后盛气而揖之。"王念孙在《读书杂志·战国策杂志》中考证认为"今本'龙言'二字误合为一字尔"。俞樾在《古书疑议举例》卷五中有"一字误为二字例""二字误为一字例",并列举了大量例证。《左传》襄九年"闰月"杜预注:"'闰月'当为'门五日','五'字上与'门'合为'闰',则后学者自然转'日'为'月'。"《淮南子·人间训》:"孙叔敖病疽将死。"陈观楼云:"'病'字'将'字并衍文也。'疽'乃'疒且'二字之误。"《礼记·缁衣》:"信以结之,则民不倍;恭以莅之,则民有孙心。"惠栋《九经古意》考证"'孙心'当作'愻'"。[1] 如果古人选择汉字左行或者右行,这类错误将不胜枚举。

以蠡测海,笔者或许尚不如蠡,大方之家幸赐抉摘,匡愚不逮!

原载第二届饶宗颐与华学国际学术研讨会暨香港大学饶宗颐学术馆成立十周年庆典论文集《饶学与华学》,上海辞书出版社2016年6月版

---

[1] 俞樾:《古书疑义举例》,《古书疑义举例五种》,中华书局1956年版,第102—105页。

论李善《文选注》的文献学价值

李善《文选注》是《文选》最有名的注本，征引文献典籍异常广博，因此为后世所推崇。张之洞在《輶轩语》中曾云："读《文选》宜看注，李善注最精博，所引多古书，不独多记典故，于考订经史小学，皆可取资。"[①]《文选》的最大属性应该是文学，李善《文选注》最主要的属性是文学阐释，但其文献属性也十分鲜明。本文主要从文献学的角度探讨其价值。

一

李善《文选注》开创了文学文献引文释义的注释方式，为后世文学文献注释提供了可资借鉴的模式。

虽然引文释义并非李善首次使用，但是引文释义的注释方式的全面运用是始于李善的《文选注》。王宁、李国英先生在《李善的〈昭明文选注〉与征引的训诂体式》一文中认为：李善之前的古书注释，主要有三种类型，即说解式、直译式、考证式，而李善的《文选注》则开创了一种全新的训诂体式，即征引式。主要是以钩稽故实、征引出处来达到解词说义的目的。他们认为："征引式训诂的要点不只是在寻求被释典故的典源出处，更重要的是在寻求注中引文与选文在思想感情和意境上的一致，引导读者去体会和欣赏选文。"所以"李善的《文选注》所采用的征引体式，已超越以往经、史、子消除文字障碍，显示典籍原貌这一目的，而成

[①] 张之洞：《輶轩语·语学弟二》，《书目答问二种》，三联书店1998年版。

为鉴赏文学作品的导读"。① 这种注释体例为后世注释集部总集类文献所继承。如康熙二十四年（1685），圣祖康熙皇帝御选，内阁学士徐干学等奉敕编注的《御选古文渊鉴》六十四卷。所录上起《春秋左传》，下迨于宋。其"名物训诂，各有笺释，用李善注《文选》例"。②

李善对选文作者的生平等以及与选文相关的信息，用引述的方式加以介绍，以加深读者对作品的理解。如班固《两都赋二首》李善注云："自光武至和帝都洛阳，西京父老有怨。班固恐帝去洛阳，故上此词以谏。和帝大悦。"交代两赋的写作背景。又引用范晔《后汉书》对班固的生平作简要介绍："范晔《后汉书》曰：班固，字孟坚，北地人也。年九岁，能属文，长遂博贯载籍。显宗时，除兰台令史，迁为朗，乃上《两都赋》。大将军窦宪出征匈奴，以固为中护军。宪败，固坐免官，遂死狱中。"以起到知人论世的作用。清康熙皇帝《御选唐诗》三十二卷的注释就采用了李注的这一注释方式。"诗中注释，每名氏之下详其爵里，以为论世之资。每句之下各征所用故实，与名物训诂，如李善注《文选》之例。"③

清代著名的文史学家章学诚曾经很有感触地说："自孔逭《文苑》、萧统《文选》而后，唐有《文粹》，宋有《文鉴》，皆括代选文，广搜众体。然其命意发凡，仍未脱才子论文之习，经生帖括之风，其于史事，未甚亲切也。至于元人《文类》，则习久而渐觉其非；故其撰辑文辞，每存史意，序例亦既明言之矣。然条别未分，其于文学源流，鲜所论次。又古人云：'诵其诗，读其书，不知其人可乎？'作者生平大节，及其所著书名，似宜存李善《文选》注例，稍为疏证。至于建言发论，往往有文采斐然，读者兴起，而终篇扼腕，不知本事始末何如。此殆如梦古人而遽醒，聆妙曲而不终，未免使人难为怀矣。"④ 对李善引文释义的注释方式大加称赞。

实际上，李善注文选的引文释义的注释方式不仅影响到文学作品的注释，同时对其他类别的文献注释也产生了很大影响。例如清儒桂馥的《说文解字义证》，可谓用引文释义之注释方式的范例。王筠在其《说文

---

① 王宁、李国英：《李善的〈昭明文选注〉与征引的训诂体式》，载《中外学者文选学论集》，中华书局1998年版。
② 《四库全书总目》卷一九〇《御选古文渊鉴》。
③ 《四库全书总目》卷一九〇《御选唐诗》。
④ （清）章学诚：《文史通义》卷六《外篇一·和州文徵序例》。

释例·自序》中评论桂馥的《说文解字义证》说:"桂氏书征引虽富,脉络贯通。前说未尽,则以后说补直之;前说有误,则以后说辨证之。凡所称引,皆有次第,取足达许(慎)说而止。故专胪古籍,不下己意也。""专胪古籍"就是引用典籍来作解释,故而"不下己意",而其义自明。

二

清人汪师韩《文选理学权舆·自序》曾对李善注的引书种类进行过统计,其云:"其中四部之录,诸经传训且一百余,小学三十七,纬候图谶七十八。正史、杂史、人物别传、谱牒、地理、杂术艺、凡史之类几及四百,诸子之类百二十,兵书二十、道释经论三十二,若所引诏、表、笺、启、诗、赋、颂、赞、箴、铭、七、连珠、序、论、碑、诔、哀词、悼祭文、杂文、集几八百。其既入《选》之文互引者不与焉。"据骆鸿凯《文选学》统计,《文选》李注引经部共 215 种,史部共 352 种,子部共 217 种,集部共 798 种,以上四部凡 23 类,1582 种,另有旧注 29 种,总共 1611 种。李善注引用的文献,很大一部分已经亡佚。清人汪师韩说:李善所引之书,"新旧《唐书》已多不载,至马氏《经籍考》十存一二尔"。[①] 所以李善《文选注》可视为一座唐代以前的文献"标本库"。

(一) 校勘材料的渊薮

李善注所引用的典籍有一部分保留到后代,但这些保留到后代的典籍在流传的过程中因衍脱误倒而"失真",从校勘学的角度,一般说来距离原典籍时代越近的版本更接近于文献的本来面目,李善注引用的文献至少是初唐以前的版本,所以具有极大的校勘价值。

李注所引《说文》的字目,多达 767 条,这为后世的《说文》校勘提供大量可信的校勘资料。例如《说文·示部》:"禔,安福也,从示,是声。《易》曰:'禔既平。'"清代学者段玉裁在《说文解字段注》校改为:"禔,安也。"注云:"本安下有福,今依李善《文选》注。"依《文选》李善注删除衍文"福"字。又:《说文解字段注·米部》:"糒,干饭也。"段注:"'饭'字各本夺,今依李贤《明帝纪》注、《隗嚣传》

[①] (清)汪师韩:《文选理学权舆·自序》。

注、李善《文选》注、玄应书补。"在这里，段氏为了补上《说文》在释义上所夺之"饭"字，查检了李贤的《后汉书》注、李善的《文选》注和玄应的《一切经音义》，这些文献在引用《说文解字》时都是"干饭也"，从而证明清代流传的《说文解字》有脱误。

毕沅作《释名疏证》时，就曾将《初学记》《太平御览》《艺文类聚》《北堂书钞》《一切经音义》诸书中引用《释名》的文字进行互勘，又取《说文》《尔雅》《广韵》《玉篇》《白虎通》等书的有关说解作为佐证，以李善《文选注》《经典释文》《尔雅疏》等书作为参证，然后以自己的学术根柢判其是非，辨其异同。

刘师培在校补《晏子春秋》时，《文选注》是他重要的参考材料。如传世《晏子春秋·内篇杂下》："子近市，识贵贱乎？"《文选·景福殿赋》注引作："子之宅近市，则识贵贱乎？"刘师培据以订正。

周祖谟《尔雅校笺》也十分注意使用李善注的引文材料来校勘文字，如卷上："关关嗈嗈音声和也"条云："'嗈嗈'，《释文》同。原本《玉篇·广部》'廱'下引作'廱廱'。《文选》张衡《东京赋》、《归田赋》李善注引此条'嗈嗈'作'嘤嘤'，而孙绰《天台山赋》注引又作'噰噰'。"

（二）辑佚取材的渊薮

李善注《文选》时引用的文献在后世或全佚，或部分散佚，我们可以从中进行辑佚，以补缺佚或窥豹一斑，较早注意到李善《文选注》辑佚价值的是宋代学者朱熹，他说："善注《文选》其中多者有《韩诗》章句，常欲写出。"[1] 清人胡绍煐《文选笺证·自序》云："（李善）注所引某书某注，并注明篇目姓名，而后之采郑氏《易》注、《书》注，辑三家《诗》，述《左氏》服注者本焉；纂《仓颉逸文》，作《字述考逸》者又本焉。李（善）时古书尚多，自经残缺，而吉光片羽，籍存十一，不特人文为之渊薮，抑亦后儒考证得失之林也。"胡氏所言"采郑氏《易》注、《书》注，辑三家《诗》"是指南宋王应麟辑录的《郑氏周易注》《郑氏尚书注》和《三家诗考》，这些辑佚著作都曾从李善《文选注》中获取材料。

---

[1] 《朱子五经语类》卷五二。

关于辑佚的起源问题，清代官修的《四库全书总目》、章学诚《校雠通义》及皮锡瑞《经学历史》等都认为辑佚始于南宋王应麟的《三家诗考》，而叶德辉根据北宋黄伯思《东观余论》中的《跋慎汉公所藏〈相鹤经〉后》："按隋《经籍志》、唐《艺文志》，《相鹤经》皆一卷，今完书逸矣，特自马总《意林》及李善《文选注》鲍照《舞鹤赋》抄出大略，今真靖陈尊师（陈景元，1025—1094）所书即此也。"① 的记载，明确指出："辑佚之书，当以此《经》为鼻祖……要之此风一开，于古人有功不浅。"② 我们在此感兴趣的不是探讨辑佚是起源于南宋还是起源于北宋的问题，令我们感兴趣的是，无论是南宋王应麟辑录的《三家诗考》，还是北宋陈景元辑录的《相鹤经》，他们都从李善《文选注》中收集辑佚材料，由此可以看出李善《文选注》在保存唐代以前文献上所具有的不可替代的价值。

清代的很多辑佚著作如马国翰《玉函山房辑佚书》、王谟《汉魏遗书钞》《汉唐地理书钞》等的辑佚材料有很多就是来源于李善《文选注》。诚如《四库全书总目提要》所说："世所传宋以前书，可考见古籍佚文者，仅六七种，曰裴松之《三国志注》，曰郦道元《水经注》，曰刘孝标《世说新语注》，曰李善《文选注》，曰欧阳询《艺文类聚》，曰徐坚《初学记》，其一即此书（《太平御览》）也。"③

三

李善《文选注》具有判断唐代以前文献真伪、时代、版本等情况的"文献标尺"的功能，可称为唐代以前文献的"标本库"。对于这一功能，前人多有运用，而尤以《四库全书总目提要》运用为盛。

其一，检验判断文献的缺佚。用李善《文选注》所引某一文献的文字检索传世文献，如果不见于传世文献，说明传世文献有阙佚。明人董斯张认为"世所传《韩诗外传》亦非全书"，其依据是："《文选》李善注引

---

① （宋）黄伯思：《东观余论》卷下。
② （清）叶得辉：《书林清话》卷八《辑刻古书不始于王应麟》，岳麓书社1999年版，第182—183页。
③ 《四库全书总目》卷一三五《太平御览》。

《外传》文云：孔子升泰山，观易姓而王可得而数者七十余人，不得而数者万数也。又：郑交甫将南适楚，遵彼汉皋台下，乃遇二女佩两珠，大如荆鸡之卵"。《艺文类聚》引《外传》文云：凡草木花多五出，雪花独六出者，阴极之数，雪花曰霙，雪云曰同云；又曰：自上而下曰雨雪；又曰：溱与洧，谓郑国之俗，三月上巳，于两水之上招魂续魄，拂不祥也。《太平御览》引《外传》文云：精气归于天，肉归于土，膏归于露，发归于草。佛典引《外传》文云：老筐为萑，老蒲为苇，今本皆无之。[①] 说明今本《韩诗外传》不是全本。《文选》卷五十沈休文《宋书谢灵运传论》李善注引《法言》曰："或问屈原相如之赋孰愈？曰：原也过以浮，如也过以虚。过浮者蹈云天，过虚者华无根，然原上援稽古，下引鸟兽其着意，子云、长卿亮不可及。"现在的《法言》中没有这一条，说明《法言》在李善之后有缺佚。

另外，一些历史上曾经存在而后世全佚的文献，特别是目录著作所未载的文献，因李善注的引用而得以留名。如刘向的《孟子注》，不见于《汉书·艺文志》《隋书·经籍志》，赖李善注得以留名，清人余萧克《古经解钩沈》卷一上得以补录。《河图着命》《论语纪滑谶》久佚，亦赖李善注引用而为后人所知，朱彝尊《经义考》卷一六四、卷二六七据以收录。

其二，检验判断文献版本状况。通过对比李善《文选注》所引某书与后世流传文献，可以证明文献的版本状况。如汉赵岐《孟子正义》十四卷，"胡爌《拾遗录》据李善《文选注》引《孟子》曰'墨子兼爱摩顶致于踵。'赵岐曰：'致，至也。'知今本《经》文及《注》均与唐本不同。今证以孙奭《音义》所音，岐注亦多不相应，盖已非旧本"。[②] 又如《四库全书》所收录的二卷本《竹书纪年》，"似非汲冢原书"，依据是"《文选注》引《竹书》五条，今惟有'太甲杀伊尹'一条，则非李善所见本也"。[③]

其三，判断文献的真伪。如果某一文献，前人引用较多，而这些引用皆不见于传世的文献则可以认定该文献为伪。明代学者杨慎考证传世的

---

① （清）朱彝尊：《经义考》卷一〇〇。
② 《四库全书总目》卷三五《孟子正义》。
③ 《四库全书总目》卷四七《竹书纪年》。

《鹖子》为伪书，其重要的依据之一就是李善注。他说："鹖子文王时人，着书二十二篇，子书莫先焉。今其存者十四篇，皆无可取，似后人赝本无疑也。按贾谊《新书》所引《鹖子》七条，如云：'和可以守，而严可以守，而严不若和之固也。和可以攻而严可以攻，而严不若和之德也。和可以战而严可以战，而严不若和之胜也，则惟由和而可也。'又云：'治国之道上忠于主，而中敬其士，而下爱其民，故上忠其主者非以道义则无以入忠也，而中敬其士非以礼节则无以谕敬也，下爱其民非以忠信则无以行爱也。'又曰：'圣人在上位则天下不死军兵之事，民免于一死而得一生矣；圣王在上位而民无冻馁，民免于二死而得二生矣；圣王在上位民无夭阏之诛，民免于三死而得三生矣；圣王在上位则民无厉疾，民免于四死而得四生矣。'是皆正言确论也，今之所传有是乎？又《文选注》引《鹖子》：'武王率兵车以伐纣，纣虎旅百万阵于商郊，起自黄鸟至于赤斧，三军之士莫不失色。'今本亦无，知其为伪书矣。"[1]（按：语见李善《文选注》卷二六任彦升《宣德皇后令》。）

其四，判断文献的大致时代。如四库馆臣在考辨传世的陆贾《新语》时，根据"王充《论衡·本性篇》引陆贾曰：'天地生人也，以礼义之性。人能察己所以受命则顺，顺谓之道。'今本亦无其文。又《谷梁传》至汉武帝时始出，而道基篇末乃引《谷梁传》曰，时代尤相抵牾"。而得出"其殆后人依托，非贾原本欤"的结论，此书的托伪是在什么时代呢？"考马总《意林》所载，皆与今本相符。李善《文选注》于司马彪《赠山涛诗》引《新语》曰：'梗梓仆则为世用。'于王粲《从军诗》引《新语》曰：'圣人承天威，承天功，与之争功，岂不难哉！'于陆机《日出东南隅行》引《新语》曰：'高台百仞。'于《古诗》第一首引《新语》曰：'邪臣之蔽贤，犹浮云之障日月。'于张载《杂诗》第七首引《新语》曰：'建大功于天下者，必垂名于万世也。'以今本核校，虽文句有详略异同，而大致亦悉相应。"因此四库馆臣认为其托伪时代"犹在唐前"。[2] 又如《竹谱》一书，旧本题晋戴凯之撰。但"别无显证，而李善注马融《长笛赋》已引其'笼簨'一条，段公路《北户录》引其'篛必

---

[1] 《丹铅总录》卷一二《鹖子》。
[2] 《四库全书总目》卷九一《新语》。

六十，复亦六年'一条，足证为唐以前书"。① 再如《海内十洲记》一书，旧本题汉东方朔撰，所记皆神仙恍惚之说，显然属于伪托。那么它产生什么时代呢？纪昀认为"《隋志》著录，李善《文选注》、陆德明《庄子音义》已屡引其文，则亦六朝人所为矣"。②

  李善《文选注》开创了引文释义的注释方式，这是他对文献注释方式的一大贡献，也成就了《文选注》成为校勘、辑佚、考据材料的渊薮（《文选注》的考据功能有关论述较多，本文不赘述），成为判断唐代以前文献真伪、时代、版本等情况的"标尺"和"标本库"。

  原载《第一届饶宗颐与华学国际学术研讨会论文集》，齐鲁书社2016年5月版

---

① 《四库全书总目》卷一〇五《竹谱》。
② 《四库全书简明目录》卷一四《海内十洲记》。

章学诚与湖北及《湖北通志》

章学诚（1738—1801），字实斋，原名文敩，浙江会稽（今绍兴）人。是清代著名的历史学家，著有《文史通义》《校雠通义》《方志略例》等。以善于修志而闻名于世，曾主持纂修或参与编纂了《和州志》《永清县志》《亳州志》《湖北通志》《天门县志》《顺天府志》《常德府志》《荆州府志》等。

一

章学诚64岁的生涯中在湖北生活了近17年。

章学诚生于乾隆三年（1738），在浙江会稽长到14岁并结婚，十六年（1751）随父亲迁居到湖北应城。乾隆七年（1742），章学诚的父亲章镳中进士，但一直未能获得职位，直到乾隆十六年（1751），才得到湖北应城知县的职位，于是全家迁到湖北应城。五年之后，章镳"以疑狱失轻免官"①，被罢官后，因贫困未能返回原籍，长期侨居应城。二十五年（1760），23岁的章学诚离开父母北上京城应顺天乡试，落选。二十七年（1762），章学诚再次北上应试，运气仍然不佳，进入国子监学习。二十八年（1763）夏天，章学城回湖北省亲。次年，其父亲应天门知县之聘，主持修纂《天门县志》，27岁的章学诚参与了该书的编修工作，其著名的《方志十议》等文章就写于此时。这次回来，在湖北又待了两年，三十年（1765）章学诚又回到国子监学习。三十三年（1768），章镳病逝，章学诚于次年回到湖北，举家护送父亲的灵柩北上。

---

① （清）章学诚：《章氏遗书》卷二三《李清臣哀辞》，吴兴刘氏嘉业堂本，文物出版社1982年版。

章学诚再次在湖北生活较长时间是在他的晚年时期。乾隆五十三年（1788），章学诚为生活所迫，入河南巡抚毕沅幕府，在开封为毕沅主持纂修《史籍考》，并主讲于归德府之文正书院。同年，毕沅升任湖广总督。毕沅离开河南，章学诚的教职被夺，其生活再次陷入困境，他向毕沅写信，要求到湖北继续完成《史籍考》的修撰工作，得到毕沅的同意，于乾隆五十五年（1790）三月来到湖北武昌，开馆继续编修《史籍考》。这次到湖北，章学诚在武昌又生活了近五年。

　　我们不妨把章学诚在湖北之外的生活与他在湖北的生活作一对比。乾隆三十年（1765）至三十六年（1771）秋在国子监求学，秋季随朱筠到安徽。三十七年（1772）回浙江会稽等地，三十八年（1773）应和州知州刘长城之聘，编撰《和州志》，三十九年（1774）冬至宁波，四十年（1775）春返会稽，秋回北京。四十二年（1777）春主讲定州定武书院，五月至永清主修《永清县志》，四十四年（1779）七月县志成，秋馆座师梁国治家，四十六年（1781）游河南遇盗，至直隶肥乡县，主清漳书院讲席。四十七年（1782）主讲永平敬胜书院，举家迁往永平。四十九年（1784）受聘于保定莲池书院，全家移居保定，五十二年（1787）失莲池书院讲席，到北京转食友朋之家近一年。五十三年（1788）到河南开封依附毕沅，修《史籍考》，至归德，主讲文正书院，家眷由保定南迁至归德，秋毕沅升任湖广总督，章学诚失去教职，岁暮到武昌投毕沅，次年辗转太平、安庆、扬州至亳州，修《亳州志》。五十五年（1790）到湖北武昌。……五十九年秋自湖北归乡。六十年十月至扬州。嘉庆元年（1796）二月自扬州归会稽，九月北上至安庆，嘉庆二年（1797）五月到扬州，嘉庆三年（1798）在杭州，借谢启昆之力补修《史籍考》，是年冬，至扬州。此后居所不详。由此可以看出章学诚在湖北之外的时期，除了少年时期，大都是在颠沛流离中度过的。

　　在湖北的生活时期也是章学诚在生活上较为安逸的时期。章学诚早年在湖北应城的生活，因为靠父亲支撑，衣食无忧。其生活困顿始于乾隆三十二年（1767）旅居京城国子监时。"自乾隆丁亥旅困不能自存。"[1] 次年其父病逝，养家糊口的重担落在章学诚的肩上。乾隆三十七年（1772）写给朱春浦的信中有言："学诚家有老母，朝夕薪水之资不能自给，十口

---

[1] （清）章学诚：《章氏遗书》卷一八《任幼植别传》。

浮寓，无所栖泊。"① 四十七年（1782）写给梁治国的信中说："兹则驰驱半载，终无所遇，一家十五六口，浮寓都门，嗷嗷待哺，秋尽无衣，数年遭困以来未有若此之甚者。"② 其生活的穷困可想而知。章学诚晚年在湖北武昌的生活应该是相对较为安逸的。他在《丁巳岁暮抒怀诗》中回忆在河南拜见毕沅及以后的情况写道："镇洋太保人伦望，寒士闻名气先壮。戟门长揖不知惭，奋书自荐无谦让。公方养疴典谒辞，延见卧榻犹嫌迟。解推遽释目前困，迎家千里非逶迤。宋州主讲缘疑凤，文正祠堂权庙祝。潭潭深院花木饶，侨家忽享名山福。"可以推知章学诚在武昌时依附毕沅的生活也是较为安逸的。乾隆五十九年（1794）章学诚离开湖北回到家乡，生活仍然困顿不堪，"四十余年远道归来，茸居仅足容身，器用尚多不给，而累累书函乃为长物，可慨也夫"。③

章学诚早年在湖北生活的时期正是他在学问上走向入门并开始有所作为的时期，而晚年在湖北生活的时期正是他处于学术研究高峰时期。

章学诚"幼多病，一岁中铢积黍计大约无两月功资质椎鲁，日诵才百余言，辄复病作中止"。14岁时，四子书尚未卒业。④ 十五六岁时在应城官舍，童心未歇，宾客皆为其父忧无后。乾隆十八年（1753），其父聘湖北江夏生员柯绍庚教章学诚经义。"二十岁以前，性绝驽滞，读书日不过三二百言，犹不能久识。学为文字，虚字多不当理。廿一二岁，骎骎向长，纵览群书，于经训未见领会，而史部之书乍接于目，便似夙所攻习然者，其中利病得失，随口能举，举而辄当。"⑤ 对史学有着"天然"的兴趣与才华。"当时闻经史大义，已私心独喜，决疑质问，间有出成人之外者。"⑥ 章学诚曾想以《左传》《国语》等书为材料，用纪传体编撰一部《东周书》，经营三年，已成百余卷，因学识和文字功底有限，加之柯先生的干涉，最终废止。这说明章学诚开始真正地读书和对史学产生较浓厚的兴趣是在应城读书期间。

---

① （清）章学诚：《章氏遗书》卷二二《候国子司业朱春浦先生书》。
② （清）章学诚：《章氏遗书》卷二九《上梁相公书》。
③ （清）章学诚：《章氏遗书》卷二二《翁云山房乙卯藏书目记》。
④ （清）章学诚：《章氏遗书》卷二二《与族孙汝南论学书》。
⑤ （清）章学诚：《章氏遗书》卷九《家书六》。
⑥ （清）章学诚：《章氏遗书》卷二二《与族孙汝南论学书》。

乾隆二十九年（1764），章学诚的父亲主湖北天门县讲席，是年冬，天门知县议修县志，回家省亲的章学诚撰《修志十议》（一议职掌、二议考证、三议征信、四议征文、五议传例、六议书法、七议援引、八议裁制、九议标题、十议外编）提出了自己的修志主张。据《与族孙汝楠论学书》："《天门志》呈览，中为俗人所改，所存才十之六七。"说明章学诚曾协助其父修撰《天门县志》，《文史通义》卷八尚保存有《天门县志艺文考序》《天门县志五行考序》《天门县志学校考序》。此前章学诚在《答甄秀才论修志第一书》《答甄秀才论修志第二书》中提出了方志修撰的一系列主张，二书当作于章学诚在湖北省亲期间。[①] 由此可以看出章学诚的方志学理论初步形成于在湖北生活时期，其修志主张已开后来修志思想之先河。

章学诚晚年在湖北的五年是他学术研究高峰期，较为安定的生活环境，为章学诚的学术研究提供了便利的条件。除了潜心《史籍考》的工作外，章学诚还参与了《续资治通鉴》《常德府志》《荆州府志》等书的编纂工作，并主持纂修《湖北通志》。此外，还撰著有《释通》《史德篇》《同居》《答客问》《纪年经纬考》《史学别录例义》《读史通》《任幼植别传》《陈伯思别传》《周书昌别传》《冯瑶罂别传》《跋酉冬戌春志余草》《跋陈西峰韭松吟》《跋孙香泉读书记》《史学例议书后》《书朱陆篇后》《唐书纠谬书后》《驳孙何碑解》《李义山文集书后》《韩柳二先生文集书后》《元次山文集书后》《朱校韩文考异书后》《葛版韩文书后》《朱子韩文考异原本书后》《韩诗编年笺注书后》《韩文五百家注书后》《宜兴陈氏宗谱书后》《曾麓亭传书后》《皇甫持正文集书后》及《与邵二云》《与邵二云论学》《论文上弇山尚书》《与族孙守一论史表》和大量的书信，其《文史通义》中重要的学术文章《原道》上中下、《原学》上中下、《博约》上中下、《经解》上中下以及《史识》《史注》《习固》《文集》《天喻》《师说》《假年》《说林》《匡谬》《辨似》《朱陆》《知

[①] 按，据叶瑛《文史通义校注》卷八《答甄秀才论修志第一书》注一（中华书局1985年版，第822页）甄秀才即甄松年，又据胡适《章实斋先生年谱》乾隆二十八年条"二月，始识曾慎，并因以识甄松年……夏，给假出都，省亲湖北"（远流出版公司1986年版，第51页）和《文史通义校注》卷八《修志十议·自跋》（第849页）"甲申冬杪，天门胡明府议修县志，因作此篇，以附商榷。其论笔削义例大意，与旧《答甄秀才》前后两书相出入"，可以推定《答甄秀才论修志书》前后二书当作于章学诚省亲湖北期间。

难》《感赋》等都是到武昌后的当年"钞存"的。

所以我们可以说,湖北是章学诚的第二故乡。

二

乾隆五十七年(1792),章学诚应毕沅之命开始主持修纂《湖北通志》,至五十九年(1794)全书基本脱稿。主持纂修《湖北通志》是章学诚晚年重要的学术活动,倾注了他大量的心血。

《湖北通志》是章学诚方志理论全面成熟后的代表作。

《湖北通志》贯彻了章学诚"方志分立三书"的理论。章学诚很早就提出了方志分立三书的理论:"凡欲经纪一方之文献,必立三家之学,而始可以通古人之遗意也。仿纪传正史之体而作志,仿律令典例之体而作掌故,仿文选文苑之体而作文征。三书相辅而行,阙一不可;合而为一,尤不可也。"[1] 章学诚在他拟定的《湖北通志凡例》中,开宗明义的第一条云:"一方纪载,统绪纷繁。文士英华,鲜裨实用;胥吏簿牍,不入雅裁。二者牵连纠葛,不免畸重畸轻,向来方志,往往受累也。今仿史裁而为《通志》,仿会典则例而为《掌故》,仿文选文粹而为《文征》,截分三部之书,各立一家之学,庶体要既得,头绪易清。"因此,《湖北通志》与《湖北掌故》、《湖北文征》三书分立。《通志》分为二纪、三图、五表、六考、四略、五十三传。"志者,识也。简明典雅,欲其可以诵而识也。"[2]《通志》熔炼史料,几同创作。"《掌故》者,《通志》诸《考》之核实也。"全书分为六科,其条目各自为篇,计吏科4目、户科19目、礼科13目、兵科12目、刑科6目、工科12目,总66篇。《文征》分为甲集、乙集、丙集、丁集,分别衷录正史列传、经济策画、辞章诗赋、近人诗文,每集分上下,共八集。三书分立,条例井然,相得益彰。三书之外,又"编考据、轶事、琐语、异闻,别为《丛谈》四卷"。他认为"稗官小说,亦议政者所参听也,附于三家之后,不以累经要也"。[3]

---

[1] (清)章学诚:《章氏遗书》卷一四《方志立三书议》。
[2] (清)章学诚:《章氏遗书》卷二四《湖北通志检存稿一·通志凡例》。
[3] (清)章学诚:《章氏遗书》卷二四《湖北通志检存稿一·为毕制府撰湖北通志序》。

《湖北通志》体现了章学诚"志乃史体"①的思想。他说："方志为外史所领，义备国史取裁，犹《春秋》必资百国宝书也，而世儒误为地理图经，或等例于纂辑比类，失其义矣。"他反对当时以"方志为图经"和"等例于纂辑比类"的两种倾向，而是"参取古今史志例义，剪截浮辞，禀酌经要，分为纪、表、图、考、略、传以《通志》七十三篇，所以备史裁也"。②

1. 纪。"纪载编年，古史体也"，"史以纪事为主，纪事以编年为主。"一般方志很少作纪，《湖北通志》有《皇言纪》和《皇朝编年纪》，并附前代编年纪。"纪以编年为名，例仿《纲目》，大书分注，俾览者先知古今，了如指掌。"

2. 图。《通志》绘有方舆、沿革、水道图。"诸图开方计里，义取切实有用，不为华美之观。"

3. 表。"表取年经事纬。"列职官、封建、选举、族望、人物五表，以便查阅。

4. 考。"考"相当于《史记》的"书"、《汉书》及以后正史的"志"，因方志之书总名曰"志"，故改曰"考"。《通志》立有府县、舆地、食货、水利、艺文、金石考。

5. 政略。政略既像传又不是传，其取材与一般的人物传有所不同，"今于人物概例为传，而名宦则称为政略，盖人物包该全体，大行小善无所不收；而名宦则仅取其政事有造于斯地耳。虽有他善而无与斯地，或间出旁支而非其要义，虽有不善而于斯地实有功德，则亦不容遽泯，故不得以传名，而以政略为名"。分为经济、循良、捍御、师儒四篇。

6. 传。《通志》之"传有记事，记人之别"。章学诚认为"记事出于《左氏》，记人原于史迁《龟策》、《货殖》等传，亦间记事；即其记人诸篇亦多以事牵连，不可分割首尾"。以传记事，虽不是他的首创，但他将其发扬光大，运用得当。其记事之传如《开禧守襄阳传》《嘉定蕲难传》《明季寇难传》《平夏逆传》，以事件为线索，条理分明，有若史书中的纪事本末体。"传人略以类次，不须明作标目，《忠孝》、《文学》、《仙释》、《艺术》数篇之外，概以名姓标题。"因为"人之行事，难以一端而尽，

---

① （清）章学诚：《章氏遗书》卷一五《答甄秀才论修志第一书》。
② （清）章学诚：《章氏遗书》卷二四《湖北通志检存稿一·为毕制府撰湖北通志序》。

强作标目,则近于班氏九品论人矣"。① 记人之传亦尽量以类相从,以便相互发明。如《欧魏列传》是为明人欧阳东风、清人魏昌运二人所作的传,之所以要将时代不同的两人放在一起,是因为他们的传文主要是记"湖北水利之要害,与《水利考》相表里"。②

《湖北通志》体现了章学诚方志应反映社会现实、修志应"详近略远"的思想。"方志之修,远者不过百年,近者不过三数十年。"③ "方志诸家,例宜详近略远,古文见于史传,不藉方志表扬。假如《楚国世家》、《屈原列传》、陆贾儒术、季布高风,载之班马之书,今日岂能损益,摘撮则嫌如类纂,全篇有似传抄。"④ 所以在编纂《湖北通志》时,"人为正史已具,则列名于表矣,事为史鉴所已详,则但具编年之纪,而不复为传,惟遗书遗事尚有可与史鉴证同异者,则专为之传,无所参互,固不复为传"。⑤ 其《文征甲集》就是专门收录正史有关湖北人的传记。假若有新的材料可以补充,则不妨重新作传。我们比较一下《明史·方伎传·李时珍》与《湖北通志检存稿》中的《李时珍尹宾商传》就可以看出,《通志》中的李时珍传比《明史》中的李时珍传要丰富得多。这种详近略远的思想,在尚古之风大盛的乾嘉时期,十分难能可贵。

《湖北通志》表现出十分浓厚的"经世"气息。章学诚是浙东史学的代表人物,而浙东史学向有"以史经世"的传统,这种传统对章学诚有很深的影响。他说:"夫志不特表章文献、亦以辅政教也。……因地制宜,随时应变,皆文武长吏前事之师。"他认为《湖北通志》是供来湖北做官者了解地方风俗民情、熟悉地方掌故的工具书,使《通志》有资于政,"律令典例,通于天下,其大纲也。守土之吏,承奉而宣传之,各有因地制宜者,非经沿革之久,阅习之熟,讨论之详,则不能随宜于用,此则自为一方故事,亦即律令典例之节目也"。⑥ 其次是让《湖北通志》具有教化功能。"史志之书,有裨风教者,原因传述忠孝节义,凛凛烈烈,

---

① 以上各条所引,均见(清)章学诚《章氏遗书》卷二四《湖北通志检存稿一·通志凡例》。
② (清)章学诚:《章氏遗书》卷二六《湖北通志检存稿三·欧魏列传》。
③ (清)章学诚:《章氏遗书》卷一四《记与戴东原论修志》。
④ (清)章学诚:《章氏遗书》卷二七《湖北通志检存稿四·文征甲集衷录正史列传论》。
⑤ (清)章学诚:《章氏遗书》卷二四《湖北通志检存稿一·通志凡例》。
⑥ (清)章学诚:《章氏遗书》卷二七《湖北通志检存稿四·湖北掌故叙例》。

有声有色，使百世而下，怯者勇生，贪者廉立。"他批评有人修志，"凡景物流连，可骋文笔，典故考订，可夸博雅之处，无不津津累牍。一至孝子忠臣、义夫节妇，则寥寥数笔"。① 所以他编《湖北通志》对于忠臣孝子、义夫节妇等有关教化者着墨颇多，从现存的《检存稿》和《未定稿》来看，这方面的内容所占比例不少。虽然是反映了章学诚思想中重节妇烈女等较保守的一面，但同时说明了他强烈的"经世"意识。

当时修志，"往往贿赂公行，请托作传，全无征实"。② 有些人为了给自己的祖上贴金，不择手段，打通关节，让修志者为其先辈拔高形象。章学诚在修《湖北通志》时就遇到过这类情况。《平夏逆传》中记载夏包子为乱时，武昌府通判桐城人张苣不为贼污，改装逃出请援，对平叛有功，故在篇中为立小传。张苣的后人中有一个时任黄陂知县，派遣仆人持贴赴方志馆，书云："检别驾公入志《忠臣传》稿。即钞付来人。"章学诚坚持义例，不为所动，回复说："别驾与叶宣诸公死乱者不同，于例不得为《忠臣传》。至劳绩可录，已载《平夏逆传》。文繁不可胜抄。"这种命令走卒式的做法，让章学诚非常恼火，认为"欺人太甚"，但他并未因此而影响对张苣的评价。"余修志自是公事，断不因其子孙之妄而没其先人之善"③，表现出良好的史德。

三

《湖北通志》的修撰虽然得到毕沅的大力支持，实际上并不容易。"当官采访者，多于此道茫然，甚且阴以为利。……府县官吏疲赖不支。其有指名征取之件，宪司羽檄叠催，十不抱六。而又逼于时限，不能尽其从容。中间惑于浮议，当事委人磨勘。……以此败意。"尽管如此，章学诚力持己见，"于众谤群哄之际，独恃督府一人之知，而能卓然无所动摇，用其别识心裁，勒成三家之书，各具渊源师法，以为方志者凿山浚源，自诩雅有一得之长，非漫然也"④，对此书充满自信。乾隆五十九年

---

① （清）章学诚：《章氏遗书》卷一五《答甄秀才论修志第一书》。
② 同上。
③ （清）章学诚：《章氏遗书》外编《丙辰劄记》。
④ （清）章学诚：《章氏遗书》卷一四《与陈观民工部论史学》。

（1794）三月，清高宗巡幸天津，毕沅入觐，乃嘱章学诚及《通志》之事与湖北巡抚惠龄，惠龄不喜章学诚之文，又加上有众人进谗言，特别是借章学诚之荐而参与校刊的陈熷，大驳《通志》之不当，力主重修。毕沅回湖北后，让章学诚撰文答复，章学诚于是撰写《驳陈熷议》予以答复。八月毕沅坐事降补山东巡抚，《湖北通志》最终未能刊行。《湖北通志》得到了当时学者的肯定，曾著有《湖北旧闻》一书的湖北蕲春学者陈诗说：《湖北通志》"自成一家，必非世人所能议得失也"。①章学诚将自己保存的部分志稿汇定成《湖北通志检存稿》，后人又将收录的部分志稿汇为《湖北通志未定稿》，其余文稿大都散佚。光绪八年（1882），张之洞重修《湖北通志》时，曾悬赏搜求章学诚的志稿，但未征集到。

《湖北通志检存稿》《湖北通志未定稿》虽只是保存的一部分志稿，但仍具有很高的学术价值和史料价值。《检存稿》和《未定稿》将《通志》《掌故》《文征》的体例框架保存下来，使我们得以窥见章学诚一生所修的唯一一部省志的大致情况。其多达37条的凡例和《检存稿》中的各种叙例，为我们研究章学诚晚年对方志的起源、性质、体裁、功用、通部之志的特点、史料的选择、人物史实剪裁等方志理论提供了最为原始可信的资料。有的学者认为，章学诚关于旧方志的评论文章只有7篇：宋范成大《吴郡志》，明康海《武功志》、韩邦靖《朝邑志》、王鏊《姑苏志》、陈士元《滦州志》、清陆陇其《灵寿县志》、夏之符《姑孰备考》。② 其实《检存稿》中的《旧志传》对徐学谟《湖广总志》、徐国相等修《湖广总志》、迈柱等修《湖广总志》、郭正域《江夏县志》、廖道南《蒲圻县志》、刘湘煃《汉阳府志》、童承叙《沔阳州志》、顾天锡《蕲州顾氏志》、卢紘《蕲州志》、袁宏道《公安县志》、邹观光《云梦县志》等11部方志的体例进行了评价，是研究章学诚方志理论和了解旧志体例的重要史料。其次是《检存稿》和《未定稿》保存了大量有关湖北地方历史文化的文献资料，为我们研究湖北地域文化，了解环境变迁，进行经济开发提供了历史依据。如《食货考》以简洁的语言介绍了清朝湖北境内的一些经济重镇和各地的经济风俗，尤

---

① （清）章学诚：《章氏遗书》外编《丙辰劄记》。
② 参见陈光贻《中国方志学史》，福建人民出版社1998年版，第170页。

其是对当时作为全国商业大都会之一的汉口的商品及其来源的记载，是研究湖北经济史难得的史料。又如我们可以透过《欧魏列传》所载录的明人欧阳东凤和清人魏昌运写给当时大吏的文书，发现明清时期由于过度利用河道和围湖造田，给河流行洪所造成的危害，为我们现在治理长江、汉水提供了借鉴。

原载《湖北方志》2001 年第 4 期

浅议《清实录》的编纂及其价值

一般说来，《清实录》是指包括《满洲实录》在内的从太祖至德宗十一朝《实录》，不计序例及目录的卷数，共 4363 卷。伪满影印《大清历朝实录》、中华书局影印《清实录》时，都将《宣统政纪》附印，以成有清一代之全史，通计 4433 卷。本文论《清实录》亦包括《宣统政纪》在内。

一 《清实录》的编纂

清政府在入主中原之前就设立了修史机构，开始了记注史实的工作。太宗天聪三年（1629）四月，设文馆，命巴克什达海及刚林、苏开等翻译汉字书籍，库尔缠及吴巴什、查索喀、胡球、詹霸记注国政。① 崇德元年（1636）又"改文馆为国史、秘书、弘文院，编纂国史，收藏书籍"。② 清入关后建立了一整套修史机构，常设的主要有国史馆、方略馆和武英殿修书处，非常设的主要有起居注馆、实录馆等，这些机构编写了大批的帝王本纪、大臣传记、长编、各种方略、起居注等，保存了许多珍贵的史料，为实录的纂修提供了丰富的材料。

清代承袭了自唐以来的旧制，新皇帝继位后不久就下令开实录馆，为上一代的皇帝纂修实录。他们不仅把修实录看作保存史料、垂裕后代的大事，而且视为尽孝道的一种方式。清太宗就曾说过："朕嗣大位，凡皇考行政用兵之大，不一一详载，后世子孙何由而知，岂朕所以尽孝道乎？"③

---

① 《清史列传·达海传》《清史稿·太宗纪一》《清史稿·达海传》。
② 《清史稿·艺文志一》。
③ 《清史稿·文宗纪一》。

实录馆是一个非常设修史机构，修完一帝实录之后即行解散。但修实录时，都由亲信大臣、大学士任剪修总裁，领衔主持修史事务，其下尚有一批高级官员、大学士任总裁、副总裁，侍读学士任纂修官。如修《世祖实录》时由光禄大夫、内大臣、吏部尚书、中和殿大学士巴泰任监修总裁；总裁五人，分别由光禄大夫、都统、吏部尚书、中和殿大学图海，光禄大夫、户部尚书、保和殿大学士索额图，光禄大夫、太子太保、礼部尚书、保和殿大学士李尉，光禄大夫、太子太保、礼部尚书、保和殿大学士魏裔介、杜立德充任；副总裁十人，大多为资政大夫或通议大夫、礼部侍郎、学士；纂修满汉文二十四人，纂修蒙古文八人，收掌八人，翻译十二人，誊录满洲字二十人，誊录蒙古字二十一人，誊录汉字二十人，誊录官至少是生员，很多为奉政大夫，内阁撰文中书。修史官职位之高、分工之细、人数之多，清政府对纂修《实录》的重视，由此可见一斑。

实录馆的修史官员，有权查阅皇家秘府中的各种档案、起居注等秘籍，几乎所有的材料都对他们开放。他们"爰采金匮之藏，尽发琅函之秘"①，收集的史料相当丰富。文庆等在修《宣宗实录》时，"纪事则载笔载言，史佚之搜摩敢懈，启批章三十棱，朱文传心性之微，检纪注八百篇，绿字纂动言之则，如丝如纶如绎，按簿籍而兼订史书，其义其文，提纲维而并稽御集，闻见极三生之幸"。② 这说明修史官员们为了修好《宣宗实录》，对与宣宗有关的一切文献都要进行查阅，其中有许多是一般官员、学者平时不可能查阅的文献。

在详尽占有史料的基础上，修史官按纂修凡例对材料进行辨别，决定取舍，然后按时间先后进行排列和文字修饰润色，再由副总裁、总裁、监修总裁审阅。《实录》每完成一部分就要送清帝审阅裁定。康熙皇帝在重修《太祖实录》时，"敬慎考详，悉心裁定"。③ 乾隆对史官们所修实录，要求"按时呈进"，由他"亲为阅定"。④ 鄂尔泰、张廷玉修《世宗实录》时，也是"次第进呈"，由乾隆"披阅"⑤。若不合格，则返回重新修改，

---

① （清）德勒洪：《进太祖实录表》，《清实录》卷首。
② （清）文庆：《进宣宗实录表》，《清实录》卷首。
③ 康熙：《太祖实录序》。
④ 乾隆：《太祖实录序》。
⑤ 乾隆：《世宗实录序》。

直到满意为止。

《实录》修定后，由誊录官抄写成满、汉、蒙古三种文字，一部《实录》同时用三种文字修成，这在历史上绝无仅有，也是《清实录》的一大特色，每种文本各抄成五份，分别收藏在内阁、乾清宫、皇史宬、盛京崇谟阁和实录馆，这五份实录的开本和装帧有所不同，习惯上称为大红绫本（二部）、小红绫本（二部）、小黄绫本（一部）。

清代历朝实录的修纂情况大致如下：

《满洲实录》，8卷。因附有数十幅图，故乾隆时又题《太祖实录战图》，太宗天聪九年（1635）修成。

《太祖实录》，10卷，卷首2卷。太宗崇德元年（1636）初纂，康熙十二年（1673）敕令重修，康熙二十一年（1682）完成，监修总裁图海。雍正十二年（1734）敕令进行三修，至乾隆四年（1739）完成，监修总裁鄂尔泰。

《太宗实录》，65卷，卷首3卷，顺治九年（1652）初纂，康熙十二年（1673）敕令重修，康熙二十一年（1682）完成，监修总裁图海。雍正十二年（1734）敕令进行三修，至乾隆四年（1739）完成，监修总裁鄂尔泰。

《世祖实录》，144卷，卷首3卷。康熙六年（1667）敕纂，十一年（1672）由巴泰等完成，雍正十二年（1734）敕加校订，至乾隆四年（1739）完工，监修总裁为鄂尔泰。

《圣祖实录》，300卷，卷首3卷。康熙六十一年（1722）即康熙去世当年雍正下令开始编纂，雍正九年（1731）完成，监修总裁马齐。

《世宗实录》，159卷，卷首3卷。雍正十三年（1735）乾隆敕令编修，至乾隆六年（1741）定稿，监修总裁鄂尔泰。

《高宗实录》，1500卷，卷首5卷。嘉庆四年（1799）敕纂，十二年（1807）完工，监修总裁庆桂。

《仁宗实录》，374卷，卷首4卷。道光四年（1824）修纂，监修总裁曹振镛。

《宣宗实录》，476卷，卷首5卷。咸丰三年（1853）敕纂，六年（1856）成书，监修总裁文庆。

《文宗实录》，365卷，卷首4卷。同治元年（1862）敕纂，五年（1866）杀青，监修总裁贾桢。

《穆宗实录》，374卷，卷首4卷。光绪五年（1879）修纂，监修总裁宝鋆。

　　《德宗实录》，597卷，卷首4卷。宣统时敕纂，民国时完成①，监修总裁世续。

　　《宣统政纪》，70卷，卷首1卷。宣统下台清朝灭亡后，原修《德宗实录》的一班清朝遗老为宣统皇帝所修，虽不以"实录"冠名，但其体例与实录无异。②

二　《清实录》的史料价值及不足

　　德勒洪等在《进太祖实录表》中称《太祖实录》"本末具载，巨细兼书，校雠不厌再三，义例惟昭画一"。这虽是对《太祖实录》而言，但历朝实录亦大体如此。《清实录》是有关清朝历史最系统、最全面的一部史料之书。清代历朝实录体例相同，材料取舍大致一致，将每一朝实录连接起来，就是一部清史资料长编。它上溯满族之发祥、努尔哈赤十三甲起兵，下迄宣统三年清帝逊位，每年每月每日所发生的大事都有记载，对历史事件发生时间的记录相当准确，这是一般的纪传体史书所无法比拟的。

　　《清实录》的编写有严格的体例，历代实录的卷首都载有纂修凡例，从凡例和实录所载的内容来看，清代社会的政治、经济、军事、外交、民族关系、人物、文化风俗、自然灾异、宫廷生活等方方面面的事情都有记载，无所不包。史官们修史时查阅了内阁、皇史宬所有有关的档案文献，国史馆的资料、著作，各部院衙门的则例和档案，皇帝的御笔、诗文等。在详尽占有材料的基础上，史官严格按凡例逐日撰写，故而《清实录》体例严谨，详略得当，没有畸轻畸重或依据史臣自我之见取舍史料的弊病，它叙事按发生的时间顺序分别记于不同的日月，有时一件事情的时间跨度较大，虽分载于不同卷数之中，但有始有终，只要按时间顺序进行检索就能将一件史实的来龙去脉交代清楚，比较完整。

---

　　①　《德宗实录》现存两部，一部皇史宬大红绫本所署日期为"宣统十三年（1921）十二月"；一部盛京小红绫本，所署日期为"宣统十九年（1927）"。

　　②　参见《清实录》卷首，《清史稿·艺文志二》和各帝本纪。

《清实录》卷帙之巨，在有关清代的各种史料书籍中首屈一指，它容纳了许多其他史书所没有容纳或记载不详的资料。如《清实录》中载有南明永历帝致吴三桂的信，其他典籍中都未载录，后来虽被删去，但已被蒋良骐从《清实录》抄出，录入《东华录》中，得以保存至今。若不是当初《清实录》载之，后人不会知道有此信，更不得见此珍贵文献矣。孟森先生感叹道："夫永历之书，若出自明遗民之记载，读者感念遗闻，然不无疑为文人缘饰以耸观听，未必当时有此事实，有此文字，今乃出于《清实录》，由吴三桂奏折中附来，是千真万确之事也……南明野史不载，反于《清实录》存之。"① 清代的一些文献典籍，如历朝《起居注》（现在也只能看到康熙十年以后的了）、《清史列传》、《清史稿》、清"三通"和《清朝续文献通考》《大清会典》《史部则例》《大清律例》《赋役全书》《大清通礼》以及历朝"奏议"、"朱批谕旨"、各种"方略"等，则各有侧重之面，不如《清实录》综合采录，兼收并吸，有始有终。

《清实录》名为实录，而所录并非皆实，也不是所有大事皆录。前面说过，在整个修纂过程中，皇帝始终是介入的，实录的最大总裁是清帝，实录合格与否，最终由他来裁定。涉及有损其本人的父祖先辈荣光的史实，或缺而不书，或加工粉饰，让后世莫得其真相。例如清世宗雍正为了获得皇位，逼死生身之母，杀戮骨肉兄弟，这些史实，在《清实录》中是找不到的。我们所看到的只是有利于雍正的记录。雍正二年（1724）八月雍正称他在藩邸时，毫无争夺皇位的野心，"坦怀接物，无猜无疑，饮食起居，不加防范，此生利害，听之于命"。② 好像他是超然物外的圣者，毫无争夺皇位的野心。

《清实录》中的前三朝实录都进行过重修，《太祖实录》《太宗实录》进行过二次修改，《世祖实录》修改过一次。在修改实录的过程中，史官们"谨稽前后之文，参考异同之迹。谐声转注，求一定之指归，舆地官阶，溯当时之规制。远咨掌故，喜黎献之有征；近考遗闻，发丹书而可据"。③ 我们在肯定史官们在修改实录时考证史实，校出讹误，统一汉译人名、国名、地名的同时，还应该看到清帝重修实录的目的在于删削某些

---

① 孟森：《明清史论著集刊·南明永历帝致吴三桂书》，中华书局1959年版。
② 《世宗实录》卷一〇。
③ （清）鄂尔泰等：《进世祖实录表》。

不利于统治者的记载。清帝"务使祖宗所为不可法之事,一一讳饰净尽,不留痕迹于《实录》中"。① 例如乾隆四年(1739)最终改定的《太祖实录》卷十在记载太祖死后皇后(大妃)殉节等事云:

> 诸贝勒大臣及侍卫,以至群臣万民,哀恸呼号,如丧考妣,远近不绝。先是,孝慈皇后崩后,立乌喇国贝勒满太女为大妃。辛亥辰刻,大妃以身殉焉,年三十有七,遂同时而殓。

看此记载,皇后是自愿随夫君而去,殉节而死,事实的真相并非如此简单。未经修改的《太祖武皇帝实录》卷四云:

> 入宫中,诸王臣并官民哀声不绝,帝后原系夜黑国主杨机奴贝勒女,崩后复立兀喇国满泰贝勒女为后,饶丰姿,然心怀嫉妒,每致帝不悦,虽有机变,终为帝之明所制,留之恐后为国乱,预遗言于诸王曰:"俟吾终,必令殉之!"诸王以帝遗言告后,后支吾不从,诸王曰:"先帝有命,虽欲不从,不可得也。"遂服礼衣,尽以珠宝饰之,哀谓诸王曰:"自吾十二岁事先帝,丰衣美食已二十六年,吾不忍离,故相从于地下!吾二幼子多儿哄、多躲,当恩养之!"诸王泣而对曰:"二幼弟,吾等若不恩养,是忘父也!岂有不恩养之理?"于是后于十二日辛亥辰时自尽,寿三十有七。乃与帝同柩。②

两相比较,可以看出经过修改后的实录,在人名、地名等方面重新做了汉译;删去了有损太祖、太宗形象的史实,大妃与太祖之间的矛盾,太祖的遗言,大宗诸兄弟逼后母以殉节之事删削净尽;在描述太祖死后官民悲痛程度上大大润色,将原稿中的"诸王并官民哀声不绝",改为"诸贝勒大臣及侍卫,以至群臣万民,哀痛呼号,如丧考妣,远近不绝",其美化色彩浓多了。

尽管如此,《清实录》仍不失为一部极有史料价值的书,因为历朝

---

① 孟森:《明清史论著集刊·读〈清实录〉商榷》,中华书局1959年版。
② 《清太祖武皇帝实录》卷四,见潘喆等编《清入关前史料选辑》(一),中国人民大学出版社1984年版。

实录并非都像前三朝实录那样做过大规模的改动，圣祖及以后的各朝实录都未正式组织过人员进行修改；改写的范围也有限，并不是什么都改，主要是集中在政治斗争方面的内容，其他各方面的内容基本不改动或很少改动。只要我们注意到这些，在使用《清实录》时，对这方面的内容和前三朝实录多加小心，找到初修实录做参考以及与其他史书参互使用就行了。

三　前人对《清实录》的利用

《清实录》修成后虽写有五份，但外间不得闻见，入国史馆任职的官员方有权阅览。清政府规定：史馆奉旨为诸臣立传，所采史实，必须以《清实录》所载为准，国史馆在撰写《清史列传》时大量地引用了《清实录》，这可以看作对《清实录》最早的利用。乾隆三十年（1765），诏开史馆，为国史写列传。广西全州人、乾隆十六年（1751）的进士蒋良骐到国史馆任纂修官，阅览了历朝实录，他在阅读时将一些重要史料摘抄出来，按年月编排，勒为一书，名曰《东华录》，共32卷，上起太祖天命元年（1616），下迄世宗雍正十三年（1735），可视为前五帝实录的摘录本，保存了一些前三朝实录中未经后人删改的史料。此书直到咸丰、同治年间始有刊本行世。清末王先谦也借在史馆任职之便，仿蒋氏《东华录》的做法，从实录中摘编史料，较蒋氏为详，亦名《东华录》，上起天命元年，下至同治十三年（1874），共624卷。此外，潘颐福亦录有《咸丰朝东华录》69卷，专录咸丰朝之史事。清人修《大清会典》、各种《方略》、民国时清朝遗臣修《清史稿》等，许多材料都来源于《清实录》。

伪满国务院、满日文化协会于1933年开始以盛京崇谟阁藏本为底本，由日本大藏公司出版，东京单式印刷公司承印，影印了太祖至德宗十一朝实录和《满洲实录》《宣统政纪》，至1936年竣工，总名曰《大清历朝实录》，分装1200册，共印300部，此为《清实录》刊印流布之始。此次印刷时，对其中部分内容做了一些挖改，主要集中在《德宗实录》中有关"甲午战争"的记录。如改"倭"为"敌"，"日"为"彼"，改"剿"

为"遏""击""战"等，这是个别字的改动，尚有一些改动句意的。①伪满本《清实录》虽非善本，但对《清实录》的流布还是起到较大作用，学人始得见《清实录》，为一般学者利用《清实录》研究清史提供了可能。只是印数较少，流布有限。1964年台湾华联出版社据伪满本做过翻印。1986年中华书局选用较好的底本，影印了《清实录》。一般大中图书馆都购置了此书，实为广大学者之幸事。

对整部《清实录》的刊行虽始于1933年，但此前已有单本实录刊行，如辽宁曾印行带图本《太祖实录》（即《满洲实录》）。1931年故宫博物院以内阁实录库藏本为底本，排印了《太祖高皇帝实录》，一些学者也开始用这些材料来研究清史。

20世纪50年代末60年代初，一批学者为了津逮广大学者，让更多的学者更方便地利用《清实录》中有关的专题和区域性资料，先后出版了一批从《清实录》中辑录出来的资料。如1958年中华书局出版了南开大学历史系编《清实录经济资料辑要》；1962年内蒙古人民出版社出版了内蒙古少数民族社会历史调查组、中国科学院内蒙古分院历史所辑《清实录达斡尔、鄂温克、鄂伦春、赫哲史料摘要》；1963年青海人民出版社出版青海民族学院政治教育系民族史编写组编《〈明实录〉〈清实录〉撒拉族史料摘抄》；1964年8月，贵州人民出版社出版中国科学院民族研究所贵州少数民族社会历史调查组、中国科学院贵州分院民族研究所合编《〈清实录〉贵州资料摘要》。

粉碎"四人帮"后，随着科学春天的到来，史学研究向更深、更广层次迈进，对《清实录》的辑录、整理工作又受到学者们的重视，陆续出版了一系列《清实录》资料和单行本《实录》。如辽宁大学历史系，1978年10月编印了《清太祖实录稿本》（收录《清史料丛刊》）；西藏民族学院历史系1981年编印了《清实录·藏族历史资料汇编》；内蒙古社会科学院蒙古史研究所1981年10月编印《清季蒙古实录》，系从宣宗、文宗、穆宗、德宗《实录》和《宣统政纪》中辑录有关蒙古族的历史资料而成；1984年中国人民大学出版社出版，潘喆等编《清入关前史料选辑》（一），收录了四卷本《清太祖武帝实录》；何泉达《〈清实录〉江浙沪地区经济资料选》，1989年2月上海社会科学院出版社出版；《〈清实

---

① 罗继祖：《伪满影印〈清实录〉缘起及其挖改》，《古籍整理出版情况简报》第158期。

录〉济资料》,陈振汉等编,1989年10月北京大学出版社出版;《清太祖努尔哈赤实录》,收录《清代历史资料丛书》之中,1989年上海书店影印。

　　这些辑录的专题性和区域性资料,为广大学者提供了极大的方便,节省了研究人员大量的翻检时间,功不可没。但他们辑录整理《清实录》,主要偏重于经济和少数民族史料的摘编,其他各方面涉及较少。《清实录》中还有大量史料没有发掘出来,已整理出版的还不及其二十分之一。现在清史研究越来越受到史学界的重视,对《清实录》进行系统的分类辑录、整理已提到议事日程上来了。

原载《咸宁师专学报》1997年第1期

对《史讳举例》的补充与修正

《史讳举例》是陈垣先生的重要著作之一。这一著作仿俞樾《古书疑义举例》的体例，采用举例的方式，共列举82例，对中国古代避讳的种类、避讳所用的方法、避讳所产生的讹误、避讳学应注意的事项、治学中利用避讳的途径，以及与避讳有关的其他各种问题，进行了系统的分析和研究。书中提出了许多精辟的见解，对中国的避讳史做了一次全面的总结。

他在序言中对避讳与避讳学是这样概括的："民国以前，凡文字上不得直书当代君主或所尊之名，必须用其他方法以避之，是谓之避讳。避讳为中国特有之风俗，其俗起于周，成于秦，盛于唐，其历史垂两千年。其流弊足以淆乱古文书，然反而利用之，则可以解释古文书之疑滞，辨别古文书之真伪及其年代，识者便焉。……研究避讳而能用之于校勘学者，谓之避讳学。避讳学亦史学中一辅助科学也。"[①]

陈先生在序言中的概括与在正文中的论述一样，处处见其精当。但陈先生给避讳所下的定义和"避讳为中国特有之风俗"的论断，现在看来有不够全面之处。

一

"凡文字上不得直书当代君主或所尊之名，必须用其他方法以避之，是谓之避讳。"这一定义中的"文字上""书"（写）就限定了避讳所指的范围，排除了口头上（包括诵读时）要做避讳的可能。这就是说，在

[①] 陈垣：《史伟举例》，科学出版社1958年版。

说话和诵读时，可以直呼当代君主或其他所尊者之名。然而，不少事实表明不是这样的。

在中国古代，由于宗法家长制的严重影响，统治阶级和社会上的许多家长，为了维护其"尊严"，无论是在文字上，还是在口头上，都不许直书或直呼当代君主或其他所尊者之名，要想方设法加以回避。

陈先生在《史讳举例》中收集了大量有关避讳的实例。笔者在这里大多是转引他所引的材料，并加以核实，用来说明这个问题。笔者这样做，同时说明，笔者对避讳能提出一点看法，也是在陈先生已建立的基础上，利用他的学术成果所取得的。

口语中不能直呼当代君主或其他所尊者之名的事例：

《史讳举例》第七十一例，有一条材料很形象地说明了口语中必须避讳这一事实。《南史·谢瀹传》："尝与刘俊饮，推让久之①，俊曰：'谢庄儿不可云不能饮。'曰：'苟得其人，自可流湎千日。'俊甚惭。"刘俊强劝谢瀹饮酒，失礼犯谢瀹之父谢庄名讳。谢瀹不便发作，机智借左思《魏都赋》中语"流湎千日"，用刘俊的父亲刘勔的谐音"流湎"反戈相击，一语双关，使刘俊大为惭愧。

《齐东野语》："宣和中，徐申干臣，自讳其名，知常州，一邑宰白事，言'已三伏申府，未施行'。徐怒形于色，责之曰：'君为县宰，岂不知长吏名，乃作意相侮。'宰亦好犯上者，即大声曰：'今此事申府不报，便当申监司，否则申户部，申台，申省，申来申去，直待身死即休。'语罢，长揖而退。徐虽怒，然无以罪之。"②徐申自讳其名，一个邑宰向他汇报事情时，犯了他的讳"申"，徐申指责邑宰犯了他的讳，哪知邑宰不买他的账，故意一连说出七个"申"字。

《史讳举例》第十四例，也讲到因为称呼某一物名时，与应避之讳相犯，而改变对物名的称呼的。《邺中记》："邺中为石虎讳，呼白虎为天鹿。"《颜氏家训·勉学篇》："蔡朗父讳纯，遂呼莼为露葵。"《隋书·刘臻传》："臻性好蚬，以音同父讳，呼为扁螺。"这里所用的"呼"主要是指在口语中改说。

读书时不得直念应讳之名的事例如下。

---

① "推让久之"。《史讳举例》作"之久"，据《南书·谢密传》改。
② （宋）周密：《齐东野语》卷四《避讳》，中华书局1983年版。

在中国古代，有一些较为开明的君主，为了保存古籍的原貌，下诏允许文人在缮写文献时，遇到嫌名时，可以不缺笔或改字。读书读到这些没有改易的文字时，怎么办呢？不避是不行的，于是就得念其他的音或者空而不读。这就是说，诵读时也要避讳。

《史讳举例》第七十五例，《北齐书·杜弼传》："相府法曹辛子炎谘事，云须取署，读署为树。高祖大怒，杖之。弼进曰：'礼，二名不偏讳，孔子言徵不言在，言在不言徵。子炎之罪，理或可恕。'高祖骂曰：'眼看人瞋，乃复牵经引礼。'叱令出去。"因为齐高祖高欢的父亲名叫树生，子炎"读署为树"音，没有避高祖家讳，招来一顿棍棒；杜弼引古礼，想为他开脱"罪责"，也遭臭骂，读书避讳之严可想而知。

《史讳举例》第十八例，《至正直纪》三："丘字，圣人讳也。子孙读经史，凡云孔丘者，则读作某，以朱笔圈之，凡有丘字读若区，至如诗以为韵者，皆读作休，同义则如字（'丘'的同义字不改变读音）。"这里不仅讲到了读经史时要避孔丘的讳，而且讲到了丘字及其同义字在各种情况下的不同读音。在清代也有类似的规定："雍正三年，礼部等衙门议覆敬避先师孔子圣讳，世宗谕云，今文出于古文，若改用丘字，是仍未回避。此字本有期音，《毛诗》及古文作期音者甚多，嗣后除四书五经外，遇此字并用邱字，读作期音。"[1]

既然人们对家讳、孔子讳在读书、说话时都要避，何况"天下独尊""天之骄子"的君主呢？

陈先生在给避讳下定义时，由于忽略了口语和诵读也要避讳这一事实，没有把它们包括进去，因而大大缩小了避讳的外延。基于陈先生原有的论述和以上笔者的分析，现在可以重新为避讳下一个定义：对于当代君主或其他所尊者之名，不得在文字上直书及在口头上（包括诵读文字时）直呼，必须用其他方法讲行回避，这就叫作避讳。

二

基于以上给避讳所下的新定义，我们有理由认为，陈先生的"避讳为中国特有之风俗"的论断有进行修正的必要。

---

[1] （清）吴振：《养古斋余录》卷三，北京古籍出版社 1983 年版。

其实在其他民族中也有避讳的风俗。李兆同、徐思益主编的《语言学导论》有如下记载："客菲尔斯坦的妇女，不许当众说出自己丈夫的名字，甚至连自己丈夫的亲属的名字中所含的音节也不能说出，而代之以自己想出来的特殊词语。"① 美国人类学家罗伯特·路威在他的论著《文明与野蛮》中写道："往往女婿不得称道岳父母的名字，公公的名字也不准出于媳妇之口，甚至名字里头的单字都要避讳，因此引起了许多绕圈子的说话。如果一个平原印第安女子的名字叫：'黄牛'，他的女婿便会称黄为'秋叶之色'，牛为'高背之兽'。"② 这与中国的避家讳极其相似，中国的改形容词"恒"为"常"，改名词"虎"为"兽"，与平原印第安人改"黄"为"秋叶之色"，改"牛"为"高背之兽"，可以说是相差无几。只不过他们处在历史的初级阶段，还没有完备的文字，其避讳只限于口头上；又因为他们没有君主、圣人，其避讳只限于父（岳父）母（岳母）或丈夫，但避讳定义所要求的两个条件，即不能直呼其名，"必须用其他方法以避之"，客菲尔斯坦人、平原印第安人的口语中都是具备的。因此可以说，虽然避讳在过去的中国最完备、最严格，但并不是只有中国才有避讳，其他国家或地区中也是有避讳的。

三

弄清口头上的避讳确实存在这一事实，既可以帮助我们研究古代避讳的一些问题，又可以帮助我们认识、肃清避讳余毒的影响。

《曲礼》中有"礼不讳嫌名"之条，但到汉以后则开始了讳嫌名。为什么会这样呢？由于避讳是两方面的，不仅文字上要避讳，口头上也要避讳。口头上避讳就是避某一个音。而汉语中同音字又很多，当口头上避讳趋于严格时，就产生了凡是这个音都不能说的情况。这种风气的长期发展，势必影响到文字，即同音字也不能写。这样就出现了避嫌名。以"和"字为例，"和"及其同音字的转换关系为：文字上讳"和"字，口头上讳"和"音，口头上讳"禾"音，转而文字上讳"禾"字。

---

① 李兆同、徐思益主编：《语言学导论》第八章《语言的变体》，新疆人民出版社1981年版。

② [美]罗伯特·路威：《文明与野蛮》，吕叔湘译，三联书店1984年版。

这里要说明的是，以上转换关系不是在短期内完成的，而是经过长时期的过渡，慢慢地转换，到后来才不断地扩大、泛化。结果是愈演愈烈，到宋朝讳嫌名多达几十，对高宗赵构就有遘、购、篝、诟、逅、句、彀、够等 55 个嫌名要避讳。产生这种恶果的原因，只能归于口头上的避讳。

为什么会提出避讳改音说呢？这也可以从口头上避讳找到解释。《宋史·礼志》："绍兴二年十月，礼部太常寺言：渊圣皇帝御名（桓）见于经传义训者，或以威武为义，或以回旋为义，又为植立之象，又为姓氏，当各以其义类求之。以威武为义者，今欲读曰威；以回旋为义者，今欲读曰旋；以植立为义者，今欲读曰植；若姓氏之类，欲去木为亘。又缘汉法，邦之字曰国，盈之字曰满，止是读曰国曰满，其本字见于经传者，未尝改易。司马迁，汉人也，作《史记》曰：'先王之制，邦内甸服。'又曰：'盈而不持则倾。'于邦字盈字，亦不改易。今来渊圣皇帝御名，欲定读如前外，其经传本字，即不当改易。庶几万世之下，有所考证，推求义类，别无未尽。"太常寺据诵读典籍时要避讳这一原则，提出改变"桓"字的读音，以期达到口头上避讳的目的。他们看重口头上避讳，而部分地放弃文字上的改易，以便保存古籍的原状。甚至曲解《史记》的避讳情况，为其说法找论据。殊不知在封建社会里，文字与口头上的避讳是同等"重要"的。其结果，正如陈先生所说："宋人苦于避讳之苛例，欲为改读之法，以救改字之失，其立意本善，然奈不能行。"

五四以后，避讳之风渐衰，但在社会中不是没有，有的是严格意义上的避讳，有的是避讳恶习影响的结果。与历史上的避讳情况一样，既有文字上的避讳，又有口头上的避讳，相对而言，口头上避讳要多一些。也有避家讳的。笔者家乡有一位年轻人陈某某，一直避他父亲的讳。征兵入伍后，给他父亲写信，从不直写他父亲的名字而代之以"陈某某的父收"。有一次他寄东西给他父亲，取邮包时，邮政所要盖私章，而非"陈某某"的印章不可（当时还没有身份证），其父不得不另刻一枚私章，才把邮包取回。读大学时的一位写作老师曾讲起，有一位女学生普通话讲得很标准，但有一字例外，纠正过两次，仍说得不正确，后来得知那个字是她父亲的名。

这些做法，对学习和工作不利，妨碍人与人之间交流思想，不利于文化的发展。有些人听到别人直呼其名，认为是大不敬，这也是受封建避讳思想余毒影响的结果。随着社会的进步、观念的更新，这些余毒也会像其他的封建余毒思想一样，得到清除。

原载《湖北民族学院学报》1996年第4期

《全宋文》徐铉文点校问题

　　由四川大学古籍整理研究所编纂、巴蜀书社隆重推出的《全宋文》，是一项了不起的大工程，为研究两宋的政治、经济、思想、宗教、文学、艺术、语言等提供了丰富的资料。整理点校古籍是一项艰巨而又很见功力的工作，古人有校书如扫秋叶之叹，极言校书难免出现失误。对于《全宋文》这样一部前无古人的巨著，疏漏之处在所难免。本文将《全宋文》第一册徐铉文中所存在的失误提出来与点校者商榷，毫无求全责备之意，只是希望《全宋文》出得更好。之所以选择徐铉文，是因为首先接触的是第一册，而第一册中除徐铉外，其余七十二家都无文集传世，以徐铉文为例，较具典型性。

一　断句标点

　　1. 卷二八，458页，12行：高祖升调，补山阳淮阴尉，遂家焉，即为县人也。

　　按："调补"是一个术语，选任同等官职为调补。如《汉书·匡衡传》："衡射策甲科，以不应令除为太常掌故，调补平原文学。"颜师古注："调，选也。"《晋书·平原王翰传》："翰虽王大国，不事其务，有所调补，必以才能。"清人《六部成语注解·吏部成语》解释说："调补，此处的实任官改任彼处的同等官任官。"故"调补"不能断开，应标点为：高祖升，调补山阳淮阴尉……

　　2. 卷三四，561页，11行：为政者有能，原圣人之旨以垂宪，崇列真之宇以荐诚，其殆庶乎。

　　按：应标点为：为政者有能原圣人之旨以垂宪、崇列真之宇以荐诚，其殆庶乎。

二　辑佚时将后人之文窜入

卷二三，423 页，附录《华林书院记》：时名公钜卿叙其事者：王冀公钦若、王内翰禹偁、孙谏议瑾、李待制虚己。冀公常发迹其地，不十年遂参大政。

按：文中所云"名公钜卿叙其事"，盖指《舆地纪胜》卷二六"华林读书堂"条所云"淳化中，朝之名士皆有诗，王禹偁为之序"一事。查王禹偁《小畜集》卷一九《诸朝贤寄题洪州义门胡氏华林书堂序》，其署年为淳化五年（994）十一月，此时徐铉去世（992）两年有余。又查《宋史》王禹偁、王钦若本传，知禹偁任翰林学士为至道元年（995），钦若封冀国公为仁宗即位（1023）后，徐铉何以能用在他死后三年，乃至三十余年王禹偁、王钦若才获得的官职、爵位尊称他们呢？显然，这段文字为后人修史志时语，非徐铉原文，应删除。

三　当校而未校

1. 卷一六，343 页，6 行：维显德六年太岁己未九月癸卯朔四日丙午，文献太子薨于东宫延春殿，以某年十有二月壬申朔十三日甲申，迁尘于文园，礼也。

按：某，各本皆同，惟《全唐文》作"其"，孰是孰非？查上海辞书出版社《中国史历日和中西对照表》第 478 页周恭帝显德六年栏，十二月一日正好是壬申日、十三日正好是甲申日，故"某"字当从《全唐文》作"其"字。校勘之事，从版本上讲，不一定从众。

2. 卷二三，426 页，9 行：至于诱进后学，开导真筌，激厉愤悱，皆得所欲。

按："筌"，应从四库本、李校本作"诠"。

3. 卷二五，442 页，7 行：公字量恢弘，识度宏旷。

按："字"，底本如此，应从《全唐文》、黄校本、四库本、李校本、徐校作"宇"。

四　不当校而校

卷三四，554页，9行：夫人即王之第某女也〔一〕。10行：即唐相司徒公玠之第某子也〔二〕。555页，10行校云：〔一〕〔二〕第：原讹作"弟"，据黄校本改。

按：除黄校本外，各本皆作"弟"。黄校本之底本为钞本，钞本将"弟"写作"第"，情有可原，而此处校者云"讹作'弟'"，非也。弟，古通"第"。《说文》："弟，韦束之次第也。从古字之象。"《吕氏春秋·原乱》："乱必有弟。"注云："弟，次也。"徐铉为古文字大家，其原文必作"弟"，非讹也，不当校。

五　证误本有出入

1. 卷一四，316页，11行：而并服豸冠，咸司纲宪〔一〕。校云：〔一〕咸，原作"或"，据《全唐文》卷八七九、黄校本改。

按：《全唐文》亦作"或"，不作"咸"，误据。

2. 卷二八，487页，16行：怨明德之不常〔四〕。校云：〔四〕常原作"当"，据《全唐文》、徐校、黄校本、四库本改。

按：四库本亦作"当"，与底本同，误据。

六　文尾小字注失误

卷二一，401页，《连珠词》第一首注云：《徐公文集》卷二四。又见《皇朝文鉴》卷一二八，《渊鉴类函》卷二〇〇。第二、三、四、五首注云：同上，又见同上。

按：连珠词五首，《皇朝文鉴》《渊鉴类函》仅载第二、三首，第一、四、五首均未载。

七　与底本不符

1. 卷一三，293页，3行：盘乐纵赏，穷欲极奢。

按：欲，底本、李校本、四库本作"歌"，所据为黄校之原钞本。

2. 卷一四，316 页，5 行：蔼然春风，叶此时望。

按：春，底本、《全唐文》、李校本、四库本皆作"清"，所据为黄校之原钞本。

3. 卷一八，362 页，2 行：仪曹别予，予应曰。

按：底本、四库本、李校本均无第二个"予"字，惟黄校之原钞本有"予"。黄校云："无'予'字。"

4. 卷二二，416 页，5 行：水濒最胜，犹鞠茂草。

按：茂，底本作"草"，此处据《全唐文》。

5. 卷二二，416 页，11 行：播之氓颂，其无愧乎！

按：氓，底本、黄校本作"甿"，李校本、《全唐文》作"甿"（氓之异体字）。

6. 卷二三，424 页，14 行：沧露茹之，修用者殊规。

按：规，底本、四库本、李校本皆作"轨"，黄校之原钞本作"规"。

7. 卷二三，427 页，12 行：圣恩嘉瞩，赠以紫衣。

按：赠，底本、四库本、李校本作"赐"，黄校本之原钞本作"赠"。当作"赐"。

8. 卷二四，441 页，5 行：会我素心，宝尔无极。

按：我，底本、四库本、李校本作"吾"。所据为黄校之原钞本。

9. 卷二九，503 页，9 行：以君为常州团练判官，不使之仕，优其禄而已。

按：仕，各本皆作"任"，惟黄校之原钞本作"仕"。当作"任"。

10. 卷三〇，512 页，12 行：及罹蓬首之痛，誓全柏舟之节。

按：誓，底本、黄校本作"擔"，李校本、四库本作"誓"。当从李校本。

11. 卷三一，516 页，3 行：奏发硎之刃，超浙陆之程。

按：超，各本皆作"起"，此处从黄校之原钞本。当作"起"。

12. 卷三一，517 页，5 行：典则伊何？二化同风。

按：二，各本皆作"三"，惟黄校本之原钞本作"二"。当作"三"。

13. 卷三一，519 页，2 行：稷下、淹中，采百家之精意。

按：意，诸本作"义"，惟黄校本之原钞本作"意"。当作"义"。

14. 卷三一，519 页，11 行：空歌洞章扬其旨，紫烟素云散其彩。

按：旨，诸本作"音"，惟黄校本之原钞本作"旨"。当作"音"。

15. 卷三一，522 页，1 行：于时王风初被。

按：王，底本、四库本作"皇"，黄校之原钞本作"王"。当作"皇"。

16. 卷三一，525 页，3 行：苟利于后，惟变是适。

按：是，底本、李校本、四库本作"所"，惟黄校原钞本作"是"。

17. 卷三一，525 页，3 行：茂林穹谷，材用繁滋。

按：繁，诸本作"蕃"，黄校原钞本作"繁"。

18. 卷三三，546 页，15 行：君应声答曰。

按：答，诸本均作"对"，惟黄校原钞本作"荅"。

19. 卷三三，548 页，10 行：孝于奉亲，仁以睦俗。

按：俗，诸本皆作"族"，惟黄校原钞本作"俗"。应作"族"。

20. 卷三四，555 页，7 行：道高莱妇，德邵陶亲。

按：邵，诸本皆作"劭"，惟黄校原钞本作"邵"。应作"劭"。

21. 卷三四，556 页，8 行：君之从仕，世途多故。

按：仕，底本原作"士"，四库本、李校本、黄校本作"仕"。应加校语。

22. 卷三四，564 页，7 行：里间称举，郡国拜闻。

按：拜，诸本皆作"升"，惟黄校原钞本作"拜"。应作"升"。

23. 卷三四，564 页，4 行：履端闱，造广庭，恍然如从汗漫之游。

按：恍，底本原作"悦"，黄校本、李校本、四库本作"恍"。

24. 卷三五，568 页，11 行：至哉坎德，效比神珍。

按：神，诸本皆作"坤"，惟黄校原钞本作"神"。应作"坤"。

八　字体混用

《全宋文》用繁体排印，为的是保存古籍原貌，除传钞刻印时的避讳字外，应严格照录原文，不得随意改变字体。因本文是用简体书写，抄录例句时除加点字照录原文外，均用简体。

1. 卷一六，343 页，4 行：节钺之贵命，屈于生前；典册之崇礼，符于不朽。

按：诸本皆作"於"。文中之"於"字，《全宋文》多排作"于"，古文中"於""于"是有区别的。例句较多，不一一列举。

2. 卷一三，303 页，9 行：中臺上将，有国之重任也。

按："臺"，各本均作"台"。中臺，尚书省之别称，而中台是指司徒或司空，不可混同。

3. 卷一八，361 页，12 行：五州遗氓，二京故老。

按：氓，各本皆作"甿"。"甿""氓"，异体字。

4. 卷二一，394 页，1 行：圣人举至公于前，奸雄摄陈跡于后。

按："于"，各本作"於"，"奸"，各本皆作"姦"，两者有时可通用；"跡"，各本皆作"迹"，两者可通用。

5. 卷二七，471 页，9 行：若乃尽忠于君，纯孝于亲，敷惠于民，归诚于仙，而不得与夫饵之术，醮斗星者同隮真阶，吾不信也。

按：诸本皆作"術"。"术""術"古时为两个不同意思的字，不可混用。

6. 卷二八，487 页，12 行：升元六年夏六月二十有二日。

按："升"应为"昇"，"昇元"为年号，不可写作"升元"。

7. 卷三一，516 页，14 行：而戍士思慕，氓俗緊凭。

按：氓，诸本皆作"甿"。

8. 卷三一，520 页，6 行：时文载鬱，我武惟扬。

按：鬱，诸本皆作"郁"。

9. 卷三一，529 页，14 行：民情淳樸，圣迹回环。

按：樸，诸本皆作"朴"。

10. 卷三五，568 页，10 行：蔼蔼修林，汤汤神液。

按：修，诸本皆作"脩"。

九　排印错误

排印时漏排、错排、前后颠倒、错位，校对时未校出来，此类错误仅举以下几例。

1. 卷一五，328 页，10 行：自当优宠驰州县，非为所欲。

按："驰"前脱"驱"字，"宠"后应加逗号。

2. 卷一八，358 页，1 行：某复曳侯馆，委质府庭。

按："曳"后脱"裾"。

3. 卷三一，525 页，13 行：越二年，尉君白日登宸。

按："宸"应为"晨"。

4. 卷三一，525 页，8 行：峻祀深岩，风云蓄泄。

按：祀，应为"屺"。形近而误。

徐规先生在《〈全宋文〉第一册读后》一文中指出的四条，本文不一一复述（见《古籍整理出版情况简报》第 20A 期，72、73、74、75 条）。

原载《古籍整理研究学刊》1993 年第 3 期

《清史列传·儒林传》书名标点商兑

中华书局 1987 年版标点本《清史列传》是研究清史的基本史料之一,其中《儒林传》是治清代学术史的必读资料。由于《儒林传》涉及众多文献典籍名称,点校时难度较大,故而多有疏漏错讹之处,现一一摘出纠正,以就教大方之家并供该书修订再版时参考。

《儒林传》分四卷(六六至六九),前三卷在十七册中,后一卷在十八册中,本文只写明页码、行数,不注明册数、卷数、传主名。标点本为繁体竖排,本文改为简体横排,原书专名号只加说明,全部略去,原书书名号为波浪线,本文改为现代书名号。

一 漏标书名号

1. 5281 页 16 行—5282 页 2 行:因而只言冥悟,不事诗书,直将腔中之物,置为死地,而心之为心,皆追逐于无何有之乡,心学顾如是耶?(下划线为笔者所加,下同)

按:此处批评心学不读经,其中"诗书"应加书名号。

2. 5358 页 11—12 行:夫道一而已。自小学至大学,经训各具,可考而知,有何宗旨秘传。

按:"小学""大学"皆应加书名号。

3. 5359 页 16 行—5360 页 1 行:尝读诗至《衡门之下》一章,怡然自得。

4. 5372 页 4 行:极诗之用,不过三百而止。是以有《鲁诗补亡》之作……

5. 5456 页 5—6 行:与湖广杨洪才说诗,作《白鹭洲主客说诗》

一卷。

6. 5667 页 15—16 行：又撰《诗小学》三十卷……谓诗中有古字、有讹字、有假借字，皆言乎其形也。

按：3、4、5、6 条中"诗"均指《诗经》，应加书名号。

7. 5368 页 12 行：泽坛少勤学，得程氏读书分年日程，即寻次序，刻苦诵习，数年略遍。

8. 5413 页 6—7 行：广誉自幼慕其乡张履祥、陆陇其为人，刻意励行，依程端礼，读书分年日程以治经。

按：《读书分年日程》为元人程端礼所作，七条应加书名号，八条将程端礼视为实词，误，应标点为：依程端礼《读书分年日程》以治经。

9. 5468 页 7 行：又撰《春秋说》十五卷，以礼为纲，而纬以《春秋》之事，言必据典，论必持平。

按："礼"指《周礼》，应加书名号。

10. 5500 页 4—5 行：大昕于中西两法剖析无遗，用以观史，自太初《三统》四分中至大衍，下迄《授时》，朔望薄蚀，凌犯进退，抉摘无遗。

按：《太初》汉历法名，汉武帝太初元年邓平、落下闳等人所制。《四分》亦为历名，《后汉书·历律志中》："今改行《四分》，以遵于尧，以顺孔圣顺天之文。"《大衍》为唐代历名，又名《开元大衍历》，为僧一行等所制定。应标点为：自《太初》《三统》《四分》，中至《大衍》，下迄《授时》……

11. 5506 页 13—15 行：著《诗序补义》二十四卷，以《诗序》首句为国史所传，如苏辙之例，又参用朱子诗序辩说之义，以贯通两家。

按：《诗序辩说》为朱熹所著，一卷。应加书名号。

12. 5511 页 9—10 行：东原博于考证，而原善之作，究未闻圣学宗旨。

按：《原善》为戴震所著重要的哲学著作，应加书名号。

13. 5490 页 5—6 行：读《诗》至无将大车，以尘坻非韵，疑底为瘤之误。

按：《无将大车》为《诗·小雅·谷风》中的篇名，应加书名号。

14. 5541 页 7—11 行：履绳复汇辑诸家之说而折其中，成书六种名，曰《左通》：一曰补释……二曰驳正……三曰考异……四曰广传……五曰古音……六曰臆说……其《补释》三十二卷，外孙汪远孙为刊行。

按："补释""驳正""考异""广传""古音""臆说"都是篇名，均应加书名号。"成书六种名，曰《左通》"应断句为：成书六种，名曰《左通》。

二　将书名错标为专名

15. 5500 页 6—7 行：大昭于正史尤精两汉，尝谓注史与注经不同……

按："两汉"指《汉书》和《后汉书》，非朝代名，应改加书名号。

16. 5537 页 5—6 行：编修杭世骏主讲安定书院，论及《孟子》往送之门以为昏礼，无明文。中引谷梁祭门，阙门证之，世骏折服，遂大称之。

按："谷梁"指《春秋谷梁传》，非指其人，应加书名号。又标点有误，应为：论及《孟子》"往送之门"，以为昏礼，无明文。中引《谷梁》"祭门""阙门"证之……

17. 5553 页 8—9 行：又尝于江宁瓦宫寺阁见元应《一切经》并慧苑《华严经音义》，引仓颉为多，乃刺取其文，兼披他书，为《仓颉篇》三卷。

按：此处"仓颉"是指古字书，非指仓颉其人，应打书名号，而非专名号。

三　非书名而错标为书名

18. 5256 页 7 行：《周子》自注云："无欲故静……"

按："周子"指宋人周敦颐，非书名，应改为专名号。

19. 5304 页 15 行：汉唐之《易》只成《训诂》，宋明之《易》多簸弄聪明。《训诂》非《易》而《易》在，聪明乱《易》而《易》亡。

按："训诂"指训释语言文字，与阐发义理相对，非书名，两处均应去掉书名号。

20. 5537 页 10—11 行：治《尚书》，有《尚书考异》；治《礼》，有《仪礼校本》、《大戴礼记校本》；治《春秋》，有《春秋述义》；治《小学》，有《尔雅校本》及《小学说文求端》）。

按："此处"小学"指文字、音韵、训诂之学，非朱熹所著关于"洒扫应对"的《小学》。又"校本"似不宜作为书名之一部分。

21. 5588 页 14—15 行：延琥谓古之言天者三家：曰宣夜，曰《周髀》，曰浑天。宣夜无师承，浑盖之说皆谓地圆。

按：此处"周髀"指盖天说，非书名。《晋书·天文志上》："蔡邕所谓'周髀'者，盖天之说也。"下文"浑盖之说"即指前面所说的周髀（即盖天说）与浑天说。

22. 5664 页 8—10 行：算术大至躔离交食，细至米盐琐屑，其法至繁，以《立天元一》演之，莫不能得其法。故《立天元一》者，算学中之一贯也。

按："立天元一"非书名，乃古代数学术语，即一元一次方程。

23. 5316 页 3—4 行：道者非他，即《易》之所谓《太极》，《书》之所谓中，《大学》之所谓至善，其实皆一，天也。

按："太极"此处非书名，不应加书名号。

四　书名中阑入其他文字

24. 5309 页 16 行：著有《七经同异考》三十四卷，其体例近黄东发《日钞》，章如《愚山堂考索》。

按：章如愚，字俊卿，宋人，著《山堂考索》。将"愚"作为书名中字，误。

25. 5358 页 1—2 行：又取《四子书句》，梳字栉补先儒未及，为《四子书注》十卷。

按：《四子书》即《四书》。标点应为：又取《四子书》，句梳字栉补先儒未及……

26. 5493 页 8—9 行：好校书，所校《逸周书》、《孟子音义》、《荀子》、《吕氏春秋》、《贾谊新书》、《韩诗外传》……

按：《贾谊新书》应标为：贾谊《新书》，此处各书皆不言作者，而独注明贾谊，乃因为三国人诸葛亮亦有同名《新书》，故特标明以区别之。

27. 5664 页 11—12 行：善兰以《欧几里几何原本》十卷……

按："欧几里"为《几何原本》的作者名，又译为欧几里得，今译为阿基米得。《几何原本》最初由明末的外国传教士利玛窦与徐光启合译。欧几里应加专名号。

五　误将几种书视为一书

28. 5548 页 9—10 行：其（丁杰——引者）为人校订之书曰：《毛诗草木虫鱼鸟兽疏》、《方言汉隶字原复古编》、《困学纪闻补笺》、《字林考逸》、《苏诗补注》。

按：将三书误为一书，《方言》，汉扬雄撰，丁杰曾与卢文弨同校《方言》，卢氏《抱经堂丛书》收录。《汉隶字原》，宋人娄机撰，《四库全书》收录。《复古编》为元人曹本撰，见《宛委别藏》。

29. 5654 页 12 行：取《切韵指掌图》、《四声等子切韵指南》参互考订……

按：《四声等子》一卷，撰者不详。《切韵指南》一卷，撰者未详。此处将二书误为一书。

六　将一书错标为二书

30. 5472 页 5—6 行：若璩为《古文尚书疏证》，攻伪《古文尚书》之失，景助之成《淮南子》、《洪保》二卷。

按：书名标点有误。冯景所撰《解春文抄》卷八、卷九有《淮南子洪保》，非二书，故标点应为：景助之，成《淮南子洪保》。若按原标点，不仅将一书误为二书，且误为冯景帮助阎若璩写成此书，实则冯氏只是在观点上与阎氏一致，各自成书。

七　书名标注不一致

31. 5348 页 2—3 行：壮岁专意三《礼》，以三《礼》之学至宋而微……

32. 5344 页 9—10 行：乾隆元年，以大学士鄂尔泰荐，充三礼馆纂修官。

33. 5349 页 9 行：寻擢国子监司业，充纂修《三礼》官。

按：书中"三礼"的标点很不一致，大多数是33条的标法，像31条只标《礼》者亦不少，类似32条不标的也有一些。在同一书中对同一种文献的标点应该统一。书中《四书》《四子书》《五经》《三传》都标了书名号，故应统一标点为《三礼》。

清代学者钱大昕在写给王鸣盛的信中说："愚以为学问乃千秋事，订讹规过，非以訾毁前人，实以嘉惠后学"，"一字之失，不妨全体之善"，"去其一非，成其百是"。笔者正是抱着这种目的撰写此文的。"所虑者古人本不误，而吾从而误驳之，此则无损于古人，而适以成吾之妄。"本文中原标点本不误，而笔者从而误驳之的情况或许不免，敬请原标点者、专家们赐教。

原载《文献》1998年第4期

朱子辨伪平议

朱熹认为"天下多少是伪书，开眼看得透，自无多书可读"。[①]"大抵古今文字皆可考验。"[②] 对许多古代和唐宋文献进行过怀疑和辨伪。据白寿彝《朱熹辨伪书语》一书统计，朱熹所辨之书遍及经、史、子、集四部，多达50余种。如果对朱熹的辨伪作细分，可以分为三类：一类是肯定前人的辨伪成就。如吸收宋人洪迈《容斋随笔》及唐代颜师古的辨《西京杂记》的成果，宋人汪应辰辨《孝经》的成果，陈师道《后山谈丛》中的辨《李靖问答》《关氏易传》《玄经》的成果等。二类是疑伪。所谓疑伪是指朱熹怀疑和直接下断语认定某书是伪书而没有提供辨伪的依据。如他说"《指掌》图非东坡所为"。"《警世》、《竞辰》二图伪。"[③] 三类是辨伪。即对伪书进行辨别，提供或多或少的辨伪依据。此类在朱熹的辨伪工作中所占比例较大，如《伪古文尚书》《子华子》《文中子》《麻衣易》等。

一

朱熹曾经高度概括地总结辨伪方法说："生于今世而读古人之书，所以能别其真伪者，一则以其义理之所当否而知之；二则以其左验之异同而质之，未有舍此两途而能直以臆度悬断者也。"[④] 朱熹的辨伪方法因书而异，归纳起来大致有以下几种方法。

---

① 《朱子语类》卷八四《礼一》。
② 《朱子语类》卷一三七《战国汉唐诸子》。
③ 《朱子语类》卷一三八《杂类》。
④ （宋）朱熹：《晦庵集》卷三九《答袁机仲书三》。

1. 从文字体制风格辨伪。一代之文有一代之风格，三代有三代之风格，两汉有两汉之风格，魏晋有魏晋之风格，绝难相混。朱熹读书范围极广，对历代文章的风格有很深的体悟，对不符合某一时代风格而标称是某一时代的典籍，他一般定其为伪。如：

  《尚书》孔安国传，此恐是魏晋间人所作，托安国为名，与毛公诗传大段不同。今观《序》文亦不类汉文章。汉时文字粗，魏晋间文字细。如孔丛子亦然，皆是那一时人所为。

  《尚书》决非孔安国所注，盖文字困善，不是西汉人文章。安国，汉武帝时，文章岂如此！但有太粗处，决不如此困善也。如《书序》做得善弱，亦非西汉人文章也。①

  《尚书序》不似孔安国作，其文软弱，不似西汉人文，西汉文粗豪；也不似东汉人文，东汉人文有骨肋；也不似东晋人文，东晋如孔坦疏也自得。他文是大段弱，读来却宛顺，是做《孔丛子》底人一手做。②

  《麻衣易》，南康戴主簿撰。麻衣，五代时人。五代时文字多繁絮。此《易》说，只是今人文字。③

伪托汉代孔安国注的《古文尚书》，在文字风格上与汉代文章绝不相"类"，而是像魏晋时期的文字风格，其《序》和《孔丛子》也是如此，从而断定它们都是魏晋时期的人所伪托。《麻衣易》标称是五代的麻衣所作，而其文字不具备"五代时文字繁絮"的特点，而是"今人文字"，所以不可信。

  一人之文有一人之特点，凡是标称是某人之作而与他的其他作品风格相异者，朱熹一般视其为伪作。

  柳文后《龙城杂记》，王铚性之所为也。子厚叙事文字，多少笔

---

① 《朱子语类》卷七八《尚书一》。
② 《朱子语类》卷一二五《老氏》。
③ 《朱子语类》卷六七《易三》。

力！此记衰弱之甚，皆寓古人诗文中不可晓知底于其中，似暗影出。①

《关子明易》、《麻衣易》皆是伪书。《麻衣易》是南康士人作。今不必问其理，但看其言语，自非希夷作。

朱熹认为标称为柳宗元所作的《龙城杂记》，其文字"衰弱"，缺少"笔力"，不会是柳宗元所作。同样仅仅"看其语言"就知道《麻衣易》不是麻衣道者所作。

作伪者伪造数人之文而其风格一致，由此可以看出是伪作。

《子华子》者今亦未暇详论其言之得失，但观其书数篇与前后三序，皆一手文字。其前一篇托为刘向，而殊不类向它书，后二篇乃无名氏岁月而皆托为之号，类若世之匿名书者。②

从作伪者的文字风格入手辨伪。作伪者即使千方百计想模仿托伪者和所托伪的时代文字风格，但总会露出自己的文字风格。朱熹辨别《孔丛子》和《麻衣易》就是如此。

《孔丛子》乃其所注之人伪作。读其首几章，皆法《左传》句，已疑之。及读其后《序》，乃谓渠好《左传》，便可见。③

麻衣易，南康戴主簿作。某亲见其人，甚称此易得之隐者，问之，不肯言其人。某适到其家，见有一册杂录，乃戴公自作，其言皆与麻衣易说大略相类。及戴主簿死，子弟将所作易图来看，乃知真戴公所作也。④

朱熹根据《孔丛子》中多用《左传》句法的特点和其《序》所说其"好《左传》"而断定其是伪作；根据南康戴绍韩的其他著作的风格与学术观

---

① 《朱子语类》卷一三八《杂类》。
② 《朱子全书》卷五八《诸子一》。
③ 《朱子语类》卷一三七《战国汉唐诸子》。
④ 《朱子语类》卷六七《易三》。

点与《麻衣易》相同而断定《麻衣易》是戴氏所作。

2. 根据学术观点和思想辨伪。一般来说，一个人的学术是一以贯之的，如果作者的两部书在学术观点上存在明显的不同甚至相互矛盾，那么，就值得怀疑。

  孔安国解经（引者按：指伪托孔安国《尚书注》），最乱道，看得只是《孔丛子》等做出来。
  胡安定《书解》未必是安定所注，行实之类不载。但言行录上有少许，不多，不见有全部。专破古说，似不是胡平日意。又间引东坡说。东坡不及见安定，必是伪书。①

孔安国是汉代的经学家，其解经不会"乱道"，而托名孔安国的《尚书》注，却"乱道"，只能是伪书；胡安定《书解》，"专破古说"与他平时治学态度不同，其他书籍又没有记载，而且其中引用了比他时代晚的苏轼的观点，朱熹因而得出"未必是安定所注"判断。

3. 从书中所涉及的历史是否与其他可信的史书相符辨伪。如果某书所记载的事件、人物有许多不见于信史，或虽见于史书但所载之事与其记载悬绝，则其书可疑。

  看《孔丛子》撰许多说话，极是陋。只看他撰造说陈涉，那得许多说话正史都无之？他却说道自好，陈涉不能从之。②
  《文中子》议论，多是中间暗了一段，无分明。其间弟子问答姓名，多是唐辅相，恐亦不然，盖诸人更无一语及其师。
  《文中子》，看其书忒装点，所以使人难信。如说诸名卿大臣，多是隋末所未见有者。……又如自叙许多说话，尽是夸张。考其年数，与唐煞远，如何唐初诸名卿皆与说话？若果与诸名卿相处，一个人怎地自标致，史传中如何都不见说？
  问："《文中子》如何？"曰："渠极识世变，有好处，但太浅，决非当时全书。如说家世数人，史中并无名。又，关朗事，与通年纪

---

① 《朱子语类》卷七八《尚书一》。
② 《朱子语类》卷一二五《老氏》。

甚悬绝。"①

朱熹认为《孔丛子》中有关陈涉的一些事情，正史中都没有记载，明显是杜撰伪造的，不可信。《文中子》中涉及的许多人物在史书没有记载，被其视为弟子的初唐名卿显臣，史书中没有记载他们是其弟子材料，他们本人也没有提到这位赫赫有名的老师，并且有关关朗的情况与历史记载差异极大，"使人难信"。

4. 按常理推断辨伪。所谓常理，是指人所共知的道理，凡违背常理者，其书不可信。

> 孔壁所出《尚书》，如《禹谟》、《五子之歌》、《胤征》、《泰誓》、《武成》、《冏命》、《微子之命》、《蔡仲之命》、《君牙》等篇皆平易，伏生所传皆难读。如何伏生偏记得难底，至于易底全记不得？此不可晓。②

> 汉儒以伏生之《书》为今文，而谓安国之《书》为古文，以今考之，则今文多艰涩，而古文反平易，或者以为今文自伏生女子口授，晁错时失之，则先秦古书所引之文皆已如此。或者以为记录之实语难工，而润色之雅词易好，则暗诵者不应偏得所难，而考文者反专得其所易，是皆有不可知者。③

> 某尝疑孔安国《书》是假书。比毛公《诗》如此高简，大段争事。汉儒训释文字，多是如此，有疑则阙。今此却尽释之，岂有千百年前人说底话，收拾于灰烬屋壁中与口传之馀，更无一字讹舛！理会不得。④

按照语言文字的发展规律，时代越晚，越容易理解，而今文《尚书》却比古文《尚书》难懂；人的记忆，应该是平易的好记，艰涩的难记，而伏生"偏得所难"，所以传世的《古文尚书》是不可信的。"汉儒训释文

---

① 《朱子语类》卷一三七《战国汉唐诸子》。
② 《朱子语类》卷七八《尚书一》。
③ （宋）朱熹：《晦庵集》卷八二《书临漳所刊四经后》。
④ 《朱子语类》卷七八《尚书一》。

字,多是如此,有疑则阙。"而传世的孔安国《尚书注》"却尽释之",与汉儒的做法大相径庭,值得怀疑。

5. 根据文献出现的时间来辨伪。在雕版印刷术广泛采用之前,古代经学典籍的流传,其传授的脉络是比较清楚的,如果某一典籍,其来源不清楚,则值得怀疑。明人胡应麟的辨伪八法之一就是"核之传者,以观其人"。①

> 孔《书》至东晋方出,前此诸儒皆不曾见,可疑之甚!②
> 《麻衣易》乃是南康戴主簿作。……又因问彼处人,《麻衣易》从何处传来。皆云:"从前不曾见,只见戴主簿传与人。"又可知矣。③

孔安国《尚书》在东晋梅赜献书之前的传授历史不清楚,"可疑之甚",《麻衣易》在戴绍韩"传与人"之前,"从前不曾见",甚为可疑。

6. 根据文献的思想内容辨伪。如果一部文献在思想内容上互相矛盾,或者所阐述学术观点极其浅陋,与其所标称的作者的地位不相称,那么,这部文献就值得怀疑。朱熹在辨别《尚书》的《小序》《管子》和《麻衣易》时采用了这一方法。

> 《小序》皆可疑。《尧典》一篇自说尧一代为治之次序,至让于舜方止,今却说是让于舜后方作。《舜典》亦是见一代政事之终始,却说"历试诸艰",是为要受让时作也。至后诸篇皆然。④
> 《管子》之书杂。……又有说得也卑,直是小意智处,不应管仲如此之陋。⑤
> (《麻衣易》)仍是浅陋,内有"山是天上物落在地上"之说,此是何等语!他只见南康有落星寺,便为此说。若时复落一两个,世

---

① (明)胡应麟:《少室山房笔丛》卷三二《四部正讹下》。
② 《朱子语类》卷七八《尚书一》。
③ 《朱子语类》卷六七《易三》。
④ 《朱子语类》卷七八《尚书一》。
⑤ 《朱子语类》卷一三七《战国汉唐诸子》。

间人都被压作粉碎!①

朱熹根据《尧典》《舜典》等的内容与《小序》的内容相比较，发现《小序》与其所序之篇目不一致甚至相矛盾，从而认为《小序》可疑。《管子》《麻衣易》中的某些说法浅陋，与作为政治家的管仲和麻衣道者的身份不相符，不可能是他们的著作。

7. 从揭露作伪材料的来源辨伪。伪书不是作伪者凭空杜撰出来的，必定要从其他文献中截取材料进行编排弥缝，找出其材料来源，则作伪之迹昭然。

> 《管子》之书杂。管子以功业著者，恐未必曾著书。如《弟子职》之为，全似《曲礼》。它篇有似《庄》、《老》。……其内政分乡之制，《国语》载之却详。……想只是战国时人收拾仲当时行事言语之类著之，并附以它书。②
>
> 会稽官书板本有《子华子》者，云是程本字子华者所作，即孔子所与倾盖而语者。好奇之士多喜称之，以予观之，其词故为艰涩而语实浅近，其体务为高古而气实轻浮，其理多取佛老医卜之言，其语多用《左传》《班史》中字，其粉饰涂泽，俯仰态度，但如近年后生巧于摸拟变撰者所为，不惟决非先秦古书，亦非百十年前文字也。……至其首篇风轮水枢之云，正是并缘释氏之说，其卒章宗君二祥蒲壁等事，皆剽剥他书傅会为说，其自叙出处又与《孔丛子》载子顺事略相似。③

朱熹认为《管子》一书，很多内容来自《曲礼》《老子》《庄子》《国语》等典籍，"想只是战国时人收拾仲当时行事言语之类著之，并附以它书"。《子华子》一书伪托是与孔子"倾盖而语"的程本所作，而其中的很多语句来源于"佛老医卜之言"，"皆剽剥他书附会为说"，不可能是程本所作。

---

① 《朱子语类》卷六七《易三》。
② 《朱子语类》卷一三七《战国汉唐诸子》。
③ 《朱子全书》卷五八《诸子一》。

二

从严格意义上的辨伪来说,朱熹的辨伪是怀疑的多而进行较为严密的考证者少。朱子辨伪的成果主要记载于《朱子语类》之中,是他在回答学生提问时表达出来的,没有形成专论,所以不是很系统,非常简略。他以其广博的学识、大胆怀疑的精神、敏锐的学术眼光发现了很多伪书,却未能沿着这一思路继续深入地探讨下去,只是提出了问题,而没有从多方面、多角度地对所怀疑的伪书加以资料详细、证据确凿的考证。借用胡适概括清代考据学者的治学方法——"大胆地假设,小心地求证"来看朱熹的辨伪,他在"大胆假设"上堪称典范,而在"小心求证"方面明显不足。正如老吏断案,不能仅仅从某一方面的证据推断出犯罪嫌疑人,更重要的是广泛收集证据,找出其作案动机、作案时间、物证、人证等形成一条完整的证据链,才能将案子定为铁案。例如朱熹对《尚书序》作伪者的时代的论断因为其据以判定的依据不足而具有很大的随意性,甚至互相矛盾之处。

> 孔安国《尚书序》,只是唐人文字。前汉文字甚次第。司马迁亦不曾从安国受《尚书》,不应有一文字软郎当地。后汉人作《孔丛子》者,好作伪书。然此序亦非后汉时文字,后汉文字亦好。
>
> 《书序》恐不是孔安国作。汉文粗枝大叶,今书序细腻,只似六朝时文字。
>
> 《书序》细弱,只是魏晋人文字。
>
> 《书序》不可信,伏生时无之。其文甚弱,亦不是前汉人文字,只似后汉末人。[①]

朱熹论断《尚书序》作伪者的时代从"后汉末""魏晋""六朝"到"唐",时间跨度之大,前后说法不一,大大超出了辨伪断代所允许时间误差的范围。我们再看看朱熹对《孔丛子》的作伪者时代的断定。

---

① 《朱子语类》卷七八《尚书一》。

《尚书序》不似孔安国作，其文软弱，不似西汉人文，西汉文粗豪；也不似东汉人文，东汉人文有骨肋；也不似东晋人文，东晋如孔坦疏也自得。他文是大段弱，读来却宛顺，是做《孔丛子》底人一手做。

广云："通鉴中载孔子顺与公孙龙辩说数话，似好。"曰："此出在《孔丛子》，其他说话又不如此。此书必是后汉时人撰者。"①

朱熹在多处提到《孔丛子》和《尚书序》是出自同一个作伪者之手。他很肯定地认为《孔丛子》"是后汉人撰者"，而又认为出自同一个作伪者之手的《尚书序》不是东汉人所作。这种矛盾正反映出朱熹辨伪存在证据单一和证据具有模糊性的缺陷。

朱熹曾经批评吴棫辨伪《尚书小序》的缺点是"已看破《小序》之失，而不敢勇决，复为序文所牵"。② 在勇于决断方面朱熹做得比吴棫要大胆，但是朱熹的"勇决"因为不是建立在充分论证的基础上，所以带来另外一个问题，其决断有时是错误的。如朱熹对《木兰诗》的辨伪，就存在武断的弊端。"《木兰诗》只似唐人作。其间'可汗'，'可汗'前此未有。"③ 朱熹在这里仅凭《木兰诗》中用了"可汗"一词，就断定其为唐人的作品，可谓"勇决"，但朱熹并没有对"可汗"一词出现的时间进行检索考证，就认为在唐代以前没有出现，实际上"可汗"在晋代就已经有了。《晋书·四夷列传》："洛干十岁便自称世子，年十六嗣立，率所部数千家奔归莫何川，自称大都督、车骑大将军、大单于、吐谷浑王。化行所部，众庶乐业，号为戊寅可汗。"由此看来朱熹这一辨伪是错误的。

朱熹云："臣窃以王安石训释经义，穿凿傅会，专以济其刑名法术之说。"④ 朱熹批评王安石治学，"训识经义"的目的是"专以济其刑名法术之说"，似乎也可以看成朱熹的夫子自道。作为宋代理学集大成者的朱熹，其辨伪与文献学家的辨伪不同，其目的是要通过辨别伪书清除伪学，

---

① 《朱子语类》卷一二五《老氏》。
② （宋）朱熹：《晦庵集》卷三四《答吕伯恭》。
③ 《朱子语类》卷一四〇《论文下》。
④ 《朱子语类》卷七八《尚书一》。

以其作为建立理学体系的一项基础工作。所以朱熹辨伪以义理为指归，这造成了他的辨伪具有不彻底性，一旦辨伪与他的理学体系产生矛盾，他就极力维护其理学体系而放弃对文献的辨伪，甚至极力弥缝，为伪书辩解，以巩固其理学体系。朱熹对梅赜所献的《古文尚书》的辨伪就是如此，正如前面已经列举的例证，朱熹多次提到对传世的《古文尚书》怀疑并进行了初步的辨伪，但被视为伪作之一《大禹谟》中的十六字心传——"人心惟危，道心惟微，惟精惟一，允执厥中"，朱熹不仅把这十六字视为"尧舜禹相传之密旨"，而且奉其为儒学道统、儒学精神之所在，所以他极力弥缝为之开脱。他说："只疑伏生偏记得难底，却不记得易底。然有一说可论难易：古人文字，有一般如今人书简说话，杂以方言，一时记录者；有一般是做出告戒之命者。疑《盘》《诰》之类是一时告语百姓；盘庚劝谕百姓迁都之类，是出于记录。至于《蔡仲之命》《微子之命》《冏命》之属，或出当时做成底诏告文字，如后世朝廷词臣所为者。……如《大禹谟》，又却明白条畅。虽然如此，其间大体义理固可推索。但于不可晓处阙之，而意义深远处，自当推究玩索之也。然亦疑孔壁中或只是畏秦焚坑之祸，故藏之壁间。大概皆不可考矣。"进而提出"《书》有两体"说来解释自己曾经的怀疑辨伪："《书》有两体：有极分晓者，有极难晓者。某恐如《盘庚》、《周诰》、《多方》、《多士》之类，是当时召之来而面命之，而教告之，自是当时一类说话。至于《旅獒》、《毕命》、《微子之命》、《君陈》、《君牙》、《冏命》之属，则是当时修其辞命，所以当时百姓都晓得者，有今时老师宿儒之所不晓。今人之所不晓者，未必不当时之人却识其词义也。"① 其用心可谓良苦。朱熹曾毫不忌讳地说："《书》中可疑诸篇，若一齐不信，恐倒了《六经》。"② 其目的是要保住《古文尚书》在"六经"中的地位，借以阐发其义理的经典依据。

朱熹在对待《河图》《洛书》上也是如此。欧阳修等学者曾经怀疑《河图》《洛书》为伪书，但它们却是朱熹构建象数易学体系基础。袁枢读到朱熹的《易学启蒙》后，同朱熹进行了激烈的论辩。袁枢判定《河图》《洛书》为伪，反对以图书数理解释《周易》，朱熹坚决捍卫自己关于《河图》《洛书》的说法："夫以《河图》、《洛书》为不足信，自欧阳

---

① 《朱子语类》卷七八《尚书一》。
② 《朱子语类》卷七八《尚书二》。

公以来,已有此说,然终无奈《顾命》、《系辞》、《论语》皆有是言,而诸儒所传二图之数,虽有交互,而无乖戾,顺数逆推,纵横曲直,皆有明法,不可得而破除也。"① 淳熙十四年(1187),朱熹回答袁枢的信再一次表明了坚信《河图》《洛书》的态度:"熹于世传《河图》、《洛书》之旧所以不敢不信者,正以其义理不悖而证验不差尔。来教必以为伪,则未见有以指其义理之缪、证验之差也。而直欲以臆度悬断之,此熹之所以未敢曲从而不得不辨也。"② 后代的学者通过考证证明了欧阳修、袁枢的怀疑是对的,宋代流传的《河图》《洛书》是伪书。由此可以看出朱熹的辨伪具有很大的局限性、不彻底性。

三

朱熹辨别伪书虽然没有形成专论,但其所采用的辨伪方法较为全面,明代的文献学家胡应麟总结辨伪八法,其中的六法,"核之并世之言,以观其称;核之异世之言,以观其述;核之文,以观其体;核之事,以观其时;核之撰者,以观其托;核之传者,以观其人"③,在朱熹的辨伪工作中基本上都初步涉及了。特别是通过文字体制风格辨伪的方法,虽然不是朱熹首创,但他可以说是广泛使用此法的第一人。这种方法常常被非专门的文献学家的大学问家所推崇,梁启超《中国历史研究怯》所说鉴别伪书的公例第十条:"各时代之文体,盖有天然界画,多读者自能知之。故后人伪作之书,有不必从字句求枝叶之反证,但一望文体即能断其伪者。"此法最简便,但也最危险,非有对各代文章风格和作者的文字风格有深切体会者不能为之。

朱熹的辨伪成果对后世产生了较大的影响,他的辨伪成果常常被后世的文献目录著作所引用。如宋代晁公武的《郡斋读书志》卷五引用了朱熹辨《龙城杂记》的成果,元代马端临《文献通考》卷一七五和卷二一四引用了朱熹辨《关子明易》《西京杂记》的成果,清代姚际恒《古今伪书考》多处引用了朱子辨伪语,姚氏辨《麻衣正易心法》(即《麻衣

---

① (宋)朱熹:《晦庵集》卷三八《答袁机仲书一》。
② (宋)朱熹:《晦庵集》卷三八《答袁机仲书三》。
③ (明)胡应麟:《少室山房笔丛》卷三二《四部正讹下》。

易》）为伪书，直接采用了朱子辨伪成果，并按："此乃朱所亲见，其说固自无疑。"朱彝尊的《经义考》卷一三、卷七四、卷七九引用了朱熹辨《关子明易》《古文尚书》和《序》及孔安国注、《胡氏尚书全解》的成果，《四库全书总目提要》，今人张心澄的《伪书通考》和邓瑞全、王冠英主编的《中国伪书综考》等在多处引用了朱熹的辨伪成果。

尤其是朱熹辨《古文尚书》的成果，对后来辨伪产生了积极的影响，《四全书总目提要》总结《古文尚书》的辨伪历史时说："《古文》之伪自吴棫始有异议，朱子亦稍稍疑之，吴澄诸人本朱子之说，相继抉摘，其伪益彰，然亦未能条分缕析，以抉其罅漏。明梅鷟始参考诸书，证其剽剟，而见闻较狭，搜采未周，至若璩乃引经据古，一一陈其矛盾之故，古文之伪乃大明。"① 吴棫虽然是最初的怀疑者，但是朱熹对《古文尚书》辨伪的言论和影响力要比吴氏多些、大些，所以四库馆臣才认为吴澄等人是"本朱子之说相继抉摘"。如明代梅鷟《尚书考异》引用了朱熹辨《古文尚书》的大量语录，并认为"朱子之见诚为超迈，朱子之言诚为精当"。② 清阎若璩《尚书古文疏证》评价曰："朱子谓《书序》是周、秦间低手人作，尤属特见。"③ 他专门辑录朱熹辨《古文尚书》的言论作为其著作的附录。

朱熹的《古文尚书》辨伪对后来的影响不仅表现在其辨伪思路和观点上，而且我们认为更重要的是他成为一面旗帜，成为后来辨伪者抵挡那些反对者攻击辨伪经书的有力盾牌。吴澄在《书纂言》中引述了吴棫和朱熹辨伪《古文尚书》的言论后说："夫以吴氏及朱子之所疑者如此，顾澄何敢质斯疑而断断然不敢信此二十五篇之为古书，则是非之心不可得而昧也。故今以此二十五篇自为卷，裹以别于伏氏之书，而小序各冠篇首者复合为一以寘诸后，孔氏序并附焉，而因及其所可疑，非澄之私言也，闻之先儒云耳。"④ 梅鷟在《尚书考异》中说："吴氏、朱子、吴先生三大儒之论如此，凡皆迥出常情，洞烛真伪，无所因袭之见，此所以为豪杰圣贤也。"⑤ 阎若璩在回答别人对其怀疑经书的疑问时说："似是而非者孔子之

---

① 《四库全书总目》卷一二《古文尚书疏证》。
② （明）梅鷟：《尚书考异》卷一。
③ （清）阎若璩：《尚书古文疏证》卷七。
④ （元）吴澄：《书纂言》卷首。
⑤ （明）梅鷟：《尚书考异》卷一。

所恶也,弥近理而大乱真者朱子之所恶也,余之恶夫伪古文也,亦犹孔子、朱子之志也……况乎若璩之前有文正朱子焉,朱子之前已有吴氏棫焉,文正之后又有归氏有光诸人焉,其可援之以为证者不为不众矣。呜呼,先儒先正之绪言具在,其尚取而深思之哉!"① 吴澄、梅鹭、阎若璩三人先后相继都抬出吴棫、朱熹做大旗,其目的是显而易见的,须知《古文尚书》的经典地位是不能轻易被怀疑的。梁启超对此曾经有很精到的阐述:"夫数十篇之伪书,则何关轻重?殊不知此伪书者,千余年来,举国学子人人习之,七八岁便都上口,心目中恒视为神圣不可侵犯;历代帝王,经筵日讲,临轩发策,咸所依据尊尚。毅然悍然辞而辟之,非天下之大勇固不能矣。自汉武帝表章六艺、罢黜百家以来,国人之对于六经,只许征引,只许解释,不许批评研究。韩愈所谓'曾经圣人手,议论安敢到?'若对于经文之一字一句稍涉疑议,便自觉陷入'非圣无法',蹙然不自安于其良心,非特畏法网、惮清议而已。凡事物之含有宗教性者,例不许作为学问上研究之问题。"② 作为元明清各朝官方意识形态所尊崇的精神偶像朱熹,成了吴澄、梅鹭、阎若璩等人防御攻击他们惑乱经书的最有力的挡箭牌。阎若璩之子阎咏在《尚书古文疏证后序》中的一段话,能够更好地帮助我们理解朱熹《古文尚书》辨伪对后世辨伪的重大意义。"家大人征君先生著《尚书古文疏证》若干卷,爱之者争相缮写,以为得未曾有,而怪且非之者亦复不少。征君意不自安,曰:'吾为此书,不过从朱子引而申之,触类而长之耳,初何敢显背紫阳以蹈大不韪之罪?'"③

原载《朱子学刊》第 16 期,黄山书社 2006 年 12 月

---

① (清)阎若璩:《尚书古文疏证》卷二。
② 梁启超:《清代学术概论》,上海古籍出版社 1998 年版,第 14 页。
③ (清)阎咏:《尚书古文疏证后序》,见阎若璩《尚书古文疏证》书首。

本校法
——探求汉语语文辞书不足的良方

本校法即根据同一部典籍不同段落中相同、相近语句的文字进行互相对校，以发现文字的异同，定其是非，还古文献以本来面目，达到求真求实的目的。清人王念孙在校读古籍时，运用本校法校正了许多文字讹误。如将《管子·七法》"故聚天下之精财，论百工之锐器"与《管子·幼官》"求天下之精材，论百工之锐器"对校，发现"精财"与"精材"之异，并根据文意进一步论定："'财'当为'材'，今本'材'作'财'者，涉上文'聚则'而误。"

用本校法检验汉语语文辞书，是用同一部辞书中语义相同、相关条目和语义相同的文句、引自同一出处的书证进行对比，以发现存在的不足、问题，而这大大有益于辞书的编纂和修订。本文拟用商务印书馆《辞源》，湖北辞书出版社、四川辞书出版社《汉语大字典》（以下简称《大字典》），汉语大词典出版社《汉语大词典》（以下简称《大词典》），台湾《中文大辞典》（以下简称《中文》）为材料，以举例的方式说明本校法的作用。为了节省篇幅，一般同类型的材料只选取一二例，所引资料与本文论述无关者酌予删节。

一　可发现选条立目的问题

每一部辞书都有其收词立目的原则和范围，这样编纂者方能在众多的语言材料中决定取舍，使应选立的词目不致漏收，不该选立的词目不杂侧于辞书之中。一般的翻检较难发现是否存在漏收与滥收条目的问题，而用本校法则较易发现。

1. 收有不必收录的条目

①中央之弧　生男子时，射天地四方之魔，以桑弧射中央。《新书·胎教》："悬弧之礼义，东方之弧以梧，梧者，东方之草，春木也；其牲以鸡，鸡者，东方之牲也。南方之弧以柳，柳者，南方之草，夏木也；其牲以狗，狗者，南方之牲也。中央之弧以桑，桑者，中央之木也；其牲以牛，牛者，中央之牲也。西方之弧以棘，棘者，西方之草也，秋木也；其牲以羊，羊者，西方之牲也。北方之弧以枣，枣者，北方之草，冬木也；其牲以彘，彘者，北方之牲也。"（《中文》）

此条目的书证只有《新书·胎教》一例，若"中央之弧"立目收录，则"东方之弧""南方之弧""西方之弧"甚至"东方之草""东方之牲"等都应收。查《中文》"东""南""西""北"各字下均未收录上述条目，这说明"中央之弧"属不应收录之条目。

2. 漏收应收的条目

②A. 右江即黔江。详"左右江"。（《辞源》）

查《辞源》"左"字下无"左右江"。对"右江"未加详释，注明参考"左右江"，而"左右江"未收录，属明显的漏收。《辞源》中同类失误尚有不少，如"蜽"字条，没有释义，注云："见'蝄蜽'。"虫部中连"蝄"字都未收，何处找"蝄蜽"。又如"强毅"条称"又作'彊毅'。见该条"，而"彊"字下未收录"彊毅"。

语文辞书中有关百科性质的条目，虽未注明参见某条，但通过对校，也可以发现漏收条目的问题。如中国古代文化制度中有许多是对应关系，从辞典学的角度看对应的双方处于同一级，要么两者均收，要么均不收。如《辞源》将左丞、右丞，左师、右师，左文、右文分别收入"左""右"字下。但也不尽然，"左"字下收有左校、左都御史、左符、左巡等，而"右"字下却无相应条目；"右"字下收有右广、右内史等，而"左"字下也无相应条目。

二　可发现释义系统的问题

释义是辞书的生命，它要求全面、完整、准确、无误地反映所释词的语义，它还要求整部辞书在释文风格和同级条目的信息量方面大体一致。

1. 释义不准确

③A. 遬同"疾"。《太平广记》卷四七八引李玫《纂异记》:"以白练系(徐)玄之颈,甲士数十,罗曳而去,其行迅遬。"

按:扫叶山房本作"遬",明谈刻本、中华书局本作"迅遬"。(《大字典》)

B. 疾①古称轻疾,后泛指病。……⑫急速。……⑰姓。(《大字典》)

④A. 倒载干戈　武器倒载,示不复用兵也。《礼·乐记》:"倒载干戈,包以虎皮,将帅之士,使为诸侯,名之曰建橐,然后天下知武王之不复用兵也。"(《中文》)

B. 倒置干戈喻太平无事也。《史记·留侯世家》:"倒置干戈,覆以虎皮,以示天下不复用兵。"(《中文》)

例③对"遬"的释义极不准确。"疾"有十七个义项,从"遬"字的构造(有辵旁)和书证材料看,除"急速"义外,"遬"不具有"疾"的其他义项,故释义应为"同遬⑫,急速"。例④A,B的字面义虽不尽同,但从书证看,其深层义是完全相同的。B释为"喻太平无事",有违书证原意。"不复用兵",指不再打仗,而"太平无事",除了无战事外,还含有无天灾人祸、政治稳定清明等内容,内涵和外延比"不复用兵"要宽泛得多。

2. 释义错误

⑤A. 曲水　古代风俗于农历三月上旬巳日,在水滨宴乐,以祓除不祥,称为曲水。(《辞源》)

B. 流觞曲水　古代风俗,每逢三月上旬巳日(三国魏以后定为三月初三),于水滨结聚宴饮,以祓除不祥。后来仿行,于环曲的水曲旁宴集,在水上放置流杯,杯流行其前,当即取饮,称为流觞曲水。(《辞源》)

⑥A. 齩姜呷醋　犹咬文嚼字。宋陆游《老学庵笔记》卷六:"兵职驾库,齩姜呷醋。"清钱大昕《恒言录·成语》:"宋时谚云:'兵职驾库,齩姜呷醋。'……此临安人评尚书省二十四曹语。"清胡式钰《语窦》:"宋时驾幸临安后,诸曹口号云:'兵职驾部,齩姜呷醋。'犹言但咬文嚼字也"。参见"咬文嚼字"。(《大词典》)

B. 咬姜呷醋　形容生活清苦。宋陆游《老学庵笔记》卷六:"礼祠主膳,淡吃齑面;兵职驾库,咬姜呷醋。"(《大词典》)

通过对校可知，例⑤A释义是移置B释义的前半部有关流觞曲水起源的文字，显系误释。例⑦A，B都以陆游《老学庵笔记》为书证，而释义却大相径庭。A的三条书证材料第一条与B同，另两条实际上都是引用陆氏之语，故要论定谁是谁非，就取决于谁的释义符合陆氏的原意。这里不妨详引原文："及大驾幸临安，丧乱之后，士大夫亡失告身，批书者多。又军赏百倍，平时赂贿公行，冒滥相乘，馕军日滋，赋敛愈繁而刑狱亦众，故吏户刑三曹吏胥，人人富饶，他曹寂寞弥甚。吏部又为之语曰：吏勋封考，三婆二嫂；户度金仓，细酒肥羊；礼祠主膳，淡吃齑面；兵职驾库，齑姜呷醋；刑都比门，人肉馄饨；工屯虞水，身生饿鬼。"陆游所记，描述了宋室南迁后，尚书省二十四曹贫富极度不均的现实，"细酒肥羊"与"齑姜呷醋"、"人肉馄饨"与"身生饿鬼"形成了巨大的反差。B释为"形容生活清苦"，甚为贴切。A释为"咬文嚼字"，可谓风马牛不相及，显然是受了《语窦》的误导。

3. 错分义项和漏立义项

⑦A. 踑〔踑踞〕也作"箕踞"。坐时大张两足，其形如箕。……《晋书·隐逸传·郭文》："于是朝士咸共观之，文颓然踑踞，傍若无人……又不敬貌。"《南史·何尚之传附何点》："（何点）遨游人间，不簪不带，以人地并高，无所与屈，大言踑踞公卿，敬下。"（《大字典》）

B. 箕〔箕踞〕古人席地而坐，两膝着地，腿部屈在臀下；如果臀部着地，腿部向前伸开叫作"箕踞"，是很不礼貌的。……《战国策·燕策三》："（荆）柯自知事不就，倚柱而笑，箕踞以骂。"（《大字典》）

例⑦A，B为同义词，A分为两个义项，属强分义项。"坐时……其形如箕"与"不敬貌"不可分立两项，因为前者是字面义，描述"踑踞"的形状，后者是深层义，指出这种坐姿是傲慢不敬的表现。验之书证，皆然。

⑧A. 嘲风弄月　吟咏清风，玩赏月色。泛指写抒情诗。（《大词典》）

B. 嘲风咏月　唐白居易《与元九书》："至于梁陈间率不过嘲风雪弄花草而已。"后因以"嘲风咏月"指描写风云月露等景物而思想内容贫乏的作品。亦泛指吟诗作赋。（《大词典》）

例⑧B分为两个义项："思想内容贫乏的作品"和"吟诗作赋"，其第二义项与A同。笔者认为A也应具有两个义项，有下列例句为证：宋魏庆之《诗人玉屑·知道》："缔章绘句，嘲风弄月，虽工何补。"清褚人获《坚瓠四集·卷三·桑犬等诗》："诸作皆非嘲风弄月之比，可献之采风者。"清方薰《山居诗话·十二》："诗发乎情，故能感人之情……非若嘲风弄月，可以装点而成也。"以上三例中的"嘲风弄月"均指思想内容贫乏的作品。或许是资料收集（指对该条）不全面的缘故，漏立了此义项。另外，B以唐白居易《与元九书》为出典，也不恰当，早在晋代王嘉的《拾遗记》中就有"免学他嘲风咏月，污人行止"之语。

4. 释文的风格和信息量不统一

汪耀楠先生在《相关条目解释的平衡与统一》中指出：对相关条目所涉及的相类似知识信息做出全面正确的解释，使读者从分散的各相关条目的解释中获得同类条目前后一致、完整的知识，是释义的一项重要任务。它要求提供知识信息的量与质、广度和深度的辩证统一，也要求释文风格的统一。

⑨A. 燋金流石 喻久旱酷热。（《辞源》）

B. 焦金流石 金属烧焦，石头熔化。极言阳光的酷烈。（《辞源》）

⑩A. 左行……②古代军制名。行，音 háng。（《辞源》）

B. 右行①春秋时晋国军制名。（《辞源》）

⑪A. 砲楼碉堡的俗称。（《大词典》）

B. 炮楼 一种四周有枪眼，可以瞭望并射击的高碉堡。（《大词典》）

例⑨A、B释文风格不统一，A未解释字面义，B则先解释字面义，再说明深层义，因为深层义导源于字面义，释字面义可以帮助读者理解掌握深层义，故B优于A。例⑩A、B属相关联的条目，均属春秋时晋国军制，B说明了具体时代国别，A仅称古代军制，失于笼统；A注明音读，B未注音，二者的信息的质与量不等。例⑪B比A给读者的信息量要大得多，不知炮楼为何物的人查阅该词条后就能知道其形制、功用，A释义无法达到此效果。

5. 典故条目所溯非源

汉语词汇中有许多是有出典的，若不弄清典故的出典或语源，就难以准确地把握和理解词义。对于一般的人而言，要发现出典有误或找出真正的语源，在汗牛充栋的文献资料中去寻求，难度较大，而用本校法可以做到事半功倍。

⑫A. 分香卖履 东汉末，曹操造铜雀台，临终时吩咐诸妾："汝等时时登铜雀台，望吾西陵墓田。"又云："余香可分与诸夫人。诸舍中无

为，学作履组卖也。"见陆机《吊魏武帝文》序。后以"分香卖履"喻临死不忘妻妾。(《大词典》)

B. 卖履分香 典出三国魏曹操《遗令》："余香可分与诸夫人，不命祭，诸舍中无所为，可学作组、履卖也。"后因以指死者临终对妻妾的留恋。(《大词典》)

例⑫A 以后起晋陆机《吊魏武帝文序》为出典，而非曹操《遗令》。曹氏原有集传世，名《魏武帝集》，后佚，明人有辑佚本，今人整理排印本《曹操集》，均收录有《遗令》，A之编者不察，故有此之失。

三　可检验书证的准确性

大型汉语语文辞书的用例，除了具有典范性、多样性、思想性、简洁性之外，还必须具有准确性。检验书证的准确性，一般通过核对原始文献来解决，同时也可以用本校法来验证。

⑬A. 天长地久　……《文选·陆佐公(倕)》："暑来寒往，地久天长。"(《辞源》)

B. 地久天长　……《文选·南朝梁陆佐公(倕)〈石阙铭〉》："暑来寒往，地久天长。"(《辞源》)

⑭A. 群季　……唐李白《李太白文·二八·春夜宴从弟桃李园序》："群季俊秀，皆为惠连；吾人咏歌，独惭康乐。"(《辞源》)

B. 惠连　……唐李白《李太白诗·二七·春夜宴从弟桃花园序》："群季俊秀，皆为惠连。"(《辞源》)

例⑬A 书证对出典的交代没有 B 详细。例⑭A、B 引用同一作者的同一段文字，标明的书名、卷数、篇名，文字上均有出入。李白诗文集版本较多，如《李翰林集》《李太白集》《李集》《李太白诗选》《分类补注李太白集》《分类补注李太白诗》《李太白诗集注》《李太白文集》等，但无称《李太白诗》《李太白文》者。今查阅《四部丛刊》本《李太白文集》和1977年中华书局排印本《李太白全集》，该文均在卷二七，篇名作《春夜宴从弟桃花园序》。一部辞书，在引用同一部典籍时，其书名、版本、篇名、征引格式应统一，这不仅是不自乱体例的问题，而且也是为使用者进一步查找原典籍全文提供方便。

⑮A. 醉酒妇人《史记·魏公子列传》："公子自知再以毁废，乃谢病

不朝，与宾客为长夜饮，饮醇酒，多近妇女。日夜为乐饮者四岁，竟病酒而卒。"(《大词典》)

B. 妇人醉酒 ……语本《史记·魏公子列传》："秦数使反间……公子(无忌)自知再以毁废，乃谢病不朝，与宾客为长夜饮，饮醇酒，多近妇女，日夜为乐者四岁，竟病酒卒。"(《大词典》)

对校发现，例⑮B引文与A相比较，"日夜为乐者""乐"后漏"饮"字，"竟病酒卒""酒"后漏"而"字。核于中华书局标点本《史记》，A是而B误。

四　用本校法可以检验出版校对质量

一部好的辞书，在正式印刷出版前一般要经过数次乃至十数次的校对，以求文字排印无误。校对是一项非常细致的工作，古人有"校书如扫落叶"之叹，极言校对工作之难。一般的读物有误，读者尚可根据上下文意发现错误，即使没能发现，其危害性相对辞书来说也要小些。因为辞书是"无声的老师"，排印错误未能校正，则会给读者错误的信息。在没有原稿进行校勘的情况下，有些排印错误很难被发现，但用本校法可部分解决这类问题。

⑯A. 口舌 ……《史记·六九·苏秦传》："今子释本而事口舌，困，不亦宜乎！"(《辞源》)

B. 产业 ……《史记·六九·苏秦传》："……今子释本而事咶，困不亦宜乎。"(《辞源》)

⑰A. 襆头即幞头。古代包头软巾，有四带、二带系脑后垂之，二带反系头上，令曲折附顶。也称四脚、折上巾。(《大词典》)

B. 幞头古代一种头巾。古人以皂绢三尺裹发，有四带，二带系脑后垂之，二带反系头上，令曲折附项，故称"四脚"或"折上巾"。(《大词典》)

例⑯B将"口舌"二字合而为"咶"字。例⑰B"项"为"顶"之误，形近而讹，"附顶"，是指带附着在头顶上，"附项"，指带附垂于颈项边，一字之差，所描述的襆头形制迥异。

本校法可行的前提主要是汉语语文词汇中存在大量的同义词，若失去这一前提，本校法的功效和可信程度将大为降低。正因为如此，利用本校法要注意的原则是：用于本校的材料之间必须有一种等同或相关相近的关系。详言之：其一，用相关条目对校，主要是发现选条立目中所存在的问题。相关条目是指在语义、语源以及文化构成等方面有内在联系的条目。百科条目在学科分类上必须属同一类，条目间存在同级或上下级关系。其二，用同义或极其近义的条目对校，主要是发现释义系统所存在的问题。构成条目的文字可以不同，但语义必须相同，如"殊途同归"与"异路同归"等。有些貌似同义词，而语义有区别的条目，如"妙手回春"与"回春妙手"，语义的侧重面不同，对校时应慎重。其三，用语义相同的文句或同一出处的书证材料对校，主要是发现文字错误（制卡、抄录、排印等造成的文字错误）。

本校法不是万能的，它只能发现汉语语文辞书中的部分错误与不足之处，因为不是每个词都有同义词，同一文献的同一段文字的重复征引率毕竟有限，而且，本校法发现问题之后，有些还需要借助于其他文献最终论定其正误。但本校法至少可以较为容易地发现问题，为进一步的探讨、论证找到一个切入点。

本文用于举例的四部汉语语文辞书，或许存在文中所指出的不足，但都是笔者个人对其局部的、个别的某一方面提出的意见，并非全面、系统的评论。在使用本校法时，笔者发现这四部辞书，特别是《大字典》《大词典》《辞源》，其至为精当处，俯拾皆是，与这些失误比较起来，显属大醇小疵。辞书总是处于不断的修订之中的，本文写作的目的主要是介绍一种方法，除此之外，也是为这几部辞书今后的修订工作提供一条思路和参考，使其更臻完善，同时也为一般的汉语语文辞书的编纂提供借鉴。

原载《辞书研究》1989年第5期

蒐北魏之佚籍　成学术之大观
——论朱祖延先生《北魏佚书考》之价值

辑佚自古便是我国文献事业的重要工作。千载以下，古书虽浩如烟海，多如牛毛，然或毁于鼠盗虫噬，或湮于兵燹人祸，或因私不传，或因人而废，今所见者，百不存一。故孔子有"文献不足"之叹，牛弘有请开献书之表，"于是而有好古之士，或私淑诸人，或歆慕其学，深憾书之不传于后，百思有以搜罗而补缀之，以复古人之旧，此辑逸之所由兴也"。①

辑佚虽属"有功于后学者"之事②，但在古代并不被真正重视。唐宋以后才逐渐有辑佚的意识，直到清代才作为专门之学为学者所从事。然而随着西学东渐后传统学术的没落，辑佚学这个刚刚长成的新生命却半路夭折。直到今天，辑佚学作为文献学学科中的"冷门"，仍未受到应有的关注。③而辑佚之事则更不遑多论，少有人问津。业师朱氏讳祖延所撰《北魏佚书考》（1985年由中州古籍出版社初版④）一书，可算是近世以来难得的辑佚之作，也是一部精审完备、别具特色的佚书目录学专著。

---

①　张舜徽：《广校雠略》，华中师范大学出版社2004年版，第82页。
②　皮锡瑞在《经学历史》一书中说："国朝经师有功于后学者三事。一曰辑佚书……至国朝而此学极盛。"
③　直到1986年才有学者呼吁"把辑佚学作为一门独立的学科理性研究"，"和其他同类学科相比，辑佚学作为一门独立学科还不够完善，辑佚学的研究还显得非常单弱，有许多空白领域尚待研究开发，有许多研究的薄弱环节尚待加强"。（参见曹书杰《中国辑佚学研究百年》，《东南学术》2001年第5期）
④　该书经补正后收录崇文书局2011年出版的《朱祖延集》中，本文所评之书为补正之本。下文注释及参考文献均依此。

一 开疆拓土,创新门类

辑佚是将见于目录书、史书著录在流传过程中散佚而又部分保留在其他文献的图书辑录出来。自宋人开辑佚之业以来,辑佚之家代不乏人。肇自宋人王应麟辑《三家诗考》《周易郑氏注》始,至清代则堪称专门之学。综观前人辑佚著作,或为综合类辑佚,如王谟《汉魏遗书钞》、马国翰《玉函山房辑佚书》、黄奭《黄氏逸书考》,其所辑之书,纵跨数代,横涉众类,卷帙浩繁;或为专科类,如余萧客《古经解钩沉》、唐元度《九经字样》、任大椿《小学钩沉》、王谟《汉唐地理书钞》、鲁迅《古小说钩沉》、刘纬毅《汉唐方志辑佚》等;或为专人专书类,如袁韵《郑玄佚书》、臧庸《尔雅汉注》、黄奭《高密遗书》、汤球辑佚刘珍《十六国春秋辑补》、陈垣重辑《旧五代史》等。

《北魏佚书考》不同于以往任何辑佚文献,是辑录北魏一代佚书的汇考之作,属于断代辑佚,为朱先生首创。"所录诸佚书,悉以魏人之撰述为限。"至于哪些算魏人,作者的办法是取"《魏书》各有专传"者。张林川教授称其"开断代辑佚书的先例","在辑佚书中是异军突起,独树一帜的"。[①] 这个评价是非常中肯和恰当的。

清人辑佚多重汉魏六朝之书,对北朝的著作不甚措意,而北朝文学艺术学术文化与南朝风格不同,是一份很重要的文化遗产。由于政权更迭,战乱不断,北朝文献散佚严重。尤其是北魏,作为北朝第一个朝代,其后迭经东魏、西魏、北齐、北周政权变易,文献散佚严重。即使是保存到隋朝,见于《隋书·经籍志》著录的北魏文献,也在后来日渐散佚。朱先生《北魏佚书考自序》云:"尝思典午之季,海内分崩,拓跋氏以毡裘之长,崛起朔漠,雄踞中原,一百六十余年之间,人文之盛,盛轹江左。传世之作,若《水经注》、《齐民要术》、《洛阳伽蓝记》,或记山川,或陈农事,或述寺宇兴革,并皆博赡宏富,蔚矣其文,向慕者久之。惜乎陵谷变迁,朝市改易,北魏文籍,见著于《魏书》及隋唐史志者,今已百不

[①] 张林川:《存泰山于片石,资后学之参证——评〈北魏佚书考〉》,《湖北大学学报》1986年第2期。

存一焉，良可慨也已！"① 有鉴于此，朱先生网罗掇拾北魏一代佚书，从群经注疏音义、子书、史书、类书中，广搜博辑，集腋成裘沉，使北魏佚书重见于世。"冀存泰山于片石，用资后学之参证。"

二　广搜博辑，甄别谨严

古人辑佚古书，一向以广搜博取为要，梁启超在《中国近三百年学术》中论及辑佚的优劣时曾拟定了五条标准，其中第二条便是："既辑一书，则必求备。所辑佚文多者优，少者劣。"② "求备"是每一部辑佚书的基本要求。

《北魏佚书考》广搜博辑，集北魏佚书文献资料之大成。从所辑佚书数量来看，有63部之多，这对于一个仅有百余年历史，且被少数民族政权主导的朝代来说，已经是相当可观的数量了。辑佚经部13部、史部24部、子部5部、集部21部，且各部主要门类均有涉及，可谓类全矣。

对于前代已有的相关辑佚著作多有辑补之处，经部小学类阳成庆《字统》，任大椿《小学钩沉》辑得40条，马国翰《玉函山房辑佚书》辑得39条，黄奭《汉学堂丛书》辑得41条，顾震福《小学钩沉续编》辑得120条，龙璋《小学蒐佚》辑得147条，朱先生在前人的基础上补录7条。史部霸史类刘昞《敦煌实录》，章宗源《隋书经籍志考证》辑得16条，朱先生补辑2条。地理类卢元明《嵩高山记》，王谟《汉唐地理书钞》有目无辑文，章宗源《隋书经籍志考证》辑录4条，朱先生补辑16条。集部朱先生在严可均《后魏文》的基础上多有补辑。此类甚多，不一一列举。可谓"前修未密，后出转精"。集部《李谐集》从《初学记》《太平广记》所辑《释奠诗》、江浦赋诗，《温子升集》等也有类似情况，皆前人所未辑。朱先生补录佚文有的价值极高。如经部乐类信都芳《乐书》，马国翰《玉函山房辑佚书》从《太平御览》辑得10条，朱先生补辑3条。其中有一条辑自日本《佚存丛书》唐武后《乐书要录》残本卷六。该条保存了信都芳原书有正文注释原貌，对研究"合本子注"起源

---

① 朱祖延：《朱祖延集·北魏佚书考》，崇文书局2011年版，第531页。
② 梁启超：《中国近三百年学术史》，中国书店1985年版，第269—270页。

历史具有十分重要的价值，弥足珍贵。

《北魏佚书考》所辑佚书很多是前人没有辑佚过的。如史部编年类崔浩《汉纪音义》、仪注类崔浩《女仪》《麟趾新制》、杂纂类常景《鉴戒象赞》、地理类《大魏诸州记》、王遵业《三晋记》、李公绪《赵记》、杨衒之《庙记》、子部五行类崔浩《五行论》等。

广搜博取，并不意味着越多越好，而是要严格甄别，将不属于原书的文字收录，是辑佚中的大忌。清人焦循曾谈及清代辑佚大兴后一些学者的不端风气时说："近之学者，不求其端，不讯其末……不辨其是非真伪，务以一句之获，一字之缀为工。"① 这是清人辑佚一大弊端，张舜徽先生所谓"蒐辑佚书者，又不可不审知古人援引之不可尽据也"。② 由于古书中存在同名异书现象和古人引述书名比较随意，辑佚时不加甄别考证，往往容易误辑。《北魏佚书考》所录佚书佚文，朱先生严加甄别，纠正了不少前人的错误。如阚骃《十三州志》，张澍《二酉堂丛书》有辑本，但有误收。朱先生考证云："阚氏书名《十三州志》，诸书引阚氏书或称《土地十三州志》，或称《十三州土地志》，或称《十三州地理志》，或称《十三州记》，或称《十州记》，殆引者随意举之。汉应劭亦撰《十三州记》，诸书引《十三州记》不标阚骃名者，颇与应氏书相混。张澍辑'宏农有桃丘聚'、'漆乡郱邑'二节，核之《史记·留侯世家索隐》及《水经·泗水注》，知皆出于应氏，非阚氏佚文。又'御苑有含消梨'、'兰池陂即古兰池'二节，乃系《三秦记》佚文而为《括地志》转引者，张澍辑本乃云出于《十三州志》。凡此之类，不一而足。"③

《北魏佚书考》辑佚征引的古书，据笔者统计多达114部，涉及经史子集，可见阅读之广、用力之勤。实现了朱先生编纂此书"在于荟萃北魏一代佚书遗文，为研究这一时期学术文化的学者，提供一些参考资料，以减省他们的翻检之劳"④ 的初衷。

---

① 焦循：《雕菰集》卷一六，《丛书集成》本。
② 朱祖延：《怀念张舜徽先生》，载《张舜徽先生纪念集》，华中师范大学出版社1993年版。
③ 朱祖延：《朱祖延集·北魏佚书考》，第64—65页。
④ 朱祖延：《〈北魏佚书考〉补正》，《湖北大学学报》1986年第2期。

三　考证精审，持之有故

吴枫在《中国古典文献学·辑佚书》中认为，"清代辑佚古书可分为三派：一是辑佚，如马国翰《玉函山房辑佚书》与黄奭《汉学堂丛书》；二是辑佚之外另加评论的，如邵瑛的《春秋左传校注规过》，从《左传》注疏中辑出；三是辑佚之外另加引申，如陈寿祺《尚书大传》辑本与《驳五经异义》辑本"。① 若不作细分，便是只辑不论与辑而复论两类。《北魏佚书考·凡例》云："甄采旧说，俱注出处。间复下以己意，则以'延按'二字别之。"②《北魏佚书考》几乎于每部佚书皆加按语，附以己意，不单纯是佚文的罗列。

《北魏佚书考》考证精审，持之有故，显示了朱先生深厚的功力学识。张舜徽先生对于辑佚之事曾论道："昔人蒐辑遗佚，大氐皆学成之后事，既已博涉群籍，视天地间见存之书无复可究心者，不得已进而思得不存之书读之。"③ 说法虽有可再议处，但对于从事辑佚之事需要深厚功力的看法却是极有道理的，即认为辑佚应在学问成熟之后再做，以免贻误后人。"《佚书考》作者除了搜辑、编排佚文外，并对北魏一代佚书进行了精密的考证。或考佚文书名、篇名，或考佚书作者生平事迹，或考佚书散亡时代，比较前人辑佚优劣，品评佚文价值，做到了举一书而众功皆备，将辑佚工作推向了高水平，这没有深厚功力和渊博学识，是无法达到的。"④

考证前人之误。如李善《文选注》引《舆地图》文，王应麟《玉海》、章宗源《隋书经籍志考证》误以为《汉舆地图》佚文。朱先生考证云："《文选注》引《舆地图》一节，记梁武州郡地理，不著撰名。王应麟《玉海》、章宗源《隋志考证》，并皆以为《汉舆地图》之佚文。不知汉之舆图，何能预及萧梁时事？"⑤

---

① 吴枫：《中国古典文献学》，齐鲁书社1982年版，第146页。
② 朱祖延：《朱祖延集·北魏佚书考》，第1页。
③ 张舜徽：《广校雠略》，华中师范大学出版社2004年版，第87页。
④ 张林川：《存泰山于片石，资后学之参证——评〈北魏佚书考〉》，《湖北大学学报》1986年第2期。
⑤ 朱祖延：《朱祖延集·北魏佚书考》，第91页。

考证作者时代。如《述画记》作者孙畅之,张彦远《历代名画记》认为是后汉人,"考《历代名画记》引孙畅之《述画记》,载有晋宋间事,其非后汉撰明甚,疑后汉乃后魏之误"。并以郭若虚《图画见闻志》卷一"《述画记》,后魏孙畅之撰"为据,论定孙畅之为北魏人。①

考证同名异书。如杨衒之《庙记》的考证。"《庙记》作者,所传非一",《梁书·吴均传》著"吴均《庙记》十卷",另有《册府元龟·国史篇》云"杨衒之撰《洛阳伽蓝记》五卷《庙记》一卷",作者通过考证诸书所引《庙记》"所记率西京陵墓宫阙之事,吴均南人,不宜稔此",据此论断佚书作者当为杨衒之,而非吴均。凿凿之言,令人信服。其他下语论断处俯拾即是,如《后魏舆地图风土记》,《太平御览·地部》引作《后魏兴国土地记》,作者认为当是"舆图"(繁体作"輿圖")二字误作"兴国"(繁体作"興國")所致。再如崔鸿《崔氏世传》,《旧唐志》有《桂氏世传》七卷,题崔项撰。作者认为"殆亦为此书,桂宜作崔,项宜作鸿,形近而讹",等等。

朱先生秉承清代考据学家实事求是的精神,对于不能论定的问题,阙疑存异,"姑录以备考"或"录以存疑"。如《隋书·经籍志》地理类载有温子升《魏永安记》三卷,《新唐书·艺文志》载有温子升《永安故事》三卷。《山东通志》认为《隋书》有误,《魏永安记》与《魏永安故事》应是一书,不宜列入地理类。朱先生据《史通》之《正史篇》《杂述篇》分别引述二书,《通志·艺文略》又兼收二书,从而推测"似原为二书,俱记永安,而叙事有别"。但不能肯定,"故姑录以存疑"。②又如崔鸿《西京记》,《隋书·经籍志》地理类有《西京记》三卷,不著撰人,《初学记》引《西京记》作崔鸿撰,但同时唐宋载籍中引《西京记》文字和葛洪《西京杂记》雷同,作者"疑是葛书而标名有误,姑录以备考"。书出版后的第二年,作者即撰文《〈北魏佚书考〉补正》,自攻其短,"有如老吏判狱,丝毫必究,可谓勤于自讼矣。即此一端,足为学者楷式"。作者朴实谨严的学风、实事求是的治学态度,可见一斑。

最后值得一提的是《北魏佚书考》的成书并不同于一般辑佚家"为辑佚而辑佚",而是朱先生在长达三十几年的教学与学术生涯中"公余占

---

① 朱祖延:《朱祖延集·北魏佚书考》,第110页。
② 同上书,第101页。

毕,辄复措意,自群经注疏音义,旁及子史类书,集腋钩沉,寖久成帙"①而整理出来的辑佚之作,可谓毕其功于一生。所辑佚文的条数少者仅1条,多者则达276条之众,这种巨大的差额也从某方面反映出作者随手偶拾、精裁细度的学术习惯,而往往这类辑佚之作更加真实可靠。今人吴孟复也说:"我们认为:辑佚本应是在读书、查资料时发现佚文随时抄录,积有一定数量,再加排比整理,不应有为辑佚而辑佚之事。"② 庶几先生之作乎?

四 辨章学术,考镜源流

《北魏佚书考》不仅是一部辑佚著作,也是一部非常有价值的辑佚目录学著作。曹书杰教授在《中国古典目录学研究概述(1950—1988)》中,将《北魏佚书考》列入史籍目录类③,是很有见地的。

全书层次清晰,分类合理,各书部居得当,俨然一部北魏佚书简明目录。其分类一遵《隋书·经籍志》,按经、史、子、集四部分类,四部之下,又分子目。以书即类而不是因类强分。至于为何选择《隋志》的分类法,朱先生虽未作说明,笔者以为这应该也是有作者的考量的:一方面,《隋志》是我国现存古籍目录中四部分类法的最早实践者,后世延之不废,很具有代表性;另一方面,《北魏佚书考》所辑古书多见于隋唐旧志,且北魏距隋唐未远,能更好地体现当时文献状况。

《北魏佚书考》于每一书下,首述作者生平事迹,次明前代目录著录情况,末附按语,论及佚书内容、成书时代、亡逸时间、同书异名、异名同书、后世辑录情况等,"辨章学术,考镜源流",使读者对北魏一代的学术状况有更深的认识。可以说《北魏佚书考》具备古代解题目录的几乎所有要素,完全可以视作北魏佚书目录著作。

《北魏佚书考》既具有辑佚书的性质,同时也具有目录书的特点,真可谓"举一书而众功皆备"。作者曾自述"曩者负笈南雍,从彭泽汪辟疆

---

① 朱祖延:《北魏佚书考自序》,《朱祖延集》,第531页。
② 吴孟复:《古书校读法·辑佚与辑佚书》,安徽教育出版社1983年版。
③ 曹书杰:《中国古典目录学研究概述(1950—1988)》,《古籍整理研究学刊》1989年第5期。

先生受《目录学》",可见这是与作者厚实的目录学功底分不开的,也是一般纯辑佚学者所无法企及的。

辑佚是集腋成裘的工作,要从浩如烟海的文献中搜集佚文、考证史实,其难度可想而知,故难免会有各种纰漏谬误。《北魏佚书考》出版后,作者即对其做了补正,自标"引书割裂""考订不周""体例不纯""文字舛误""佚文漏辑"五类,逐类纠正,毫无自珍自囿之意。① 然犹有遗漏,如刘芳《徐州人地录》,又作《徐州录》《徐州记》,清胡渭《禹贡锥指》卷五、秦蕙田《五礼通考》卷二○二:"刘芳《徐州记》:蒙山,高四十里,长六十九里,西北接新泰县界。"属于该书佚文,应补辑。

白璧微瑕,在所难免。《北魏佚书考》作为一部断代目录辑佚著作,其别致的体例和独特的文献价值是其他辑佚著作无法比拟的。"故蒐辑遗籍虽不能复全古人之旧,亦可缀拾某书之一部,理董成编,佚者使之复存,散者使之复合,其为功于学术至无穷尽也",正如张舜徽先生为《北魏佚书考》的题辞所言,"博征一代文献,搜考千载遗篇,俾早佚之书,复见著录,有裨于学术甚大……沾溉士林,至无穷尽"。②

呜呼!斯人已逝,往者难追,先生身已作古,而其名将独得千古。值先生小祥之际,谨作此文,以志哀思!

原载《湖北大学学报》2013 年第 1 期

---

① 朱祖延:《〈北魏佚书考〉补正》,《湖北大学学报》1986 年第 2 期。
② 朱祖延:《怀念张舜徽先生》,载《张舜徽先生纪念集》。

陈述先生整理辽文献的主要成就

陈述先生（1911—1992）是我国最著名的辽金史学权威，同时也是最著名的辽金文献研究专家，他极其重视对辽金文献的搜集、整理、研究工作。他告诫后学，"研究辽金史，要在总结前人研究成果的基础上，主要是掌握第一手资料，要从收集和整理资料入手，要在第一手资料上下功夫"。[①] 陈述先生这样教诲后学，自己也是这样做的。本文欲总结论述陈述先生整理研究辽文献[②]的主要成就，以纪念陈述先生。

一　汇辑《全辽文》

辽文献是我国古代文献中最少受到关注的文献之一，即使是继辽而兴的金朝学者，关心和研究辽文献的人也不多。清朝以来，人数稍有增加，特别是到了清末民初，一些文献学者致力于搜求有辽一代的制册诏令、墓志碑铭等汇辑成书，如光绪中期缪荃孙辑《辽文存》六卷，王仁俊踵成《辽文萃》七卷；民国初年黄任恒另为《辽文补录》一卷，其后罗福颐又拾三家之遗，成《辽文续拾》二卷。

陈述先生因"四家之外，犹有佚散"，而且错讹之处，所在多有，乃以碑铭等拓本校其讹谬，"又取诸家辑自群书者，一一按其来源，是正文

[①] 杨树森：《怀念陈述先生》，载景爱编《陈述先生纪念集》，内蒙古教育出版社1995年版，第33页。

[②] 本文的辽文献是广义的辽文献，从时间上说既包括辽朝，也包括契丹族建立辽朝以前及灭亡后与其有关文献；从作者主体来说，既包括辽朝人所撰著的文献，也包括非辽朝人所撰著的有关辽朝史实的文献。

字，兼著别见之异同"①，同时增补新发现若干篇，于1935年编辑成《辽文汇》十卷。此书因战乱未能出版，此后时有增补，1953年由中国科学院出版。此书出版后，陈述先生并未停止收集，他搜求新发现的辽代碑刻，并对见于文献者重新核校、订补，成《辽文汇续编》。1942年中华书局将《辽文汇》及《辽文汇续编》合而为一，合刊为《全辽文》，凡13卷。此书之成，历时半个世纪。综观《全辽文》，陈述先生的主要贡献如下。

（一）集辽文之大成，全而不滥

如果说缪荃孙的《辽文存》开辑录辽文之先河，那么陈述先生的《全辽文》则是集辽文之大成。《全辽文》收录了到1941年为止所见到的全部辽代遗文，它远远地超过了清末民初的四大家之总和，与1935年成书的《辽文汇》相比，也净增了221篇，共计744篇，充分体现了一个"全"字。但是全而不滥，陈述先生将前人误收、重收的内容进行鉴别，一一删除。如缪、黄二氏曾将高丽、西夏文献中系辽代纪年者作为辽文录入，陈述先生将其全部删除。此系显而易见者，有些误收非仔细考订而不得明。如卷五耶律昭《答萧挞凛书》后订正云："《辽史·食货志》上引此书内文句，非别有上书也，缪氏竟录《食货志》之文近二百言，题耶律昭'上田制书'。王氏又节取前四十二字，别题'农事奏'，实此四十二字中，仅有二十四字为引昭言，余则《食货志》文也。宁得以卷轴之隘而滥收乎？"

（二）订前人之讹误，存别见之异同

陈述先生认为"辑录之事，贵乎正确"，这样才能成为可信的资料，他"以史语所所藏拓本与今存之缪氏拓本互为勘校。又取诸家辑自群书者，一一按其来源，是正文字，兼署别见之异同"。② 如卷一《遗南唐元宗书》，缪氏误为述律后所作，陈述先生据陆游《南唐书》考证云："按《南唐书》称契丹主兀欲被杀，弟述律遗元宗书云云。述律，穆宗小字也。缪氏作述律后误。"有时一条材料见于多种文献，而文字有异，陈述

---

① 陈述：《全辽文序例》，见《全辽文》卷首，中华书局1982年版，第3页。
② 同上。

先生取其一种，将文字不同之处一一注明，例如卷二《回宋誓书》，见载于《契丹国志》卷二〇、《太平治迹统类》卷八、《宋会要辑稿·蕃夷》、李焘《续资治通鉴长编》，几乎每句文字都有不同之处，《全辽文》皆分别注明，以存各本原貌，供读者参考。

（三）考证写作时间，简释疑难语汇

《全辽文》所收录的文章有许多原来不知其写作时间，陈述先生根据文献资料，尽量考证出它们的时间，大大提高了它们的历史文献价值。例如卷一《复晋求修旧好书》，陈述先生依据《契丹国志》所载有关史实以及晋、辽改元情况，确定其写作时间为会同七年。有些文章，虽然明确标示了写作时间，但实为传刻时误写，陈述先生亦根据史实加以订正，指出其真正的写作时间，以免误导读者。如卷一《立石晋瑭为大晋皇帝册》，其开篇云"维天显九年"，但陈述先生根据其下所云"岁次丙申，十一月丙戌朔，十二日丁酉"考证说："天显九年十一月为丁酉朔，十一年十一月始为丙戌朔，十二日丁酉。《辽史·太宗纪》天显十一年十一月丁酉册石敬瑭为大晋皇帝。"纠正了原文中的时间之误。

辽朝是契丹族建立的政权，契丹语为辽朝通行的语言，其人名、官名、族名等在译成汉语时，因音译的不同，有些与人们熟知的名称有很大差别，陈述先生做了必要的简释，极便于读者。如卷五《耶律延宁墓志》注云："羽厥里即于厥。胡峤《入辽录》作姁厥律。沮掖为沮抶，即阻卜异文。失围则失韦，亦作室韦。"又如卷八《边酋上高丽书求附籍》中有"契丹大完"，一般读者不知所云，陈述先生注云："大完，亦作太弯，契丹设于女真之官号。"为读者扫除了"拦路虎"。

《全辽文》的编辑出版，不仅继《全唐文》《全上古三代秦汉三国六朝文》后，使全文体文献增加了一种，而且陈述先生的辑录工作亦着眼于史，在全书编纂上除皇帝诏诰、皇后所著文按时间先后别为三卷外，其余不论文章体式均按时间先后顺为序。《全辽文》是辽代历史最原始的资料，可补《辽史》之不足和纠正《辽史》的错误，是研究《辽史》和辽史者的必备之书，具有极高的文献价值。

二 点校《辽史》

《辽史》116卷，记载了辽政权（907—1125）两百多年的历史，由元末脱脱等修纂，历时仅11个月，既没有认真收集和考订史料，又加之纪、志、表、传之间相互检对照应很不够，因此前后重复、史实错误、缺漏和自相矛盾之处很多，甚至将一件事误为两件事、一人错成两人或三人，历来为学者所批评。陈述先生于1971年开始着手《辽史》的点校工作，历时四年完成。他利用自己丰富的辽金史知识和长期积累的辽金史资料，在利用不同版本、资料校订文字的误、脱、衍、倒的同时，做了大量的考订工作。

（一）校订文字

陈述先生等点校《辽史》，以商务印书馆影印的百衲本为底本，用乾隆殿本进行通校，以北监本、南监本、道光殿本、《永乐大典》所引《辽史》进行对校；用纪、志、表、传进行本校；以《册府元龟》《资治通鉴》《续资治通鉴长编》《新唐书》《旧唐书》《新五代史》《旧五代史》《宋史》《金史》《契丹国志》等进行他校；同时吸收钱大昕《二十二史考异》、厉鹗《辽史拾遗》、陈汉章《辽史索引》、张元济《辽史校勘记》（稿本）、冯家昇《辽史初校》、罗继祖《辽史校勘记》等成果，出校语1119条，最多的一卷出校30条，或订正文字，或补其缺漏，或考证异同，或存疑存异，使中华书局标点本《辽史》成为迄今最好的版本。

（二）厘清避讳改字、同名异译而造成的混乱

辽朝继承中原文化，避讳君主名字，给读者造成不便，陈述先生在校勘记中一一注明，还其本来面目。如卷二校勘记［二］："张崇，《新五代史》卷四七、《旧五代史》八八本传并作张希崇。此避天祚帝延禧嫌名，去希字。"此为避讳缺字。卷四校勘记［一六］："崇禄大夫，《旧五代史》八五作光禄大夫，此避太宗耶律德光名改。"卷一七校勘记［九］："宋遣使韩冀来贺天顺节。按冀原名亿，因奉使辽廷避太祖耶律亿名改意，《辽史》又改冀。"此为避讳改字。

元人修《辽史》时，对辽朝来自契丹语的人名、地名、部族名、词

汇等音译异名未作统一，甚至因异译将一人误为二人、三人者，这给读者、研究者造成极大的混乱。陈述先生在校勘记中对同名异译者，或指出其通行译名，或提示各处互异。如卷八校勘记［二］："殿前都检点耶律夷腊葛，《百官志》作耶律夷剌葛。卷七八有传。"卷十校勘记［六］："耶律普宁原误'萧蒲宁'。下文又作耶律普宁。卷七九《耶律阿没里传》：'阿没里，字蒲邻。'蒲宁、普宁均蒲邻异译，即耶律阿没里一人。"此为指出人名异译，此类较多。卷三七校勘记［四］、［七］："他鲁河。按《游幸表》作挞鲁河。""兔儿山。按《营卫志》中作吐儿山。"此为指出地名异译。卷四校勘记［三］："《营卫志》下，五院部有瓯昆、亦习本，即此欧堇突吕、乙斯勃；六院部有斡纳阿剌，即温纳何剌。"卷三五校勘记［九］："品挞鲁虢部。按《纪》开泰七年六月作品打鲁瑰部。"此为指出部族异译。卷七三校勘记［一］："阿鲁敦，《纪》神册元年三月作'阿庐里'，为契丹语译音，汉语'显贵'、'盛名'之意。"此为指明语汇异译。这些异译有时判若两名，即使是研究者，有时都难以看出，何况一般的读者。陈述先生的考订，不仅为研读《辽史》扫清了障碍，消除了混乱，而且为读者、研究者寻找同类相关资料做了提示，以便对读参考，功莫大焉。

（三）考订《辽史》之误

校勘工作一般只要求校勘者校正文字之误、脱、衍、倒，还文献以本来面目，校勘者不负有修改原书错误之责。陈述先生在根据不同版本和其他校勘材料校正文字的同时，对《辽史》中因修史者学识有限和仓促成书造成的失误，进行了认真的考证，在正文中保持原文，于校勘记中指明其错误，并阐明理由依据。如卷六"十二月……辛卯，以生日，饭僧，释系囚"。陈述先生在校勘记中加按语曰："《纪》天显六年八月称'皇子述律生'，下文应历三年、十三年、十四年、十七年生日亦在八月，此作十二月，误，或生日上有脱文。"卷二七乾统元年十二月："初，以杨割为生女真部节度使，其俗呼为大师。是岁杨割死，传于兄之子乌雅束，束死，其弟阿骨打袭。"《辽史》作者显然是将杨割之死与乌雅束袭位系于乾统元年。陈述先生加按语曰："按《金史·世纪》，杨割（盈歌）卒于乾统三年癸未，乌雅束卒于天庆三年癸巳，阿骨打袭。此系带叙，年份未合。"陈述先生还将出土文献与传世文献相结合以证《辽史》之误,极具说服力。如卷三九:"宜州……兴宗以定州俘户建州。"也就是说,宜州的设置,始于辽兴宗。陈述先生考证说:"按《纪》,统和八年三月置宜州。《辽文汇》四《李内贞墓志》有宜州观察,《刘继文墓志》亦有宜州。卷七五《王郁传》称太祖时已有宜州。"这些出土墓志与《辽史》传中所载说明,宜州并非始建于兴宗,在太祖时就已有宜州。陈述先生在校勘记中考证史实之误的做法,既保存了《辽史》的原貌,又指出了修史者之误,使研读者一目了然,不致以讹传讹,极具学术价值。

《辽史》自修成后,虽曾多次刊刻,但没有一个善本。民国时期商务印书馆刊行的百衲本《辽史》,虽以元刊本为底本,但元刊本"刊板粗率,讹字亦多"①,更没有解决同音异译、修史之误等问题,陈述先生点校的中华书局《辽史》,广泛吸收了前人的校勘成果,并做了严谨的考证,使之成为目前最好的版本。

三 撰著《辽史补注》

元修《辽史》,"当时所据,惟耶律俨、陈大任二家之书,见闻既隘,又蒇功于一载之内,无暇旁搜,潦草成编,实多疏略,其间左支右诎,痕迹灼然"。②脱脱主修《辽史》时,各地人民因不堪元朝统治,纷纷起义,元朝统治者垂死挣扎,脱脱在镇压起义中被朝中政敌陷杀,纂修事宜又困于财力,修纂得极为潦草,故历来病诟《辽史》者众。有鉴于此,清人厉鹗撰《辽史拾遗》二十四卷,以补《辽史》,然因时地所限,见闻未广,引据资料仍显不足,遂用拆东墙补西墙的办法,用《宋史》以补《辽史》。其后有杨复吉撰《辽史拾遗补》,以补厉鹗之遗,但仍不完备。近人陈汉章著《辽史索引》,虽较厉氏、杨氏二书为备,却未能充分利用新出土的材料。

陈述先生在1935年大学毕业进入中央研究院工作之时,就有志于补注《辽史》,是年拟定了《辽史补注》的序例。在抗日战争以前,《辽史补注》已初具规模。在随后的岁月中,陈述先生时刻关注着辽史资料,

---

① 张元济:《辽史跋语》,见百衲本《辽史》。
② 《四库全书总目》卷四六《辽史》。

报刊上任何一小段有价值的材料，考古发掘的与辽史有关的每一份碑文墓志，他都细心收集，认真考订，补入书中。可以说，该书饱含了陈述先生的毕生心血。

《辽史补注》共 116 卷，约 300 万字。其体例以《辽史》原文为正文，将《辽史拾遗》《辽史拾遗补》附于正文之后，并以《旧五代史》《新五代史》《宋史》《金史》《元史》及《册府元龟》《五代会要》《宋会要辑稿》、碑志、杂记补其缺，参取钱大昕《廿二史考异》、陈汉章《辽史索引》等汇注在一起。①

（一）《辽史补注》是辽史的资料总集

陈述先生认为"《辽史补注》也可以说是《辽史长编》"，而对于长编，他十分服膺司马光"长编之作，宁失之繁，勿失之略"的观点②，所以《辽史补注》将凡是与辽史有关的资料尽行采录，引用书目达八百余种，基本上网罗了陈述先生当时所能见到的涉及辽史的有关史料，成为一部辽史资料总集。

（二）纠正《辽史》之误

陈述先生纠正《辽史》的错误，在中华书局标点本的校勘记中已显其一斑，但限于体例，点到为止，发挥不多。此书专为《辽史》作补注，可以充分补充论证。陈述先生对《辽史》中的文字之讹，朔闰之误，重出之人、事，讹舛之史实等，引用大量材料，进行精审的考订，纠正原书之谬。

（三）补《辽史》之缺

陈述先生在纠正原书之误的同时，对辽史做了大量的补缺工作，这是他在点校《辽史》之时由于受体例的限制所未涉及的。他不仅增补异闻，

---

① 《辽史补注》尚未出版，此节参考以下几位先生的文章：崔文印：《斯人已去，风范犹存——记陈述先生》，佟柱臣：《怀念陈述先生》，并载景爱编《陈述先生纪念集》；陈重：《陈述先生遗稿举要》，载宋德金、景爱、穆连木、史金波编《辽金史研究》，天津古籍出版社 1991 年版。

② 陈重：《陈述先生遗稿举要》，载宋德金、景爱、穆连木、史金波编《辽金史研究》，第 239 页。

附录事类，大大丰富了原书的内容，而且根据有关材料，还补写了《忠义传》《选举志》《艺文志》等，重编了《氏族表》，使《辽史》一书趋于完备。

《辽史补注》是继《史记会注本证》《汉书补注》《后汉书集解》《三国志集解》之后的又一部补注正史之力作。诚如陈寅恪先生在 1942 年为该书作序时所说："《补注》之于《辽史》，亦将如《裴注》之附《陈志》，并重于学术之林。"

陈述先生整理研究辽文献的未刊著作还有《辽史别录五种》，它们分别是《辽史同姓名录》三卷、《辽史异名录》三卷、《辽史避讳表》一卷、《辽史赐姓表》一卷、《辽史氏族表》一卷。

陈述先生在辽代文献整理研究上之所以能取得令学人景仰的成就，成为辽文献研究的大家，首先是因为他几十年如一日，持之以恒、日积月累的结果。陈述先生在读大学二年级时，就参与了二十四史索引的编制和标点工作，负责点校《辽史》《金史》及《元史》的大部分，从此与辽史结下不解之缘。其《辽文汇》《辽史补注》在他 1935 年进入中央研究院工作时就已具雏形，此后不间断收集材料，随时补入，集腋成裘，终成巨制。其次是陈述先生的专精。人的精力是有限的，研究领域不宜过宽，也不可变化过多。他在《辽史补注后记》中说："忆初谒寅恪先生于姚家胡同，先生为言：'王观堂先生学识广博，但其兴趣常转变，若专以为之，其所成当更大。'因是初见，承谆谆相嘱，故记忆深刻，长期志之不敢忘。翻阅书史，以唐宋辽金元为主，不敢多读唐以前书。"[①] 正是这种研究领域的固定专一、读书范围的相对集中，使他能将唐宋辽金元文献中有关契丹族和辽朝的资料，作穷尽式的搜寻，最终完成《全辽文》《辽史补注》这样的巨作。

陈述先生的《全辽文》、点校本《辽史》、《辽史补注》等既有不同的分野和各自的撰著目的，又互相交叉，互为补充，构成了辽文献的主干部分，是 20 世纪整理辽文献的集大成之作。陈述先生不仅是 20 世纪辽文献的整理研究大家，也是契丹史、辽史研究的巨擘，他在充分整理研究辽文献的基础上，撰写了《契丹史论证稿》(1939)、《契丹社会经济史稿》(1963)、《辽代史话》(1981)、《契丹政治史稿》(1986)，以及大量研究

---

① 佟柱臣：《怀念陈述先生》，载景爱编《陈述先生纪念集》，第 21 页。

论文，将辽文献的搜集、整理研究与契丹史、辽史的研究有机地结合起来，因此，他的研究成果具有厚实的文献基础，而他的辽文献整理研究并非一般的资料搜集编排，本身就具有极高的学术价值。

原载《辽金西夏史研究》(2011)，同心出版社 2013 年版

郭康松著作目录

1. 《清代考据学研究》，湖北辞书出版社，2001年9月。
2. 《太公兵法》（校注），湖北辞书出版社，1998年5月。
3. 《湖北通志检存稿》（校注），湖北教育出版社，2002年5月。
4. 《湖北通志未定稿》（校注），湖北教育出版社，2002年5月。
5. 《起风书院答问》（第一署名），华夏出版社，2013年4月。
6. 《朱祖延先生纪念文集》（主编），湖北人民出版社，2012年12月。
7. 《清实录类纂·科技卷》（第二主编），武汉出版社，2005年12月。
8. 《长江文化大系·语言文化编》（主编，8部），长江出版社，2012—2014年。
9. 《清人经史遗珠丛编》（第二主编，14部，已出5部），华东师范大学出版社、华夏出版社，始于2010年。
10. 《中华大典·语言文字典·文字分典》（副主编），湖北教育出版社，2014年3月。
11. 《中华掌故类编》（参编），河南人民出版社，1989—1992年。
12. 《〈鬼谷子〉评注》（参编），华中理工大学出版社，1991年9月。
13. 《〈长短经〉评注》（参编），华中理工大学出版社，1992年7月。
14. 《古籍书名考释词典》（第二署名），河南人民出版社，1993年6月。
15. 《七子话权谋》（第四署名），武汉出版社，1993年12月。
16. 《将帅奇术》（第三署名），武汉出版社，1994年5月。
17. 《中华发明发现大典》（主编助理），武汉出版社，1996年6月。
18. 《尔雅诂林》（主要参编者），湖北教育出版社，1996年10月。
19. 《康熙字典通解》（主要参编者），时代文艺出版社，1997年8月。
20. 《尔雅诂林叙录》（主要参编者），湖北教育出版社，1998年8月。

21. 《汉语成语辞海》（主要参编者），武汉出版社，1999年8月。
22. 《现代汉语成语词典》（主要参编者），中国书籍出版社，2000年7月。
23. 《中华文化辞典》（辽代部分），武汉大学出版社，2001年9月。
24. 《汉语成语大词典》（修订本）（主要修订人员），中华书局，2002年1月。
25. 《湖北地方古籍文献丛书·第三辑》（副主编），湖北教育出版社，2002年5月。
26. 《出版专业基础知识》（第三署名），崇文书局，2003年5月。
27. 《襄阳府志》（参编），湖北人民出版社，2009年1月。
28. 《老子集成》（整理14部），宗教出版社，2011年8月。
29. 《中华大典·语言文字典·音韵分典》（编委），湖北教育出版社，2012年9月。